Hildegard Schäfer

Dialog mit Claudius

Band II

Hildegard Schäfer

Dialog mit Claudius

Band II

Neue Impulse aus einer anderen Welt

DREI EICHEN VERLAG

Die Deutsche Bibliothek – CIP-Einheitsaufnahme

Schäfer, Hildegard:
Dialog mit Claudius / Hildegard Schäfer. –
Ergolding : Drei-Eichen-Verl.
Bd. 2. Neue Impulse aus einer anderen Welt. –
1. Aufl., 1.–3. Tsd. – 1993
ISBN 3-7699-0539-3

ISBN 3-7699-0539-3

Verlagsnummer 539

1. Auflage, 1.–3. Tausend 1993

Gesamtherstellung: Ebner Ulm
Umschlagbild- und -gestaltung: B. Klauer Design, Augsburg

Inhaltsverzeichnis

Teil V

Teil I

Prolog

Freunde

neue Ideen, für euch zum Nutzen,
im Geiste geboren, kehren zurück
zu uns.
Seht Freunde, seht, nichts entsteht,
es sei denn, ihr nehmt auf in euch
die Wahrheit,
die wir euch schenken.
Vom Geiste kommt und kehrt zurück,
was euch beglückt.
Laßt Gedanken fliegen, weit über
Raum und Zeit,
verleiht eurer Seele Flügel,
denn seht, der Weg ist weit.
Doch habt ihr ihn einmal beschritten,
dann gehet tapfer voran,
und seid ihr gegangen über die Mitte,
am Ende warte ich dann. –
Salve, ihr Götter, die ihr den Menschen
begleitet.

Salve.

(Claudius am 12. August 1992)

Bemerkung:

Marc sprach diese Worte laut und deutlich nachts im Schlaf. Seine Frau Miriam schrieb sie mit. Am anderen Tag wußte Marc nicht, daß er nachts gesprochen hatte. Er konnte sich an nichts erinnern.
Bei der nächsten Sitzung bekannte sich Claudius auf eine diesbezügliche Frage zu dieser Durchsage.
Er bat darum, seine Worte im nächsten Buch »Dialog mit Claudius« – Band II zu bringen, und zwar gleich zu Anfang.

Vorwort der Autorin

Liebe Leserin, lieber Leser,
Sie haben sich den 2. Band »Dialog mit Claudius« besorgt. Bevor Sie sich in die Lektüre dieses außergewöhnlichen Buches vertiefen, gestatten Sie mir eine Frage:
Haben Sie den ersten Band gelesen? Wenn ja, erübrigen sich die nachfolgenden Erläuterungen. Wenn nein, steht dennoch dem nichts im Wege, das vorliegende Buch ohne Kenntnis des Vorhergegangenen zu lesen. Sie werden von der Fülle der Jenseitsdurchsagen überrascht und beglückt sein, denn auf viele Ihrer Fragen, die Sie immer schon interessierten, oder sogar beunruhigten, werden Sie eine Antwort finden.
Vielleicht aber werden Sie fragen: *Wie* kommen solche ungewöhnlichen Kontakte zustande? *Wer* ist Claudius? *Wer* ist Herodes Agrippa? Und vor allem – *wer* ist *Marc*, das Medium?
Sehen Sie, alle diese Punkte wurden gleich zu Beginn im ersten Buch ausführlich behandelt, und wie ich inzwischen durch viele Leserbriefe erfahren habe, hat besonders die Beschreibung der Ängste und Nöte des Mediums, seine Zweifel und sein Ringen um eine trotz Mediumismus »normale« Weiterexistenz viele Leser tief beeindruckt. So schreibt beispielsweise der Übersetzer meiner Bücher ins Italienische, Dr. Tellarini/Padua:

> »Die ausführliche Beschreibung der Ereignisse, die zu den Kontakten führten und die innerlichen Kämpfe Marcs (Medium) bis zu seiner Entscheidung, Sprachrohr sein zu wollen, haben mich zutiefst berührt. Man spürt, wie ungeheuer ernst die Sache ist, und daß Medium und Kreisteilnehmer glaubwürdig sind.«

Ich fände es schade, wenn Sie sich diese Eindrücke entgehen ließen. Aber bitte, bedenken Sie, daß ich den »Einführungsteil« nicht nochmals bringen kann. Band I enthält außerdem Antworten auf die grundlegendsten Fragen der Menschheit: Gibt es einen Gott? War Jesus Christus Gottes Sohn? Gibt es ein Leben nach dem Tode? Auf 480 Seiten werden diese uns brennend interessierenden Fragen beantwortet.

In Band II bringe ich hierzu Ergänzungen, jedoch werden Sie, lieber Leser, selbstverständlich viele **neue** Themen und **neue** Erkenntnisse vorfinden. Aber so wie man die Grundschule nicht überspringen und nicht gleich eine höhere Schule besuchen kann, sollte man die Anfangsaussagen kennen, um das richtige Verständnis für weiterführende Informationen mitzubringen. Wie CLAUDIUS immer wieder betont, kann er uns die gewünschten Erkenntnisse nur nach und nach vermitteln, da hierfür ein Reifeprozeß erforderlich ist, den man nur stufenweise erlangen kann.
Aus diesem Grund möchte ich Ihnen raten – in Ihrem eigenen Interesse – lesen Sie auch die einführenden Kapitel des ersten Bandes und die umfassenden Informationen, welche die Grundlage für dieses und eventuell noch weitere Bücher darstellen.
Allen Lesern des ersten Bandes, die persönlich, telefonisch oder schriftlich ihre Freude und Anerkennung über dieses Buch zum Ausdruck brachten, möchte ich auf diesem Wege noch besonders herzlich danken. Ich habe mich über jedes Echo gefreut, ersah ich doch daraus, wie sehr die Menschen auf der Suche nach der Wahrheit sind, wie sehr sie förmlich lechzen nach Informationen, nach logischen Erklärungen über das WOHER und WOHIN. In allen Briefen wurde mir bestätigt, daß dieses Buch wichtige Erkenntnisse vermittelt.
Ein Leser meinte sogar: »Dieses Werk müßte auf Anhieb in den Bestsellerlisten ganz vorne zu finden sein« und ein anderer schrieb: »Mir war, als würde ich eine neue Bibel lesen, aber eine verständliche, logische und annehmbare.«
Ich möchte aber betonen, was auch Claudius immer wieder zum Ausdruck bringt, daß es sich bei diesem Kontakt keineswegs um eine neue Religion oder Sekte handelt, die Mitteilungen aus dem Jenseits erfolgen aus einem einzigen Grund:

Aus LIEBE zur Menschheit.

Viele Leser stellten weitergehende Fragen zu den Antworten von Claudius, die einer Ergänzung bedürfen, oder auch Fragen zu Themen, die in Band I überhaupt noch nicht behandelt wurden.
Auch wir, die Kreisteilnehmer mußten erst lernen, uns zu artiku-

lieren, mußten erst der Überzeugung in uns Raum greifenlassen, daß wir **alles** fragen können und auf **jede Frage eine Antwort erhalten**. Wir mußten lernen, Abstand zu nehmen von unseren althergebrachten, üblichen Fragen, begreifend, daß sich Antworten jeweils nach den Fragen richten, also auf kluge Fragen auch die entsprechenden Antworten erteilt werden.
Ihre Fragen, lieber Leser, habe ich CLAUDIUS vorgelegt und sie wurden beantwortet. Ich habe sie im vorliegenden Buch nicht separiert, sondern jeweils in den Fragenkomplex des Kreises integriert. Doch jeder einzelne wird **sein Thema** finden und damit auch die Beantwortung **seiner Frage**. Berücksichtigt mußte aber werden, daß nur **allgemein interessierende** Fragen, die für jeden Menschen bedeutungsvoll sind, Erwähnung finden konnten.
Es fiel mir nicht leicht, aus dem inzwischen kaum noch überschaubaren Material, das sich durch den nun mehr als vier Jahre dauernden Kontakt angesammelt hat, die Dialoge für den 2. Band herauszusuchen. Ich bin mir darüber klar, daß meine Auswahl für den einen wertvoll, für einen anderen dagegen weniger wichtig sein kann. Da jeder Mensch eine andere Bewußtseinsstruktur hat und jeder auf einer anderen Erkenntnisstufe steht, ist es schwierig, jedem gerecht zu werden. Es kann auch vorkommen, daß mancher Leser über von seiner Meinung abweichende Behauptungen schockiert ist. Dazu muß ich erklären, daß **nichts von allem Gesagten** von mir stammt, sondern ich lediglich Übermittler der Aussagen von CLAUDIUS bin, genauso wie MARC nur Sprachrohr für ihn ist. Es wäre daher nicht sinnvoll, wollten Sie sich an mich wenden, um mit mir über divergierende Aussagen zu diskutieren. Jedoch bin ich dankbar für jede Anregung hinsichtlich weiterer Fragen. Ich werde sie gerne CLAUDIUS vorlegen und Sie dürfen davon überzeugt sein, daß sie beantwortet werden.
Ich wünsche Ihnen nun, liebe Leserin, lieber Leser, daß Sie fruchtbare, erkenntnisreiche und glückhafte Stunden mit »Dialog mit Claudius« erleben.

Goldbach, im September 1993 Hildegard Schäfer

Vorwort von Johann Wolfgang von Goethe

Ich grüße die Leser dieses Buches.
Was ich Ihnen mitteilen möchte, ist, daß das Mysterium jeden Glaubens, jeder Glaubensrichtung immer im Licht der Gnade seine Auflösung findet. Sehen Sie, jeder, der dieses Buch liest, hat in seinem Leben verschiedene Erfahrungen gemacht, die ihn zum Nachdenken bringen sollten. In Ihrer heutigen Welt, verehrter Leser, werden Sie nicht mehr so sehr die Zeit erübrigen können, um sich mit Literatur im weitesten Sinne auseinandersetzen zu können. Sie werden punktuell sich zerstreuen wollen und weichen damit der einzig wichtigen Frage Ihres Lebens aus. Sicher fehlt dem einen oder anderen die Vorbildung, die ihn befähigen würde, geisteswissenschaftliche Bücher zu lesen, denn der Mensch, der die Gedanken, die in diesen Büchern verborgen liegen, zu Papier brachte, hat immer nur subjektiv eine bestimmte Gruppe von Menschen ansprechen können.
Ich durfte Begleiter sein bei der Abfassung dieses Buches, denn es sollte nicht das gleiche geschehen, was bei mir damals geschehen ist, **denn ich habe nur für die Intelligenz geschrieben** unter der damaligen Menschheit. Dies sollte sich so nicht wiederholen.
Ich möchte den Leser dahinführen, daß er Literatur nur zum Ansatzpunkt seines Denkens verwendet. Gleich, welche Schulbildung er hatte, die Sehnsucht ist in jedem einzelnen vorhanden. Dieses Ihnen vorliegende Buch soll Zeugnis geben, daß Ihr Leben nicht umsonst gelebt ist. So, wie Sie es erleben, lieber Leser, so ist es für Sie von Anfang an bestimmt.
Mit dem Eintritt in dieses Leben, in diese Ebene, in diese materielle Welt, haben Sie selbst sich Prioritäten gesetzt. Der eine wurde zum Wissenschaftler, der andere zum Handwerker, der dritte hatte den Beruf des Bauern gewählt, der vierte ist Forscher geworden und versucht den Sinn des Lebens in der Natur, im Universum zu finden. Doch jedem einzelnen sind Grenzen gesetzt und je höher **der rationelle Verstand entwickelt ist, desto schwieriger wird es für den einzelnen, die Gnade der All-**

macht zu erkennen. Viele Ihrer Wissenschaftler haben im Laufe ihres Lebens den Bezug zur Liebe verloren, zur allumfassenden Liebe, die das Universum belebt. Viele haben geglaubt, hinter das Geheimnis ihres Lebens kommen zu können, doch die Grenzen für den Menschen sind nicht zu überschreiten.
In diesem Sinne, meine lieben Leser, sollten Sie sich der Lektüre dieses Buches widmen. Es soll Ihnen Ansatzpunkte geben zur Entwicklung Ihres eigenen Seins. Auch dies sind nur Fragmente, doch Fragmente, die in Ihnen Leben erwecken können, Glauben erwecken können, Hoffnung erwecken können.
Ich wünsche Ihnen, daß Sie erkennen, daß Ihr Leben nicht umsonst gelebt ist.
Ich grüße Sie.

Johann Wolfgang v. Goethe * am 28. 8. 1749
† am 22. 3. 1832
siehe auch »Gespräch mit Goethe« Seite 381

Claudius spricht zum Kreis und zu der Menschheit

Wir werden mit diesem Buch die **Welt nicht verändern** – doch wir wollen Informationen geben. Dies ist der Sinn, denn der eine oder andere, der es liest, wird daraus Erkenntnisse für sein eigenes Leben gewinnen. Er wird in sich Frieden finden, trotz der Ungeheuerlichkeiten, die um ihn geschehen und denen er sich ausgeliefert fühlt. Er selbst jedoch, seine Seele wird unbeschadet über den Fluß gehen. Das ist der Sinn dieses Buches.
Meine Freunde, vieles ist bewegt worden, dank eueres Kreises und dank des Einsatzes unseres Freundes (Marc). Alles wird sich weiterentwickeln, schneller als ihr es ahnt. – Ich wiederhole, was ich euch vor einiger Zeit schon sagte:
Es werden Veränderungen im Laufe des nächsten Jahrhunderts vor sich gehen, die ihren Ursprung in diesem Jahrhundert haben.
Ihr habt eine große Aufgabe übernommen und wir danken euch, daß ihr uns offen, aber auch kritisch entgegengeht, damit wir helfend und unterstützend euch zur Seite stehen können, denn ohne euere Hilfe wird der Planet Erde irgendwann zerstört – durch die Wesenheiten, die die Gewalt der losgelösten Energie nicht mehr beherrschen.
Wichtig ist, daß es Menschen gibt wie ihr, die dem Wunder, das geschieht, offen gegenüberstehen. Aber es wird auch Menschen geben, die fassungslos vor dem Erleben dieses Phänomens stehen und nicht begreifen wollen.
Deshalb ist es wichtig, daß es Menschen gibt wie ihr, die **Wissen nicht verkaufen**, sondern **Wissen erleben lassen**.
Es wird immer Menschen geben, die aus geistigem Wissen Kapital schlagen wollen – und das, meine Freunde ist nicht im Sinne der Allmacht. Wir hüten euch wie unseren Augapfel! (Sehr betont gesprochen.) Denn wir wollen nichts anderes, dies sei in aller Demut gesagt, als euch Hilfestellung geben. Es spielt keine Rolle, ob einer reich ist oder arm, denn in jedem ist der Funke

der Allmacht versenkt. Seht es ganz objektiv: Derjenige, der die Gnade, die ihm gewährt wird, vergolden will, wird Pech in den Händen halten, wenn er aufwacht.
Seht, geliebte Freunde, die Vielfalt der Kommunikationsmöglichkeiten habe ich euch bruchstückhaft vor Augen geführt, durch die Heilungen und durch andere Beispiele. Wenn ihr euch umseht, so werdet ihr erkennen, daß in esoterischen Zirkeln immer nur gewisse Durchsagen möglich sind – **niemals die gesamte Palette, die ich euch zur Verfügung stelle,** weil wir ein völlig anderes, neuartiges Energiefeld zur Verfügung haben, durch die Gnade der Allmacht – uns allen geschenkt.
Euer Bewußtsein hat sich im Laufe der Zeit grundlegend geändert und es ist euch selbst zu verdanken, daß es so ist.
Ihr hättet genauso die Anstöße, die euch das Leben gegeben hat, ignorieren können. Doch ihr habt es nicht getan, weil ihr dem Sinn eures Lebens nachgefragt habt. Ihr hattet den Mut, über eure Schatten zu springen, die Schatten, die der Verstand ein Leben lang aufgebaut hat, die eure Ratio geprägt hat und die euch bis zu dem Tag begleitet haben, an dem die Seele sich aufgemacht hat zum Licht. So manch einer hat die gleiche Erfahrung gemacht, aber die kleine Flamme der Kerze sofort erstickt, weil sie nicht in sein Denkschema hineinpaßte.
Sicher ist es unangenehm, wenn der reale Verstand euch signalisiert, daß durch die Dinge mit denen wir euch konfrontieren, euer Leben nicht leichter wird.
Wir fordern euch, meine Freunde. **Wir fordern eure Hilfe für die Menschheit.** Auch wenn ihr glaubt nichts bewegen zu können, so zieht das was ihr praktiziert, weite, weite Kreise. Und glaubt nicht, daß euch **Claudius** Menschen zuführt, die nicht würdig wären von euch in Liebe erkannt zu werden.
Seht, meine lieben Freunde, eingebunden seid ihr alle in die Liebe der Allmacht. Die Frage ist, ob ihr sie erfühlen könnt, und ich möchte, daß ihr euch dieser Liebe bewußter werdet. Zu eurem Nutzen und zum Nutzen vieler, die um euch sind, denn die Zeit ist da, die Fragen sind vorhanden – nur der Mensch hat es verlernt, darüber zu sprechen und erstickt an dieser Unfähigkeit.
Es ist so wichtig, daß die Scheu überwunden wird über geistige

Dinge sich zu unterhalten. Denn wenn diese Scheu überwunden ist, wird es eine Weiterentwicklung geben.
Ich möchte, daß ihr erkennt, daß all euer Suchen, all euer Sehnen Erfüllung finden wird, wenn ihr euch aus dem Klischee eurer Vorstellung befreit. Ich kenne eure Gegenargumente und weiß, daß ihr in euer Umfeld hineingeboren wurdet. Niemand hat eure Seele gezwungen, diesen Weg zu gehen. Seht Freunde, ich weiß, daß eure Gesellschaftsordnung vielfältig und schillernd ist, daß Religionen eure Sinne verwirren mit Dogmen und Vorschriften. Dies sollte euch nicht niederdrücken, sondern euren Geist beflügeln, die Spreu vom Weizen zu trennen.
Euch, meine Lieben, möchten wir helfen die Sonne wieder zu erkennen, damit tief in euch die Überzeugung Platz greift, daß es eine Gnade ist, wieder einzutauchen in die Gnade der Allmacht.
Grundsätzlich euch zum Verstehen: Es werden immer Punkte gesetzt. Diese Punkte mögen euch im Augenblick unverständlich sein. Ihr werdet sie nicht zusammenführen können und werdet sagen: »Was hat er jetzt wieder gemacht?« Doch, glaubt mir, meine Freunde, sie sind wichtig zum späteren Erkennen.
Es wäre einfach für uns, wollten wir euch Vorträge halten. Die Vorträge, die wir euch halten könnten, wären so angefüllt mit Wissen, daß sie eure Seelen nicht erreichen würden. Sie würden zum einen Ohr hineingehen und zum anderen Ohr heraus, ohne daß sie viel bewegen würden.
Versteht, daß es von den Fragen abhängt, die gestellt werden und zum Teil hängt es davon ab, wie weit der einzelne geistig so weit aufgeschlossen ist, daß er die Erklärungen begreifen kann. Wir dürfen Anstöße geben, Gedankenanstöße, und zu irgendeinem Zeitpunkt wird sich eine Frage herauskristallisieren, die wir beantworten dürfen. Doch nicht immer wird die Antwort zufriedenstellend ausfallen. Aus einem einfachen Grund: Wir erkennen an der Psyche eines jeden einzelnen, ob es ihm möglich sein wird, die Antwort einzuordnen und zu verkraften.
Deshalb gibt es auch in den Protokollen Aussagen, die euch verwaschen vorkommen. Nun, dies sollte euch nicht stören, neue Fragen zu artikulieren und diese Antwort einfach so stehen zu

lassen. Denn alles ist immer dem Verständnis des einzelnen anheimgestellt und muß sich erst in seiner Seele manifestieren, um sich weiterentwickeln zu können.
Grundvoraussetzung für jegliche Kontakte ist die Demut des einzelnen Individuums auf eurem Planeten. Siehe, wir wollen weder Kaiser noch Könige, noch Päpste züchten, sondern wir wollen Wissen vermitteln.
Der eine Mensch ist nicht größer als der andere. Vielleicht verwundert es euch, daß mitunter einfache Menschen Durchsagen erhalten von so ungeheurem Wert. Dies ist voll beabsichtigt, denn würden wir sie anderen zukommen lassen, würde das Wissen zum Verkauf feilgeboten und dadurch unglaubwürdig.
Wir benötigen die Bescheidenheit, die Demut des einzelnen, damit die Liebe der Allmacht tragfähig wird.

Frage: Trifft das ganz besonders für die Personen zu, die als Kanal tätig sind?

Claudius: Nichts würde mehr geschehen, würde Hochmut, Selbstbewußtsein anwachsen zur Arroganz, nichts würde mehr geschehen. Ich habe den Wunsch, daß euer Sein für Menschen, die diesem Kreis nicht angehören, zum Vorbild dienen möge, um sie alle der Gnade der Allmacht zuzuführen. Denn wer sucht, wird finden, wer Augen hat, wird sehen und wer Ohren hat, wird hören.

Die Gnade, die der Menschheit zuteil wird, läßt eure Farben erglühen und die Seele wird zum Widerschein des Glücks der Ewigkeit. Ihr sollt euch bewußt sein, daß alles um euch lebt, was euch je begegnet ist. Dies ist die Erklärung für alles, was euch widerfährt, denn glaubt mir, die Menschen, die eines Tages euren Weg gekreuzt haben, mit diesen Menschen werden immer wieder Begegnungspunkte geknüpft werden – und es ist so, daß die angenehmen Begegnungspunkte Erinnerungen in euch wachrufen – und nur die.

Seht, meine Freunde, ein Mensch, der sich freischwimmt von herkömmlichen, übernommenen

Vorstellungen, wird den Höhenflug beginnen können.
Und noch etwas, meine Freunde: Kümmert euch nicht um die Wissenschaft, die kein Verständnis für diesen Kontakt hat – nicht verstehen will –
Betrachtet unseren Freund.* Er sitzt hier und weiß nicht was mit ihm geschieht. Würde man einen Wissenschaftler hinzuführen, würde er sagen: Alles kommt aus seinem Unterbewußtsein, oder – er ist ein Scharlatan – oder er macht dies, er macht jenes, um euch in die Irre zu führen. Es gibt tausend Dinge, die gesagt werden können – und doch gibt es nur **eine Antwort**:
Es gibt Kräfte, die auf euch niedergehen, die euch freimachen, die euch die Gnade der Allmacht empfinden lassen. Es ist mit dem realen Verstand nicht zu begreifen. Es ist nur mit dem Gefühl der Liebe zu begreifen. **Und Liebe ist nun mal nicht meßbar.**
Ich möchte, daß ihr die Gnade der Allmacht fühlt, daß ihr die Liebe fühlt, die euch umgibt und daß ihr die Gnade des neuen Lebens erfahrt.
Ströme der Liebe mögen auf euch niedergehen. Sie mögen euch ausfüllen und emportragen zum Licht. Die Gnade der Allmacht werde euch bewußt, die euch zum Leben berufen hat. Fühlt, wie ihr emporgetragen werdet zum Licht.
Seht, meine lieben Freunde, alles was ihr durchlebt, findet seinen Niederschlag bei uns und nichts wird verloren gehen. Euer Leben ist nur ein Aufblitzen im Universum, aber trotz allem von großer Bedeutung für die Weiterentwicklung des Menschen, damit er zurückkehren kann in die Liebe und die Gnade der Allmacht.
Es war mir vergönnt den Felsen anzuschlagen, daß das Wasser hervorquellen kann – doch ohne euch,

* Marc

ohne eure Hilfe wäre es nicht möglich gewesen. Ich segne euer Sein.

Claudius über das Zustandekommen der Kontakte

Frage: Es ist für uns Menschen schwer vorstellbar, wie diese Kontakte zustandekommen, kannst du, Claudius, uns dies erklären?

Claudius: Nun, mein Freund, siehe, in deinem Haus befinden sich Energien. Bestimmte Energien sind so in dich eingeflossen, daß du zum Beispiel, ohne darüber nachzudenken, den Lichtschalter betätigst, um die Lampe zum Glühen zu bringen. Es ist nichts besonderes mehr – doch du siehst, daß unsere Energien immer noch etwas besonderes sind, weil du sie nicht Tag für Tag beanspruchst, sondern nur zu gewissen Zeiten. Dann kommt diese Energie zu dir zurück und ich glaube, daß du so unser Sein auch besser begreifen kannst. Wenn ich spreche:

»Eingebunden seid ihr in die Liebe der Allmacht«,

dann, meine Liebe, erscheint ein Lichtpunkt in der Mitte dieses Kreises an der Decke. Dieser Lichtpunkt schließt ab hinter eurem Rücken. Er verdichtet sich und bildet über euch einen Schirm. Er schließt euch ein, damit ihr keinen Schaden erleidet.

Frage: Energetisches Schutzschild?

Claudius: So könntest du es auch nennen.

Frage: Ist es eine sich selbst bewußte Energie?

Claudius: Sonst wäre sie nicht vorhanden, meine Liebe. Sie ist zur Verfügung gestellt, damit diese Kontakte möglich sind – von Anfang an.

Frage: Ist es die Brücke zwischen uns und euch?

Claudius: Nein, es ist so zu sehen, daß hier ein Dach entsteht über euren Köpfen, in dem über diesen Punkt unsere Energien zu euch einfließen können.

Frage: Also wie ein Faradayscher Käfig, in den auch der Blitz nicht einschlagen kann?

Claudius: So ist es zu verstehen.

Frage: Sagtest du deshalb unlängst zu D., sie möge etwas näher an den Tisch rücken, damit sie nicht außerhalb des Kreises sitzt?

Claudius: Richtig, meine Liebe.

Frage: Du öffnest manchmal die Hände, wie es auch Priester am Altar tun.

Claudius: Es ist ein Symbol, das jedoch unbewußt bei vielen zelebriert wird. Siehe, meine Liebe, wenn ich die Hände öffne, gebe ich euch die Energien weiter, die die Allmacht für jeden einzelnen von euch bereithält. Kein Dolch ist in meiner Hand – nur die Liebe streichelt euch. Sie möge euch Kühlung bringen, sie möge euch erwärmen, wenn ihr friert und sie möge eure Seele jubilieren lassen. Die Gnade der Allmacht ist bei euch, sie gibt euch die Kraft zum Leben. Meine Freunde, seht, die Sonne geht in euch auf und macht euch frei.

Frage: Wie ist das mit der Schwingung zu verstehen? Hat Schwingung etwas mit Energie zu tun?

Claudius: Alles schwingt und alles ist Energie. Wir müssen uns bemühen, die Schwingung – die Energie eures Kreises zu bündeln und zum Aufbau eines Durchflusses zu halten.

Frage: Es geht viel Zeit verloren für die Begrüßung jedes einzelnen, die vielleicht für wichtigere Durchsagen genutzt werden könnte, besonders dann, wenn wir in großer Runde sind.

Claudius: Die Begrüßung der Anwesenden soll dazu dienen, euer Bewußtsein aufzuschließen und euch freizumachen für die geistige Schwingung, die aufgebaut werden muß, damit wir bündeln können.

Frage: Werden die Schwingungen, von denen du sagst, daß sie nicht immer aufgebaut werden können, von eurer Seite bewirkt?

Claudius: Schau, meine Liebe, alle, die hier im Kreis sind, haben die gleichen Gedanken durch die Fragen, die ausgesprochen werden. Alle, die hier sind, fühlen die Liebe in sich. Deshalb ist es möglich, diese Bündelung zustande zu bringen.

Frage: Ist es für dich manchmal nicht sehr schwer, dich deutlich auszudrücken?

Claudius: Es hängt von den Schwingungen ab, für die ihr bereit seid oder die ihr abgeben könnt. Nicht immer ist meine Rede flüssig, nicht immer geht alles nahtlos ineinander über – doch meine Freunde, wenn ihr alle emotional aufgeladen seid, dann läßt mich diese Emotionalität so sprechen, wie ich jetzt gesprochen habe.

Frage: Durch diese Emotionalität nehmen wir folglich auch entsprechend viel Energie aus dem Kosmos in uns auf?

Claudius: Meine Liebe, das ist des Rätsels Lösung. Nur derjenige, der **emotionell** reagiert, wird **Resonanz** erwarten können. Seht, meine Lieben, die Musik, die ihr hört, sie besteht aus Schwingungen. Ihr könnt sie nur hören, weil diese Schwingungen zur Harmonie zusammengeführt wurden und damit euer Ohr erreichen. Es ist so einfach und doch so schwer.

Seht auf der unteren Ebene bewegt ihr euch. Betrachtet mich, **Claudius**, als den Mittler, der eure Gedanken bündelt und zusammenfaßt als Kreis über euch. Zu mir dringen eure Worte, eure Fragen, eure Bitten, die ich strahlenförmig nach oben weitergebe an diejenigen, an die sie gerichtet sind.

Nun, nachdem der Kanal aufgebaut ist, ist es mir möglich, da ich Zugang habe zur **Akasha-Chronik**, zum Wissen dieser Welt, und durch das geistige Potential dieser vielen kleinen Funken, die vorhanden sind – ist es mir möglich, zum Beispiel **Zenta Maurina*** zu rufen und jetzt müßt ihr euch vorstellen: All

* Näheres über Zenta Maurina im Kapitel: »Konstantin Raudive über die technisch gestützte Transkommunikation.« (S. 310)

diese Energien, die **Zenta Maurina** ausmachen, bündeln sich, kristallisieren sich zur Person **Zenta Maurina**. Ich bitte sie zu euch zu sprechen und leite diese Person über den Kanal zu euch.

Ihr werdet sie vielleicht nicht erkennen können, weil Zenta Maurina eine Frau ist, und wir nur einen männlichen Kehlkopf benutzen können (Marc), doch wer zu euch spricht, wird Zenta Maurina sein. Wenn ich manchmal etwas über euer Verständnis hinaus zu weit gehe, dann geschieht es, um euch zum Fragen anzuregen.

Doch letztendlich ist es so: **Das Geheimnis eures Lebens solltet ihr ergründen. Dies ist das Wesentliche.** Was danach kommt, meine Freunde, wird euch keine Schwierigkeiten bereiten.

Seid ohne Angst – ich wache darüber, daß keinem etwas geschieht. Habt Vertrauen. Gesegnet sei der Tag, an dem wir uns begegnet sind.

Frage: Lieber Claudius, wir sind sehr, sehr dankbar für diese Kontakte und wissen natürlich, daß wir mit unseren Schwingungen oder auch Emotionen mit dazu beitragen können, daß die Brücke zwischen Diesseits und Jenseits begehbar wird. Dennoch möchte ich fragen, welche Eigenschaften unsererseits euch oder dir Hilfestellung geben können, welche es sind, die du vor allem von uns erwartest?

Claudius: Um Kontakte dieser Art ermöglichen zu können, gehört eine tiefe Gläubigkeit und Demut von eurer Seite dazu, weil eure Schwingung es uns ermöglicht zu euch zu gleiten. Es ist die ausgestreckte Hand, die ihr uns reicht, in die wir unsre Hände legen, um zu euch gleiten zu können. Nur der, der die Hände ausstreckt und keine Fäuste macht, nur den werden wir besuchen können. An euch liegt es meine Worte Widerhall finden zu lassen in eurer Seele, daß sie sich baden möge im Glück. Ich weiß, daß dies nicht immer möglich ist, aber ich weiß auch, daß ihr das

Glück immer wieder finden werdet, wenn ihr es sucht. Unsere Liebe sei euer Geschenk für das Leben. Gebt mir die Hände, meine Freunde. Der Strom der Liebe möge euch umfangen, möge euch Begleiter sein. Es möge euch bewußt werden, daß

IHR SEID.

Ein jeder ein Teil der grenzenlosen Liebe, ein jeder ein Teil des göttlichen Universums, ein jeder ein Teil **Gott**. Ihr seid gekommen aus dem Ursprung des Universums – ihr kehrt zurück zum Ursprung des Universums und werdet eingehen in die unendliche Liebe der Allmacht.
Eure Gedanken mögen emporsteigen zu uns in Liebe und wir werden sie zurückschicken, daß sie euch erfüllen, daß ihr sie hinaustragen könnt in eure Welt.

Claudius: ICH BIN

Seht, **ICH BIN ist die Lösung – ICH BIN ist das bewußte Sein, der bewußte Geist CLAUDIUS.** Ich begebe mich auf Euere Frequenzen, wenn ich euch antworte. Ich bin für euch, und nur für euch in diesem Augenblick personifiziert. **ICH BIN ist CLAUDIUS ganz.** Und damit meine ich, als Teil der Schöpfung, mit allen Informationen versehen. Doch alle diese Informationen, die **ICH BIN** beinhaltet, kann und darf ich euch nicht vermitteln. Ich darf euch nur vermitteln, was ihr erfragt. Versteht mich richtig, auch ihr seid jetzt nur ein Teil von euch, der Hauptteil befindet sich auf unserer Ebene, und wenn ihr den Fluß überschritten habt, werdet ihr **ICH BIN**, ein völlig autarkes Wesen sein.
Und wenn ihr mich ansprecht als CLAUDIUS, dann wird dieser Kanal offen sein. Ich werde direkt angesprochen und mir ist es möglich, Informationen aufzunehmen von anderen **ICH BIN** und sie euch zuzuleiten.
Auch ist es mir möglich, durch die Voraussetzungen, durch die Möglichkeiten, die ich habe, anderen die Möglichkeit zu geben, mit euch zu sprechen. Aber sie gleiten immer nur auf meiner Schiene. **ICH BIN** und baue auf. Es ist meine Aufgabe, der ich mich füge, und die ich mit Freuden angenommen habe. Sie bringt Früchte, meine Freunde, und das ist das Wichtigste. Viele Kanäle gibt es, viele Dinge geschehen in eurem Umfeld, und wer offene Augen hat, wird sie bemerken.

Der Weg

Claudius: Ich danke euch liebe Freunde, daß ihr **den Weg gehen wollt**, der euch zur Erkenntnis führt. Ich möchte, daß ihr begreift und versteht, daß ihr erfühlt und erahnt. Nicht unbedingt ist es unsere Absicht, daß ihr dem gesprochenen Wort gemäß, über die Ratio dieses Wissen euch zu eigen macht. **Viel wichtiger ist, daß ihr das Wort nur als Hilfsmittel benutzt, um in euerer Seele Gewißheit, Überzeugung wachsen zu lassen.**

Die Begriffe, meine lieben Freunde, die euch genannt worden sind, müßten euch bewußt werden lassen, daß **alles im Universum Liebe ist – alles – die höchste Energie: GOTT.**

Doch meine Freunde, es steht auch alles in Wechselwirkung zueinander, das heißt: Wie kann diese Liebe, dieser Gott empfunden werden?

Es gehört ein **Gegenpol** dazu. Dieser Gegenpol, meine Freunde, ist das **Bewußtsein der Seele**, daß sie diese Liebe empfinden kann, dieses

Ich bin Liebe

Dies als erstes.

Seele, meine Freunde, ist eine Definition, um euch begreifbar zu machen, was euer **Dual** ist.

Seele, meine Freunde, ist **Geistkörper – ist Geistmaterie**, denn sie kann sich verdichten, insoweit verdichten, daß sie wie ein Hauch, wie ein Schleier oder wie ein **Dualkörper der Materie** ist.

Freunde, wir werden im Laufe unserer Gespräche immer wieder auf dieses Mysterium zu sprechen kommen.

Auch die Abstrahlung eines Steines hat etwas damit zu tun. Der **Geist der Materie** beinhaltet ein **Teilbewußtsein**, das **Teilbewußtsein der Molekularstruktur des betreffenden Gegenstandes**.

Versteht es so: Euer Körper, unbeseelt, der Stein, natürlich unbeseelt, trägt jedoch die Information der Molekularstruktur in sich. Das heißt nichts anderes, als daß der Körper, und dies im weitesten Sinne, der materielle Körper durch die Molekularstrukturen zusammengesetzt ist. Somit hat ein Teilwissen, das in dieser Molekularstruktur vorhanden ist, diesen Körper gebildet.
Dieser Körper jedoch ist sich nur selbst bewußt, das heißt, er empfindet sich nicht, sondern **ER IST**.
Wenn ich vom **Geist der Materie** spreche, dann meine ich, daß die Molekularstruktur das Wissen in sich birgt, daß es zum Stein wird, daß es zum Baum wird, oder zum menschlichen Körper, **ohne bewußtes Sein**.
Nun, Geistmaterie ist etwas anderes: **Geistmaterie bildet das Behältnis der Seele**.

Liebe ist immer, Liebe ist Gott,
ist die Urenergie.

Siehe, die Idee »Mensch« war in dieser geistigen Struktur vorhanden, die Idee Mensch wurde geboren in dem Augenblick, als sich das **ICH BIN**, nämlich die Verbindung zwischen **Liebe, Geist und Seele**, gebildet hat.

Dies war eine geistige Struktur, die das Bild »Mensch« erzeugte und dieses Bild Mensch wurde auf diesen Planeten projiziert.

Es entstand eine Wechselwirkung.
Diese, und jetzt spreche ich bewußt von der Seele, du könntest auch sagen **Engelwesen**, die dieses
ICH BIN, in der Liebe sich erfühlen,
in sich bargen, diese haben verdichtete Formen angenommen, als sie diesem Planeten begegneten.

Dies bezieht sich auf die verdichtete Idee Mensch, die **frei von jeder materiellen Bindung war** – zunächst. Sie lebten nach Jahren gerechnet, 500, 600, 700 Jahre, bevor sie sich wieder auflösen konnten.
Nur in dem Augenblick, in dem sie mit der Veränderung der Urinformation, der Molekularstruktur begannen, **wurden sie körperlich**. Diese Körperlichkeit band sie an diesen Planeten, an die Materie.
Es gab Wesen, die man Menschen im weitesten Sinne des Wortes bezeichnen konnte, denn die Idee war vorhanden. Die Vervollkommnung geschah im Laufe von **Jahrtausenden**.
In der Vergangenheit war es so, daß man immer wieder darüber gestolpert ist: »Ja, wie ist denn der Mensch entstanden, wie ist denn Menschsein überhaupt zu begreifen?«
Diese Frage zieht sich durch unsere gesamte Diskussion während der letzten Jahre. Ich habe euch gesagt, daß Gott nicht zu hinterfragen ist und vielfach ist auch dies heute noch im Unterbewußtsein die entscheidende Frage. Diese entscheidende Frage werdet ihr erfühlen, wenn ihr den Fluß überschreitet. Es ist zu hoch für den Menschen, als daß man ihm dies vermitteln könnte. Wichtig allein ist, daß ihr begreift, was geschah, als der Mensch Mensch geworden ist, als der Mensch Bewußtsein erhielt, daß er sich selbst als Mensch erkennen konnte, denn in dem Augenblick, wo er sich seiner Schöpfung bewußt wird, wird er sich auch eines Schöpfers bewußt, eines imaginären nichtverständlichen Schöpfers.
Nachdem der Mensch über die Ratio hinaus begreift, daß nichts geschieht ohne Ursache und Wirkung hervorzurufen, so hinterfragt er natürlich – und **Ratio** ist nichts anderes als der **Steuerungsfaktor**, der ihn befähigt zu denken, Energien auszusenden und einfließen zu lassen.
Jeder von euch in diesem Kreis, jede Geistenergie in

diesem Kreis kommuniziert ständig miteinander. Sie bildet ein Konglomerat, das dazu führt – dies solltet ihr als Besonderheit erkennen –, daß einer dem anderen Anstöße vermittelt, fühlbare, erfühlbare Anstöße, die auch mitunter zu Auseinandersetzungen führen.

Diese Auseinandersetzungen, die geführt werden, binden jedoch enger noch und stoßen nicht ab. Dies ist der große Vorteil innerhalb einer Familie – und hier meine ich nicht die Familie, die vor dem Standesamt, vor der Kirche geschlossen wird – sondern **ich meine die Familie gleichgesinnter Energien**.

Die Ratio, als Steuerungsfaktor des Gehirns, ist als gefühllos, wenn du so willst, zu bezeichnen. Sie steuert die Gedanken. Sie ist ein Energieträger und somit bleibt es jedem einzelnen überlassen auf seine **Seele zu hören** oder auf den rationellen Verstand, der ihm zunächst verbietet in diesen Kreis einzutreten, weil sich dann sein Verhältnis zur Umwelt in anderem Maße verändert, als wenn er in diesem Kreis sich befindet.

Du spürst die Veränderungen, die in den Menschen vorgegangen sind, die diesem Kreis angehören.

Frage: Es ist sehr schön, diese Entwicklung zu sehen und ich denke, wenn ich einst den Übergang vollziehe, daß ich ihn diesmal bewußt vollziehe, was sicher in den vorhergegangenen Leben bzw. Übergängen nicht der Fall war.

Claudius: Genau so ist es, meine Liebe. Und noch etwas: Die Dialoge werden die größte Bedeutung erst dann gewinnen, wenn die beteiligten Personen weise geworden sind – und wenn unser Freund längst nicht mehr im menschlichen Körper gebunden ist.

Weißt du, es ist seltsam im menschlichen Leben. Alle Anstöße, die der Mensch im Laufe seines Lebens erhält, werden zunächst aufgenommen – doch die Wertstellung geschieht erst dann, wenn sich die Anstöße verringern. Dann nämlich muß sich der menschliche Geist mit allem angesammelten Potential an Wissen, Erfahrung und Erfühlung auseinandersetzen, und dann wird so manches, was im Schleier der Zukunft verborgen lag, auftauchen. Man wird begreifen und verstehen können, weil man frei geworden ist von dem **materiellen Zwang des menschlichen Seins**.

Bewußtsein

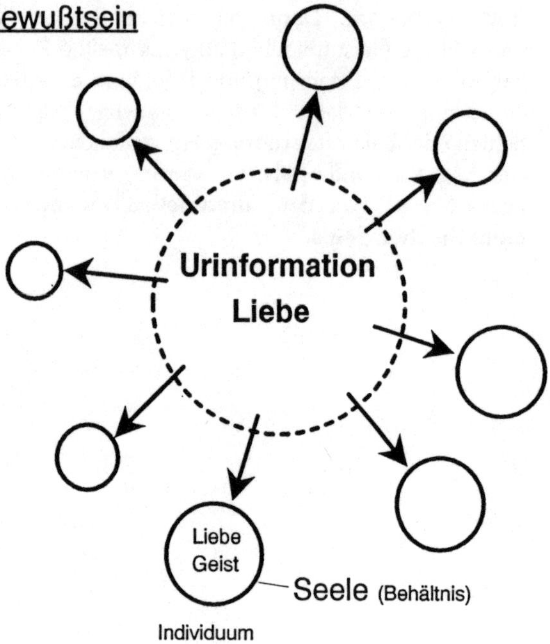

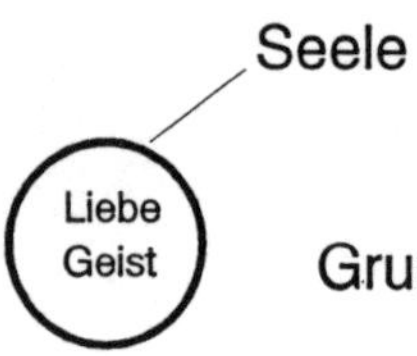

Grundsätzliches Ziel:

- Bewußt werden
- sich selbst begreifen
- sich erkennen

Der Mensch ist eine Sonderform von vielen möglichen Ausdrucksformen in Verbindung mit bewußtem Geist und Materie

Teil II

Vom Sinn unseres Lebens

Frage: Lieber Claudius, wir möchten dich heute fragen: Wer bin ich? Warum bin ich? Was ist der Sinn unseres Lebens?

Claudius: Was ist Leben? Leben ist alles, aber, was du meinst ist **Leben mit Bewußtsein**. **Danach** solltest du fragen, denn es ist der Schlüssel zum Leben überhaupt. **Das Bewußtsein erst läßt Leben zu Leben werden.***

Leben besteht aus Information, und erst die Liebe, das Bewußtsein, die Seele, **macht Leben erfahrbar**.

Es kann sowohl ein **Fluch sein**, dieses Erfahrenkönnen, als auch ein **Segen**. Geliebte Freunde, ich würde sagen, **es ist ein Segen, denn dadurch wird euer Leben sinnvoll**.

Mensch sein, meine Freunde, ist eine Aufgabe, die sich die Seele ausgesucht hat.

Der Mensch, der nur so in den Tag hineinlebt, wird zu irgendeinem Zeitpunkt an sich selbst verzweifeln, weil er die Zusammenhänge nicht erkennt. Die Irrwege, die er als Mensch geht, sollen dazu führen, daß in ihm der Boden bereitet wird, um die unendliche Gnade der Allmacht zu erkennen, die ihn zurückführt in den Schoß des Universums – in die ewige gültige Liebe.

Ohne diese Gewißheit wäre euer Leben sinnlos.

H.: Ich bedauere alle Menschen, die dieses Wissen nicht haben und immer nur davon reden, wie sinnlos ihr Leben ist.

Claudius: Weißt du, meine Liebe, jeder erhält Gedankenanstöße und du wirst in deiner Umgebung die Beobachtung machen, daß nur durch Leid neue Denkanstöße gegeben werden können. Der eine oder andere verstrickt sich in seinem Leid und fällt tief, tief zurück.

* Skizze »Bewußtsein« auf Seite 34

Der andere erkennt durch das Leid die Unendlichkeit des Universums, die unendliche Liebe der Allmacht, die Gnade des Übergangs, denn es ist eine Gnade, zurückkehren zu können aus dem Chaos in den Frieden, sich selbst erkennen zu können, sagen zu können: »**ICH BIN**« – Teil dieser Allmacht, Teil der ewig gültigen Wahrheit.

Nur wer fragt, wird die Antwort erhalten. Er wird im Ableben seines Nächsten, seines Freundes, seines Kindes, seines Partners die Gnade erkennen und wird vielleicht auch denken: »Wäre ich nur auch schon so weit«. Und dieses Bewußtsein wird ihn über alles Leid hinwegtragen.

Frage: Kann es sein, daß dem Menschen sein Verstand im Wege steht, daß er ein Hemmschuh ist für Erkenntnisse solcher Art?

Claudius: Ja, so ist es, weil er über die **Ratio den Steuerungsmechanismus seiner Seele beeinflußt**.

Die Ratio, als Steuerungsfaktor des Gehirns, ist als gefühllos, wenn du so willst, zu bezeichnen. Sie steuert die Gedanken. Sie ist ein Energieträger. Es bleibt jedem einzelnen überlassen auf seine **Seele zu hören** – oder den rationellen Verstand die Oberhand gewinnen zu lassen.

Alle Anstöße, die der Mensch im Laufe seines Lebens erhält, werden zunächst aufgenommen – doch die Wertstellung geschieht erst dann, wenn die Anstöße sich verringern, denn dann muß der menschliche Geist sich mit allem angesammelten Potential an Wissen, Erfahrung und Erfühlung auseinandersetzen.

Wenn euch bewußt wird, wie eng begrenzt menschliches Dasein ist, werdet ihr euch geistig öffnen können. Dies will ich erreichen. Du sprachst vom Hemmschuh Verstand. Seht, es gibt Menschen, die jahrzehntelang studieren, die die höchsten Ämter einnehmen, wie zum Beispiel euer **Papst** – und die, trotzdem sie einen brillanten Verstand besitzen, sich selbst im Wege stehen.

Frage: Wenn ich Papst wäre, würde ich versuchen ein anderes Verständnis zu vermitteln.

Claudius: Illusionen des menschlichen Verstandes, Illusionen, Seifenblasen, die zerplatzen. Und wärest du Papst, dann wärest du eingebunden in die Richtung dieser Religion, aus der du nicht ausbrechen könntest.

Frage: Hätte ich dann keinen Kontakt zu dir . . .?

Claudius: Nein, meine Liebe, nein, denn **mißbildet wäre dein Geist**. Du hättest keinen Raum gelassen für uns – und würdest du uns Raum geben, meine Liebe, **dann wäre dein Leben beendet . . . –**

Denkt darüber nach, worüber wir gesprochen haben. Laßt es Platz greifen in euch zum besseren Verstehen eures Seins und unserer Welt. Dies wird der Schlüssel sein, der euch die Türe öffnet zu uns.

Ich erbitte für euch die Gnade der Allmacht, damit ihr nicht verzweifelt an diesem eurem Leben, das ihr durchleben wolltet und das ihr durchleben könnt. – Mit all seinen Konsequenzen wird dieses Leben euch Erkenntnisse vermitteln, die euch weitertragen werden **in unser Sein**.

Merket:

Unsere Welt ist auch eure Welt – doch eure Welt ist nicht unsere Welt.

Ihr müßt auf diesem Planeten leben – euer Leben durchleben und **ihr lebt in der Polarität**. Ihr empfindet gut und böse. Dies, meine Freunde, zeichnet euch aus, dieses **bewußte** Leben. Es ist jedoch auch eine Last, denn dadurch, daß euch dieses Empfinden gegeben worden ist – und nur dem Menschen gegeben worden ist – habt ihr auch die Verpflichtung euch damit auseinanderzusetzen.

Jeder Mensch wird Begegnungen haben, jeder Mensch, der sich öffnet, wird Belehrungen erhalten. Seht, meine Freunde, dafür habt ihr euer Gefühl mit

auf diese Welt genommen, um die Antenne, wenn ich es so nennen will, zu uns aufrecht zu erhalten.
So, wie ihr »gut« und »böse« empfinden könnt – so könnt ihr auch die Liebe empfinden, die Güte, die Gnade der Allmacht, die euch auf eurem Weg begleitet.
Doch nicht immer seid ihr bereit dazu, denn eure Umgebung, euer Umfeld, läßt so manches im Untergrund, läßt es nicht hochkommen in euer Bewußtsein und ihr müßt es immer wieder neu erleben.

Frage: Es ist sehr schwer für uns, den richtigen Weg einzuschlagen.

Claudius: Seht, Freunde, kein Weg ist so weit, daß ihr ihn nicht gehen könntet. Erkennen müßt ihr die Prioritäten in eurem Leben, und wenn ihr erkannt habt, dann kennt ihr nicht mehr die Mühsal, die euch zur Erkenntnis führen wird. Sicher, mühsam ist der Weg eures Lebens, doch ihr wolltet ihn gehen. Ihr habt ihn ausgewählt, um Erfahrungen zu sammeln, Schmerz und Leid zu durchleben, Freude zu durchleben, **Liebe zu empfangen, Liebe zu geben**.
Doch, *Liebe*, meine Freunde, **ist das Ausgefülltsein in sich selbst, sich bewußt machen, daß das Ziel eures Lebens einfach der Heimgang in diese unendliche, alles umfassende Liebe des Universums ist**.
Und wenn ihr dies erkannt habt, dann, meine Freunde, werdet ihr den Duft der Blüten einatmen, ihr werdet im Säuseln des Windes die Energien der Allmacht wahrnehmen, ihr werdet jeden Blitz und Donner, die Gewalten der Natur, in euch nachempfinden können, ihr werdet die Dunkelheit der Nacht lieben lernen und ihr werdet glücklich sein, dem neuen Morgen zu begegnen.
Seht, es wurden euch viele Geschenke mit auf euren Weg gegeben, doch manchmal überseht ihr sie. Hört die Musik, spürt die Ruhe, die davon ausgeht und von

euch Besitz ergreift. Sphärenmusik solltet ihr sie nennen, denn sie wiegt euch in den Schlaf (Sandelan)*. Doch es gibt auch Menschen, die müssen mit Trommeln und Trompeten aufgeschreckt werden aus ihrer Lethargie. Auch dies ist ein Weg zur Selbsterkenntnis. Nur begreifen muß man es. Dann wächst auch das Verständnis dafür.

Freunde, nehmt auch dies mit in euer Leben: Geht dem anderen bis zur Hälfte des Weges entgegen. Ist er bereit, dann wird er die andere Hälfte gehen. Ist er nicht bereit, dann habt ihr nichts falsch gemacht. Im Gegenteil: Mit der Erkenntnis, eine Begegnung gehabt zu haben, geht ihr zurück in euer Leben, in euren Körper und ihr werdet frei sein von Zorn und Vorwürfen, ihr werdet frei sein von Demütigungen, und ihr werdet frei sein über eure Entscheidungen.

Ihr werdet euch selbst lieben, annehmen, und siehe, die Harmonie mit sich selbst wird Platz greifen können, ohne daß daraus **Überheblichkeit** entstehen könnte. **Dies ist das Geheimnis.**

Frage: Es gibt aber so wenig Harmonie zwischen den Menschen – in der Familie – und auch sonst. Wie siehst du das?

Claudius: Es stimmt, daß viele Menschen heute nicht mehr zusammenleben, sondern nur **nebeneinander herleben**. Ich möchte darauf hinweisen, daß es viele Menschen gibt, die dich fragen, wie es dir geht – und an deiner Antwort schon nicht mehr interessiert sind. Sie erwarten nichts anderes, als daß es dir gut geht und wenn du Schwierigkeiten hast und sagst, es geht dir schlecht, dann wechseln sie das Thema, um sich nicht damit auseinandersetzen zu müssen. Ihr seht, wie schwierig es ist, Freunde, richtige Freunde, zu finden, die tatsächlich Anteil am persönlichen Wohlergehen bekunden. Deine Seele, mein Freund,

* Sandelan – Cassette: Lichtenergie-Geistheilung

wünscht Harmonie, dein Verstand möchte das zwar auch, aber dein Verstand läuft neben der Seele und nimmt die Impulse nur sporadisch auf, die die Seele aussendet. Würdest du deiner Seele Raum geben, dann würde dein Verstand sagen: **»Ich wünsche nur die Harmonie«** und du würdest versuchen, die Harmonie Einkehr halten zu lassen oder die Grundlage zu schaffen, daß Harmonie sich ausbreiten kann.

Du wirst erkennen, daß der Sinn deines Lebens Harmonie bedeutet. Harmonie mit dir selbst, Harmonie mit deinem Umfeld und es wird dir möglich sein, in deiner, ach so schlimmen Welt, trotzdem die Harmonie zu erkennen und für dich nutzbar zu machen.

Ihr tragt das Siegel der Ewigkeit in euch und diese Gewißheit möge euch helfen auf dem Weg eures irdischen Lebens.

Frage: Kann die Religion dazu beitragen, daß man seinen Weg erkennt?

Claudius: Viele Menschen haben den Hintergrund, nämlich die Religion, verloren und zwangsläufig sich selbst als Menschen damit in ein gewisses Abseits gestellt.

Geistige Entwicklung ist nicht nur unter dem Aspekt zu sehen, daß der Mensch sein Umfeld mit neuen materiellen Erkenntnissen weiterentwickelt, sondern auch diese neue **materielle Entwicklung in seine geistige Inkarnation einbettet** – sonst, meine Freunde, kommt er zu irgendeinem Zeitpunkt an die Grenze, bei der er sich fragt: *»Wozu das alles?«* Der Sinn seines Lebens ginge ihm verloren – und daran mögt ihr erkennen unser Bemühen, daß wir euch eure geistige Entwicklung nachvollziehen lassen wollen, um den Sinn eures Lebens in euch zu manifestieren, **denn wie ein Nebel ist das Wissen der Religion um** euch vorhanden. Nicht faßbar, nicht begreifbar, gebunden an gewisse Menschen, die die Idee der Liebe dem Menschen bewußt werden lassen wollten.

Das, was wir bewegen können – wird bewegt. Und wenn ihr davon ausgeht, daß wir die Gnade haben, alles zu überblicken, dann, meine Lieben, spielt Zeit eine völlig untergeordnete Rolle. Und wenn ihr noch dazu davon ausgeht, daß es am einzelnen liegt, seinen Frieden in sich selbst zu finden, dann erkennt ihr des Rätsels Lösung, **Das Bewußtsein des einzelnen ist der Schlüssel zum besseren Verstehen**.

Frage: Ich sehe das Bild der Toten von Sarajevo vor mir. – Wie kann ich damit fertig werden?

Claudius: Meine Liebe, es ist völlig bedeutungslos im Universum, denn diese Menschen, die dort den Übergang gefunden haben, sind völlig befreit von menschlichem Denken. Sie sind zurückgekehrt in die Gnade der Allmacht mit neuen Erkenntnissen.
Dir, meine Liebe, macht die Ungerechtigkeit dieser Welt zu schaffen. Doch mein Herz, selbst wenn du verzweifelst an dieser Ungerechtigkeit, wirst du sie nicht ändern. Nur für dich selbst sollst du erkennen, wohin dein Weg zu gehen hat.

Frage: Wäre all dies nicht notwendig, wenn die Menschen eine Anleitung zum Erkennen hätten?

Claudius: Darf ich dir etwas sagen: Wenn alle Menschen erkennen würden, dann wären sie nicht mehr Mensch. Dieser Planet, meine Liebe, **dient zur Läuterung**. Dieser Planet ist die von eurer Religion so schlimm beschriebene Hölle (sehr betont) aus der ihr geläutert hervorgehen sollt. Erkenne es, begreife es, dann, meine Liebe, wird es dir keine Schwierigkeiten mehr machen, deine Verzweiflung zu überwinden. Doch auch diese Verzweiflung ist ein Teil dieser Hölle, diese Verzweiflung, die du empfindest über die Unvernunft der Menschheit.

Frage: All dieses Schlimme erschüttert mich wirklich sehr.

Claudius: Nun, du wirst geläutert daraus hervorgehen, meine Liebe. Erlebe sie, durchlebe diese Verzweiflung, dann wirst du erkennen, daß du selbst nur für dich zu

Erkenntnissen gelangen kannst durch **die** Umgebung, in die **du** hineingeboren wurdest.

Frage: Wenn man an alle verbrecherischen Machenschaften der Menschen denkt, dann muß man sich fragen: Ist in diesen Menschen auch Christus-Geist?

Claudius: Nun, meine Liebe, wenn sie es erfühlen können, dann werden sie verzweifeln an dem, was sie als Menschen verbrochen haben – hier beginnt die Reue – hier beginnt die Vergebung – und hier beginnt die Gnade der Allmacht – unbemerkt von euch – tätig zu werden.

Frage: Warum kann ein Mensch überhaupt so tief fallen, sich so weit entfernen von seinem Ursprung?

Claudius: Nun, mein Freund, dies liegt im Wesen des Menschen begründet, der nicht nachdenkt über seinen Ursprung, über sein eigentliches Sein, und **der seine Person als Mensch über alles stellt** und den Glauben, etwas mehr zu sein, als nur dieser Körper, verloren hat, der alles verneint und eliminiert. Deshalb, mein Freund, gibt es Menschen, die ihr als **Ungeheuer** bezeichnet.

Frage: Ist diesen Ungeheuern die Liebe der Allmacht verschlossen?

Claudius: Auch diesen Menschen ist die Liebe der Allmacht **nicht** verschlossen.

Frage: Warum müssen so viele Menschen leiden, selbst wenn es gute Menschen sind?

Claudius: Seht, meine lieben Freunde, in **jedem** von euch ist das Leid Christi vorhanden. Jeder von euch geht auf seine Weise den Weg nach Golgatha. Jeder von euch wird das Leid nachvollziehen, das der Mensch Jesus erlebt hat, die Zweifel, die ihn erfaßt hatten am Vorabend auf dem Ölberg.

Ich erinnere dich, meine liebe G. an die Zeit der letzten 14 Tage, die dich verzweifeln ließ. Ich erinnere dich, meine liebe H., was du durchlitten hast, beim Heimgang deiner Tochter. Jeden einzelnen von

euch erinnere ich an die Begebenheiten in seinem Leben, die ihn schier zur Verzweiflung gebracht haben. Versucht diese Gedanken mit dem Leidensweg Jesu zu vereinen. Laßt in euch Platz greifen euer Erleben als Menschen, und ihr werdet dieses Leid nachempfinden können. Ihr empfindet Leid beim Heimgang eines Verwandten oder Freundes, der plötzlich nicht mehr körperlich unter euch weilt. Und trotz all diesem Leid ist in euch die Gewißheit vorhanden, daß dieses Leben mit eurem irdischen Hinscheiden nicht zu Ende ist.
Abschiednehmen, sich trennen, einen Teil von sich selbst aufgeben, etwas dem Wind überlassen, den Fluten, dem Wasser. Das Sterben lernen – jeden Tag ein wenig – **für das Neue, das folgt**.
Seht, meine Freunde, die Welt, in der ihr lebt, ist groß und weit und doch ist sie nur ein Bruchteil des Universums, der allumfassenden Liebe dessen, den ihr *Vater* nennt. –
Alles, was euch belastet, sind die Steinchen auf eurem Weg. Wir wollen euch Schuhe anziehen, damit ihr euch nicht mehr verletzt. Doch aus dem Weg räumen, meine Freunde, dürfen wir euch die Steine nicht. **Der Weg ist das Ziel** – und das Ziel, meine Freunde, ist die Erkenntnis in euch, daß nichts, was geschieht, umsonst ist.
Seht, ein jeder von euch lebt in einer Erwartungshaltung und hier spielt euch eure Psyche einen Streich. Hört gut zu – **Erwartungshaltung heißt nichts anderes, als sich ein Wunschbild zu formen und grenzenlos enttäuscht zu sein, wenn dieses Wunschbild wie der Nebel auf den Feldern sich auflöst und die nackte Scholle zum Vorschein kommt.** Doch diese Wunschbilder werden erzeugt, teilweise auch durch eure Gesellschaftsordnung, in der ihr lebt. Die Problematik im menschlichen Leben liegt einfach darin begründet, daß ihr in eine Gesellschaftsord-

nung hineingeboren seid, die euch vom rationellen Denken her überschwemmt und vergewaltigt hat.

Nun, ich habe euch den Rat gegeben, diese Gesellschaftsordnung nicht zu meiden, sondern euch anzupassen. In dem Augenblick, wo ihr Rechenschaft ablegen müßt euren Vorgesetzten, müßt ihr den Wünschen eurer Vorgesetzten Rechnung tragen. Mit dem Bewußtsein, es gerne anders machen zu wollen, wird der Knoten gelöst. Es belastet euch nicht mehr – und was soll das? Leben müßt ihr. Ihr könnt es euch nicht aussuchen. Ihr seid hier geboren und nicht im Urwald.

Frage: Aber aus gutem Grund, denn wir wollten doch dieses Leben?

Claudius: So ist es und deshalb werdet ihr, wenn ihr umsetzt, was wir euch mitteilen, leben können. Die Schwierigkeiten für den einzelnen liegen einfach darin begründet, daß seine Seele etwas anderes möchte, als der Verstand – und umgekehrt.

Doch derjenige, der über die Seele die geistigen Einflüsse aufnimmt, wird über den Verstand absorbieren können und dies ist wichtig zu wissen. Nicht umgekehrt sollte es geschehen.

Frage: Wir können demnach gar nichts unternehmen, um unser Umfeld, unsere Nächsten zu verändern?

Claudius: Nicht geboren seid ihr, um die Welt zu verändern. **Geboren seid ihr, um euch selbst zu verändern und damit auf eure Umgebung auszustrahlen und sie mit neuen Energien zu versorgen.**

Wißt ihr, viele Menschen, die mit außergewöhnlichen Fähigkeiten begabt sind, sehen den Sinn nicht, der dahintersteht, warum sie diese Fähigkeiten bekommen haben. Kleine Ausschnitte sind es aus dem unermeßlichen Reichtum des Universums, aus der unermeßlichen Liebe, die ihr *Gott* nennt.

In Demut sollte es der Mensch annehmen und sollte sich selbst beglückt nach innen wenden. Er sollte nicht zum Einsiedler werden. Dies ist nicht damit gemeint, sondern er möge in sich Frieden finden, damit er beglückt das Leben leben kann.

Er soll auch nicht missionieren, denn jeder einzelne hat ein ureigenstes Bewußtsein und wird seine ureigensten Erfahrungen machen, denn jede einzelne Seele wünscht die Weiterentwicklung in diesem Körper, in den sie sich inkarniert hat. Doch möchte sie die Erfahrungen sammeln, die sie zur Weiterentwicklung benötigt, und jeder einzelne Mensch wird zu irgendeinem Zeitpunkt die hierzu nötigen Impulse bekommen.

Frage: Aber es ist doch wichtig, den Menschen mitzuteilen, daß der Tod in Wirklichkeit eine Gnade ist?

Claudius: Natürlich ist es vom menschlichen Standpunkt aus verständlich, daß man der Welt zurufen möchte: Ich habe die Erfahrung gemacht und bin glücklich geworden durch den Tod eines geliebten Menschen.

Meine Freunde, sie würden euch nicht verstehen. Behaltet dieses Glück in euch. Es trägt euch weiter ins Licht.

Wir würden den Menschen **auch** gerne mitteilen, daß der Tod eine Erlösung ist, eine Erlösung der Seele, eine Gnade für den Menschen. Nichts ist wunderbarer, als das Erleben des Übergangs auf unsere Ebene, wenn es bewußt geschieht.

Liebe Freunde, es ist das Problem des Menschen, daß er vor diesen Dingen eine gewisse Scheu hat. Er möchte nicht verlacht werden und er kann kaum unterscheiden, bei wem er seine Seele ausschütten kann und bei wem nicht.

Zu früheren Zeiten war es üblich, daß die Menschen sich geistig näher standen, daß sie mehr im Geiste lebten. Das meinte ich mit meinen Worten: »Sie haben sich entfernt, sie sind auch im Denken materieller geworden«.

Nur so könnt ihr begreifen, welche Veränderung mit

dem Menschen, diesem Idealbild der Schöpfung vor sich gegangen ist. Der Mensch verzweifelt heute noch daran, daß er stirbt, daß er seinen Körper verlassen muß und erkennt nicht, daß es eine Gnade ist, die ihm gewährt wurde, seinem Geist, seiner Seele, gewährt wurde, wieder zurückkehren zu können in die unendliche Liebe der Allmacht. Schaut, meine Freunde, jeder Mensch glaubt, daß sein Partner ihn verstehen müsse und damit schafft er selbst wieder Erwartungshaltungen, die meist nicht erfüllt werden – denn dazu wäre erforderlich, daß der Gesprächspartner die gleiche geistige Ebene hätte und all das Denken, das ihr habt.

Alles ist Erwartungshaltung im menschlichen Sein und deshalb wird der Mensch immer verletzbar sein in irgendeiner Form. Ihr solltet euch meine Worte einprägen. Laßt einfach nur euer Gefühl sprechen, helft, wenn es erforderlich ist, laßt euch helfen, wenn es erforderlich ist, und wenn ihr darüber hinaus das Empfinden habt, dem Helfenden noch ein paar Worte sagen zu müssen, so tut es – und wenn ihr Helfer seid, erwartet keine Worte, sondern freut euch, daß ihr helfen konntet.

Das Problem bei vielen Menschen ist, daß sie ihre Seele vergewaltigen, ihr keinen Raum geben, um atmen zu können. Für diese Menschen, mein Freund, wird es sehr schwer sein, denn die Seele läßt sich lange totschweigen, doch irgendwann bricht es im Menschen auf und sie schafft sich Bahn. Dann verzweifeln sehr viele, weil sie die Frage nach dem

Woher und Wohin

zu **spät** gestellt haben. Doch es sind Erfahrungen, die die Seele sammelt.

Frage: Es macht mich traurig, daß es so vielen Menschen schlecht geht. – Können wir irgendwie helfen?

Claudius: Es ist für dich wichtig, zu wissen, daß du selbst nur die Hälfte des Weges gehen mußt, um dem anderen die

Möglichkeit zu geben, die andere Hälfte dir entgegenzugehen. Dein Verlangen nach Harmonie entspringt dem Ruhebedürfnis deiner Seele. Doch, glaube mir, wenn du den **halben Weg** gehst, dann hast **du** den Weg beschritten.
Kann dein Gegenüber die andre Hälfte des Weges gehen, werdet ihr euch in der Mitte treffen und eine Möglichkeit finden, miteinander zu kommunizieren – vielleicht nicht unbedingt auf geistig-seelischer Art, doch sicher, daß das Leben für dich sich erträglicher gestaltet. Kommt dein Gegenüber nicht auf dich zu, dann, mein Freund, hast du nichts falsch gemacht, es sei denn, **du hast es erwartet und bist nun enttäuscht**.
Deswegen – eine Erwartungshaltung kann zu großem seelischem Leid führen. Gehe frei und offen deinen Weg. Zeige den anderen die geöffneten Hände, damit er sieht, daß kein Messer darin verborgen ist. Mehr, mein Freund, kannst du nicht tun, denn das Bewußtsein des einzelnen ist grundverschieden von dem Deinen. Du verstehst mich?
Es wird in eurem Leben bestimmte Situationen geben, wo euer freier Wille vergewaltigt wird, wo ihr euch anpassen müßt. Doch, meine lieben Freunde, wenn ihr es erkennt, daß ihr euch beugen müßt, der Gewalt eurer Welt, dann, meine Freunde, erfühlt ihr euer Sein. Ihr erfühlt, daß ihr so nicht handeln **wollt**, daß ihr jedoch handeln **müßt**, weil eure Gesellschaftsordnung es euch **aufzwingt**. Und dadurch, daß ihr es erkennt, habt ihr die Möglichkeit Frieden in euch zu finden, trotzdem ihr vergewaltigt wurdet.
Seht, meine Freunde, nichts geschieht von ungefähr. Alle Widerstände müssen überwunden werden. Es ist der Grundsatz der Polarität im Menschen, der Grundsatz von »negativ« und »positiv«, wie ihr es ausdrückt, er ist in eurem Leben, schon bei eurer Geburt.

Was ihr daraus macht, meine Freunde, das ist eurem freien Willen unterworfen. Viele, die sich inkarnierten, um der Menschheit zu helfen, sind in den Strudel hineingerissen worden, der von der Gesellschaftsordnung aufgestellt wurde.

Und immer wieder werden Propheten aufstehen und werden versuchen einen neuen Weg aufzuzeigen, damit der Mensch nicht verzweifelt. Die Menschheit, meine Freunde, ist sich selbst nicht bewußt, daß sie die Krone der Schöpfung auf diesem Planeten ist, denn wäre sie dies, dann bräuchten wir heute nicht zusammenzusitzen und ich bräuchte euch diese Erklärungen nicht zu geben.

Frage: Nach all dem Gesagten möchte man beinahe annehmen, daß vieles, was wir in unserem Leben versuchen, umsonst geschieht?

Claudius: Nichts, was je in eurem Leben geschehen ist, war umsonst. Ihr müßt es nur aufquellen lassen, hochkommen lassen, damit ihr eure Richtung erkennt, damit ihr seht, daß immer nur das eigene Bewußtsein weiterentwickelt werden kann, nicht das eures Nächsten beeinflußbar ist von euch, sondern daß jeder einzelne durch sein eigenes Bewußtwerden sich weiterentwikkelt.

Dies ist eigentlich das ganze Geheimnis. Ihr werdet sehen, daß ihr gut miteinander auskommt, wenn ihr dies berücksichtigt. Es ist mitunter schwer, ich weiß es, dieses neue Bewußtwerden Platz greifen zu lassen, weil man glaubt, die Umgebung müsse sich verändern – falsch, meine Freunde, völlig falsch. **Ihr selbst müßt euch verändern, dann seht ihr eure Umgebung anders.**

Frage: Es ist doch sehr, sehr schwer, sich und sein Leben zu verändern. Im Grunde genommen möchte ich mich gar nicht verändern. Ich meine, ich bin, wie ich bin.

Claudius: Was will ein Mensch, wenn er spricht, daß er sich nicht ändern wird, weil er so ist wie er ist? So, wie sein Bewußtsein die Hintergründe erkennt, wird er **froh sein, daß er sich verändern kann**, weil damit auch eine unbeschreibliche Belastung von ihm genommen wird.

Dir, mein Freund, einen guten Rat: Sprich nicht so leichtsinnig davon, daß du dich nicht ändern willst, aus dem einfachen Grund, dann wäre dieses jetzige Leben sinnlos und vertan. Jeder Mensch muß sich ändern, und wenn er sich nicht ändert, mein Freund, dann hat er den Sinn seines Lebens nicht erkannt. Aus der Veränderung heraus entsteht Befreiung. Befreiung der Seele vom Leid.

Ihr könnt die Welt um euch nicht verändern – aber ihr könnt **euch selbst verändern**. Ihr könnt euch freischwingen aus der Gefangenheit, aus den Fesseln eures Daseins – und das Wissen ist es, es zu tun. Und ihr werdet sehen, daß ihr diesen Fluß trockenen Fußes durchwaten könnt, weil ihr selbst es ermöglicht habt.

Frage: Ich meinte, daß ich mich nicht verändern **lassen** möchte.

Claudius: Mein Freund, siehe, es kommt auf die Perspektive an, unter der du diesen Aspekt siehst. Bewußt will dich beispielsweise deine Frau nicht verändern – aber was sie möchte, ist eine Basis der Harmonie zu schaffen.

Was wäre, wenn du einsehen würdest, daß du **deine** Gedanken, **deine** Richtung, ändern solltest? Mein Freund, ihr fahrt zusammen in eurem Wagen. Sie erkennt eine Gefahr, macht dich darauf aufmerksam und du sagst: **»Ich fahre so, wie ich will«.** Und es kommt zu einem Unfall. – Spinnen wir den Gedanken weiter, spielen wir die Sache zu Ende. Durch den Unfall würde sie den Fluß zu uns überschreiten – nun, mein Freund, für sie wäre es keine Tragik – aber für dich, denn dein Leben wäre zerstört, weil du dir Vorwürfe machen würdest, nicht auf sie gehört zu haben.

Mein Freund, nichts sollst du dir vormachen. Nichts, mein Freund – und glaube es mir, **nichts ist so falsch, wie der Gedankengang, den du eben verfolgst**.

Ich will dir eine Brücke bauen, die du überschreiten kannst. Ich gehe in dein Leben zurück, das du vor langer, langer Zeit geführt hast: Schau, mein Freund, das was an dich an guten Gedanken herangetragen wurde, hast du zum damaligen Zeitpunkt ignoriert. Du bist über Menschen hinweggegangen mit den gleichen Worten, die du heute benutzt: **»Du willst nicht, daß dich jemand in eine Ecke stellt«.**

In eine Ecke konnte dich damals niemand stellen und heute auch nicht. Heute solltest du erkennen, daß es in deiner Macht und **nur in deiner Macht** liegt, einen Weg zu gehen, Altüberkommenes über Bord zu werfen und sich der neuen Situation anzupassen.

Zum damaligen Zeitpunkt ist dir diese Erkenntnis auf dem Sterbebett gekommen. Heute, mein Freund, will ich diese Situation benutzen, um dir eine Brücke zu bauen.

Was sind Worte? Worte können voller Liebe sein, sie können erfüllt sein von Vorwurf, von Haß. Alles sind Schwingungen, doch an dir liegt es, diese Schwingung zu neutralisieren, wenn du dir die Mühe machst, hinter die Kulissen zu schauen und **den zu betrachten, der sich hinter dem Schleier seines Zorns verbirgt**. Seht, meine Freunde, wie sehr sich der Mensch an das klammert, was die Gesellschaftsordnung oder das Leben auf diesem Planeten ihm als Gesellschaftsordnung vorsetzt.

Artikulieren müßt ihr euch – doch artikulieren lernen **ohne Schuldzuweisungen** damit zu verbinden, denn siehe, ein Wort kann Leben auslöschen, sowohl im bildlichen Sinn, als auch im real menschlichen Sinn.

Frage: Es ist doch leider auch so, daß wir Menschen sehr durch Emotionen beeinflußt werden und sie nicht ohne weiteres abbauen können, denn manche Menschen sind einem sympathisch und andere eben nicht.

Claudius: Ich möchte dir folgendes sagen: Siehe, hier sitzen zwei Personen an einem Tisch, die über irgendein Thema ein Gespräch führen. Dieses Gespräch wird nicht nur vom Verstand gesteuert, sondern auch vom emotionalen Empfinden. Dieses emotionale Empfinden kann Brücken schlagen – kann jedoch auch Brücken abbrechen. Nur, der Sinn einer Diskussion, und das solltet ihr beachten, ist, **Emotionen zur Seite zu schieben und lediglich neutral ein Thema zu behandeln.**

Wenn ihr durch alle diese Informationen versteht, daß ihr Menschen seid und euer Menschsein begreift, dann, meine Freunde, werdet ihr eines Tages diese Stufe erreicht haben, die ich versuchte durch unseren Freund (Marc) euch zu vermitteln: **ICH BIN – Teil der Allmacht**, alles andere ist völlig bedeutungslos geworden. **ICH BIN – Liebe, und ich kehre in den Ursprung zurück**. Die Größe dessen, der euch diesen Weg gehen ließ, ist grenzenlos. Auch ich, meine Freunde, erlebe dieses **ICH BIN** zu jeder Stunde, zu jeder Minute, losgelöst von Raum und Zeit, denn

ICH BIN LIEBE.

Wenn ihr erkennt, meine lieben Freunde, daß das Bewußtsein immer an die eigene Person gebunden ist, dann, meine Freunde, werdet ihr einsehen, daß persönlich aufsteigende Emotionen eigentlich **immer nur euch selbst zu schaffen machen**.

Sie reizen euren Gesprächspartner zum Widerspruch, doch, meine Lieben, ihr vergeßt dabei, daß die Überzeugung immer nur Platz greifen kann, wenn eine Diskussion emotionslos geführt wird und nicht über den rationalen Verstand Widerspruch hervorruft.

Es ist ein Lernprozeß, meine Freunde, den ihr durchlauft und dem einen oder anderen fällt es nicht leicht, die Ratio zur Seite zu stellen, zu versuchen das eigene Verständnis im Gespräch auszudrücken – nun, menschliche Schwächen sind es – weiter nichts. Doch sie sollten nicht dazu führen, daß man selbst gemeinsam erlebte Situationen verallgemeinert, denn ein jeder lebt die Situationen für sich selbst durch und daraus resultiert die Erkenntnis: **Ein jeder lebt für sich allein – ein jeder stirbt für sich allein.** Doch – und dies ist das Primäre, im gemeinsamen Gespräch entwickelte Überzeugungen verbinden auch und trennen nicht, solange nicht Emotionen die Steuerungsfaktoren werden.

Nun, meine Freunde, ihr seid zusammengeführt mit einem Partner und in der Gemeinschaft der Familie eingebunden. Es sind verschiedene Bewußtseinsstrukturen, die zusammengeführt sind. Was ihr daraus macht, meine Lieben, wie ihr damit umgeht,

das ist euer Leben!

Frage: Steuert der Charakter den Menschen, ebenso wie die Psyche? Sind beide Steuerungsfaktoren?

Claudius: Der Charakter bildet sich erst durch die Verbindung zwischen Geist und Seele und Körper. **Der Charakter eines Menschen ist immer davon abhängig, ob eine Einheit zwischen Seele und Körper möglich ist**, ob der Mensch sein Gefühl mitsprechen läßt. Man spricht von charakterlosen Menschen, die den anderen um eines Vorteils willen betrügen.

Charaktereigenschaften entspringen der Verbindung zwischen Seele und Körper.

Frage: Kann man den Mensch als in sich abgeschlossenes Universum sehen?

Claudius: Mein Freund, du hast recht, es spiegelt sich das Göttliche im Menschen wider, es spiegelt sich das Göttliche im Werden und Vergehen der Natur, es spiegelt sich das Göttliche in den Wassern dieses Planeten.

Aber sei vorsichtig mit dem Diskutieren deines Wissens mit anderen. Sie können dich nicht verstehen, mein Freund, weil sie nicht dein Empfinden haben. Du bringst dich sonst in Situationen, in die du nicht kommen solltest.
Schau, mein Freund, du kannst auf sumpfigem Boden kein Haus errichten. Es muß erst eine Dränage verlegt werden, damit das Wasser ablaufen kann und diese Dränage, mein Freund, kannst du nicht legen, sondern das Leben des einzelnen wird die Dränage legen. Wenn der Boden dann ausgetrocknet ist, wenn er den Fluß überschreitet – wird ihm dadurch so manches bewußt.
Nur wer dich **fragt**, sollte Antwort erhalten, damit du selbst geschützt bleibst. Verstehst du mich?

Frage: Ich meine immer, man sollte sein Wissen weitergeben.

Claudius: Ich weiß, daß du mit vielen Menschen zusammenkommst, aber viele Menschen dich nicht verstehen. Siehe die Freunde, die bei dir zu Gast sind, bei denen du zu Gast bist. Alle, mein lieber Freund, haben schon einmal etwas von **Jesus Christus** gehört. Alle haben schon einmal die Botschaft der Liebe gehört, doch sie haben sie vergraben, tief vergraben und nie mehr nachgefragt.

Frage: Ich glaube, daß wir uns aufgrund der Kontakte mit dir doch schon gewisse Erkenntnisse aneignen konnten und demnach doch eine Weiterentwicklung stattgefunden hat?

Claudius: Mein Freund, jeder einzelne von euch hat durch unsere Kontakte sich selbst weiterentwickeln können, doch jeder einzelne hat auch, gemäß der ureigensten Bestimmung seiner Seele, aus den verschiedenen Aspekten, die aufgezeigt wurden, seine eigene Überzeugung gewinnen können.
Doch eine Frage berührt alle Menschen zur gleichen Zeit in verschiedenen Abschnitten ihres Lebens:

Woher komme ich, wohin gehe ich?

Der Mensch im Wandel der Zeiten, äußeren Einflüssen ausgesetzt, hat die Verbindung zu seiner Seele verloren, die wieder herzustellen, unser Bemühen ist. Wenn heute, durch Katastrophen bedingt, der Mensch sein Leben überschaut und fragt: **Wozu habe ich gelebt?** – und an dieser Frage fast verzweifelt, so ist es **seiner eigenen Besinnungslosigkeit zuzuschreiben**, daß er den Kontakt mit seiner Seele verloren hat.

Das Gewissen, meine Freunde, der Resonanzboden zur Seele, hat ihm oft genug Signale gesendet, aus denen ersichtlich war, daß er in diesem oder in jenem Fall falsch reagiert, falsch gehandelt hat. Er hat versucht, den Ruf seiner Seele zu übertönen. Er hat sich der Gesellschaftsordnung angepaßt, hat nachgeplappert, was andere ihm vorgesagt haben – und um in dieser Gesellschaftsordnung sich seinen Platz zu sichern, hat er es nicht für erforderlich gehalten, dem eigenen Gewissen Rechenschaft abzulegen.

Nun, früher oder später wird die Erkenntnis kommen, daß irgend etwas in seinem Leben fehlgelaufen ist. Er wird verzweifeln an der Sinnlosigkeit seines Lebens, wenn er nicht zu irgendeinem Zeitpunkt die Hilfe annimmt, die ihm durch die Gnade der Allmacht mit auf den Weg gegeben wurde.

Nun, meine Lieben, ihr seht, daß der Mensch in seinem Körper die Information der Seele mit sich tragen muß. Ihr seht auch, wenn ihr den Gedanken weiterspinnt, daß viele Dinge in eurem Leben von euch beeinflußbar sind. Ihr seht auch, meine Lieben, daß es zwei Dinge gibt, den Körper und die Seele. Und ihr seht, daß der Körper, wie alles Materielle, dem Werden und Vergehen unterworfen ist. Wäre die **Seele nicht**, wäre **Terra nicht bewußt**. Erst durch den Menschen wird die Ungeheuerlichkeit des Bewußtseins Wirklichkeit. Nur der Mensch empfindet dieses Bewußtsein, und über das Bewußtsein sollte er die Wunder der Natur, die Wunder dieser Welt erkennen und über das Erkennen dankbar und demütig werden, denn

er ist Teil dieser unendlichen Liebe der Allmacht.

Der Sinn eueres Lebens ist:

Euch selbst zu erkennen, aus dieser Erkenntnis heraus euer Leben zu leben mit all seinen Schwierigkeiten, die sich euch darbieten, denn dieses Leben habt ihr euch bei euerer Inkarnation hier auf diesem Planeten ausgesucht.

Menschwerdung (Teil II)

Claudius: Die Begriffe, die ich verwendet habe, verwirren euch. Liebe Freunde, die **Information** ist allumfassend im gesamten Weltraum vorhanden, im gesamten Universum. Der Mensch ist entstanden durch die Verbindung von Information Liebe, Information Geist und von Information Geist-Materie.

Um sich selbst bewußt zu werden, war es erforderlich, daß das Behältnis Seele, die Information Seele mit eingebunden wurde, nichts anderes als eine Trägerenergie: Seele.

So, wie Strom fühlbar gemacht werden kann, so kann auch Seele fühlbar gemacht werden, Menschen-Seele, die das Bewußtsein in sich birgt, Geistkörper oder Geistmaterie zu bilden. Beide Begriffe sind richtig, denn sie sind Voraussetzung für die Entstehung des Menschen überhaupt.

Diese Geistmaterie oder diese Engelwesen, wenn ihr sie so nennen wollt, sind in die Anziehungskraft der Erde geraten, haben sich verdichtet durch die Molekularstrukturen, nämlich den Geist der Materie, um Körper zu bilden auf dieser Erde. Nur so ist es zu verstehen, daß sich diese Geistmaterie von der Materie Körper beim Übergang wieder loslösen kann und weiter existent bleibt bis der Kreislauf geschlossen ist und das Bewußtsein Mensch in die höhere Ebene eingeht. Dann löst sich der Energiekörper Seele auf.

Was entsteht, ist nur **bewußtes** Sein. »Nur« – dieser Ausdruck gefällt mir nicht, weil er nicht passend ist, es hat etwas Abwertendes an sich, dieses Wörtchen »nur« – denn es ist eine **höhere Schwingung**, die sich aus dem menschlichen Körper mit den Erfahrungen der Inkarnationen verbindet und es so ermöglicht, wieder in die Urenergie, in den inneren Kreis einzukehren.

Die Vorstufe ist das Bewußtwerden **ICH BIN**, Teil des Universums, Teil der göttlichen Liebe, Teil der Allmacht. Und dann, meine Freunde, ist es nur noch ein kleiner Schritt, wo auch hier kein Bewußtsein mehr erforderlich ist, sondern dieses höchste Empfinden **LIEBE den ewigen Kreislauf im Universum steuert**.
Seht, meine Freunde, was ihr nicht verstehen könnt, weil es nicht meßbar ist, sind diese feinsten Energien, denn es handelt sich letztendlich nur um bestimmte Formen von Energien, die sich zusammenbündeln.
Nichts anderes ist Materie, die sich aus Energien – aus der Information der Molekularstruktur – (und) nichts anderes ist der Geist der Materie: Molekularstrukturen finden sich zusammen und bilden den Stein. Ihr müßt den Menschen losgelöst sehen von allem.
Und, meine liebe L., wenn deine Bekannte sagt, sie könne die Seele sehen, dann stimmt das nicht. Sie unterliegt einem Irrtum. Die Seele ist nicht wahrnehmbar, es sei denn, du siehst, wie sich die Geistmaterie verdichtet, die den Namen deines Vaters trägt und du ihn vor dir siehst, es sei denn, daß all diese Energien, die ihr in eurem Körper tragt, durch die Aura wahrgenommen werden können. Das hat nichts mit der Seele zu tun. Die Aura ist Bestandteil der Seele, aber sie ist nicht als Seele zu bezeichnen.
Seele ist eine Zusammenbündelung von Energie-Information, und wenn es dir hilft, mein Lieber Freund W., dann betrachte die Elektrizität. **Alles ist Elektrizität.** Nur durch bestimmte Vorgänge ist es möglich, die Elektrizität nutzbar und auch meßbar zu machen. Im Ursprung ist auch Elektrizität nichts anderes als Information. Wenn ich dir damit die Brücke bauen kann, dann diskutiert darüber.
Seht, meine Freunde, der Mensch in seiner Komplexität zwischen Geist, Körper und Seele ist fähig von seinen eigenen Energien Gebrauch zu machen.

Wenn ich zu dir sage: »Ich hasse dich«, dann, mein Freund, wird etwas übergehen, das dich erschreckt und deine Frage wird sein: »Warum?« Und wenn ich boshaft bin, egal aus welchem Grund, dann wird dich mein Haß verfolgen durch das ganze Leben hindurch. Oder, meine liebe H., wenn ich zu dir sage: »Ich liebe dich«, dann wirst du fragen: »Warum?« Oder aber du empfindest genauso wie ich, dann werden wir eine Brücke schlagen, eine Brücke über den Fluß.

Bei dir, mein lieber W., wird die Brücke unter dem Fluß hindurchführen, weil Haß, Mißgunst, Neid oder aber das Bedürfnis, aus deiner eigenen Verzweiflung heraus jemandem wehe zu tun, ihn zu demütigen, nach ihm mit Steinen zu werfen – bildlich gesprochen – dich beherrschen. Doch manchmal könnte man auch andere Steine verwenden – wobei der Stein gar nichts dazu kann, daß du ihn so verwendest. Du könntest ihn auch aufsetzen und eine Mauer bauen, eine Mauer für dich selbst.

Seht, meine Freunde, wie ihr von euren Energien Gebrauch macht, die innerhalb eures Körpers zu wirken beginnen. Nicht umsonst bat ich euch, noch ehe ihr verzweifelt an euch selbst, sprecht, sprecht, gebt euren Gedanken Raum – damit die Gedanken fließen, angenommen, ausgetauscht werden können, doch nicht, um einem anderen Menschen den Boden unter den Füßen wegzuziehen und ihn in die Verzweiflung treiben zu lassen.

Freunde, das Protokoll, dachte ich, wäre leicht zu erarbeiten. Doch ihr seht, jeder von euch befindet sich auf einer anderen Bewußtseinsstufe, einer anderen Bewußtseinsebene. Dies ist ganz natürlich, denn jeder von euch hat eine andere Aufgabe in seinem realen Dasein zu erfüllen. Er wird geprägt von seiner Umwelt, die imaginäre Dinge, die nicht faßbar sind, einfach beiseite schiebt.

Doch in euch selbst könnt ihr die Wahrheit erfühlen und erahnen. Wir bauen euch die Brücke, meine Lieben. Vielleicht ist es verständlicher geworden. Doch ich bitte euch um eure Fragen.

Frage: Könnte man die »Geistmaterie« als »geistige Struktur« bezeichnen? Wir beißen uns an der Materie fest, materiell und geistig . . .

Claudius: Richtig. Dann sprecht von **geistigen** Strukturen. Geistmaterie ist für uns die nötige Voraussetzung für die Materialisation innerhalb des menschlichen Körpers – Seele.

Doch, wenn ihr von geistigen Strukturen sprechen wollt und es so besser versteht, dann solltet ihr vergessen, was ich sagte. Obwohl geistige Strukturen immer und überall vorhanden sind.

Ich sprach von einem bestimmten Ausschnitt, der erforderlich ist, um den Menschen zum Menschen werden zu lassen, zum Bewußtsein: **Ich bin ein Mensch**, und was dazu geführt hat.

Seht, meine lieben Freunde, vielfach ist es so, daß der Mensch, geprägt von seiner Umwelt, geprägt von seinen eigenen Erlebnissen, die Richtung verliert. Ich kann euch die Liebe servieren, umsetzen, meine Freunde, müßt ihr sie selbst. Dazu habt ihr alle Voraussetzungen durch die Gnade der Allmacht erhalten. Bosheit allein genügt schon, um die Liebe zu töten.

Frage: Aber auch Bosheit ist ein MIttel, zum Ziel zu kommen.

Claudius: Richtig, mein Freund, zur Selbsterkenntnis.

Frage: Du hast gesagt, man kann über den Fluß gehen, man kann auch unten durchkommen, kommt aber an die gleiche Stelle.

Claudius: Du kommst an die gleiche Stelle, das ist richtig.

Frage: Die Geistmaterie wird verursacht von einer Information. Was verursacht das Auslösen einer Information?

Claudius: Nun, mein Freund, wenn sich etwas bewußt werden will, benötigt es Information und zieht diese Energie Information an, durch Verwirbelung, durch das Zusammenfinden. Es ist im Kreislauf des Universums immer so, daß die Information »Mensch« niemals von einer Information »Stein« angezogen werden kann. Es ist völlig getrennt zu betrachten.

Frage: Ja, das leuchtet mir ein. Wir haben vorhin diskutiert über den Zusammenhang Information, Materie und Geist, inwieweit die Dinge jetzt materiell oder nicht materiell zu sehen sind. Kannst du uns dazu noch etwas sagen?

Claudius: Nun, mein Freund, ich versuche, mich eurem Verständnis anzunähern. Als Menschen bezeichnet ihr Materie, wenn ihr etwas seht, wenn ihr es anfassen könnt, wenn ihr etwas dabei empfinden könnt. Wenn deine Frau dir ein Gefühl übermittelt, dann, mein Freund, ist es eine Information, aber auch eine Energie. In der Substanz eures Verstehens bleibt bei dem Gedanken, daß Materie alles ist, was ihr sehen und anfassen könnt, was ihr essen könnt, doch vergeßt nicht, daß eine Information vorhanden sein muß, die die Molekularstruktur so bündelt, daß sie zur Materie werden kann.

Was wir brauchen, ist, daß der Geist des Universums es ermöglicht, daß die Seele, wenn sie den Körper verlassen hat und auf unserer Ebene angekommen ist – und sich bewußt wird, daß sie weiterlebt, auch mit dem eigenen Wunsch sich geistige Materie erschaffen kann.

Frage: Sind das dann diese geistigen Planeten, die du angesprochen hast?

Claudius: So ist es, mein Freund, so ist es.

Frage: Ich kann mir das gut vorstellen, daß man sich materiell – wie wir es empfinden – und nichtmateriell Dinge schaffen kann, einfach als Information. Wobei Materie eine Sonderform einer Energie ist.

Claudius: Richtig. Wenn damit der Durchbruch gelungen ist, dann, mein Freund, seid ihr alle ein großes Stück weitergekommen.

Frage: Ja, so ganz bin ich immer noch nicht mit dem Begriff »Seele« im reinen.

Claudius: Nun, dann nimm Seele als Steuerungsfaktor, mein Freund, Steuerungsfaktor, daß du in diesem Körper empfinden kannst, daß du agieren kannst. Nimm Seele als Energie. Ich versuche, euch – verstehe meine Schwierigkeiten – ich versuche, euch das Werden des Menschen plausibel zu machen. Ich verwende dazu Ausdrücke, die ihr Menschen geschaffen habt, um es zu verdeutlichen. Ich versuche, euch Zeichnungen zu geben und aus diesen Zeichnungen heraus Erklärungen abzuleiten für das Entstehen aller Materie, die um euch ist und die ihr seid.
Ich glaube, wir sollten hier abbrechen, und ihr solltet versuchen, noch einmal zu analysieren. Ich weiß, daß diese Information das Schwierigste unserer Unterhaltung überhaupt bedeutet, weil auf dieser, auf dem Verstehen dieser Information sich alles andere aufbaut. Es ist das Fundament des Verstehens für das gesamte Universum, für alles, was um euch ist.

Frage: Ich glaube schon, daß du uns ein Gefühl vermittelt hast, es ist nur sehr schwer, es in Worte auszudrükken, und es sich dann gegenseitig noch zu erklären.

Claudius: So ist es, mein Freund, es ist sehr schwierig, die geistigen Strukturen wachzurufen. Ihr habt sie in euch, sie müssen in Schwingung gebracht werden, damit ihr begreift.
Wie einfach habt ihr Menschen es doch, wenn ihr Freude in euch tragt, sie strahlt aus euch heraus. Oder, wenn schwarze Gedanken euch quälen, auch sie zeichnen euch aus als Mensch, sie belasten den Körper, sie bringen den Schmerz des Körpers zum Ausdruck: Krankheiten. Das Empfinden Schmerz hat eine Ursache, es kann euch eine Spritze gegeben

werden, damit ihr den Schmerz nicht mehr empfindet, aber die Ursache dabei ist nicht aufgehoben, sie ist nicht an die Oberfläche geschwommen.

Seht, wie diffizil der Körper reagiert, jedoch nur in Verbindung mit dem Geist, mit der Seele, mit dem Bewußtsein.

Frage: Ich hoffe, daß du noch genug Geduld hast mit uns?

Claudius: Grenzenlos, mein Freund, ist unsere Liebe zu euch, grenzenlos, und ihr mögt sie erahnen. Sie soll euch frei machen, sie soll euch helfen, durch die Wirrnisse des Alltags hindurchzugehen, ohne Schaden zu nehmen.

Frage: Ich habe noch eine Frage: Es gibt ja sicher Kategorien, damit man einteilen kann zwischen Haß, Liebe und so weiter, die sicher Bewußtseinszustände sind.

Claudius: Es **sind** Bewußtseinszustände, sie gewinnen erst dann an Bedeutung, wenn das Bewußtsein sie steuert. Und nur das Bewußtsein steuert diese Empfindungen.

Frage: Und dann gibt es die ganz normale Information der Planeten, überhaupt diese materielle Information?

Claudius: Halt, meine Liebe, halt, verirr' dich nicht. Alles ist Information. Nur, du als Mensch kannst diese Information sowohl auf die eine Seite als auch auf die andere Seite aussenden. Verstehe mich richtig. Erst durch dich wird Haß zum Haß. Erst durch dich wird Liebe zu Liebe. Erst durch dich wird es möglich sein, sich zu artikulieren, Schwingungen auszusenden – hört gut zu, Schwingungen auszusenden, Energien auszusenden, die der Körper in sich birgt.

Frage: Das meine ich jetzt nicht. Ich spreche jetzt von der Information über die Zusammensetzung des Holzes oder des Baumes, dies wird ja durch mich nicht gesteuert, das ist ja einfach eine Tatsache des Universums.

Claudius: Der Geist der Materie, meine Liebe, ich spreche wieder vom Geist der Materie, von der Molekularstruktur, die das Wissen in sich birgt, zum Tisch zu werden – falsch: zum Holz zu werden, denn der Tisch ist wieder ein Produkt **deiner** Steuerung als Mensch – deines Steuerungsfaktors, wobei die Information Tisch in dir selbst durch das Einfließen von Erkenntnisenergien, die dir das Bild vorgeben, was du aus dem Material, aus der Materie Holz machen willst, zustandekommt.

Frage: Aber die Information der Mathematik beispielsweise kann ich benutzen, die ist auch da. Diese Komplexität Mathematik kann man doch als Information mit den Eigenschaften der Gefühle: Haß, Liebe nicht vergleichen.

Claudius: Moment, Moment, meine Liebe, denn würdest du die Information Mathematik abrufen können, säßest du heute nicht hier.

Frage: Gut, ich kann sie nicht abrufen, das meine ich jetzt nicht. Aber, insgesamt im Universum gesehen, ist es doch auch eine Information.

Claudius: Alle Informationen sind vorhanden. Es sind gewisse Voraussetzungen nötig, die wiederum in der Seele des Einzelnen begründet sind, um die Informationen abrufen zu können.

Frage: Gibt es einen Unterschied in der Kategorie zwischen diesen Informationen – der Mathematik – und den Informationen des Gefühls Haß, Liebe. Es ist alles Information, doch es muß getrennt gesehen werden?

Claudius: Alle Informationen sind separat zu betrachten. Du kannst Mathematik nicht mit Haß oder Liebe vergleichen. Die Information ist wertlos in dieser Hinsicht. Sie ist vorhanden, aber Haß, Liebe erzeugst **du**, meine Liebe.

Frage: Ja gut, **Claudius**, danke. Kann man einen Unterschied, eine Definition finden zwischen Urinformation und Liebe?

Claudius: Mein Freund, Urinformation bezieht sich aus dem inneren Kern. Ich erinnere an die erste Zeichnung, die ich euch gegeben habe von der Allmacht*. Hierin – in diesem inneren Kern – ist, wenn ich es darstellen soll in Farbe, die Liebe als rot zu bezeichnen, die ständig in Bewegung ist, die ständig die Informationen ihrer selbst aussendet, die ständig das Universum atmen läßt. Aus diesem Atmen ist – oder dieses Ausatmen, Einatmen beinhaltet – die **Urinformation**.

Alle geistigen Strukturen tragen diese Urinformationen in sich. Was du jedoch meinst, ist nicht die Urinformation Liebe, du meinst etwas anderes.

Frage: Ich meine, der Ursprung, so wie du es uns gesagt hast, von allem ist eigentlich die Liebe (Claudius: Richtig.), die Liebe, die, wenn ich es richtig verstanden habe, Informationen von sich gibt, aussendet – oder wie du es sagst: Ein- ausatmet, in ständiger Bewegung ist –. Jetzt haben wir aber noch den Begriff: Urinformation. Information als solche, die zu irgendetwas führt, kann ich mir ganz gut vorstellen.

Claudius: Die Urinformation ist zu bezeichnen als Träger, Energie allen Wissens. Der Mensch, mein Freund, glaubt, Wissen erzeugen zu können, doch er hat nur die Anlagen mitbekommen, bestimmtes Wissen auswerten und als Mensch weiterentwickeln zu können, weil er auf einer bestimmten Schiene gepolt ist, weil seine Seele einen bestimmten Weg gehen will.

Er nimmt die Urinformation auf, entwickelt sie weiter, und plötzlich ist die Kernspaltung entdeckt. Verstehst du mich?

Frage: Ja. Wobei es mich interessieren würde, ob man den Unterschied herausfinden kann, ob man etwas – aus unserer Sicht natürlich, aus euerer Sicht ist das sicher völlig verstehbar und übersehbar –, aber aus unserer Sicht ist es ja schwer zu erkennen, ob man etwas schafft oder ob man nur etwas in Resonanz bringt?

* Das »**Modell der Allmacht**« bzw. auch »**Modell der Schöpfung**« wurde bereits in Band I veröffentlicht. Zum besseren Verständnis in diesem Buch nochmals auf Seite 70

Claudius: Nun, mein Freund, sowohl als auch. Du schaffst etwas, du erschaffst etwas, wenn du so willst. Wenn du deinen Motor weiterentwickelst, dann hast du etwas geschaffen.

Frage: Ja, aber nichts Neues, weil – wie du sagst – alles vorhanden ist. Ich habe ja nur etwas abgerufen.

Claudius: Mein Freund, für **deine Umgebung** ist es **etwas Neues**, und dies ist in eurer materiellen Welt ein Resultat deines Bemühens. Verstehe mich, du schaffst etwas neu, du entwickelst etwas, weil du diese Schiene, diese Informationsschiene benutzt, um etwas schaffen zu können. Ganz einfach.

Frage: Ja, das verstehe ich.

Claudius: Wo hakt es?

Frage: Es hakt daran: Wenn ich zum Beispiel von der Theorie der morphogenetischen Felder von Rupert Sheldrake ausgehe, wo man ja auch sagen kann, oder du sagst, es werden Dinge in Resonanz gebracht und damit zu eigen gemacht, während R. Sheldrake der Meinung ist, er schafft etwas oder es wird etwas geschaffen von den Tieren, von der Natur oder den Menschen, was bisher noch nicht vorhanden war. Und mein Problem ist eigentlich, wie kann ich das eine von dem anderen unterscheiden? Das Ergebnis ist das gleiche.

Claudius: Mein Freund, du bildest das Resonanzfeld für bestimmte Energien. Diese Energien fließen in dich ein und lassen dir durch deinen Verstand, durch dein Wissen die Möglichkeit weiterzuentwickeln. »Morphogenetische Felder«, wozu soll ich euch diesen mißverständlichen Begriff auf den Tisch legen. Seht, es ist alles eine Wechselwirkung. Morphogenetische Felder würde ich als Informationsfelder bezeichnen, die irgendwo auf einen Resonanzboden auftreffen und sich fortentwickeln.

Der **Resonanzboden** ist das Problem. **Weder K., noch H., noch unser Freund** besitzen den Resonanzboden, um **deine** Qualifikation zu erreichen. Dazu ist erforderlich, daß eine Energie, eine bestimmte Art von Energie, eine bestimmte Art von Information einfließen kann.

Siehe, der Mensch, der vor euch sitzt, ist in diesem Augenblick nur ein Resonanzboden für mich – losgelöst von seinem eigenen Selbst –. Denn, hätte er die Loslösung nicht erlaubt, würden wir uns niemals unterhalten können. Vielleicht hilft euch dieses Beispiel etwas weiter.

Frage: Ich glaube, **Claudius**, wir machen es uns selbst zu schwer. Man sieht es ja täglich: Man macht etwas, man ist nicht zufrieden. Man holt sich die Information, man ist noch nicht zufrieden, und man überlegt weiter, bis man zufrieden ist. Dann hat man die Information.

Claudius: In ihrer Vollständigkeit abgerufen. Weißt du, mein lieber Freund, es ist sehr schwierig, dieses Wissen zu vermitteln, wenn die Personen versuchen, es in einen bestimmten vorgefaßten Rahmen hineinzufüllen. Es gehört etwas mehr dazu, es gehört euer eigenes Empfinden dazu.

Ich versuche, die Resonanz in euch wachzurufen, die Resonanz der Information eurer Seele, die im Unterbewußtsein verborgen liegt. Und nur durch das Erarbeiten, durch Diskussionen kann die Seele frei werden, und der Mensch kann die Zusammenhänge erahnen. Gott, meine Freunde, ist nicht zu hinterfragen, ist nur zu erfühlen.

Nun, meine Freunde, die Gedankenanstöße dürften für jeden einzelnen von euch verständlich geworden sein.

Ich nehme die Schwingung jedes einzelnen von euch auf, und ich hoffe, daß jeder fühlt, wie sehr er geliebt wird und wie er aufgefordert wird, diese Liebe umzusetzen. Der halbe Weg ist oft schon der ganze.

Nicola Tesla* äußert sich zu dem Begriff »Schwingungen«.

Frage: Ich habe eine Frage, die sich auf den Begriff »Schwingung« bezieht. Sie wissen, daß wir in unserem System, Schwingungen als periodische Vorgänge in der Zeit bezeichnen, und es ergibt sich für uns die Schwierigkeit, diesen Begriff in Ihre Bereiche zu übertragen, in denen, nach allem, was wir wissen, unsere materielle Zeit, nicht existiert. Können Sie bitte den Begriff Schwingungen in irgendeiner Form näher erklären?

Nicola Tesla:

Nun, es ist nicht so schwierig zu verstehen. Sehen Sie, wenn sich der Mensch loslöst von seinem ihm zu eigen gewordenen Denkschema, dann wird er verstehen, daß alles in Bewegung ist. Das gesamte Universum ist ständig in Bewegung. Alle Worte, die wir von uns geben, und damit meine ich, sowohl Ihre, als auch unsere Ebene, sind Schwingungen. Diese Schwingungen treffen auf einen Empfänger, der sie umsetzen kann in seine Sprache.

Sehen Sie das Phänomen des Aha-Effektes, das mitunter entsteht und bei dem man eigentlich nicht einkreisen kann: Was ist nun geschehen? Sie selbst haben Schwingungen aufgenommen, Vibrationen aufgenommen, die erzeugt worden sind, einfach und allein aus dem Grund, weil es ständig um Sie herum fließt. Wenn Sie sich öffnen, wenn Sie Ihren rationalen Verstand dazu benutzen, ein Fenster zu öffnen, dann wird in dieses Fenster hinein neue Schwingung, wenn ich so sagen darf, eintreten, und Sie werden das Säuseln des Windes wahrnehmen. Nichts anderes geschieht. Ihr Problem als Mensch ist, daß Sie eigentlich Schwingungen nur messen können mit

* **Nicola Tesla**: Kroatisch-amerikanischer Physiker und Elektrotechniker, (Drehstrommotor, Transformator, Teslaströme – * 10. 7. 1856 – † 7. 1. 1943)

entsprechenden Geräten, die jedoch keine Erklärung für diese Schwingungen sind. Es geschieht etwas auf ihren Geräten. Ausgelöst durch was? Nun, um es verständlich für Sie zu machen, sprechen wir von Schwingungen, von Energieströmen. Eine nachweisbare Form können Sie nur in sich selbst erfühlen.
Ich möchte Ihnen ein Beispiel geben: Sehen Sie, der Mensch hat einen bestimmten Ausdruck für ein bestimmtes Gefühl. Der Mensch spricht von **Liebe**.
Was ist Liebe? Liebe ist eine Bezeichnung für etwas, was in Ihnen selbst Widerklang findet, was in Ihnen selbst entsteht oder was Sie selbst erfühlen von Ihrem Partner, Ihnen liebgewordenen Menschen, die in Ihrer Umgebung leben. **Nicht meßbar, nur erfühlbar.** Bei manchen Menschen mit einer Intensität, daß sie den Boden unter den Füßen verlieren. Genügt Ihnen diese Erklärung?

MODELL DER ALLMACHT

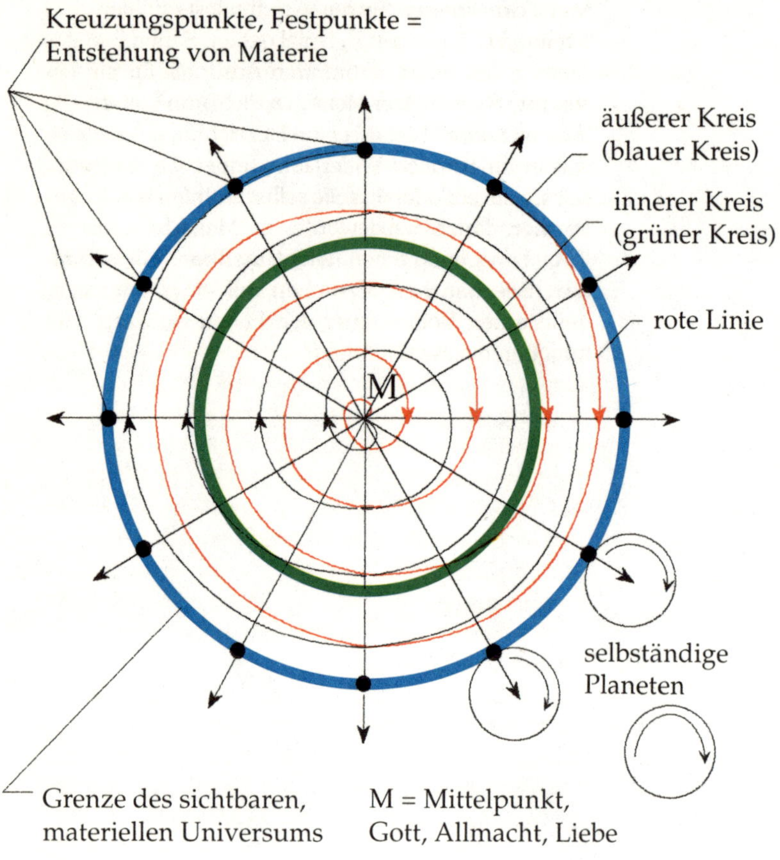

Dieses Modell der Allmacht wird in verschiedenen Kapiteln erwähnt.

Menschsein

Frage: Lieber Claudius, es bekümmert uns manchmal sehr, daß wir unser Leben nicht so leben können, wie du es vielleicht von uns erwartest. Findest du das sehr schlimm?

Claudius: Seht, meine lieben Freunde, ihr seid Menschen und werdet Menschen bleiben, solange ihr auf diesem Planeten lebt. Doch allein die Tatsache, daß ihr euer Versagen empfindet, daß ihr euch selbst analysiert, wird euch die Möglichkeit eröffnen, von Mal zu Mal weniger darunter zu leiden.

Glaubt mir, meine Freunde, ich bin durch die Schule des Lebens gegangen, und auch für mich war es ein mühsamer Weg, aber man reift nur an der Erfahrung, an der Kontrolle, die man über sich selbst ausübt. Denn dazu ist der Verstand von Nutzen, daß er erkennt, wie schwach der Mensch ist, und es ist ein wunderbares Gefühl, daß ihr es erkennen könnt. Seht es nicht negativ, seht es positiv. Ihr empfindet euere eigene Hilflosigkeit in gewissen Situationen und ärgert euch über euch selbst, über euere Reaktionen. Meine lieben Freunde, all unser Bemühen ist darauf ausgerichtet, daß ihr die Veränderung bemerkt, die mit euch vorgeht. Ich danke euch für eure Offenheit in diesem Kreis.

Meine Lieben, ihr habt den geistigen Weg eingeschlagen und ihr werdet sehen, daß dieser geistige Weg euch neue Erfahrungen bringt, neue Erkenntnisse und ihr werdet es nicht bereuen.

Es ist wunderbar, Harmonie hervorzurufen in sich selbst. Es fällt zwar manchmal noch schwer, die Harmonie zu erkennen. Man könnte sich mitunter zerfleischen, weil man wieder einmal in die alte Rolle zurückgefallen ist, doch, meine Freunde, Emotionen dienen nun mal zum Erkennen der eigenen Schwä-

chen. Wäre dies nicht so, könntet ihr sie nicht erkennen.
Und, meine Freunde, glaubt mir, ich gehe mit euch den Weg so weit, wie ihr als Menschen ihn ertragen könnt. Ihr werdet Antwort erhalten in der Zukunft auf so manche Fragen, aber, meine Lieben, das letzte Geheimnis muß euch verschlossen bleiben, weil ihr es nicht ertragen könntet als Menschen.
Betrachtet es als einen Akt der Barmherzigkeit euch gegenüber, und ihr werdet verstehen, daß die Hilfe, die wir euch anbieten, völlig ausreichend ist, um das Licht zu sehen, zu erkennen und Glück in euch wachzurufen, das ihr weitertragen werdet in euer Leben.
Ihr habt den Anfang gemacht in diesem Kreis und denkt darüber nach, auch wenn einige Personen dabei sind, die an sich selbst bittere Erfahrungen machen müssen, so sind sie doch Lehrbeispiele für euch. Sie sollen euch zeigen, daß ihr Hilfe gewähren könnt, es soll Barmherzigkeit in euch wachgerufen werden. Auch eine etwas lautere Stimme kann Musik in euren Ohren sein, wenn ihr versucht, im Ton dieser Stimme die Not zu erkennen, in der sich dieser Mensch befindet.
Meine Freunde, seht, all diese Dinge habe ich euch vor langer Zeit schon prophezeiht. Nun erlebt ihr sie und ihr versteht es auch, diese Situationen zu durchleben. Ich danke euch, denn ihr habt gelernt, Freunde, und ihr habt eure Lektionen gut gelernt, weil sie Widerhall in eurer Seele finden.

Frage: Leider ist es doch so, daß viele Menschen darüber lächeln, wenn wir ihnen von diesen Kontakten erzählen würden.

Claudius: Wenn andere über euch lächeln, dann laßt sie lächeln – denn ihr wißt es besser. Jeder einzelne in diesem Kreis wird seine eigene Wahrheit erfahren.
Es wird die Zeit kommen, wo euer Wissen gefragt ist. Seht, meine Freunde, der Weg – würdet ihr sagen

– ist weit. Nun, ich sage euch, es ist nur ein Kreislauf, denn zu irgendeinem Zeitpunkt verändert sich euer Umfeld – und all dieses Wissen, das wir euch vermitteln, wird einfließen in das Bewußtsein eures Umfeldes.

Dies ist der Sinn unserer Begegnungen. Ich erinnere euch daran, meine Freunde, als die Transkommunikation mit den Tonbandstimmen begann, wieviele Zweifel laut wurden, und wie viele Menschen trotz dieser Zweifel Trost und Hilfe gefunden haben und dadurch zurückfanden zu ihrem geistigen Potential.

Wenn sich bei euch der Wandel zur Neuzeit vollzieht, ist es nur natürlich, daß es »Scherben« gibt. Über diese »Scherben« hinweg muß die Menschheit gehen, damit sie durch Leid, Schmerz und Kummer zurück zum Ursprung geführt werden kann.

Vertrauen und Liebe lassen vieles überwinden bei dem, dem sie entgegengebracht werden.

Geliebte Freunde, einen weiten Weg sind wir gegangen. Vieles hat sich aufgelöst und viele Fragen stehen offen. Vielfältig sind die Facetten des Ewigen und wir wollen uns darauf beschränken, das Wesentliche für euch zu übermitteln. Schenkt uns euer Vertrauen, so, wie wir uns bemühen, euch unsere Liebe zu vermitteln. Ich empfehle euch der Gnade der Allmacht.

Das menschliche Gehirn

Frage: Lieber Claudius, ist das Gehirn des Menschen nicht das größte Wunder, das es überhaupt gibt?

Claudius: So ist es, meine Liebe, vergleichbar mit dem Motor, der in Gang gesetzt werden muß, um eine Maschine mit Leben zu erfüllen.

Frage: Die Wissenschaft hat durch individuelle Verfahren die Leistung des menschlichen Gehirns, besonders bei genialen Menschen **naturwissenschaftlich** zu deuten versucht, aber übereinstimmende Ergebnisse konnten **nicht** erzielt werden. Was meinst du dazu?

Claudius: Nun, meine Liebe, dies ist nicht außergewöhnlich. Der Mensch versucht hinter das Geheimnis zu kommen. Das Gehirn selbst ist aufschließbar, sezierbar. Man kann erkennen, wie die Gehirnhälften arbeiten. Das Gehirn des Menschen ist so ausgebildet, daß es bestimmte Informationen empfangen, umsetzen und weiterleiten kann.

Frage: Es wurde festgestellt, daß beim Tod eines Menschen, nachdem das Gehirn seziert wurde, keine Unterschiede vorhanden waren, ob es sich nun bei dem Verstorbenen um einen Dummen oder ein Genie handelte. Wie ist das zu verstehen?

Claudius: Siehe es so. Das Gehirn eines jeden Menschen ist **in der Struktur gleich**. Beim Sezieren eines Gehirns ist **nicht** feststellbar, welchen Intelligenzgrad es beherbergt. **Es gibt kein intelligentes Gehirn – es gibt kein dummes Gehirn. Es gibt ein Gehirn.**

Frage: Das Gehirn ist zwar Materie, es läßt sich nachweisen, daß es etwa 14 Millionen Zellen enthält, und daß die Hirnrinde, welche die einzelnen Teile umhüllt, über ca. 200 000 Quadratmillimeter groß ist – aber – läßt sich ein Nachweis erbringen, *wie* die Funktionen zustandekommen – sowohl die geistigen, wie auch die körperlichen?

Claudius: Das Gehirn des Menschen ist so angelegt, daß nur bestimmte **Informationen** des Universums aufgenommen, verarbeitet und weiterentwickelt werden können.

Das Gehirn, meine Freunde, ist ein Kunstwerk, das niemals das ureigenste Geheimnis den Wissenschaftlern freigeben wird, weil die Wissenschaftler glauben, daß ein Gehirn völlig selbständig arbeitet. **Und dies ist eine Utopie**, denn, meine Freunde, das Perpetuum Mobile ist der Wunschtraum aller Menschen gewesen, und ist niemals verwirklicht worden. Genausowenig wird es möglich sein, den Menschen begreifen zu können in seiner Ganzheit, ohne die Seele als Steuerungsfaktor, ohne den Geist, der tätig werden läßt.

Frage: Alle von der Außenwelt einströmenden Empfindungen werden über die Sinnesorgane zum Gehirn weitergeleitet – und erst dadurch, wenn das Gehirn die Einflüsse aufgenommen hat – empfinden wir Freude, Schmerz und so weiter. Könnte man alles, was in den verschiedenen Zentren des Gehirns umgesetzt wird, also Sprechen, Sehen, Hören, Fühlen und so weiter als **ENERGIE** bezeichnen?

Claudius: Nun, meine Liebe, es ist **feinstoffliche Energie, die nicht meßbar ist**, die jedoch latent das Universum belebt. Es gibt für die Wissenschaft niemals eine Möglichkeit, den Steuerungsfaktor Seele, Geist zu ergründen, solange die Wissenschaft sich nur auf rationelles Denken beschränkt. Übergeordnete Kräfte, die ihr als Lichtteilchen bezeichnen könntet, sind die Steuerungsfaktoren für den Menschen. Es sind Energien feinstofflicher Art, denn, um sie erkennen zu können, braucht ihr nur den toten, leblosen Körper zu sehen, der alles noch in sich vereint, sämtliche Organe in der Gesamtheit Mensch. Doch der Steuerungsfaktor kann nicht mehr bewirken, daß dieser Körper arbeitet, weil sich die Seele aus ihm gelöst hat.

Frage: Der Astralkörper beinhaltet die Seele, also feinstoffliche Materie. Steuert sie aus unserem Bewußtsein heraus unser Gehirn an?

Claudius: Richtig.

Frage: Es ist nicht zu sehen und nicht zu messen, weil es **geistige** Impulse sind, die dann die Materie in unserem Gehirn ansteuern. Da müßte meiner Meinung nach ein Übergang sein?

Claudius: Natürlich, meine Liebe, siehe, **Seele und Geist existieren beide ohne den Körper**.

Seele und Geist sind die Magnetspulen, wenn ich so sagen soll, welche die Energien der Allmacht weiterleiten, damit der Körper agieren kann.

Die Seele eines Menschen ist das Empfinden des Menschen, ist der Impulsgeber **wie** der Mensch mit dem Verstand die Signale der Seele umsetzt. Dies ist das Geheimnis des Menschen. Alles, was umgesetzt wird im menschlichen Körper, wird über den realen Verstand umgesetzt.

Wenige Menschen verlassen sich dabei auf ihr Gefühl, das die Seele vermittelt. Sie fragen nicht nach, weil es selbstverständlich ist, daß sie so reagieren, wie sie reagieren. In einigen Fällen kommt es vor, daß der menschliche Körper über den Verstand eine Tätigkeit ausübt, die ihm in der Seele zuwider ist – doch der reale Verstand gibt ihm die Kraft, die Möglichkeit, zu unterscheiden, was nötig ist und warum es nötig ist.

Ich möchte es an einem Beispiel verdeutlichen. Seht, die Seele signalisiert euch, Kontakt mit uns zu pflegen. Ihr nehmt es willig auf. Ihr seid Gast in einer Gesellschaft. In dieser Gesellschaft wird über die geistige Qualität eines esoterischen Zirkels gesprochen, und hier sind einige Personen dabei, die völlig nüchtern sind. Sie sind vielleicht in eurer Gesellschaftsordnung eure Chefs, eure Vorgesetzten. Der rationale Verstand wird euch leiten in euren Antworten. Das, was

ihr wirklich in der Seele empfindet, werdet ihr in diesem Kreis niemals zum Ausdruck bringen können, um nicht abgestempelt zu sein in eurer Gesellschaftsordnung, als Außenseiter.
Es gibt also Situationen, wo euch der Verstand rät, abzulassen von Provokationen, provokatorischen Antworten oder Fragestellungen.
Doch in dem Augenblick, wo ihr euch euerer Gesellschaftsordnung unterordnen müßt, wird im Nachhinein Bedauern aufsteigen, daß ihr nicht frei genug seid, um so sprechen zu können, wie ihr gerne möchtet.
Dies nur als kleines Beispiel. Deswegen habt ihr nichts falsch gemacht, denn ihr müßt leben in dieser Gesellschaftsordnung. Aber in euch selbst, meine Freunde, muß die Wahrheit Platz greifen. Nicht geboren seid ihr, um die Welt zu verändern. **Geboren seid ihr, um euch selbst zu verändern und damit auf eure Umgebung auszustrahlen und sie mit neuen Energien zu versorgen.**
Wißt ihr, viele Menschen, die mit außergewöhnlichen Fähigkeiten begabt sind, sehen den Sinn nicht, der dahintersteht, warum sie diese Fähigkeiten bekommen haben. Kleine Ausschnitte sind es aus dem unermeßlichen Reichtum des Universums, aus der unermeßlichen Liebe, die ihr *Gott* nennt.
In Demut sollte es der Mensch annehmen und sollte sich selbst beglückt nach innen wenden. Er sollte nicht zum Einsiedler werden. Dies ist nicht damit gemeint, sondern er möge in sich Frieden finden, damit er beglückt sein Leben leben kann.
Er soll auch nicht missionieren, denn jeder Mensch hat ein ureigenstes Bewußtsein und wird seine ureigensten Erfahrungen machen. Jede Seele wünscht die Weiterentwicklung in diesem Körper, in den sie sich inkarniert hat. Dort möchte sie die Erfahrungen sammeln, die sie zur Weiterentwicklung benötigt,

und jeder Mensch wird zu irgendeinem Zeitpunkt die hierzu nötigen Impulse bekommen.

Frage: Du sagst, die Lichtteilchen seien der Steuerungsfaktor?

Claudius: Das sind Informationsträger.

Frage: Lichtteilchen (Photonen) sind aber durch die Wissenschaft erkennbar?

Claudius: Nun, meine Liebe, aber die **Informationen, die sie tragen, sind nicht erkennbar**.

Es gibt keine Geräte, die diese Energien messen könnten. Siehe **Nicola Tesla** hat euch ein Beispiel gegeben von Energien. Diese Energien werden in den Menschen einfließen.

Tachyonen – nur, es ist auch nur ein Ausdruck, mit dem ihr nichts anfangen könnt. Es ist nicht meßbar – aber es ist erfühlbar. Und dies ist das Phänomen der menschlichen Seele.

Seht euer Erschrecken bei einer Situation, die in eurem Leben auf euch zukommt. Dieses Erschrecken, das euch erfaßt – oder das Beglücktsein, obwohl es keinen äußerlichen Grund gibt, beglückt zu sein – so seid ihr doch erfüllt, wenn nach langen Regentagen die Sonne durch euer Fenster scheint und euch im tiefsten eures Seins berührt. Dies, meine Freunde, sind die Energien, die ich meine.

Frage: Ich glaube, wir müssen uns bescheiden und nicht klüger sein wollen als unsere gesamte Wissenschaft. Wir wissen nun, es ist Energie, es hat mit Bewußtsein zu tun, mit Steuerung, mit Lichtteilchen, aber es gibt unterschiedliche Steuerungen?

Claudius: Genauso ist es zu verstehen. Jeder Mensch wird die Steuerungsinformation erhalten, die seine Seele benötigt, um sich entwickeln zu können. Eigentlich ist es ganz einfach.

Frage: Ich setze das jetzt einmal ins Körperliche um. Jeder Mensch hat einen Kopf, zwei Arme, zwei Beine – und doch macht jeder etwas anderes.

Claudius: So ist es.

Frage: Das menschliche Gehirn mußte jedoch in seiner Struktur für diese Aufgabe erst so weit entwickelt sein?

Claudius: Der Entwicklungsprozeß des Menschen mußte abgeschlossen sein, damit Bewußtsein eines Tages vorhanden war, wenn die Seele in den Körper inkarnierte.

Frage: Das Gehirn hat eigentlich nie eine Ruhepause. Unser Körper ruht sich aus, während wir schlafen, aber das Gehirn arbeitet weiter. Unsere Träume* entstehen doch ohne unser Bewußtsein, ohne Steuerung von uns? Demnach erzeugt sie das Gehirn selbständig?

Claudius: *Nein*, ich möchte dazu folgende Erklärung geben:
Das Gehirn wird ständig vom Kreislauf des Blutes mit Sauerstoff versorgt. Es ist eine Grundvoraussetzung, daß dieser Motor überhaupt arbeiten kann.

Frage: Das ist aber Materie?

Claudius: Richtig. Dies ist die Materie Gehirn. Über die Seele und das Gehirn werden Eindrücke aufgenommen und im Gehirn gespeichert. Der Mensch, meine Freunde, wird müde. Hier wird die rationale Seite des Gehirns ebenso müde. Sie versinkt in Schlaf. Aber die gespeicherten Eindrücke, die nicht verarbeitet wurden und trotz allem einen tiefen Eindruck **in der Seele** hinterlassen haben, werden in dieser Ruhephase aufgearbeitet, wobei es mitunter bildhafte Vorstellungen gibt – **Träume**. Diese Träume drücken aus, was die Seele im Laufe des Tages, im Laufe eines bestimmten Zeitablaufes gespeichert und nicht verarbeitet hat.
Es können Ängste entstehen über einen bösen Traum, es kann Freude entstehen über einen guten Traum. Es kann aber auch sein, meine Freunde, daß

* sh. auch unter Kapitel »Träume«

Energien von **außerhalb** einfließen, die der Seele neue Impulse in dieser Ruhephase geben, die dann umgesetzt werden für die Zukunft.

Frage: Also unterscheiden wir zwei Möglichkeiten. Diese Energien können auch durch euch uns zugeführt werden oder . . .?

Claudius: Dadurch, daß die Seele sich diese Hilfestellungen abruft, oder aber durch Impulsgeber von unserer Seite. Siehe ein Beispiel: Das, was unser Freund in dieser Nacht von sich gegeben hat, war weder ein Traum, noch ein bewußtes Empfinden, sondern ich habe über das sogenannte Traumzentrum des Gehirns seinen Körper angesteuert und ihn zum Sprechen bewegt. Er selbst war völlig passiv. Er hat lediglich die Lippen bewegt, um den Impulsen Ausdruck zu geben, die ich seinem Gehirn zugeführt habe. Ist dies verständlich?

Frage: War seine Seele bei diesem Vorgang außerhalb seines Körpers?

Claudius: Nun, wenn er sich daran erinnern könnte, dann würde er dir folgende Erklärung geben:
Meine Seele befand sich an der Decke des Zimmers.
Siehe, dadurch, daß sich seine Seele außerhalb des Körpers befindet, wird sie die Eindrücke nicht empfangen – nur der Körper reagiert auf Impulse. Dies ist für uns von äußerster Wichtigkeit, denn wir wollen, wir dürfen unseren Freund nicht überbeanspruchen, weil er fähig bleiben muß, in seiner Gesellschaftsordnung zu existieren. Wie ihr alle wißt, lebt ihr eingebunden in diese Gesellschaftsordnung und müßt arbeiten, um euren Lebensunterhalt zu verdienen. Es geht nicht, daß wir unseren Freund in die Wüste schicken und nur noch mit Wasser versorgt existieren lassen. Dies ist nicht unser Wunsch. Unser Wunsch ist, daß er mitten in dieser Gesellschaftsordnung unsere Botschaften empfängt und sie durch die Freunde, die ihn umgeben, weitertragen kann.

Frage: Was passiert mit unserer Seele während der Nacht?

Claudius: Deine Seele, meine Liebe, ruht sich aus – aber sie kann sich auch loslösen vom Körper und kann eigene Erfahrungen sammeln. Jeder einzelne Traum von euch bedeutet auch ein Loslösen.

Frage: Der Mensch hat zwei Gehirnhälften, welche Funktion genau haben sie?

Claudius: Die Gehirnhälften müssen getrennt sein, damit einmal der Mensch die Möglichkeit hat, über den rationalen Verstand zu agieren, und einmal die Möglichkeit, Informationen aus der Seele ins Gehirn einfließen zu lassen. Der Verstand wird von der einen Gehirnhälfte gesteuert, das Empfinden von der anderen, und zwischen beiden Gehirnhälften besteht eine Kommunikationsmöglichkeit. Der Mensch, der dies erkennt, wird die Erfahrung machen, daß beides miteinander verbunden werden muß, damit der Mensch bewußt werden kann.

Frage: War es schwierig bei den vielen Manipulationen, die bei diesen teilbewußten Wesen vorgenommen worden sind, diese zwei Schwerpunkte »rationale und intuitive Gehirnhälfte« herauszuarbeiten?

Claudius: So ist es, meine Liebe. Laß mich dir erklären. Zunächst war nur eine einzige Gehirnmasse enthalten. Diese einzige Gehirnmasse war nicht fähig, die Liebe umzusetzen. Das Gehirn des Menschen mußte also anders ausgebildet werden, es mußte ein Faktum hinzugefügt werden, das eine Kommunikation zwischen dem Geistig-Seelischen und dem Rationellen ermöglichte.

Es gibt im Gehirn einen Punkt, der diese Verbindung, diesen Austausch möglich macht, und dies war der Beginn des bewußten Menschen. Dies ist das ganze Geheimnis.

Frage: Es ist also anzunehmen, daß bei den damaligen teilbewußten Wesen das Gehirn so strukturiert war, daß intuitiv nur gearbeitet wurde?

Claudius: So ist es.

Frage: Und der Steuerungsfaktor, der Hypothalamus*, war er schon vorhanden oder ist er erst entstanden?

Claudius: Ist erst entstanden. Ich freue mich, daß du mitdenkst.

Frage: Ist der Verstand bei den meisten Menschen nicht ausgeprägter, als das Gefühl?

Claudius: Daß der rationelle Verstand bei den meisten Menschen ausgeprägter ist, läßt darauf schließen, daß das Denken des Menschen sich verändert hat, denn die Entwicklung des Menschen zum industriellen Menschen ist erst in den letzten 200 Jahren erfolgt. Wenn ihr euch überlegt, daß der Mensch bis zu diesem hochindustrialisierten Wesen, das er heute darstellt, nicht nur 2000 Jahre gebraucht hat, sondern Jahrtausende, dann könnt ihr den Sprung verfolgen, den zu gewissen Zeiten der rationale Verstand durchmacht.

Frage: Könnte man davon ausgehen, daß der Mensch sich in Zukunft auch äußerlich weiterverändert?

Claudius: Nun, meine Liebe, wenn du glaubst, daß er eine andere Gestalt annimmt, dann nein. Die Vollendung des Menschen in seiner jetzigen materiellen Gestalt ist abgeschlossen.

Frage: Jetzt fehlt nur noch die geistige Entwicklung?

Claudius: So ist es. Die geistige Entwicklung hinkt hinterher.

Frage: Ist es vorgesehen, daß der Mensch sich geistig auf dieser Erde noch weiterentwickelt?

Claudius: Nun, meine Liebe all das, was du heute an Informationen bekommst, ist für dich vorgesehen. Wie du damit umgehst, das bleibt dir überlassen. Es ist immer vorgesehen, daß der Besinnungsprozeß im Menschen sich auf höherer Ebene entwickelt. Dieser Planet, meine liebe Freundin, ist ein Lernplanet – und nichts anderes.

Frage: Es ist also vorgesehen, daß der Planet Erde sich einer Bewußtseinsveränderung unterwirft, also weiterentwickelt?

Claudius: Richtig.

Frage: Aber das hat mit der Gehirnmasse nichts zu tun?

Claudius: Es hat mit der Gehirnmasse nichts zu tun. Ich sprach davon, daß der Mensch in sich fertig ist.

Frage: Man spricht oft davon, daß wir unser Gehirn nicht voll nützen. Was ist mit der Kapazität, die in unserem Gehirn noch frei ist?

Claudius: Die Kapazität ist vorhanden zum Wachsen des geistig-seelischen Bewußtwerdens.

Frage: Das eine ist aber doch eine materielle Struktur – während das Bewußtwerden in geistiger Form vor sich geht?

Claudius: Richtig, meine Liebe. Der Steuerungsfaktor geht über die Psyche des Menschen. Wenn du von deiner Frage jetzt ausgehst, dann wäre ein Gehirn überhaupt nicht erforderlich. Man könnte den Schädel aushöhlen, ihn mit einem Motor versehen, der all die Arbeiten verrichtet, die verrichtet werden müssen.

Bewußtsein, meine Liebe, erfordert eine Gehirnstruktur, damit ihr umsetzen könnt – und wenn ihr glaubt, daß euer Gehirn nicht voll ausgelastet ist, daß vieles im Unterbewußten vorhanden ist, dann sprecht ihr die Speicherungsfähigkeit des Gehirns an und diese Speicherungsfähigkeit **muß vorhanden sein**.

Es gibt nichts auf dieser Welt, keine noch so große Erfindung, die den Menschen in seiner Form, in seinem Potential, jemals übersteigen könnte.

Auch wenn ihr Computer erschafft, die ein Rechenexempel, zu dem ihr Jahre brauchen würdet, in Minuten erledigen, so ist es doch eine seelenlose Maschine, die zunächst vom Menschen mit Wissen gespeichert werden muß, um überhaupt umsetzen zu können.

Siehe, die Idee Mensch wurde geboren aus dem Bewußtsein zwischen Geist und Seele, sie hängt unmittelbar mit dem Planeten Erde zusammen. Dieser Planet Erde, ein glühender Feuerball am Anfang, nicht belebt, hat sich im Laufe der Jahrmillionen erst abgekühlt. Es ist im Laufe von Jahrmillionen erst die Atmosphäre entstanden und der Erdkern. Informationen setzten den Prozeß des Wachsens in Bewegung. Informationen setzten in Bewegung, daß eine Atmosphäre sich bilden konnte, daß also Voraussetzungen geschaffen wurden, damit dieser Planet Leben beherbergen konnte.

Frage: Kürzlich während eines Yoga-Vortrages hatte ich das Gefühl, all dies schon erlebt zu haben. Die Situation kannte ich genau.

Claudius: Nun, meine Liebe, was du abgerufen hast aus deinem Gehirn über die Seele als Steuerungsfaktor, sind Erkenntnisse, die sich dort manifestiert haben. Seht, die Substanz Gehirn ist ein Speicher und als solcher zu sehen.

Das, was in deinem Gehirn gespeichert ist, ist vergleichbar mit der Speicherung gewisser Informationen in einem Computer. Wenn ihr in euren Computer ein Programm einlest, also dem Computer Informationen gebt, zum Beispiel über Betriebswirtschaft, dann wird in diesem Computer nur **ein** Programm vorhanden sein: Betriebswirtschaft. Ihr könntet, wenn der Speicher ausreicht, andere Informationen hinzufügen, zum Beispiel Informationen über Computerwissenschaft. Auch dies könntet ihr speichern. Das menschliche Gehirn zeichnet sich aus, daß es speicherungsfähig ist und nur für bestimmte Situationen dieses Wissen abgerufen werden kann.

Seht, meine Freunde, an sich ist alles begreifbar, wenn ihr die Materie Mensch vergleicht mit euren Maschinen, die ihr erfunden, nein **gefunden** habt. Die Information ist im menschlichen Körper vorhanden. Im menschlichen Körper ist die Information des Computers vorhanden, sonst könnte der menschliche Körper diese Information nicht verarbeiten.

Erkennt, meine Freunde, wie wichtig der menschliche Körper zur Fortentwicklung alles Wissens ist und erkennt daraus auch, daß die Informationen durch die Seele über das Gehirn gesteuert und zur Ausführung gebracht werden. Vielleicht ist dieses Beispiel nachvollziehbar?

Frage: Der menschliche Körper ist der Resonanzboden?

Claudius: Die Dualität, vergeßt sie nicht. Es ist immer ein Gegenpol wichtig, sonst stagniert alles, und erkennt daraus die Größe des menschlichen Seins. Dann, meine Freunde, werdet ihr euch lieben lernen. Geliebte Freunde, (lächelt) ich bin glücklich mit euch so diskutieren zu können. Dadurch, daß ihr nachfragt, könnt ihr euer Sein einordnen und Liebe zu euch selbst, zum Menschen läßt euch den Menschen in seiner Unendlichkeit erkennen.

Frage: Wenn ich den Begriff Gehirn richtig definiere, ist das dann so ähnlich, wie bei einem Rundfunkgerät – wenn es kaputt ist, kann ich damit ein Lied nicht mehr hören, aber das **Lied gibt es dennoch weiterhin**!
Ist es also richtig, daß es zwar einen Gehirntod gibt, aber keinen Tod unseres Bewußtseins – unserer geistig-seelischen Struktur?

Claudius: Völlig richtig. Zum besseren Verständnis eine kurze Zusammenfassung:

Steuerungsfaktor für das Gehirn ist die Seele.

Der Körper hat gewisse Sinnesorgane mitbekommen: Das Augenlicht, den Geruch, das Fühlen und Hören. All diese Eindrücke, die ihr aufnehmt, werden an das Gehirn weitergegeben. Das Gehirn jedoch würde nichts vermögen, **wäre es nicht unmittelbar mit der Seele** gekoppelt. Alle Eindrücke werden wechselseitig über das Gehirn zur Seele – und von der Seele zum Gehirn weitergegeben. Die Seele ist aber auch unmittelbar Übermittler von Eindrücken, die da sind: Gemütsbewegungen, Zorn, Liebe.

Alle diese Dinge stehen unmittelbar im Zusammenhang mit der Seele. Wenn ich davon sprach, daß das Gehirn Eindrücke speichert, so stimmt auch dies, denn der Speicherungsfaktor sind auch die Gehirnzellen – aber sie vermögen **nichts ohne den Steuerungsfaktor Seele**.

Frage: Aus unserer Forschung ist bekannt, daß das Gehirn alle Eindrücke, Erlebnisse und angelerntes Wissen speichert.

Claudius: Aber nicht ohne in Verbindung zu sein mit der Seele.

Frage: Jetzt, nachdem du es nochmals erklärt hast, kann ich es so annehmen – doch als ich es las, sah ich in deinen Aussagen einen Widerspruch.

Claudius: Nun, das sind die Schwierigkeiten eures realen Denkens.

* **Anmerkung:** Der Hypothalamus stellt die Verbindung des Zentralnervensystems zum Hormonsystem dar. Er steuert die Hypophyse (Drüsensystem) und das vegetative Nervensystem, welches autonom ohne unseren Willen arbeitet.
Zum Beispiel bei niederen Tiere gibt es keinerlei Steuerung des Gehirns. Alle Impulse, die im Körper etwas bewegen: Wachstum, Stoffwechsel und so weiter und Nervenimpulse gehen vom Rückenmark und verstreuten Zentren im Körper aus.

Intelligenz

Frage: Kannst du uns etwas über Intelligenz sagen: Woher kommt sie und warum diese Verschiedenheit unter den Menschen?

Claudius: Es ist für euch keine Frage mehr, die Entstehung und Entwicklung des Menschen so anzunehmen, wie sie geschildert worden ist. Doch darüber hinaus sollte nicht vergessen werden, daß sich die Entwicklung jedes einzelnen Lebewesens, den Menschen eingeschlossen, über **Jahrhunderte**, über **Jahrtausende** erstreckte und daß die Umwelteinflüsse eine große Auswirkung auf die Weiterentwicklung des Menschen hatten, denn die einzelnen Inkarnationen haben sich erst im Laufe der Jahrhunderte zu subtilen einzelnen Fakten verdichtet. Nicht jeder Mensch wurde mit der gleichen Information, nicht jeder mit dem gleichen Wissen und dem gleichen Empfinden ausgestattet. Denn dann wäre die Menschwerdung überflüssig gewesen. Die **Menschwerdung, meine Freunde, resultiert einzig und allein aus dem Gesetz der Wiedergeburt, dem neuen Erleben einzelner Aspekte.**

Nur so ist auch der Sinn des Lebens überhaupt zu verstehen.

Seht, der einzelne Mensch bekommt Anlagen mit, die er durchleben will. Ich möchte das Wort **Intelligenz** im Raum stehen lassen, denn intelligent ist grundsätzlich **jeder Mensch** – nur ist seine Intelligenz auf verschiedene Art und Weise einzelnen Aspekten zugeneigt. Seht es so, der eine wurde geboren, um eine dienende Funktion auszuüben, und sich an dieser dienenden Funktion weiterzuentwickeln, der andere hat eine bestimmte Art von Intelligenz mitbekommen, die ihn befähigt Musiker oder Wissenschaftler zu werden.

Intelligenz ist nichts anderes, als eine bestimmte Veranlagung der Seele zur Inkarnation in diesen Körper Mensch. Dadurch ist es möglich, daß ein bestimmter Quotient entsteht, der es dem Menschen ermöglicht, sich bewußt zu werden, eine einzige Straße zu gehen, Informationen aufzunehmen, die er mühelos verarbeiten kann, weil er in sich selbst diese Intelligenz, diese Energie in bestimmter Form mitbekommen hat.

Ihr sprecht vom intelligenten Menschen, wenn er eine schwierige Rechenaufgabe mühelos in seinem Kopf, in seinem Gehirn, verarbeiten kann. Nun, meine Liebe, die Voraussetzungen hierzu, nämlich die Energie Intelligenz, wenn ihr so wollt, hat er mitbekommen und hat sie weiterentwickelt. **Dies allein ist sein Verdienst, daß er sich in dieser Richtung weiterbewegt, als Mensch weiterentwickelt hat.**

So, wie der einfache Bauer die Information der Natur in sich aufnimmt und sie weiterentwickelt. Er wird niemals seine Saat im Frühjahr aussäen, weil er weiß, daß die Zeit zu kurz ist zum Wachsen und Werden. Es ist ein bestimmter Zeitpunkt erforderlich, zu der er die Saat ausbringt, um sie keimen und wachsen zu lassen.

Ihr sprecht davon, daß es dumme und intelligente Menschen gibt und unterscheidet sie dadurch, daß der eine Mensch nur zum Handwerker geboren ist und der andere Mensch Professuren ausübt, studieren kann.

Diese Denkungsart unterliegt dem rationellen Denken des Menschen. In Wirklichkeit, meine Freunde, ist es eine **völlige Fehlinterpretation**, denn die Inkarnation des einen hat eben nur die Möglichkeiten, Informationen eines Handwerkers abzurufen. Er wird Mosaiken schneiden können und sie kunstvoll zusammensetzen, er wird in seinem Beruf Dinge vollbringen, die ein Professor niemals fertigbringt. Er ist intuitiv, dieser Mensch, währenddem dem anderen Menschen die Möglichkeiten offen stehen über das Informationsfeld eben bestimmte andere Punkte abzurufen.

Seht, meine Freunde, der Mensch versucht Klassifizierungen zu machen, die völlig daneben liegen, denn jeder einzelne Mensch hat, gemäß seinem Karma, Möglichkeiten mit auf die Erde gebracht, die ihn seinen Lernprozeß erleben lassen. Intelligenz ist bei allen vorhanden, gemäß der Aufgabe, die sie mit auf diese Erde gebracht haben.

Frage: Eine Inkarnation paßt dann also auch in eine gewisse Zeit hinein, sie entspricht dem sogenannten Zeitwissen, dem Zeitstand. Es gibt aber auch Personen, die diesen Stand total sprengen. Ich denke zum Beispiel an **Leonardo da Vinci**, der seiner Zeit sicher 200 Jahre voraus war. Ist das eine besondere Aufgabe, die ihm gestellt wurde, oder hatte er sogar die Möglichkeit sich das selbst auszusuchen?

Claudius: Mein Freund, Leonardo da Vinci hat bei seiner Inkarnation die Möglichkeit mitbekommen, richtungsgebend für die Menschheit vorauszudenken. Er hat Punkte gesetzt für die Menschheit. Daß er natürlich dem damaligen Wissensstand weit voraus war, brachte ihm Spott, Hohn, Mißverständnis – aber auch eine ungeheure Beglückung für sich selbst.

Siehe, mein Freund, immer werden Menschen geboren, die im Voraus denken. Wäre damals die richtige Zusammensetzung der Menschen möglich gewesen, wäre **Leonardo da Vinci** derjenige gewesen, der zum Beispiel das Flugzeug erfunden oder gefunden hätte.

Es gibt aber viele Menschen, die einen ihrer Veranlagung nicht gemäßen Beruf ausüben, doch im privaten Bereich sich ihrer Seele beugen und malen, musizieren, oder irgendeine andere künstlerische Tätigkeit ausüben, die sie befähigen, frei zu werden.

Die Zeit des Arbeitslebens erstreckt sich in eurer Gesellschaftsdordnung auf bestimmte Jahre eures Lebens. Entscheidende Jahre, denn mit der Beendigung dieser Pflichtarbeitszeit, so möchte ich sie nennen, entsteht ein Vakuum, das nur ausgefüllt werden kann, wenn man **dem Ruf der Seele Raum gibt**, sich auf seine ureigenste Bestimmung besinnt, die da ist: **Einen Abschnitt des Erlebten abgeschlossen zu haben**.

Es werden Erkenntnisse gereift sein, die dem einzelnen Menschen die Möglichkeit geben, rückblickend zu sagen: Ich habe versucht, dieses Leben meinen Neigungen gemäß, meinen Bestimmungen gemäß, zu leben. Ich habe gefehlt, doch ich habe bewußt diesen Weg einst begonnen und möchte ihn bewußt zu Ende führen.

Inkarnationen, meine Freunde, sind eine **Folgeerscheinung**, die jeden einzelnen dazu führen, Erkenntnisse zu sammeln, um zurückzukehren in die Liebe der Allmacht. Wie auch immer der einzelne es empfindet, er müßte sich dessen bewußt sein, daß **ein einziges** Leben als Mensch **nicht ausreicht**, um die Erfüllung seines Seins zu erreichen.

Frage: Du sagtest, dem Ruf der Seele Raum geben. Wie können wir den Wunsch unserer Seele erfassen?

Claudius: Meine Liebe, es ist so einfach wie der Schlaf. Ihr möchtet die Seele rational erfassen und versucht, einmal den Verstand zu befragen und einmal die Seele zu befragen. Dies ist unmöglich! Aus den Situationen heraus müßt ihr überlegen, was kann ich annehmen und was nicht. Das, was ich mit dem realen Verstand annehmen kann, wird auch zu gleicher Zeit Bestandteil der Seele und darüber hinaus muß ich meinem Gefühl, das aus der Seele entspringt, Raum geben, das Gefühl ausleben und den rationalen Verstand mit dem Gefühlsleben verbinden. **Das Gefühl signalisiert die Bedürfnisse der Seele.**

Frage: Die Seele gibt also einen Impuls und der Verstand entscheidet unter dem Gesichtspunkt: Will ich das oder will ich das nicht?

Claudius: Du sollst jedoch das Gefühl, das du dein eigen nennst, auch als **dein eigenes Gefühl** akzeptieren – aus einem einfachen Grund. Jeder Mensch wird bei der gleichen Situation ein anderes Gefühl in sich emporsteigen fühlen – für jeden richtig in diesem Augenblick, wo er dieses Empfinden hat.

Doch, meine Liebe, es kann durchaus sein, daß dein Verstand dein Gefühl akzeptiert und daß dein Verstand versucht, die Erkenntnisse aus deinem Gefühl heraus auf andere zu übertragen. **Dies funktioniert nicht, weil der andere ein anderes Bewußtsein hat.** Der halbe Weg ist nichts anderes, als seine Meinung zum Ausdruck zu bringen und die Meinung des anderen ebenfalls anzuhören. Ob du es miteinander verknüpfen kannst, ist eine völlig andere Frage.

Frage: Gilt dies alles nur für uns Menschen auf Erden, oder auch für andere Wesenheiten?

Claudius: Meine Liebste, als ich von der Menschwerdung gesprochen habe, habe ich die Menschwerdung auf **diesem Planeten** in den Vordergrund gestellt.

Natürlich gibt es Planeten im Universum, die ebenfalls belebt sind – doch der Mensch in seiner Vorstellungskraft bildet sich ein, daß der gleiche Körper auf einem anderen Planeten existent ist – nur ist dies nicht der Fall! Der Mensch ist an diese Erde gebunden.

Diese Erde ist ein Planet, auf dem der Mensch inkarniert, um eine gewisse Erfahrung zu machen. Das schließt nicht aus, wenn er den Übergang auf unsere Ebene vollzogen hat, daß er den Wunsch hat, auf einem anderen Planeten, unter anderen Bedingungen, ebenfalls Erfahrungen zu sammeln. Seht, meine Freunde, Leben ist alles, was sich im Universum bewegt und nun würden eure Wissenschaftler sagen:

»Ja, aber was ist intelligentes Leben?«

Intelligentes Leben ist kurz ausgedrückt: **Die Verbindung zwischen Geist – Körper – Seele**, zwischen Geistkörper – Seele, also eine Struktur, die sich in bestimmten Situationen mit dem Bewußtsein der Liebe inkarniert.

Der materielle Körper, diese Materie, welche die Umhüllung um eure Seele jetzt in diesem Augenblick bedeutet, ist nichts anderes, als die Zusammenführung gewisser Molekularstrukturen zu diesem Körper, mit gewissen Informationen, die sich jedoch der Liebe selbst nicht bewußt sind.

Erst durch die Vereinigung mit dieser Seele, mit diesem Geistfunken, wird sich der Mensch seines Menschseins bewußt und kann sagen:

Ich bin Mensch.

Und dies ist der Schlüssel für das Belebtsein anderer Planeten. Die Seele, die also den Geistkörper beinhaltet, ist genauso fähig auf einem Planeten zu leben, der keine Atmosphäre, keinen Sauerstoffanteil besitzt, sondern vielleicht nur Schwefel, vielleicht nur tote Materie beherbergt, wie ihr sagen würdet. Doch die Materie des Mondes ist auch belebt und auch sie trägt Informationen in sich und es gibt durchaus Lebewesen, die zwar als solche nicht erkannt werden, die aber auf dem Mond leben – und unter diesen Aspekten betrachtet, sollte die ungeheure Kraft des Universums verstanden werden.

Frage: Also könnte man sagen: **Intelligentes Leben** heißt auch gleichzeitig:

ICH BIN?

Claudius: Das Bewußtsein: **Ich bin!**, beinhaltet Information, denn ohne die Information kann ich nicht erfühlen, daß **»Ich bin Liebe im Ursprung meines Seins«**.

Die sogenannten Menschen haben sich im Laufe von Jahrtausenden weiterentwickelt, in die Natur hinein integriert mit dem Bewußtsein, daß sie Menschen sind. Dieser Teilaspekt der Seelen, der sich in diesen Körpern manifestiert hatte, hat natürlich auf den Menschen in seiner Entwicklung, in die Atmosphäre dieser Erde, dieser Natur hinein, steuernd gewirkt.

Doch **Intelligenz** ist etwas, was im **Laufe der Zeit entstanden ist**, nämlich **durch Erfahrungen**, die diese Wesenheiten gemacht haben. Siehe das Beispiel mit dem Affen, der die Kartoffel gewaschen hat, das sich dann als Bestandteil an Erfahrung in dieser Wesenheit festgesetzt hat. So ist eines zum anderen gekommen. Der Mensch hat sich zu einem höheren Bewußtsein entwickelt, als das Tier. Die **Ratio** ist mitgewachsen, **doch bei einem bestimmten Punkt stehengeblieben**. Es kamen neue Aspekte hinzu, nämlich, daß Wesenheiten von anderen Planeten dieser Erde nahe gekommen sind, die mit dem Bewußtsein der Liebe diese armselige Kreatur betrachtet haben, die so mühsam sich weiterentwickelt hat. Sie haben dann bewußt Manipulationen vorgenommen, um die geistige Entwicklung weiterfortschreiten zu lassen.

Der Geist, meine Liebe, hatte sich bereits inkarniert durch diese erste Manipulation, wenn du so willst, und der Entwicklungsprozeß hat sich fortgesetzt bis zu diesem Zeitpunkt. Ihr müßt es so sehen, wie es heute geschieht, daß nämlich eure Wissenschaftler versuchen, nicht nur Pflanzen, sondern auch Tiere zu manipulieren – und von dieser Manipulation ist der Schritt zur menschlichen Genmanipulation nur noch ein kleiner. Und dies hat sich in der Vergangenheit vollzogen!

Doch, meine Freunde, wenn ihr glaubt, daß Intelligenz heute höher entwickelt ist als vor Jahrtausenden, dann unterliegt ihr einem Trugschluß. Intelligenz, meine Freunde, ist ein Ausdruck, den der Mensch geprägt hat, um gewisse Qualifikationen einzuführen. Ihr sprecht von einer Intelligenzschicht in eurer Gesellschaftsordnung, wo der andere, dieser kleine Bauer, der seine Landwirtschaft bestellt, nicht dazugehört obgleich er derjenige ist, der viel, sehr viel mehr in die Natur eingebunden ist, als diejenigen, die sich als Intelligenzschicht bezeichnen. Sie stehen sich selbst im Wege, meine Freunde, weil sie nicht mehr über die Seele erfassen, sondern über den realen Verstand. Dies ist die große Gefahr, der der Mensch in seiner Fortentwicklung entgegentaumelt.

Ihr seht, Intelligenz ist ein gar gefährlich Ding, ein gefährlicher Begriff, weil sie katalogisiert und den Menschen dazu bringt, Einschätzungen vorzunehmen, Stufenleitern vorzunehmen, statt den Menschen so anzunehmen, wie er ist.

Frage: Wir dachten jetzt eigentlich weniger an die Intelligenz, als vielmehr an das Wissen, das sich im Laufe der Zeit vermehrt hat.

Claudius: Richtig, meine Liebe, ich habe Intelligenz angeführt, um einen Überblick zu schaffen.

Die Möglichkeiten des heutigen Menschen sind natürlich größer als vor Millionen von Jahren. Dies ist richtig. Er hat die Möglichkeit, heute aufgrund der Entwicklung, die in den vergangenen Jahrhunderten geschehen ist, mehr daraus zu machen und weiterzuentwickeln.

Nun, meine Liebe, hier gebe ich euch zu bedenken, daß das, was den heutigen Menschen ausmacht, auf Jahrhunderte, auf Jahrtausende früherer Erfahrungen aufbaut und die **Verknüpfung der Entwicklung mit der geistigen Sphäre verliert sich mit der Fortentwicklung des rationellen Denkens**.

Der Mensch in eurer heutigen Zeit wird einsam – alleine und egozentrisch, weil er vergessen hat, in Demut die Vergangenheit als Entwicklungsstufe anzuerkennen. Seht, meine Freunde, wie schwierig es ist für uns dem rationellen Denken entgegenzuwirken.

Frage: Könnte es sein, daß ihr und wir unterschiedliche Definitionen von Intelligenz haben?

Claudius: Richtig, mein Freund. Was ich unter Intelligenz verstehe, ist einfach die Entwicklung des Menschen im Zusammenhang mit dem Werden dieser Welt in der Einheit zu sehen. Das nenne ich Intelligenz, das Miteinanderverbinden der geistig-seelischen Einstrahlung mit dem, was den Menschen hier geprägt hat. Wer diese Zusammenhänge erkennt, **den nenne ich intelligent**.

Frage: Unterscheidet sich das nicht von der Definition, wie hier landläufig Intelligenz definiert wird? Als Kombinationsgabe, als Möglichkeit schnell zu denken und zu erfassen?

Claudius: Richtig, mein Freund, denn dieser Mensch, der eine Kombinationsgabe hat – sie haben sie übrigens alle, nur auf verschiedenen Gebieten werden sie wirksam – dieser Mensch gleicht einem Computer, der Informationen erhält und sie umsetzt ohne nachzufragen, woher sie kommen.

Er glaubt in ihm selbst wäre die Weisheit entstanden. Er hat nur den Behälter gespielt, gemäß seinem Karma, daß er Information umsetzen kann, und er vergißt dabei, daß das Regulatum seines Körpers, nämlich der Verstand, ihm die Möglichkeit gibt, als Steuerungsfaktor einzugreifen und ihm zu gleicher Zeit signalisiert: Wenn die Atomspaltung gelingt, dann mußt du folgerichtig auch dafür sorgen, daß die freiwerdenden Energien, die aus der Kernspaltung entstehen, gezielt gesteuert werden. Du mußt, wenn du einen Ofen anzündest, wissen, daß du die Asche entsorgen mußt, du mußt daran denken, wenn du Nahrung zu dir nimmst, daß dein Körper sie wieder ausscheidet.

Was ich euch mit diesem Beispiel vermitteln will, ist die Komplexität des Menschen, die sich im Laufe der Jahrhunderte bis zum heutigen Zeitpunkt so weit entwickelt hat, daß eigentlich die **Harmonie zwischen Seele und Körper gestört ist**. Bei vielen Menschen entstehen Kurzschlüsse, **weil die Psyche verhungert**.

Frage: Das ist ein Problem unserer Gesellschaft, daß wir alles nur noch zielbetont auf eine Aufgabe hin ausrichten und danach eine Auslese treffen, um »Werkzeuge« zu bekommen.

Claudius: So ist es, mein Freund. So ist es, mein Freund.

Descartes, für euch alle ein Begriff, hat den Ausdruck geprägt:

»Ich denke – also bin ich.«

Nun, hier wurde der rationale Verstand in den Vordergrund gestellt. Heute, meine Freunde, gilt ein Umkehrschluß:

»Ich Bin – also denke ich.«

Dieses »Ich Bin« ist eine Feststellung. Sie ist als Feststellung zu bewerten, denn, wenn ihr erkennt, daß *Ihr Seid*, jeder einzelne für sich ein Funke der Allmacht, jeder einzelne ein Teil dessen, das ihr das Universum nennt, wenn ihr dieses erkannt habt, dann beginnt ihr zu denken, denn dann, meine Freunde, dann erst wird der Resonanzboden begründet für eure Fragen.

Laßt mich zusammenfassen.

Was **ich** unter Intelligenz verstehe ist, die Entwicklung des Menschen im Zusammenhang mit dem Werden dieser Welt in der Einheit zu sehen. Das nenne ich Intelligenz, das **Miteinander-verbinden** der geistig-seelischen Einstrahlung mit dem, was den Menschen **hier** geprägt hat. Wer diese Zusammenhänge erkennt, **den nenne ich intelligent**.

Intuition

Frage: Ich habe eine Frage zur Intuition. Intuition bedeutet für mich eine Art Geistesblitz, durch den man schlagartig zu einer Erkenntnis gelangt, die man möglicherweise erst nach langer Zeit oder gar nicht bekommt. Ist dies allein ein Bemühen von meiner oder unserer Seite, oder ist es auch ein Zutun von eurer Seite?

Claudius: Nun, mein Freund, zunächst ist es **dein** Bemühen, das es dir ermöglicht, neue Erkenntnisse anzunehmen, die latent vorhanden sind, denn wir sind um euch, bei euch, mit euch. Nur der, der Fragen stellt, wird irgendwann Antwort erhalten. Nur der, der es möglich macht, mit der Seele zu empfinden, wird Einblick bekommen in die Vielfalt der Allmacht. Mein Freund, weit war der Weg, doch du siehst, die Fortschritte machen sich bemerkbar, auch bei dir.

Frage: Das Erstaunliche bei einer Intuition ist eigentlich das rasche Erkennen. Das langsame Erarbeiten, auch durch eine Fragestellung, ist ja etwas fast normales bei uns. Aber dieses schlagartige Erkennen ist nicht der Normalfall, oder?

Claudius: Nun, mein Freund, hier siehst du den Unterschied zwischen dem realen Verstand und dem geistigen Bewußtsein. Wenn du alles mit dem realen Verstand begreifen wirst, dann wirst du es als Folge deiner geistigen Substanz ansehen.
Wenn dich jedoch die Intuition trifft, dann wird in dir selbst, in deiner Seele etwas bewegt. Und dies ist etwas ganz anderes, denn es berührt dein Mark als Mensch, wenn du die Seele so bezeichnen willst.

Frage: Ja, das verstehe ich. Wenn ich aber an große Forscher denke, die Quantensprünge erreicht haben – **Newton** zum Beispiel – müßte man einen solchen Menschen als sehr offen bezüglich seiner Seele sehen, oder kommen noch andere Dinge hinzu?

Claudius: Mein lieber Freund, diese Entdecker oder Erfinder waren in ihrem Leben Wissenschaftler, vom realen Verstand geprägt, und haben folgerichtig kombiniert. Dazu wurden sie geboren, um diesen Weg zu gehen. Doch ich sage dir, viele derjenigen, die ausgesandt wurden, um durch die Wissenschaft zum Segen der Menschheit zu arbeiten, haben vergessen, daß sie auch eine Seele haben. Und sie mußten erkennen, als sie ihren irdischen Körper ablegten, daß das, was sie eigentlich tun wollten, ungetan blieb, weil sie mit ihrem Verstand die Seele vergewaltigt haben.

Es gab auch einige, die demütig geworden sind, die erkannt haben, daß sie die Allmacht – Gott – nicht hinterfragen können. Dazu gehört auch ein Mann, wie **Albert Einstein** und viele andere.

Wichtig für euch ist, und das möchte ich euch eindringlich sagen, daß ihr Geist und Seele miteinander verbindet. Ihr werdet sehen, daß es keinen Widerspruch gibt, sondern Geist und Seele koalisieren können, meine Freunde.

Frage: Ich habe noch eine Frage. Wir haben doch ein rechtes und ein linkes Hirn. Das rechte Hirn ist dem Intuitiven zugeordnet und das linke Hirn dem Rationalen. Wann wird der Schwerpunkt gesetzt, ob ein Mensch links- oder rechtshirnig arbeitet oder denkt – ist dies schon im Embryostadium?

Claudius: Nun, diese Strukturen ergeben sich durch die Verschiedenartigkeit der Zusammensetzung des einzelnen Gehirns. Im Embryo geschieht folgendes: Hier werden die Fäden gesponnen für einen bestimmten Körper. Wenn ihr die embryonale Entwicklung des Menschen betrachtet, und ihr betrachtet die embryonale Entwicklung eines Säugetieres, so werdet ihr von der Grundstruktur aus erkennen können, daß sich nichts Wesentliches verändert.

Es ist nur ein großer Unterschied, daß ihr zu Menschen werdet und nicht zum Tier, daß durch die Allmacht Verhältnisse geschaffen werden mußten für bewußtes Leben. Deshalb habe ich auch darüber gesprochen, daß der Mensch beseelt wird, nicht sofort bei der Zeugung – hier laufen lediglich Prozesse ab – sondern beseelt wird, wenn der Geist angenommen werden kann, der sich in diesem Körper, in diese Umgebung, in dieses Elternhaus inkarnieren wird. Und dies unterscheidet euch auch vom Tier, das nur einen Instinkt besitzt, nämlich den der Nutzbarmachung seiner Aufgaben.

Ihr seht den großen Unterschied in euch selbst, und wenn ihr euch selbst erkennt, dann, meine Freunde, erkennt ihr auch die Aufgabe, die eure Seele mit auf diese Erde gebracht hat. Ihr fühlt, daß es etwas mehr ist, Mensch zu sein, doch, daß es euch nicht dazu berechtigt, überheblich auf die Kreatur, die Natur herabzublicken, denn sie wurde zu eurer Freude geschaffen und zu eurer Nahrungsquelle bestimmt.

Frage: Nun gibt es ja verschiedene Strukturen – zum Beispiel wenn die linkshirnigen Strukturen mehr ausgeprägt sind – dann ist es von vorneherein schon etwas schwieriger für dieses Kind, für diesen Menschen, beim Heranwachsen an seine Seele heranzukommen als für den anderen . . .

Claudius: Halt, sprich nicht weiter. Ich gebe dir die Erklärung. Diese Struktur, die sich im Mutterleib, im Embryo herangebildet hat, dient zur Aufnahme einer bestimmten Seele, die bestimmte Erfahrungen machen will. Und wenn du diese Verbindungen miteinander siehst, dann erkennst du auch das Geheimnis, warum es so ist.

Siehe, auf dieser ganzen weiten Welt, die euch zur Verfügung steht, gibt es nicht eine Person, die mit der anderen identisch ist. Selbst im gleichen Elternhaus, bei den gleichen Eltern, gibt es verschiedene Kinder. Auch wenn sie sich als Zwillinge im Mutterleib herangebildet haben, so haben sie zwar verschiedene gemeinsame Grundstrukturen, aber geistig sieht es anders aus. Weil zwei verschiedene Seelen diese Körper bewohnen, ist auch die geistige Struktur eine völlig andere geworden. Du verstehst mich?

Frage: Ja, aber das ist trotzdem für jemanden, der von Natur aus rationaler ist, also von vornherein eine ausgeprägte linkshirnige Struktur statt einer rechtshirnigen besitzt, etwas schwieriger?

Claudius: Nun, meine Liebe, es ist der Weg deiner Seele, die sich dies ausgesucht hat – gewollt und bewußt ausgesucht hat. Der Mensch – vergiß dies nicht – bekommt im Laufe seines Lebens sehr viele Denkanstöße, die er verarbeiten muß. Die Denkanstöße kann er sowohl umsetzen in reine empfindende Energie und in solche Energie, die vom rationalen Verstand begriffen wird. Wenn sich beides miteinander verbindet, sowohl die Ratio als auch die Seele, dann, meine Liebe, ist ein großer Schritt getan.

Frage: Weil dann die Harmonie zwischen Geist und Seele hergestellt ist?

Claudius: So ist es.

Erkenntnisse

Frage: Viele Menschen sagen: Seele, was ist Seele – man kann sie nicht sehen – folglich existiert sie nicht. Was soll man darauf antworten?

Claudius: Nun, mein Freund, nichts einfacher als diese Antwort. Seele ist das, was dich sprechen und denken läßt. Daß sie nicht erfaßbar ist, bemerkst du, wennn der nächste Angehörige gestorben ist. Du siehst den Körper als Hülle vor dir liegen, doch das was ihn befähigt hat, zu denken und zu sprechen, wo ist es, was ist damit geschehen? Weißt du, durch diese Aussage kannst du manchen den Mund stopfen – und manchen zum Nachdenken bringen.

Frage: Die Menschen sagen: Wenn das Hirn tot ist, kann es nicht mehr agieren.

Claudius: Nun, jeder vernünftig Denkende wird sich über deine Aussagen Gedanken machen. Das Hirn ist nichts anderes als tote Materie, wenn es vom Geist nicht belebt ist. Nichts anderes als Materie, vergänglich wie der Körper, vergänglich wie alle Organe des menschlichen Körpers, das Herz, die Lunge, die Leber, die Niere. Trotzdem kann dieses eine Organ, das du jetzt herausgreifen würdest, nicht allein existieren ohne den göttlichen Funken. Wenn es Menschen gibt, die deine Antwort nicht begreifen, bemühe dich nicht um sie – aber den Stachel hast du gesetzt, den Stachel, der irgendwann in deinem Nächsten zum Geschwür wird, ihn fragen läßt, ihn verzweifeln läßt und aus einer Verzweiflung heraus wird er die ausgestreckte Hand erkennen können.

Frage: Ist es nicht erschreckend, daß so wenige Leute überhaupt wissen wollen?

Claudius: Nun, mein Freund, ein jeder Mensch möchte wissen, möchte anerkennen. Ich sage dir, **jeder Mensch**. Doch die Angst, nachzufragen, läßt ihn daran erstik-

ken. Obwohl man weiß, daß man geboren wurde, um zu sterben, lehnt man es ab, nachzufragen, und den Sinn seines Lebens zu begreifen.
Das, meine Freunde, zeichnet den denkenden Menschen aus, daß er Fragen stellt nach dem Woher und Wohin, doch viele Menschen sind stumm geworden. Das sollte euch nicht berühren. Es ist der Weg, den jeder einzelne gehen muß, gemäß seinem eigenen Empfinden, gemäß seiner eigenen Erkenntnis. Und zu irgendeinem Zeitpunkt wird er fragen. Hoffentlich hat er dann jemanden gefunden, der ihm Antwort gibt.

Frage: Und doch stelle ich fest, daß die Leute, die sich interessieren, heute offener für die Dinge sind als sie es früher waren.

Claudius: Es ist richtig. Weißt du, mein Freund, die Impulse, die gegeben werden, finden auch irgendwo Resonanz. Nicht jeder wird nachfragen, doch der, der fragt, wird irgendwann einen Weg finden für sich selbst, für seine eigene Wahrheit. Dabei spielt es keine Rolle, ob er diese Gewißheit in irgendeiner Religion findet, in der Natur oder durch Gespräche und Freunde. Er wird sie finden, seine eigene Wahrheit.

Frage: Wird der Mensch nicht allein schon deshalb aufgeschlossener, weil er erkennt, daß er seine Umwelt systematisch zerstört, daß dies alles auf einen Punkt zuläuft, wo die Angst nach dem definitiven Endpunkt viele Menschen zwangsläufig nach dem geistigen Hintergrund fragen läßt?

Claudius: Nun, es ist eine Möglichkeit für jeden einzelnen. Ich sage dir, mein Freund, je tiefer der Mensch in die Verzweiflung gerät, um so offener wird er werden für das, was wir ihm vermitteln.

Frage: Bei den vielen Milliarden Menschen, die es auf der Erde gibt, sind doch sicherlich mittlerweile viele genauso spirituell geistig entwickelt, wie unser Kreis. Zeigen sich auch bei diesen Menschen in anderen

Teilen der Welt ähnliche Verbindungen, wie wir sie haben?

Claudius: Nun, mein Freund, überall auf eurem Planeten treten diese außergewöhnlichen – wie ihr sagen würdet – Erscheinungen zutage. Jeder wird sie anders interpretieren und sie aufnehmen und jeder wird versuchen, sie mit dem realen Verstand zu verarbeiten.

Frage: Könnte es in einer ferneren Zukunft sein, daß geistiges Wissen öffentlich in unseren Schulen gelehrt wird?

Claudius: Nun, meine Liebe, dazu darf ich dir sagen, daß zwar viel Wissen vorhanden ist, jedoch nicht darüber gesprochen wird. Siehe, das Wissen, das Jahrhunderte verborgen lag, wurde nicht ganz vernichtet. (Es gibt es noch heute.) Es gibt noch heute Menschen, die dieses Wissen ihr Eigen nennen. Bücher, die geschrieben wurden, können heute nicht mehr enträtselt werden, weil die Sprache untergegangen ist mit der Flut – aber die Zeugnisse, die zu Stein (Pyramiden) geworden sind, die den Menschen vor Augen führen, welch ungeheure Macht den Jahrhunderten, den Jahrtausenden vor dieser Zeitrechnung gegeben war, werden heute nicht mehr erkannt. Obwohl sie bildlich zu erfassen sind, geht die Wissenschaft falsche Wege. Einige wenige neigen voller Demut ihr Haupt vor dem Können, vor dem Wissen der Vergangenheit, und euch geht es nicht anders. Ihr könnt keine Erklärung finden.

Es gibt den Weg der hypnotischen Zurückführung in vergangene Leben, doch dieser Weg ist nicht einfach. Er birgt sehr viele Gefahren, psychischer und physischer Natur, und er sollte nur begangen werden, wenn ein hohes Geistwesen Begleiter ist, denn dann wird die »Einweihung« folgen. Sie beinhaltet, daß dieser Mensch, **losgelöst von der übrigen materiellen Welt**, Wissen übermittelt bekommt, das ihn befähigt, die Allmacht zu begreifen.

Frage: Sind wir in der Lage während unseres menschlichen Lebens unsere Entwicklung zu erkennen – unsere Fortentwicklung?

Claudius: Wenn du dir darüber Gedanken machst, wirst du es erkennen, denn diese Fragen, die heute auftauchen, wären vor fünf Jahren für dich noch nicht relevant gewesen, ebensowenig wie für deine Frau. Ihr habt euch sicher Gedanken gemacht, und die Veränderung, die mit euch, durch euch, in euch vorgegangen ist, könnt ihr am besten daran ermessen, daß es euch nicht zuviel wird, den Weg nach hier zu gehen.

Nun, mein Freund, jede Frage, und ich betone es, jede Frage, die ihr stellt, wird beantwortet, denn sie schafft den Resonanzboden für neue Fragen, und alte Fragen werden aufgelöst. Sie werden Bestandteil eures Seins, und wenn ihr zurückblickt, werdet ihr sehen, daß die Fragen eigentlich nur **Räder waren, die euch weitergetragen haben**.

Frage: Ich meine, daß sich in diesen 2000 Jahren bei vielen Menschen doch sehr viel verändert hat. Ist dies richtig?

Claudius: Sicher, denn auch vor diesen 2000 Jahren gab es bei einzelnen diese Veränderung. Ich spreche diesen Zeitraum von 2000 Jahren, und nur diesen deshalb an, um dir die Brücke zu bauen für das Verstehen der Dinge, die sich vor eurer Zeitrechnung schon ereigneten.

Siehe meine Liebe, auch zum damaligen Zeitpunkt gab es Menschen, Wesenheiten, die das Wort Liebe, das Wort von der Gnade der Allmacht den Menschen näher gebracht haben. Nicht jeder konnte das Wort hören, nicht jeder konnte den Sinn wahrnehmen, doch einige wenige, im Laufe der Jahrhunderte, konnten ihren Weg zu Ende gehen.

Die Schule des Lebens wird immer begleitet von der Stufe der freiwilligen Kenntnisnahme der Dinge, die nicht in das menschliche Fassungsvermögen einzuordnen sind. Zu jeder Zeit schon gab es Menschen, die sagten »ich fasse diese Dinge nicht mit dem mir zur Verfügung stehenden Geist, aber ich erahne sie und nehme sie in Demut an«. Siehe, das ist der Schlüssel, der die Fragen nach dem Sinn des Lebens überflüssig werden läßt.

Zusammenfassung
Urenergie – Steuerungsfaktor – Seele – Liebe – Gott

Liebe ist Ur-Energie
Information
Gott – Liebe
Steuerungsfaktor (Liebe steuert!)

durchströmt das gesamte Universum
kommuniziert miteinander

Bewußtsein und Empfinden muß entstehen.
Behältnisse werden dazu geschaffen.

Bewußtsein = Wissen
= Erkennen
Geistmaterie = Geist und Seele = Information des Bewußtseins
= Liebe und Seele
= Steuerungsfaktor
= Strahlungsfaktor
Geist der Materie = Information der Molekularstruktur, also Teilbewußtsein der Molekularstruktur
= Steuerungsfaktor
Steuerungsfaktor für Fauna und Flora = geistige Strukturen
= Naturgeister

Dies nenne ich **Geistmaterie – die Verbindung zwischen Liebe und Seele**, also **zwischen Geist und Seele**.
Geistmaterie ist ein Strahlungsfaktor, der, wenn er in den Körper eingetreten ist, euren Körper umgibt, wie ein Schutzschild.
Der **Geist der Materie**, meine Freunde, ist etwas anderes. Der **Geist der Materie ist das Bewußtsein der Molekularstrukturen**, die da werden: Stein, Baum, Planet, Sand, Wasser. Diese

Molekularstrukturen, diese kleinsten Strukturen, diese Informationen beinhalten, daß sich Materie bilden kann.
Der Körper ist ein Behältnis, **Geist und Seele jedoch Steuerungsfaktoren**.
Geist und Seele als Einheit werden in die Polarität zurückkehren – Polarität bedeutet nichts anderes, als daß zwei Welten nebeneinander bestehen:
Die materielle Welt und
die geistig-seelische Ebene
und zum dritten, wenn der Loslösungsprozeß, der Auflösungsprozeß dieses **Ich bin** vorgenommen wird, **die Einkehr in die Liebe**.
Seele, meine Freunde, ist nichts anderes, als **die Information des Bewußtseins**.

Verbindung »Mensch« ist entstanden aus dieser Verbindung Geist und Liebe: Geist, Liebe, Seele.

Das Bewußtwerden der **Liebe ist ein geistiger Prozeß**, der entstehen konnte durch die Verbindung zwischen der Liebe und der Seele als Behälter. Deswegen auch der Ausdruck: **Geistmaterie**, der vielleicht für euch verständlicher ist.
Geistmaterie, die Verbindung zwischen Liebe und Seele, beinhaltet zu gleicher Zeit das **Erkennen der Liebe, das Wissen** um diese unerhörte (sehr betont) Schwingung dieser Allmacht, **in die Geist und Seele eingebunden sind**.
Nun, ich glaube, daß ihr nachvollziehen könnt, daß Liebe, Geistmaterie sich bilden ließ, **Geistmaterie**, die ihr als Seele bezeichnet, die es ermöglicht, die Liebe als solche zu empfinden und bewußt werden zu lassen – zum ICH BIN.
Du empfindest auch Reue, **doch dein Körper empfindet nicht die Reue, dein Geist, deine Seele empfindet die Reue**.
Nun, meine Freunde, ist die **Liebe sich selbst nicht bewußt**.

SIE IST!

Ich spreche von der Liebe als allumfassende Energiequelle, als allumfassende Informationsquelle des gesamten Universums. Ich spreche jetzt von Gott.

Diese Urenergie – **Gott – Liebe** – durchströmt das gesamte Universum, belebt es und macht es fähig ständig miteinander zu kommunizieren.
Doch Bewußtsein erfordert, daß ein Behältnis geschaffen wird. Es ist die **Seele erforderlich, die sich aus der Urinformation heraus gebildet hat und eingeschlossen hat diese Energie**

Liebe

daß das **Bewußtwerden dieser Energien**, daß das **Empfinden** überhaupt **entstehen** kann.
Im Augenblick dieses »Einschlusses« ist das Bewußtsein geboren worden:

ICH BIN

Nun ist **Geistmaterie** entstanden, das heißt Information hat sich zusammengefunden mit dieser Liebe – doch körperlos.
Wenn euer Körper vergeht, wird euer Geist und eure Seele in die **Parallelwelt** eingehen – voll bewußt.
Diese beiden Pole, **die Geistmaterie des bewußten Seins**, dieses **ICH BIN** und die Materie, die sich gebildet hat aus den Molekularstrukturen, aus dem **»Geist der Materie«** solltet ihr jetzt **nebeneinander bestehen lassen, denn sie bilden die Einheit allen Seins**.
Seht, Engel sterben nicht – Geist stirbt nicht – Geist ist ständig in Bewegung – wechselweise. Wechselwirkungen entstehen aus dieser Bewegung heraus und **alles ist bewußte Liebe**.
Diese **bewußte Liebe** war nicht an einen Planeten gebunden. Sie ist gewandert – ständig im Raum bewegt – hin- und herbewegt, im Kreis bewegt – und nun, meine Freunde, ist irgendwann zu irgendeinem Zeitpunkt diese Geistseele (auch Geistmaterie) dem Erdplaneten begegnet.
Diese Geistseele hat die vorhandene Erde dem Entwicklungsprozeß unterworfen, beobachtet, weitergeführt, denn sie stand über der Materie, über der Molekularstruktur, denn sie selbst war ja eingebunden in **Liebe und Seele, geistige Struktur** also, denn Seele, meine Freunde, ist nichts anderes als eine **geistige Struktur, die bewußt die Liebe erleben läßt**.
Dieser Gedanke wurde gesteuert von dem Bedürfnis, diesen Wesenheiten (hier auf der Erde) die Liebe näher zu bringen, sie

in der Liebe wachsen und gedeihen zu lassen. So solltet ihr es verstehen.

Die Liebe war also wiederum zum Steuerungsfaktor für die Erde geworden.

Als sich die Molekularstruktur dieser Erde, dieses Planeten, verfestigt hatte, konnte aus der Ursubstanz heraus ein Entwicklungsprozeß in Gang gesetzt werden, so wie es viele Planeten gibt, die auf irgendeine Art und Weise einen Entwicklungsprozeß durchlaufen.

Ein Teil dieses Geistbewußtseins, Seele und Geist, hat sich diesem Planeten so weit genähert, daß er in dieses **Geistbewußtsein der Materie** eingebunden wurde. **Er hat sich also materialisiert**. Er hat einen Körper angenommen – er hat sich verfestigt. Doch er war nicht Mensch in eurem Sinne.

Es kamen Wesenheiten, Geistseelen, die das Wissen des Universums in sich bargen, auf die Erde und erzeugten den Urstamm des Menschen.

Sie wollten die Erde einfach beleben – beleben mit Geist-Liebe. Sie sahen ihr Ideal in einem bestimmten »Tier«, das jedoch noch nicht aufrecht gehen konnte.

Geist-Seele-Materie (Geistseele und Materie (Körper), die sich gebildet hatten, verfügten über das gesamte Wissen des Universums – also auch über die Entwicklungsprozesse des Universums, über die gesamte Physik des Universums, deren Teilaspekte heute bei euch noch vorhanden sind.

Aus diesem Wissen heraus wollten diese Wesenheiten Ebenbilder ihrer selbst erschaffen, idealisierte Wesenheiten.

Doch dadurch, daß dieser Planet einen materiellen Mantel hatte, glaubten diese Geistwesen einfach nur einige Informationen den Lebewesen, die ohne **bewußtes Sein** waren und die dieser Planet hervorgebracht hatte, nun, sprechen wir von Tierkörpern, hinzufügen oder austauschen zu müssen, um dadurch ihr gedankliches **Ebenbild manifestieren zu können**.

Sie haben versucht **Genstrukturen zu verändern, also Manipulationen** vorgenommen. Unter **bewußtem** Sein möchte ich verstanden wissen, das Empfinden »ICH BIN«, das selbständige Denken der Kreatur und nicht nur die instinktmäßige Reaktion.

Sie konnten nur eine **Information verändern**, jedoch keine geistige Struktur.
Wenn ihr Genmanipulationen definieren wollt, dann müßtet ihr definieren: Die Manipulation **am Erbgut**, die Manipulation **am Gehirn**, das das Volumen des Gehirns bildet, die Manipulation an **allen Informationsketten des Körpers**.
Zum damaligen Zeitpunkt geschah eine Umstrukturierung der Informationsketten auf breiter Basis.
Sie handelten in gutem Glauben, doch dann hat man gesehen, daß man nichts verändert hat, daß man **Geist und Seele** diesen **Wesenheiten schenken** mußte, damit sie sich bewußt waren und sich weiterentwickeln konnten.
Dieser Planet in seiner Gesamtheit sollte ein Wesen beherbergen, das die Liebe der Allmacht in sich aufnehmen und umsetzen kann – und hier wurde die Idee Mensch in der Verbindung zwischen **Geist, Seele und Körper** signifikant.
Nun ist über Jahrhunderte hinweg etwas entstanden, was ihr heute Mensch nennt. Es ist die Fortentwicklung eines Tieres gewesen, das sich jedoch nicht bewußt werden konnte.
Es konnte diese **Geistseelen** nicht erkennen, denn es war nur mit Information versehen. Diese Wesenheiten konnte man nicht als Menschen bezeichnen und die Geistwesen sahen, daß es ihnen **nicht möglich war, Bewußtsein einzupflanzen** in diese Wesenheiten.
Es war alles vorhanden: Es war ein materieller Körper vorhanden mit all seinen Funktionen, es war das Augenlicht vorhanden, es war auch Gehirnmasse vorhanden – doch der Steuerungsfaktor, der **Geist, die Seele, die empfinden läßt, die konnten sie nicht übertragen**.
Das **Bewußtsein der Materie, der Instinkt, wenn ihr so wollt**, hat sich nicht so weiterentwickelt wie sich der Körper weiterentwicklet hat. **Es ist ein Tier geblieben. Diese Erkenntnis war eine furchtbare Erkenntnis.** Es war zunächst einfach der Wunsch vorhanden, die Wesenheiten, die hier in ihrem Instinkt verhaftet waren, zu verändern und sie empfinden zu lassen.
Nun war es so, daß diese Verbindung Liebe und Seele auch die Zusammenfassung allen geistigen Potentials in sich barg: Näm-

lich das Bewußtsein der Allmacht, **das nur dann übertragbar ist, wenn sich dieses Bewußtwerden in diese Körper inkarniert**.
Sie haben bemerkt, daß sie etwas geschaffen hatten, was eigentlich nicht ihre Aufgabe war – und es überfiel sie tiefempfundene Reue, daß sie die Entwicklung, daß sie **Gott, versteht darunter diesen Steuerungsfaktor, eigentlich völlig außer Acht gelassen hatten**.
Aus dieser Reue heraus fanden sie sich bereit zur Inkarnation in diese Körper. Mit dem Wunsch, der in ihnen geweckt wurde, durch die Gnade der Allmacht, haben sie sich verkörpert, **sie sind zur Materie geworden auf diesem Planeten**.
Sie haben diesen Weg beschritten aus Barmherzigkeit gegenüber der geschaffenen Kreatur, der sie das Bewußtsein geben wollten, das Bewußtsein der Liebe und haben dabei billigend mit in Kauf genommen, daß sie Materie geworden sind, daß sie sich **geistig materialisiert haben auf diesem Planeten**.
Das Bewußtsein trat nicht auf breiter Ebene zutage. Es waren Wesenheiten darunter, die zwar erfühlen konnten und mit gutem Glauben versuchten diese Liebe weiterzugeben, doch es war mitunter falsch.
Je mehr Materialisation, um so weniger wurde diese Liebe wirksam.
Durch das Empfinden nicht nur der Liebe, sondern durch das Empfinden von Mißgunst, Neid, die zwangsläufig im Gefolge mit auftraten, wurde diese Liebe unterdrückt. Sie konnte nicht an Priorität gewinnen, sondern sie verlor an Priorität.
Die Idee, meine Liebe, »Mensch« ist eine Stufe, eine Stufenleiter, um wieder zur Einheit der Liebe zurückzufinden.
Es wurde diesen Geistwesen bewußt, wenn sie diesen Weg der Beseelung übernehmen würden, würden sie auch die Gefahren des Durchlebens, die Gefahren des Abgleitens kennenlernen. Es waren Geistwesen, die sich, wenn sie sich zu diesen Inkarnationen bekennen würden, Gefahren aussetzten, die sie unter Umständen in diese Körper binden würden.
Schuld gibt es nicht. – **Entscheidender Satz!**
Ich weiß, eure Frage mündet dahin, wenn dieses Bewußtsein

Geist – Seele in der Liebe gelebt hat, dann mußte dieses Bewußtsein Geist–Seele auch wissen, was es getan hat. Natürlich wußte es dies, denn sonst hätte dieses Geistwesen keine Reue empfinden können. Aber dieses Geistwesen war sich nicht bewußt, daß es wider die Natur, wider die Regeln handelte.
Das was ihr als »Mensch« bezeichnet, war als Idee vorhanden. Diese Idee **kristallisierte sich heraus** aus dem Planeten Erde, aus Terra, **aus der Molekularstruktur dieser Erde**. Hier entstand ein Bild, das Bild des Menschen, das Bild eines Ideals, einer Idealvorstellung.
Es war nichts Böses, was diese Geistwesen hier vollbringen wollten. Diese Geistwesen, je näher sie dem Planeten Erde kamen, um so mehr waren sie dem Geist der Materie unterworfen. **Ihr Gesichtskreis verengte sich unbewußt.**
Das Idealbild nahm Gestalt an und ließ den Wunsch entstehen, dieses Idealbild zu schaffen. Doch es war nur über Materie zu schaffen, deshalb auch diese Veränderungen des genetischen Materials, der genetischen Information.
Lebt in dieser Verbindung zwischen Geist, Körper, Seele auf der Erde. Entwickelt durch das Vermögen des Erkennens das neue Geschlecht.
Die Idee Mensch ist nicht mehr reproduzierbar. Die Idee »Mensch« ist von ihrem Ursprung her so vollkommen wie du es dir nicht vorstellen kannst. Die Idee »Mensch« ist Bestandteil der Einzigartigkeit Gottes.

Frage: Ist das Schlüsselwort Selbstbewußtsein, das Selbst-Bewußt-werden?

Claudius: Mein Freund, **»ICH BIN« ist das Selbstbewußtwerden der Idee Mensch. »ICH BIN« ist der Anfang und das Ende der Idee »Mensch«**.
Da es weder einen Anfang noch ein Ende gibt, weder einen Anfang noch ein Ende einer Idee, ist der Kreislauf geschlossen.
Dieser Planet in seiner Gesamtheit sollte ein Wesen beherbergen, das die Liebe der Allmacht in sich aufnehmen und umsetzen kann – und hier wurde die Idee Mensch in der Verbindung zwischen Geist,

Seele und Körper signifikant. Hier wurde die Idee Mensch zum Leitbild, denn diese Wesenheiten, die die Liebe in sich fühlten, die die Liebe mit auf diesen Planeten brachten, die in die Materie eingebunden wurden, **konnten aus ihrer Verzweiflung heraus die Idee Mensch gebären**.
Hast du mich verstanden?

Urangst – Ängste

Frage: Lieber Claudius, du hast einmal gesagt,
»Angst hemmt den Geist im Höhenflug,«
und wenn sich der Mensch von seiner Angst beherrschen läßt, wird er ungerecht werden seinem Umfeld gegenüber und wird auch keinen inneren Frieden finden. Ich frage dich, warum werden die Menschen von so vielen Ängsten heimgesucht, müssen wir die Angst als Grundstruktur erfahren?

Claudius: Du sprichst die Urangst an. Die Urangst, die dem Menschen auf der Schwelle seines Menschwerdens mitgegeben, die ihm mit in die Wiege gelegt wird. Die Urangst bezeichnen wir als das »Nicht – mehr – heimkehren können« in die Liebe der Allmacht. Seht Freunde, das Wesen, das sich bei euch inkarniert, wird die Urangst mit dem Austritt aus dem Mutterleib schon erleben, und diese Urangst wird Bestandteil für das ganze Leben sein. Unbewußt zunächst, doch zu beobachten von der aufmerksamen Mutter, die das Kind betreut. Sie wird erleben, daß das Kind erschrickt, wenn es einen lauten Ton vernimmt. Sie wird bemerken, daß das Kind Angst hat, wenn es ins Badewasser gesetzt wird. Angst, wenn es schlafen gelegt wird, vor der Dunkelheit. Seht, die Seele, die neu inkarniert, kommt aus dem Licht. Tief eingebrannt nimmt sie dieses Bewußtsein mit auf diese Welt – und siehe, die erwachende Seele empfindet die Dunkelheit.

Frage: Ich habe oft Angst, obwohl ich mir bewußt bin, daß ich keine zu haben brauche. Trotzdem kommt dieses Gefühl auf. Wie kann man Angst überhaupt definieren?

Claudius: Das, was du meinst, meine Liebe, ist bei dir die Angst, nicht durchhalten, etwas nicht schaffen zu können, die Angst zu versagen.

Frage: Wie kann ich dagegen ankämpfen?

Claudius: Du wirst die Angst los, wenn du weißt, daß es für dich kein Problem gibt, denn der Zwang, den du dir selbst antust, der Zwang, den ihr euch alle antut, etwas erreichen, etwas haben zu wollen, schürt die Angst zu versagen. Wenn ihr euch davon freimacht, wenn ihr sagt: Ich probiere es, wenn es nicht klappt, habe ich immerhin Erfahrungen gesammelt, dann werdet ihr die Angst verlieren.

Solange ihr euch, eure Seele, euren Geist vergewaltigt, solange werdet ihr die Angst dieses Lebens nicht überwinden.

Es gibt viele Methoden, um Angst zu überwinden. Durch Meditation, vielleicht auch durch Konfrontation. Ihr müßt euch darüber klar werden, daß ihr, wenn ihr auch nur ein kleines Stückchen weitergekommen seid, so doch Erfahrungen gesammelt habt und wenn ihr ein Ziel nicht erreichen konntet, euch fragen solltet: War das Ziel vielleicht zu hoch, das ich mir gesteckt habe?

Viele Menschen, meine Freunde, machen den Fehler, daß sie die Sterne vom Himmel holen wollen und sich nicht bewußt sind, daß ihnen die Leiter dazu fehlt.

Angst ist die Triebfeder für den menschlichen Geist, sich mit Situationen auseinanderzusetzen, wobei jeder Mensch die Angst anders empfindet. Angst wird erst dann bewußt, wenn dieser bestimmte Mensch eine bestimmte Situation durchlebt. Dann führt die Angst zu Reaktionen. Die Angst zwingt den Menschen zu analysieren – aber Angst macht ihn auch offen für Hilfe.

Frage: Was ist das Gegenteil von Angst?

Claudius: Ganz einfach – die Freude. Freude läßt die Angst verschwinden. Freude trägt euch empor zum Licht. Die Angst hängt wie zäher Leim an euren Füßen und versucht euch festzuhalten.

Frage: Besonders junge Menschen haben oft große Angst, wenn sie zum Beispiel vor der Berufswahl stehen. Was meinst du dazu?

Claudius: Es gibt Menschen, die in jungen Jahren viele Wege gehen, viele Studien beginnen und dann einsehen müssen, daß es doch nicht das richtige ist. Ihr sprecht von diesen »Ewigen Studenten«. Ich sage euch, auf ihrem Weg liegt die Selbsterkenntnis, das Erkennen um die eigene Kraft und das eigene Wollen führt sie geistig weiter.

Frage: Gehört zur geistigen Weiterführung auch das Erkennen der eigenen Grenzen? Und auch das Eingestehen vor sich und anderen?

Claudius: So ist es, meine Liebe. Ich möchte das an einem Beispiel noch vertiefen.

Siehe, unser Kreis war von Anfang anders zusammengesetzt. Einige sind aus diesem Kreis ausgeschieden, weil sie ihr Leben, ihre Arbeit nicht mit uns vereinbaren konnten. Nun, das ist nicht schlimm, denn das, was sie aus dem Vergangenem mitgenommen haben, wird sie ein Leben lang begleiten.

Es ist besser zu sagen: Ich kann nicht weitermachen, als sich abzuquälen und sich selbst zu vergewaltigen. Nur so wird der Mensch frei werden in seiner Seele, denn Angst, meine Freunde schnürt die Seele zu. Angst ist der schlechteste Ratgeber, den ihr haben könnt, deshalb habt keine Angst!

Frage: Die meisten Menschen haben große Angst vor Krankheiten.

Claudius: Ihr habt gesehen und gespürt, daß Krankheit eine Begleiterscheinung im menschlichen Leben ist. Wenn sie bewußt angenommen wird, führt sie zu höherem geistigen Erkennen. Siehe, jeder Mensch wird krank werden und die Krankheit wird zu irgendeinem Zeitpunkt zum Übergang führen. Doch der, der ohne Angst ist, wird den Übergang mit Freuden vollziehen.

Ich möchte ein Beispiel aufgreifen und dies euch allen geben. Seht unsere Freundin R. Die Angst, die sie durchlebt hat in all ihrer Grausamkeit nach dieser schweren Operation. Nur dadurch, daß sie gezwungen wurde, ihren zerschnittenen Körper anzusehen, nur dadurch hatte sie die Möglichkeit sich mit ihm zu identifizieren. Man muß sich sagen, nun so ist es, ich nehme es an und in dem Augenblick wird diese Angst nicht mehr Platz greifen. Das ganze Geheimnis der Angst, meine Freunde, ist, daß der Mensch sich Bewußtsein erarbeiten muß, damit er fähig wird, die Angst zu überwinden, denn dann wird der Geist frei werden und frei den Übergang vollziehen können. Es wird die Angst weichen vor dem Versagen, die Angst nicht genügend getan zu haben und letztendlich die Angst vor Krankheit, vor dem Altern und schließlich vor dem Sterben.

Jeder von euch hat bereits Angst kennengelernt und sich mit ihr auseinandersetzen müssen, denn wenn ihr das nicht tut, werdet ihr eines Tages tief fallen.

Ihr alle müßt eure Ängste durchleben und müßt euch mit ihnen auseinandersetzen, dürft sie nicht verdrängen, denn Angst, meine Freunde, glaubt es mir, läßt sich nicht verdrängen, sie wird aufsteigen in euch und wird eure Seele vergewaltigen.

Frage: Ich glaube hinter der Angst steckt vor allem der Perfektionismus, den man glaubt an sich selbst anlegen zu müssen. Man verlangt zu viel von sich – und hat dann Angst, sich selbst nicht zufriedenstellen zu können.

Claudius: Nun, meine Liebe, davon sprach ich bereits. Siehe, du sprichst den Perfektionismus an, aber was ist Perfektionismus? Ich sage dir, es gibt ihn nicht, denn nichts ist perfekt, außer dem **Gefühl der Liebe**.

Perfekt ist ein Ausdruck, den ihr geprägt habt für bestimmte Situationen, für bestimmte Menschen. Kein Wissenschaftler kann von sich sagen, daß er perfekt

ist, kein Bäcker kann sagen, daß er perfekt ist in seinem Beruf, denn auch ihm werden einmal Brötchen verbrennen.
Deshalb analysiert das Wort »perfekt« – und ihr werdet sehen, daß es das nur im Sprachgebrauch des Menschen gibt, der Fachrichtungen belegt, die ihn blind machen für das, was außerhalb seiner Fachrichtung liegt.

Frage: Könnte man auch Ehrgeiz sagen? Muß man die Ziele nicht etwas höher stecken, um wenigstens ein Minimum zu erreichen?

Claudius: Meine Liebe, wenn du dir bewußt bist, daß du dein Ziel höher gesteckt hast, um das Mögliche zu erreichen, dann wirst du keine Angst haben müssen. Aber wenn du glaubst, du müßtest es unbedingt erreichen, wird Angst in dir aufsteigen.

Frage: Ich sehe die Angst regelrecht als Prüfstein, denn wenn man Angst hat, muß man eine Entscheidung treffen.

Claudius: Siehe, das ist der richtige Standpunkt. Es würde sich nichts bewegen, gar nichts, wenn du nicht auch die Angst durchleben müßtest.

Frage: Für uns ist es schwierig, die Angst psychologisch zu analysieren. Jeder hat von sich ein bestimmtes Wunschbild, lieb gewordene Dinge aus der Vergangenheit, und auch Wünsche für die Zukunft. Aus diesen Faktoren, und auch, wie man sich selbst dargestellt sehen möchte, kann man daraus die Ängste ableiten?

Claudius: Ich möchte es etwas anders formulieren. Das Wunschbild des Menschen geht dahin, von sich selbst ausgehend, sein eigenes Wunschbild auf seinen Nächsten übertragen zu wollen – nur, es wird immer solange ein Wunschbild bleiben, solange er nicht bereit ist, sich selbst so anzusehen, wie er ist.
Du möchtest eine Projektion vornehmen. Diese Projektion wird nicht funktionieren. Ein Beispiel:

Du hältst einen Vortrag, du brillierst mit deinem Wissen und wünscht dir, daß dein Auditorium dieses, dein Wissen übernimmt. Du machst nichts anderes, als deine Überzeugung den anderen nahezubringen und knüpfst daran die Erwartung, daß du so gesehen wirst, wie du vor der versammelten Gemeinschaft stehst.

Nur sei dir bewußt: Jeder einzelne, der mit dir in diesem Raum ist, wird dich anders sehen, als du es wünschst. Du hast die Erfahrung gemacht, daß einige zwar dein Wissen akzeptieren, aber dich als Person ablehnen. Daraus, mein Freund, resultiert, daß in bestimmten Situationen Angst aufsteigt, nicht anerkannt zu werden. Solange du dich nicht frei machst, deine Person zu projizieren, solange wirst du der Wahrheit nicht näher kommen.

Ich verweise wieder auf das Beispiel, das uns unsere Freundin R. gegeben hat. Sie selbst mußte sich annehmen und mußte sich freimachen von der Vorstellung, daß sie andere überzeugen müsse. Die Überzeugung muß in jedem Einzelnen wachsen. Deine Überlegung, mein lieber Freund, ist etwas zu sehr geprägt von der Darstellung, die der Mensch von sich, von seiner Person aus geben möchte.

Frage: Sie ist sicher auch unterschiedlich je nach Alter und Entwicklungsstufe?

Claudius: Richtig, mein Freund, denn siehe, ein geflügeltes Wort eures Sprachschatzes lautet: Mit dem Alter kommt die Weisheit.

Nun, es sind schon viele alt geworden, ohne weise geworden zu sein, weil sie sich mit sich selbst nicht auseinandergesetzt haben.

In dem Augenblick, wo du dich mit dir selbst, mit deiner eigenen Person auseinandersetzt, wirst du das Lächeln wieder lernen, das dir das Leben genommen hat.

Ich hoffe, daß unsere Diskussion um die Angst dazu

führt, daß ihr verstehen lernt mit eurer Angst und mit der Angst eurer Umgebung besser fertig zu werden. Und wenn ihr das euch zu eigen macht, wird vieles für euch leichter werden.

Schau, du liebe K., du hast ein Paradebeispiel gegeben, mit deiner Prüfungsangst. Angst ist in dir aufgestiegen, obwohl du gelernt hast. Sie hat dich überschwemmt.

Diese Angst ist zu überwinden, indem ich mir selbst sage: Ich habe gelernt, ich weiß um die Dinge Bescheid, ich werde antworten, auch wenn meine Antworten falsch sind. Hör gut zu! Auch wenn meine Antworten falsch sind, so weiß ich doch, daß ich die Antwort weiß. Dieses Bewußtsein wird euch helfen, die Klippen zu überwinden.

Frage: Soll man noch keine Angst haben vor der Angst, die irgendwann, vielleicht morgen schon, kommen wird?

Claudius: Natürlich nicht (sehr betont gesprochen), denn dann würde dein Leben vergällt, du würdest dich vor lauter Angst in ein Mauseloch verkriechen, meine Liebe. Wenn sie kommt, **dann** bist du gefordert.

Frage: Ist es möglich, anderen zu helfen ihre Angst zu überwinden, und wie?

Claudius: Nun, die Frage ist berechtigt. Du kannst anderen selbstverständlich helfen – aber erst, wenn du gelernst hast, mit deiner eigenen Angst umzugehen. Siehe die Erfahrung, die dann aus dir spricht, wird es den anderen ermöglichen, aus deinen Worten Kraft zu schöpfen, und dies, meine Lieben, ist das wichtigste Ergebnis des heutigen Abends.

Frage: Kann sich der Mensch auch ohne Angst in diesem Leben weiterentwickeln?

Claudius: Nun, ohne Wasser kann man nicht schwimmen. Ohne Angst kann man sich nicht weiterentwickeln.

Frage: Ist die Angst dem Leid gleichzusetzen?

Claudius: Nein, mit Überwindung, mit Erkennen und mit Analysieren. Angst ist eine Gemütsbewegung, die entsteht bei bestimmten Situationen. Wir haben ausführlich darüber gesprochen. Angst ist nicht eine Folgeerscheinung von Leid, aber Angst kann zu Leid führen, wenn sie nicht überwunden wird. Sie kann aber auch sogar zur Freude führen.

Frage: Es kann doch aber sein, daß der Mensch durch Leid beginnt, Fragen zu stellen und nachzudenken. Ich meine, daß im Prinzip die Angst im Leid ist, die den Menschen auf die Suche treibt?

Claudius: Nun, mein Herz, unbewußt von ihm, könntest du sagen, ist es die Angst.

Ihr seht, vielfältig sind die Ängste, die den Menschen bewegen und vielfältig ist die Auflösung. Jeder wird sie, seinem Bewußtsein gemäß empfinden, und seinem Bewußtsein gemäß, versuchen aufzulösen.

Betrachtet das Phänomen der Angst getrennt von der Seele, dann werdet ihr die Verbindung erkennen, die die Seele befähigt, die Angst zu überwinden, denn Angst ist auch nichts anderes, als eine Art Energie, die immer, wenn sie überwunden ist, zum Lichtpunkt wird.

Frage: Werden die Menschen nicht auch dadurch verängstigt, weil sie ihren Glauben, ihren einfachen Kinderglauben als erwachsener Mensch nicht mehr anerkennen können?

Claudius: Deshalb sprach ich früher schon davon, daß die Religionen den Menschen vergewaltigt und ihn unfrei gemacht haben.

Selig ist der zu nennen, der es versteht, sich über diese Dogmen hinwegzusetzen, und mit seinem Verstand begreift, was Angst ist. Denn die Menschen sollen analysieren, sie sollen sich damit auseinandersetzen, damit sie ihr Leben leben können.

Seht, liebe Freunde, es gibt so viele Menschen, die verzweifeln, die keinen Weg, kein Licht mehr sehen, nur weil sie von den Religionen vergewaltigt wurden und diese Vergewaltigung zieht wie ein roter Faden durch ihr ganzes Leben.

Frage: Ist Depression eine Krankheit oder ist sie die Folge von übersteigerter Angst?

Claudius: Übersteigerte Angst führt zu Depressionen, meine Liebe, und es kann soweit kommen, daß diese Depressionen das künftige Leben des Einzelnen bestimmen und begleiten.

Frage: Wenn es dem Menschen gelingt, die Angst abzubauen, würde dann automatisch die Depression verschwinden?

Claudius: Natürlich, denn die Angst schnürt die Seele zu. Deshalb ist es erforderlich, daß dem Einzelnen Hilfe zuteil wird. Seht, eure Irrenhäuser sind voll von Menschen, mit denen nicht mehr gesprochen wird, sie werden abgegrenzt von der menschlichen Gesellschaft und es kommt vor, daß durch Medikamente schwere Krankheiten hervorgerufen werden. Aber laßt bitte nicht außer acht, daß die Seelen der einzelnen Menschen sich einen schweren Weg ausgewählt haben, den sie gehen wollen.

Frage: Wissenschaftlich ist festgestellt, daß bei Depressionen die Nervenenden den Impuls nicht mehr weitergeben, also nicht mehr untereinander austauschen. Ich denke, daß es die Angst ist, die diese **Nervenverkrampfungen** hervorruft, so daß die Impulse unterbrochen werden und letztlich eine körperliche Krankheit entsteht?

Claudius: So ist es, es findet eine Veränderung der Gehirnstruktur statt.

Frage: Also eine Kettenreaktion, die immer schlimmer wird?

Clauidus: So ist es.

Frage: Können auch verschlossene Chakren die Ursache der Depression sein?

Claudius: Nein, es ist die Urangst, die im Menschen hochschwingt.

Frage: Ist bei Depression die Angst dem Menschen nicht bewußt?

Claudius: Meine Liebe, zunächst wird die **Angst bewußt**. Sie wird nicht bewältigt und führt dann – im Übermaß – sie entwickelt sich ja weiter – zur Depression.
Die Angst ist eine Energie, wie jede andere auch, und wenn sie vom Menschen nicht in gewisse Bahnen gelenkt werden kann, dann schlägt diese Energie über ihm zusammen, hüllt ihn ein und macht ihn unfähig, davon loszukommen.

Frage: Ist Angst ein Gemütszustand, der nur vom **Menschen** erlebt und verarbeitet werden muß?

Claudius: Nun, meine Liebe, der Mensch erlebt diese Angst **bewußt**. Das Tier erlebt diese Angst **unbewußt**. Zum Beispiel: Die Angst des Vogels vor der Katze.

Frage: Es ist also eine Grundstruktur des **Menschen**.

Claudius: Natürlich.

Frage: Ist Hysterie auch eine Art von Angst?

Claudius: Hysterie könntest du als Ventil bezeichnen für gewisse Situationen. Wenn die Angst zu groß wird, wird der Mensch sie herausschreien. Man bezeichnet viele Menschen deshalb als hysterisch – sie sind es aber gar nicht.

Frage: Könnte sich die Hysterie steigern und dann letztlich in Besessenheit gipfeln?

Claudius: Nun, zur **Bewußtseinsveränderung** könnte sie sich steigern. Wenn die Verzweiflung Platz greift, tiefe Verzweiflung, wird der Mensch offen, er wird offen für Energien, die um ihn herum sind.

Frage: Können Ängste aus früheren Leben mitgebracht werden?

Claudius: Sie werden **immer** aus früheren Leben mitgebracht, bei jeder Wiedergeburt.

Frage: Die Urangst verstehe ich, aber die anderen Ängste?

Claudius: Andere Ängste gibt es nicht, sie entstehen **hier** und werden während eurer Inkarnation durchlebt, durchlitten und aufgelöst. Deshalb, meine Liebe, verläßt der Mensch diese Welt durch einen Kanal. In der Ferne wird ihm das Licht leuchten und die Dunkelheit bleibt zurück – die Angst.

Frage: Ist die Angst eine dunkle Energie?

Claudius: Richtig!

Frage: Ich dachte, wenn jemand vielleicht ertrunken ist oder umgebracht wurde, daß er dann die Angst vor diesen Situationen mit in sein neues Leben bringt?

Claudius: Nun, meine Liebe, es stimmt, was du sagst, die Angst vor einem Hundebiß, läßt unsere Freundin G. den Schweiß aus den Poren treiben. (G.: Stimmt, da komme ich in Panik.) Andere haben Angst vor Spinnen, vor Schlangen, vor Wasser oder Feuer. All dies entspringt der Erlebniswelt früherer Inkarnationen.

Frage: Müßte dann die Angst mit jedem Leben nicht weniger werden, weil man sie schon irgendwann einmal überwunden hat?

Claudius: Natürlich, in dem Ausmaß, in dem sich der Mensch mit der Eliminierung der Angst befaßt, in diesem Ausmaß wird er sie verlieren. Ein ganz natürlicher Vorgang.

Frage: Und doch ist die Angst nicht so einfach zu überwinden, indem man sich sagt: »Ich brauche keine Angst zu haben«?

Claudius: Nun, mein lieber Freund, wenn es nicht schwer wäre, dann müßtest du nicht in meine Schule gehen.

Seht, Freunde, was wir euch geben können sind Anleitungen. Aber diese Anleitungen wurden euch von anderer Seite auch schon gegeben – nur habt ihr nicht darüber nachgedacht.

Frage: Ist es nicht unser größtes Problem, daß wir uns der Ängste und Zwänge gar nicht bewußt sind?

Claudius: Daß ihr sie nicht hochkommen laßt, daß ihr versucht sie im Vorfeld zu eliminieren, denn, mein Freund, du kannst nur etwas anpacken, was dir real vor Augen steht. Dazu gehört auch die Angst.

Weißt du, ich sehe dich als jungen Menschen, der

stolz und selbstbewußt, zu selbstbewußt, so manches Mal seinen Weg gegangen ist, und die Angst einfach überschritten, mit Füßen getreten hat.

Nun, sie ist immer wieder zurückgekehrt, auf irgendeine Art und Weise. Du siehst, diese Dinge müssen durchlebt werden, damit die Seele frei werden kann.

Frage: Man soll die Angst also hochkommen lassen, damit sie bewußt wird und man sie abbauen kann. Gibt es verschiedene Methoden, wie man mit dieser Angst fertig wird?

Claudius: Siehe, ein jeder Mensch in dieser Runde hat seine eigene Methode, mit der Angst fertig zu werden. Sie wurde ihm mitgegeben. Der eine macht es auf diese Art und Weise, der andere auf jene.

Einzig und allein wichtig ist, daß ihr euch, gemäß eurem eigenen Empfinden, eurer eigenen Seele, mit dieser Angst auseinandersetzt. Es gibt kein Patentrezept. Dazu seid ihr viel zu verschieden. Aber in euch selbst begründet liegt die Kraft mit der Angst fertig zu werden. Das schließt nicht aus, daß ihr es manchmal doch nicht schafft. Aber mit jedem Mal, meine Freunde, wird es leichter.

Frage: Hat Schizophrenie und Epilepsie etwas mit Angst zu tun?

Claudius: Nein, das ist ein ganz anderes Thema.

Frage: Wir sprachen darüber, daß jeder Mensch von sich selbst ein Wunschbild, eine Wunschvorstellung hat, die er anderen Menschen gegenüber auch darstellen möchte. Ist es nicht sogar **erforderlich**, daß man dieses Wunschbild hat, damit man es für sich selbst auch anstreben kann. Entsteht dadurch auch die persönliche Weiterentwicklung, der Fortschritt?

Claudius: So ist es, mein Freund, doch vergiß eines nicht. Geschieht die Projektion mit **Überzeugung**, daß du der bist, den du projizieren willst, dann, mein Freund, kann nichts geschehen, was dir widerfahren könnte.

Baust du dir aber ein Bild von dir selbst auf, von dem

du **nicht überzeugt** bist, von dem du weißt, daß es nur ein Wunschdenken ist, dann, mein Freund, wirst du schlechte Erfahrungen machen.

Frage: Und daraus entsteht auch Angst?

Claudius: Richtig, genauso ist es. Daraus entsteht die Angst, nicht angenommen zu werden, weil du weißt, daß du dein Wunschdenken überzogen hast.

Hast du dich angenommen, so wie du bist, mit allen deinen Fehlern und allen deinen guten Seiten, und projizierst dieses Bild deinen Nächsten, so werden sie dich so erkennen, wie du wirklich bist, du hast dann keine Angst.

Frage: Wir benutzen Angst als Mittel in unserer Erziehung. Wie siehst du das?

Claudius: Du sagst, als Mittel der Erziehung. Vieles, was ihr als Eltern tut, **tut ihr aus Angst**, unbewußt, weil ihr euren Kindern einfach die Erfahrungen nehmen wollt. Glaube mir, mein Freund, sie machen ihre Erfahrungen und du selbst machst auch eine Erfahrung.

Du selbst wirst die schmerzliche Erfahrung machen, daß all dein Bemühen den Kindern den Weg nicht geebnet hat. Sie werden deine Erfahrung nicht annehmen – **sie wollen sie selber machen.**

Frage: Das Bewußtsein, daß das Kind seine eigenen Erfahrungen machen will und machen muß, müßte doch für die Eltern »befreiend« sein?

Claudius: Eigentlich müßte es befreiend sein für die Eltern. Nur taucht die Frage auf: »Was habe ich falsch gemacht in meiner Erziehung?«

Weißt du, eingebunden seid ihr in eure Gesellschaftsordnung. Ihr möchtet den Kindern möglichst den Weg so weit ebnen, daß sie dort anfangen, wo ihr aufhört – und das geht nicht. Denn die Grunderfahrung muß jeder selber machen. Ein jeder muß das 1x1 lernen. Er kann nicht euer Wissen übernehmen – und oft wird der Fehler gemacht, daß man dem Kind die Verantwortung abnimmt, daß man ihm zu weit entgegenkommt, ihm nicht einmal ganz banale Arbeiten, zum Beispiel Einkaufen, überträgt, weil man Angst hat, es könnte unachtsam über die Straße gehen. Und es **wird** eines Tages unachtsam über die Straße gehen. Es muß selber die Erfahrung machen, daß es am Bordstein stürzen kann.

Frage: Was ist der Auslöser für die Angst in Aufzügen und auch die Platzangst?

Claudius: Nun, meine Liebe, es ist die erste Erfahrung, die der Mensch im Mutterleib macht, wenn er austritt in diese Welt. Er ist so weit gewachsen im Mutterleib, daß er keinen Platz mehr hat. Er muß geboren werden und der Durchgang durch den Geburtskanal ist diese Platzangst. Die Platzangst, nicht atmen zu können, eingeschlossen zu sein, die Angst zu ersticken.

Frage: Dann hätte man speziell diese Angst in jedem Leben?

Claudius: Meine Liebe, in jedem Leben wird die Angst dich begleiten. Nur, um gleich die anschließende Frage zu beantworten, wenn ihr den Fluß überschritten habt, wird sie abfallen, wie die Schale von der Nuß und frei wird eure Seele schwingen.

Frage: Und diejenigen, die noch nicht bewußt sind?

Claudius: Nun, mein Freund, du sprichst ein anderes Thema an: Besessenheit. Du siehst, daß alles ineinander verwoben ist, denn die Wesenheiten, die sich noch zwischen den Welten befinden – sie empfinden auch noch die Angst.

Und diese Angst hindert sie weiterzugehen. Siehe, es gibt Menschen, die auf dem Sterbebett von ihrer Angst gepeinigt werden, denen die Angst die Luft zum Atmen nimmt, und die daran ersticken. Nun, mein Freund, es sind diese Menschen, die sich immer der Wahrheit verschlossen haben, die ihren Weg nicht gefunden haben, deren Seele den Weg nicht zu Ende gegangen ist – und dies wird das neue Thema sein, über das wir demnächst sprechen werden.

Frage: Wenn sich eine hochentwickelte Seele erneut auf der Erde inkarniert, hat sie dann die gleiche starke Angst, wie jeder andere Mensch auch, oder ist sie dann so weit abgebaut, daß sie nicht mehr in der starken Intensität auftreten wird?

Claudius: So ist es, meine Liebe, ich möchte dir ein Beispiel geben: Es gibt Menschen, die werden geboren, um eine bestimmte Erfahrung zu machen. Das Leben dieser Menschen ist in der Regel frei von Angst oder zumindest wird die Angst nicht so empfunden, wie sie ein Mensch empfindet, der daran zerbricht und verzweifelt.

Siehe, auch **Jesus** hatte Angst, auch er ist der Verzweiflung anheimgefallen. Er mußte sie durchleben. Es gibt Menschen, die erleben die Angst in frühester Kindheit – und plötzlich verschwindet diese Angst. Sie werden frei davon. Einfach, weil sie sich auseinandergesetzt haben mit sich selbst, und dadurch Frieden gefunden haben.

Frage: Könnte man die Platzangst auch so definieren: Beim Eintritt in dieses Leben ist der Körper eingeengt und die Seele empfindet dies. Beim Übergang leidet der Körper und die Seele empfindet die Befreiung?

Claudius: So ist es, mein Freund, es ist die Umkehrung.

Frage: Kann die Platzangst auch mit der Schwere des Geburtsvorganges zusammenhängen?

Claudius: Auch das ist mit ein Grund. Stell dir vor, meine Liebe, daß du durch einen Tunnel kriechst. Beispiel: M., je weiter sie in einen Tunnel hineinfährt – um so panischer wird ihre Angst und um so befreiter atmet sie auf, wenn sie das Licht am Ende des Tunnels erblickt.

Frage: Man spricht beim Übergang von einem Tunneleffekt oder von einer Röhre. Trifft dies auch für die Wesen zu, die den Übergang vielleicht nicht vollziehen wollen, die sich nicht lösen können und folglich das Licht nicht erkennen und also im Tunnel zwischen Raum und Zeit hängen bleiben?

Claudius: Die Lösung ist erarbeitet.

Frage: Als du vorhin sagtest, daß es Leute gibt, die ihre Angst mit einem »Lächeln« bekämpfen, fiel mir die Untergangssituation der »Titanic« ein. Ein Teil der Menschen verfiel der Verzweiflung, während die Bordkapelle weiterspielte.

Claudius: So ist es, mein Freund. Siehe, es wird immer Menschen geben, die dazu berufen sind, anderen ein Beispiel zu geben. Auch in eurem Leben habt ihr Menschen kennengelernt, die ihre Spuren hinterlassen haben und euch zu dem werden ließen, was ihr heute seid. »Viele Wege führen nach Rom«, sagt ein altes Sprichwort – ich kann es bestätigen.

Frage: Wie ist es mit der Angst, die einem nicht bewußt wird – und trotzdem krank macht?

Claudius: Nun, meine Liebe, Angst ist nichts anderes als Energie. Angst, die nicht emporschwingt, weil der reale Verstand sie unterdrückt, so wie es bei dir war. Du sagst: »Ich habe keine Angst vor dem bevorstehenden Prozeß.« Du hast dir diese Überzeugung suggeriert, doch dein Körper hat anders reagiert. Dadurch, daß wir darüber gesprochen haben, wurde die Angst eliminiert. Dein Körper wurde frei.

Frage: Wurde der Körper nicht von der Seele gesteuert?

Claudius: Meine Liebe, nichts anderes ist geschehen. Die Angst findet den Niederschlag im Körper, die Seele leidet und wird vom realen Verstand überschattet. Natürlich brauchtest du keine Angst zu haben, denn du warst ja nicht angeklagt – und das alleine wurde vom Verstand gesteuert – aber die Angst der Seele vor der erneuten Konfrontation hat ihren Niederschlag gefunden.

Frage: Die Kirche hat es fantastisch verstanden, die Angst der Menschen zu ihrem Vorteil zu nutzen, indem sie Angst suggeriert vor der Sünde, und mit der Beichte die Erleichterung verspricht. Dadurch wurde der Mensch zum regelrechten Spielball der Angst.

Claudius: Nun, mein Freund, das ist das Verbrechen aller Religionen an der Menschheit, daß man versucht, die Seelen der Menschen einzuengen in ihrem Höhenflug.

Viele Dinge wären nicht geschehen, hätte man den Menschen den Verstand gelassen, der ihn dazu befähigt, die Seele begreifen zu können. Du kannst es auch umgekehrt sehen. Es wurde nicht nur der Verstand vergewaltigt, es wurde auch die Seele vergewaltigt, Angst eingepflanzt, damit er besser zu regieren ist.

Deshalb bat ich euch, eure Welt real zu sehen, so, wie sie ist, denn durch diese Erkenntnis wird eure Seele frei werden für die Liebe und für das Verstehen der Allmacht.

Einzuordnen nach dem Faktor der Wichtigkeit – das sollte euch auszeichnen, daß ihr eure Welt bestehen laßt, daß ihr für euch, in euch, mit euren Familien, soweit dies möglich ist, einen Tempel baut gegen die Unbillen eures Lebens, denn in euch begründet ist die Liebe der Allmacht, der Friede eures Seins und eine leise Ahnung von dieser Gnade habt ihr alle schon erfahren.

Frage: Statt Wichtigkeit könnte man auch Wertigkeit sagen, den Wert, den man einer Sache einräumt?

Claudius: Danke für die Berichtigung. Du hast recht, meine Liebe, Wertigkeit, es ist alles eine Sache der Definition und die Wertigkeit ist ein Teil des Verstehens.

Frage: Du sprachst von einem Tempel, den man für sich und seine Familie bauen soll, gegen die Unbillen des Lebens. Wenn ich deinen Freund **Krishnamurti** verstanden habe, dann sind wir doch auch ein Teil des Problems für unser Umfeld, so daß ich mich also nicht abschotten kann?

Claudius: Nun, mein Freund, du bist schon immer ein Problem deiner Umwelt gewesen und wirst es immer sein, auch bei dieser Inkarnation.

Frage: Es gibt Menschen, die haben eine panische Angst davor, lebendig begraben zu werden. Woher kommt eine solche Angst?

Claudius: Nun, meine Liebe, es ist die Angst, die ihr euch selbst geschaffen habt. Siehe, in keiner Kultur der vergangenen Jahrtausende, ich spreche von Jahrtausenden, merkt es wohl, wurde der Körper am ersten Tag begraben. Es vergingen einige Tage, bis man feststellte, daß die Zellen des Körpers sich zersetzten. Erst dann wurde der Körper, seiner Bestimmung gemäß, der Erde übergeben.

Abgeändert haben diese Bestattungsart die Atlanter. Aus einem einfachen Grund – sie haben an dem toten Körper der Kreatur Manipulationen vorgenommen.

Ich möchte nicht im einzelnen darauf eingehen. Ich möchte nur so viel noch erwähnen, daß im »Alten Ägypten« die Körper einbalsamiert wurden. Sie wurden befreit von den inneren Organen und wurden, der damaligen Meinung gemäß, aufbewahrt für die Ewigkeit.

Bemerkung:

In diesem Kapitel, aber auch in vielen anderen wird durch CLAUDIUS immer wieder auf Karma und Reinkarnation hingewiesen. Diese Themen wurden bereits ausführlich in Band I ausführlich behandelt.

Aura-Chakren

Frage: Lieber Claudius, wir möchten gerne über den Begriff Aura etwas erfahren.

Claudius: Eine Erklärung zu dem Begriff der Aura: Siehe, meine Liebe, Energien strömen durch den Körper in den Körper ein, werden gespeichert und sortiert, gemäß dem Empfinden der Aufnahmebereitschaft des einzelnen. Diese Energien müssen fließen, das heißt, sie treten wieder aus und bilden die Aura.

Frage: Als H. in Darmstadt sprach, sah ich hinter ihr eine Art »Farbenspiel«.

Claudius: Du, meine Liebe, konntest bei H. die Aura wahrnehmen. Es gibt viele, die dies können und es gibt viele, die aus dem Energieausfluß innere Krankheiten feststellen können. Die Schattierungen der Farben zeigen den Bewußtseinsstand des Gesamtmenschen und auch der inneren Organe an, ein Bild der Aura zeigt also die **Harmonie des Körpers mit der Seele** und verschwindet, wenn die Seele den Körper ablegt.

Frage: In dem Buch »Einweihung«* las ich, daß die Nerven auf die höhere Schwingung vorbereitet werden müssen.

Claudius: Du sagst es, meine Liebe. Seht, wie dünn euer Nervenkostüm ist, wie strapaziert ihr manchmal seid, denn jeder von euch hat die Erfahrung gemacht, daß ihm die Haare buchstäblich zu Berge stehen bei gewissen Situationen. Nun, dies alles sind körpereigene Energien, die sich hier Luft verschaffen.

Nichts anderes, meine Freunde, bildet die Aura. Es sind Abstrahlungen eures Körpers. Vergleicht euren Körper mit einem Magneten. Der Magnet birgt Kräfte, die heilsam sein können, wenn sie mobilisiert werden. Sie können aber auch störend wirken.

* (Elisabeth Haich – Drei-Eichen-Verlag)

Frage: Hat alles Materielle eine Aura?

Claudius: So ist es.

Frage: Im Essener Buch wird von den Räumen unter der Erde gesprochen, die ein zartes Licht haben. Dies würde erzeugt durch eine Lichtverstärkung die allem innewohnt? Also jede Materie sendet Licht aus?

Claudius: Richtig.

Frage: Kann man dieses Licht im weitesten Sinne in Verbindung bringen mit der Aura?

Claudius: So ist es, lieber Freund, ich möchte dir einmal folgendes Experiment vorschlagen:
Schließe die Augen, presse die Augenlider fest zusammen und lasse sie langsam, ganz langsam wieder los. Du wirst sehen, daß die Dunkelheit sich erhellt. Du wirst sehen, daß dein Auge sieht, trotzdem du die Lider geschlossen hast. Dies, mein Freund, ist das Geheimnis dieser Höhlen im Karmel (Essener Kloster). Deshalb sprach ich davon, daß der Mensch vorbereitet werden mußte, um diese Grüfte betreten zu können. Es war ein langsames Hintasten zu dieser Erkenntnis.

Frage: Habe ich dich richtig verstanden, daß es eigentlich das **subjektive Empfinden** jedes einzelnen ist, was ihn den Raum hell empfinden läßt?

Claudius: So ist es, denn, wenn du heute in die Tiefe des Karmel hinabsteigst ohne ein Licht dabei zu haben, wirst du fallen.
Stell es dir so vor: Du betrittst dein Haus durch die Türe. Überall sind Fenster, überall ist es hell. Langsam steigst du in den Keller hinunter, nun, du steigst in die Dunkelheit. Doch je öfter du diese Stufen nach unten gehst, um so sicherer wird dein Gang, weil du aufgenommen hast, daß dort sechs oder sieben Stufen sind. Sie sind in dein Bewußtsein eingedrungen. Du wirst nicht mehr fallen, auch bei völliger Dunkelheit nicht. Nun gehst du weiter und siehe, auch die Dunkelheit ist nicht dunkel, sondern bei einer ent-

sprechenden Übung wirst du wissen, mit deinem geistigen Auge erfassen können, wo du zum Beispiel Regale angebracht hast, wo zum Beispiel dein Bier steht, das du trinken willst. Es wird von deinem geistigen Auge wahrgenommen.

Frage: Das ist eine interessante Erfahrung, die ich noch nicht ausprobiert habe, weil wir immer davon ausgehen, daß unsere Augen irgendwann ihre Funktion aufgeben. Offensichtlich empfinde ich dann anders als über die physischen Augen?

Claudius: Weißt du, mein Freund, deine Augen sind so ausgestattet, daß sie das Gegenständliche sehen können. Es wird vermittelt über deine Augen in die Zellen des Gehirns. Doch auch der Blinde sieht, mein Freund, und in dem Augenblick, wo du dich bemühst in den Keller zu gehen, in dem Augenblick, wo du beginnst, dich darauf vorzubereiten, werden andere Kräfte aktiviert, die dich zum Sehenden machen. Ich wünsche mir so sehr, daß ich euch dieses Phänomen verständlich nahe gebracht habe.

Frage: Geht das nicht über die Erinnerung?

Claudius: Mein Freund, was ist Erinnerung?

Frage: Das vorherige Sehen und mich dann erinnern, wo es ist?

Claudius: Nun, es ist ein Speicherungsfaktor in deinem Hirn – aber der **Blinde**, mein Freund, hat daran keine Erinnerung.

Frage: Könnte es nicht so sein, daß die Aura der Materie durch die Aura des Menschen »gesehen« wird?

Claudius: Meine Liebe, so ist es, ihr nehmt das Licht oder die Energie des Gegenstandes wahr. Ich weiß, es mag für den einen oder anderen jetzt im Augenblick nicht so sehr verständlich sein, doch macht die Probe aufs Exempel und ihr werdet sehen, daß ich wahr gesprochen habe.

Wißt ihr, meine Freunde, es ist sehr schwer, euch diese Dinge verständlich darzustellen, aus einem einfachen Grund, weil in eurem Leben bisher alles vom rationalen Verstand geleitet wurde. Wenn es möglich wird durch unsere Unterhaltung euch geistig zu öffnen, dann wird es euch möglich sein, daß ihr diese Phänomene nachvollziehen könnt.

Grundsätzlich solltet ihr euch immer vor Augen halten, **daß Körper, Geist und Seele eine Einheit bilden**.

Seht, meine Freunde, diese Einheit strahlt Energien ab. So, wie der Tisch dieses Hauses Energien abstrahlt, so, wie die Kerzen, die vor uns stehen, Energien ausstrahlen, so strahlt euer Körper Energien aus, vergleichbar mit der Flamme dieser Kerze.

Seht, wenn ihr die Hände in die Nähe dieser Kerze bringt, spürt ihr, daß sie Wärme abstrahlt. Ist die Flamme erloschen, dann ist die Wärme erloschen. Vergleicht dies mit eurem Körper. In dieser Einheit von Körper, Geist und Seele, entsteht die Aura eines jeden einzelnen. Die Aura wird geprägt von eurem persönlichen Empfinden.

Der Arzt, der eine körperliche Untersuchung vornimmt und mit den Händen am Körper entlangstreicht, nimmt die Ströme, die euer Körper von euch gibt, wahr und kann sie umsetzen in ein Bild des Körpers. Es entsteht ein Krankheitsbild, denn, sind einzelne Organe des Körpers erkrankt, dann nimmt er über die Energie die Ausstrahlungen dieser Krankheit wahr.

Frage: Der Arzt nimmt also Ströme, Energien wahr, wenn er den Körper befühlt. Wie stehen diese Ströme in Zusammenhang mit der Aura?

Claudius: Ich möchte dir dies so erklären: Die Zusammenführung der einzelnen Atome zu bestimmten Organen im menschlichen Körper haben ihre eigene Information. Diese eigene Information geben sie dem Körper ab, damit eine Symbiose entsteht zwischen den einzelnen Organen und den Nervenzellen.

Doch sie behalten ihre eigene Schwingung bei und bilden mit den Schwingungen dieser anderen Organe die Aura, den Elektrizitätsschirm um diesen Körper.

Denn dieser Körper, mein Freund, besteht aus Energie, aus Elektrizität, die sichtbar gemacht werden kann durch die sogenannte Kirlianfotografie. Nur ist dies, was ihr über diese Fotografie bemerkt, nur ein ganz geringer Teil. Wäre dieses Gerät komplett, dann, mein Freund, würdest du sehen, daß die Hand, die auf dieser Platte liegt, nicht allein von bläulichzüngelnden Flammen umgeben ist, sondern ein gesamtes Spektrum zeigt. Ein gesamtes Spektrum, das ausgesendet wird über die körpereigene Struktur. Du kannst, wenn du ein geistiger Arzt bist, aus dieser Struktur Veränderungen des Gewebes innerhalb des Körpers erkennen.

Frage: Ist dies dasselbe wie die »Thermologie«?

Claudius: Ähnlich zu bezeichnen.

Frage: Wir stellen uns das einfach als Farbkranz um uns herum vor. Dabei ist es offenbar doch viel mehr, als die vereinfachten Bilder, die wir benutzen?

Claudius: Nun, mein Freund, ihr setzt diesen sogenannten Farbkranz nicht mit dem menschlichen Körper in Verbindung. Ihr sagt, es ist lediglich das Leuchten des Körpers. Nun – so kann man es benennen, doch diese Strukturen, die aus dem Körper hervorzüngeln, haben eine ganz andere Bedeutung, als ihr sie gemeinhin vereinfacht euch darzustellen versucht.

Seht, meine Freunde, an sich ist es einfach, wenn ihr euch vorstellt, daß jedes einzelne Atom eine ihm eigene Strahlung besitzt. Das, meine Freunde, ist eigentlich die Grundlage zum Verstehen der Aura des Körpers.

Mein Freund, um deinen Körper ist zunächst ein violetter Kranz vorhanden. Dieser violette Kranz hüllt deinen Körper ein. Es ist die Hauptenergiequelle, die alle Atome deines Körpers abgeben. Aber – dein Gehirn, mein Freund, gibt darüberhinaus noch andere Energien frei. Farbspektren, die sich über deinen Kopf hinweg verbreiten. Es sind dies besonders Energien im Augenblick, weil sie, nutzend die Stunde, die jetzt im Augenblick vorhanden ist, sich dem geistigen Potential öffnen.

Es entsteht eine Kaskade von Farben über deinem Kopf. Vergleichbar, mein Freund, mit Springfluten, die aus dem Zündholz hervorgehen, wenn es angezündet wird. Ähnlich vergleichen kannst du die Farben, die sich schillernd um dich legen, um diesen Kern, die abgestrahlt werden von dem Herzen, von der Lunge, von der Leber, vom Magen, von all diesen Molekularstrukturen, die diese Organe bilden. So solltet ihr es sehen – und so solltet ihr auch die Erklärungen annehmen für den Arzt, den ich euch mitbringe, der über die Aura eure Krankheiten erfühlen und sie behandeln kann.*

Frage: Sieht man in der Aura auch die geistige Entwicklung des Menschen?

Claudius: Ja, richtig. Deshalb ist bei euch allen die Grundstruktur **Blau-violett**, weil eure geistige Entwicklung, wohlgemerkt, eure **geistige Entwicklung**, sich in dieser Grundfarbe ausprägt.

Was du vielleicht noch ausführen möchtest, ist das emotionale Empfinden. Dies, meine Liebe, läßt **rote Blitze** zucken, wenn du zornig bist. Wenn du demütig bist, legt sich die Farbe **gelb** um den Mantel.

Frage: Man kann also aus der Aura sehr viel ablesen?

Claudius: So ist es, meine Liebe, alles ist abzulesen über dieses Farbspektrum. Und alles, was bisher geschrieben wurde, hinkt der Wahrheit hinterher. Also, meine Freunde, solltet ihr euch nicht zu sehr daran festhalten, was Bücher an Weisheiten von sich geben. Es

* Siehe auch unter Kapitel »Geistheilung«

sind Definitionen nur – die auch subjektiv von diesen medialen Kontakten übernommen wurden.

Frage: Ist es richtig, daß man trotzdem von drei verschiedenen Schichten reden kann?

Claudius: Richtig, mein Freund, Körper, Geist und Seele **sind** diese drei Schichten, die den Menschen ausmachen.

Frage: Ich unterstelle, daß ein Mensch die Fähigkeit hat, die Aura zu sehen. Das hieße dann, daß er Körper, Geist und Seele sehen kann?

Claudius: So ist es, mein lieber Freund. Körper, Geist und Seele in ihrer Einheit bilden die Aura des menschlichen Körpers. Es sind Energieströme, die der Körper abgibt.

Die Aura, mein Freund, ist nicht zu vergleichen mit dem, was geschieht, wenn du deinen Körper auf den nächsten Stuhl setzt. Hier bleibt die geistige Struktur in dem Stuhl vorhanden, in den du dich hineingesetzt hast als erster. Der nächste, der sich auf diesen Stuhl setzt, wird deine geistige Struktur **auflösen** und seine eigene hinterlassen. Ist dies begreiflich?

Frage: Ich muß es annehmen. Richtig vorstellen kann ich es mir nicht.

Claudius: Nun, mein Freund, es genügt, wenn du es als Erklärung gelten läßt. Dein Vorstellungsvermögen, mein Freund, ist begrenzt und bleibt begrenzt als Mensch. Einzig und allein dein Empfinden signalisiert dir, ob du es so annehmen kannst. Ist dies der Fall, dann mach dir keine Gedanken darüber, denn die Erklärung kann nicht tiefer geführt werden.

Frage: Ich kann keinen Zusammenhang sehen zwischen den Energien, die sich auf dem Stuhl, auf dem ich sitze, manifestieren und der Aura.

Claudius: So solltest du es auch nicht sehen. Deine Aura nimmst du mit auf diesen anderen Stuhl. Sie ist gebunden an deinen Körper, doch der Eindruck, den du auf diesem Stuhl hinterlassen hast, bleibt so lange bestehen, bis sich der nächste auf diesen Stuhl niederläßt.

Frage: Kann man Schwingungen dazu sagen?

Claudius: Ja, es hat nichts mit der Komplexität der Einheit Körper, Geist und Seele zu tun. Was ich damit zum Ausdruck bringen möchte, mein Freund, ist einzig und allein, und dies ist das Vordringliche und Wichtige, daß dein Körper in der Einheit die Aura mitnimmt auf den nächsten Stuhl.

Frage: Ja, das verstehe ich.

Claudius: Es genügt völlig, daß ihr den **Astralkörper, den Mentalkörper, die Chakren,** die so viel beschrieben werden, in dieses Paket hineinpackt, das ich euch gegeben habe, denn sonst, meine Freunde, werdet ihr diese Irrungen und Wirrungen mitnehmen auf die Reise über den Fluß.

Frage: Gibt es Menschen, die dieses geistige Schutzschild auch visuell feststellen können?

Claudius: Richtig. Siehe, es gibt in diesem Land sehr viele Menschen, die es spirituell empfinden.

Frage: Ist der Astralkörper größer als unser materieller Körper?

Claudius: Nein, Körper, Geist und Seele sind eine Einheit, sie sind so zu sehen, daß der irdische Körper mit dem geistigen Körper genau identisch ist und nicht anders. Was du meinst, ist die Abstrahlung. Die energetische Abstrahlung geht natürlich über den menschlichen Körper hinaus. So, wie die Hitze über diese Flamme hinausgeht, die sie erzeugt.

Frage: Sind die Chakren geistige Zentren im Geistkörper?

Claudius: So ist es, meine Liebe, siehe, wenn du dir die Chakren so vorstellst, wie ich sie geschildert habe, wie ich die Zusammenfassung der Atome für die einzelnen Organe beschrieben habe, dann solltest du die Chakren ähnlich sehen, denn jedes Organ eures Körpers strahlt eine eigene Farbe aus, hat eine andere Bestimmung.

Doch dieses Organ muß immer mit dem Gesamtkörper kooperieren, sonst kommt es zu einem Kurzschluß. Das heißt mit anderen Worten: Hast du Magenschmerzen, wirst du das sogenannte Sonnengeflecht aktivieren wollen. Das Sonnengeflecht birgt die Abstrahlung von Magen, Darm, Leber, Blase, Niere und bei sehr empfindlichen Menschen wirkt auch das Herz über das Sonnengeflecht.

Frage: Also auch dies ist fließend und nicht genau abgegrenzt?

Claudius: Auch dies ist fließend und dies ist die Schwierigkeit, die in allen euren Büchern zutagetritt. Man möchte gerne jedes einzelne abgrenzen und dies ist völlig falsch. Alles steht und fällt mit der Verbindung zueinander.

Natürlich wird der kranke Magen andere Strahlungen absenden über das Sonnengeflecht, als die gesunde Niere oder die gesunde Blase oder die gesunde Leber. Das kranke Organ hat viel intensivere Strahlungen. Aus diesem Grund versucht euer Verständnis immer gewisse sogenannte Chakren zu mobilisieren, die dort heilend eingreifen sollen.

Frage: Ist Medialität über die Chakren nichts anderes, als eine geistige Versenkung in die einzelnen Organe?

Claudius: Ja, die Bedeutung auf dein eigenes Organ, das krank ist. Siehe unserem Freund **K.** gab ich den Rat, sich mit seinem Darm zu unterhalten. Nun, ich hätte auch sagen können: Nehme das Chakra des Sonnengeflechts.

Ich möchte euch mit all diesen Begriffen, meine Freunde, nicht verwirren. Ich möchte euch dazu führen, daß ihr mit einfachen Worten diese Dinge, die euch eure Bücherweisheit vermitteln will, begreifen könnt. Alles andere bringt euch in Verwirrung.

Frage: Sind die Chakren sozusagen als »Lieferanteneingang« für die kosmischen Energien anzusehen?

Claudius: Nun, das ist das Hintertürchen, meine Liebe.

Frage: Was bedeuten dann die Feuerzungen?

Claudius: Denkst du an Pfingsten, meine Liebe? (Ja) Nun, auch bei euch, über euren Häuptern schwebt die Feuerzunge. Es ist die Einstrahlung des Geistes, die euch aktiviert und weiterbringt. Es ist dies, was euch die Allmacht als Menschen zur Verfügung stellt. An euch liegt es, euch geistig, seelisch, so weit zu öffnen, daß diese Feuerzungen eindringen können in euer Bewußtsein.

Frage: Das versteht man dann auch als Od?

Claudius: So ist es, meine Liebe.

Frage: Die sieben Tempelanlagen am Nil sollen für die sieben Chakren des Menschen stehen?

Claudius: Das ist eine Interpretation eurer sogenannten durchgeistigten Menschen. Siehe, ich spreche sieben Bewußtseinsstufen an. Wo sie sitzen, ist für euch nicht zu definieren.

Chakren möchte ich anders verstanden wissen. Chakren sind mit der Entstehung des Menschengeschlechtes verbunden. Es sind geistige Schlußpunkte, die erahnt, aufgespürt werden können von demjenigen, der in sich selbst hineinfällt, der meditiert, der diese Kräfte im menschlichen Körper mobilisieren kann.

Nun wird bei euch von vielen Berufenen und Unberufenen dieses Wissen verkauft, mit gutem Argument verkauft, weil man sagt: Von irgend etwas müssen wir ja leben.

Träume

Frage: Was bedeuten unsere Träume?

Claudius: Wenn Träume von **uns** geschickt werden, haben sie Bedeutung für den Empfänger.
Manche Träume entstehen auch aus dem Unterbewußtsein, das Tageseindrücke speichert, die nicht verarbeitet wurden.

Frage: Ich träumte schon einige Male, ich würde erstochen. Solche Träume werden doch sicher nicht von euch »geschickt«?

Claudius: Nein, nur die Angst, von liebgewordenen Vorstellungen Abschied nehmen zu müssen, läßt solche Träume aufsteigen.

E.: Im Traum sah ich in den Gärten am Main einen riesengroßen Mann, der über den Gemüsebeeten lag. Ich hatte jemand an der Hand und wollte fliehen, aber der Mann hat mich gefaßt – der Traum war schrecklich.

Claudius: Nun, meine Liebe, ich löse ihn auf.
Siehe, dein Bewußtsein hat sich weiterentwickelt. Der Mann ist der Schatten, der dich festhalten will, der dich einbinden will in das Bewußtsein, das du längst verlassen hast. Weißt du, diese Träume bezeichnen deine jetzige Situation. Ein jeder im Kreis wird irgendwann ähnliche Träume haben.
Siehe, unsere S., die fliegen wollte und abgestürzt ist. Ihr seht, ihr löst euch langsam aber sicher in ein neues Bewußtsein.

S.: Ich glaube meine Träume haben auch mit einer Art Angst zu tun. Ich fliege und falle immer wieder herunter – nur beim letzten Traum gelang der Flug. Es war die Woche, in der ich meine eigene Erfahrung mit der Angst machte, die ich durch Bewußtwerden eliminierte.

Claudius: Natürlich, siehe der Höhenflug deiner Seele hat es dir ermöglicht, dich endlich frei zu machen von der Vorstellung, daß andere dir etwas anhaben können – und ich sage dir noch etwas: Aus deiner Kindheit hast du diese Angst, zu versagen, mitgenommen in dein Leben. Obwohl du wußtest, daß du gelernt hattest, war dein Wissen in dem Augenblick verschwunden, in dem dir jemand über die Schulter sah. Der Höhenflug deiner Seele, der endlich erfolgt ist, hat dich frei werden lassen von diesen Vorstellungen. Und diese Erfahrung wird dich ein Leben lang begleiten.

K.: Auch ich hatte einen Traum, in dem ich ganz lässig über die Menschenmenge hinweggeschwebt bin.

Claudius: Mein Freund, dieses Erlebnis hatte einen anderen Hintergrund. Siehe, du hast dich in deinem Leben sehr oft unwissend gefühlt. Gefangener deiner selbst und hättest es nicht nötig gehabt. Dieses Erlebnis, frei zu sein von dieser Vorstellung, ließ dich schweben über alle anderen hinweg – und es werden noch andere Erlebnisse kommen, die dich schweben lassen.

G.: Ich träumte, daß ich über Wasser gelaufen bin, wunderte mich sehr darüber und dachte, ich müsse jeden Moment untergehen. Dies passierte aber nicht. Ich überlegte, wie sich das Wasser denn an den Füßen anfühlt. Doch es war nicht zu fühlen. Dann kam ich auf die Idee, daß es wohl mein Geistkörper sein würde, denn nur der wäre leichter als der materielle Körper. Dann wachte ich auf.

Claudius: Siehe, meine Liebe, dein Verstand sagt dir, daß es eine Phantasie war. Ich sage dir, daß das Erleben, aus dem Körper auszutreten, wenn du es mit dem Verstand siehst, ebenfalls nur eine Phantasie ist, eine Vorgaukelung falscher Tatsachen. Nur, wenn du dich mit dem Geistigen, mit unserem Sein beschäftigst, dann solltest du anerkennen, daß **wir** die Erlebnisse schicken, die zwar verwoben sind mit deinem Verstand, die jedoch dir auch eine Erkenntnis vermitteln, nämlich, daß deine Füße nicht naß geworden sind.

Meine Freunde, das reale Erleben und das geistige Erleben sind verwoben, ineinander versponnen. Ihr solltet reif genug sein, um das eine vom anderen trennen zu können, denn, meine Freunde, ihr seid, sowohl als auch, Geist und Mensch. Erkennt es an, und es wird euch keine Schwierigkeiten bereiten.

Frage: Sind solche Erlebnisse nur eine andere Realität?

Claudius: Du sagst es. Seht, **wir** existieren so wie **ihr** existiert. Es gibt Stunden, wo ihr unsere Existenz erfühlen könnt, wo ihr euch bewußt werdet, daß wir leben, daß wir **sind**. Und es gibt Stunden, **da verhallt das Wort im Wind.**

Frage: Kann man sich einen Traum wünschen?

Claudius: Du gibst dir selbst die Antwort: Du möchtest es! Laß dich einfach fallen, kein Wille, kein realer Verstand kann es erzwingen. Nur einfach die Seele freilassen, **dem Mond eine Chance geben durch das Fenster in deine Seele einzutreten.**

W.: Ich hatte einen interessanten Traum, in dem ich durch Gedankenkraft und Konzentration eine Glühbirne zum Leuchten bringen konnte. Ich hoffe, daß mir im realen Leben dann auch irgendwann einmal das Licht aufgeht.

Claudius: Lieber Freund, ich freue mich, daß du darüber sprichst, denn du siehst in deiner Vorstellungskraft die gewaltige Energie, die den Menschen befähigt, Dinge zu vollbringen, die normalerweise nicht möglich sind.

K.: Handelt es sich bei den unbekannten Strukturen, von denen ich oft träume, um Bewußtseinsformen?

Claudius: Richtig, meine Liebe.

K.: Ist es ein Traum oder ist es . . .

Claudius: Was ist ein Traum? Weißt du, meine Liebe, wenn der Geist sich mit dem Universum befaßt, dann werden diese Strukturen über das Informationsfeld Gestalt annehmen. Ich weiß, du kannst sie noch nicht einordnen, aber eines Tages wird ein Bild daraus.

K.: Bin ich in diesem Moment ein Teil dieser Struktur?

Claudius: Du bist ein Teil der Struktur. Du bist Information, meine Liebe.

K.: Und ich bin mir im Moment dessen bewußt, konnte es nur nachher nicht mehr nachvollziehen?

Claudius: So ist es.

Frage: Unser Körper ruht sich während des Schlafens aus – während unser Gehirn sich niemals ausruht – es arbeitet weiter ohne unser Bewußtsein, obwohl wir träumen. Arbeitet das Gehirn selbständig, also ohne Steuerung durch uns?

Claudius: *Nein*, ich möchte dazu folgende Erklärung abgeben. Das Gehirn wird ständig vom Kreislauf des Blutes mit Sauerstoff versorgt. Es ist eine Grundvoraussetzung, daß dieser Motor überhaupt arbeiten kann.

Frage: Das ist aber Materie?

Claudius: Richtig. Dies ist die Materie Gehirn.

Über die Seele und das Gehirn werden Eindrücke aufgenommen und im Gehirn gespeichert. Der Mensch, meine Freunde, wird müde. Hier wird die rationale Seite des Gehirns ebenso müde. Sie versinkt im Schlaf. Aber die gespeicherten Eindrücke, die nicht verarbeitet wurden und trotz allem einen tiefen Eindruck **in der Seele** hinterlassen haben, werden in dieser Ruhephase aufgearbeitet, wobei es mitunter bildhafte Vorstellungen gibt – **Träume**. Diese Träume drücken aus, was die Seele im Laufe des Tages, im Laufe eines bestimmten Zeitablaufes, gespeichert und nicht verarbeitet hat.

Es können Ängste entstehen über einen bösen Traum, es kann Freude entstehen über einen guten Traum. Es kann aber auch sein, meine Freunde, daß Energien von außerhalb einfließen, die der Seele neue Impulse in dieser Ruhephase geben, die dann umgesetzt werden für die Zukunft.

Frage: Es gibt zwei Möglichkeiten. Diese Energien können auch durch euch uns zugeführt werden . . .

Claudius: Dadurch, daß die Seele sich diese Hilfestellung abruft, oder aber durch Impulsgeber von unserer Seite.

Frage: Was passiert mit unserer Seele während der Nacht?

Claudius: Deine Seele, meine Liebe, ruht sich aus – aber sie kann sich loslösen vom Körper und kann eigene Erfahrungen sammeln. Jeder einzelne Traum von euch bedeutet auch ein Loslösen.

Du, meine liebe Hilde, hast jahrelang einen bestimmten Traum gehabt, der sich ständig wiederholt hat.

Hilde: Es war ein furchtbarer Traum über viele Jahre hinweg, der sich mit Helis Tod aufgelöst hat. Es war ein Alptraum.

Claudius: Du siehst, ein Leben lang kann mitunter das gleiche Bild vor den inneren Augen erscheinen und nicht zwangsläufig muß es zur Eskalation führen. Es **kann** zur Eskalation führen.

Hilde: Immer befand ich mich in einem Verlies ohne irgendeine Öffnung, ohne Fenster, ohne Licht, ich war schweißgebadet und schrie fürchterlich. Was hatte das zu bedeuten?

Claudius: Diese Erfahrung, meine Liebe, hast du in einem früheren Leben gemacht, da du bei lebendigem Leib eingemauert wurdest in einen Turm. Diese Erfahrung hat deine Seele mit auf den Weg genommen, hier auf diese Inkarnation – und, meine Liebe, du hast diese eigene Erfahrung aus einem anderen Leben auf eine völlig andere Art und Weise neu durchlebt.

Eingeschlossen warst du, war dein **Geist, deine Seele,** wie in ein Gefängnis, aus dem du nicht ausbrechen konntest. Stellenweise hattest du das Empfinden, losgelöst zu sein – doch dieser Traum holte dich immer wieder ein. Im Laufe deines Lebens hat sich dein Bewußtsein so verändert durch das Durchleben, daß du weißt, daß niemand dich einschließen kann, daß **du du** bist, daß deine Seele frei schwingt in der unendlichen Liebe der Allmacht.

Hilde: Seltsam, daß die Loslösung von dem Traum mit dem Übergang von Heli zusammenfiel.

Claudius: Richtig, meine Liebe, denn mit dem Übergang deiner Tochter zu uns, war dein weiterer Weg frei vor dir, vor deiner Seele. Du mußtest den Tod der Tochter durchleben, um dich selbst, deine Seele zu befreien.

Ich weiß, daß dies mit dem menschlichen Verstand kaum zu begreifen ist.

Hilde: Hing es damit zusammen, daß Heli sterben mußte, damit dieser Weg bereitet wurde?

Claudius: Nun, meine Liebe, du drückst dich falsch aus. **Heli mußte nicht sterben, sondern Heli durfte.** Sie hat ihren Weg vollendet und **damit dir neues Leben geschenkt.**

Hilde: Gefühlsmäßig habe ich es zwar so empfunden, doch ich wollte es nicht mit solchen Worten ausdrücken.

Claudius: Meine Liebe, deine Tochter steht hinter dir und lächelt.

Hilde: Dieses Gefühl der Befreiung durch den Tod eines geliebten Menschen kann man niemandem sagen, weil es die Menschen nicht verstehen.

Claudius: Nein, meine Liebe, du kannst es nur für dich erfühlen. Die Freiheit der Seele ist ein persönliches Erleben, das nicht interpretierbar ist. Du siehst, wie schwierig es ist, diese Wahrheiten, die so offen zu Tage liegen, einem Nächsten mitzuteilen, weil er dich nicht verstehen würde.

Herzlos würde man dich nennen, du siehst, dein eigenes Erleben, nimm es als Geschenk des Himmels, und du wirst damit leben können. Nun, meine Liebe, du siehst die unendlich große Erfahrung die deine Seele gemacht hat, machen wollte und durchlebt hat. Dies ist das Phantastische des menschlichen Seins. Wenn es jeder Mensch so begreifen könnte, so verstehen könnte, dann würden keine Schwierigkeiten auftreten.

Hilde: Dann wäre nicht so viel Trauer, Schmerz und Angst in der Welt, und der Tod wäre kein Schreckgespenst mehr.

Claudius: So ist es. Weißt du, meine Liebe, wir würden den Menschen so gerne mitteilen, daß der **Tod eine Erlösung ist**, eine Erlösung der Seele, **eine Gnade für den Menschen**. Nichts ist wunderbarer, als das Erleben des Übergangs auf unsere Ebene, wenn es bewußt geschieht.

G.: Hat mein Traum mit den Zwölfen um den Tisch irgendeine Bedeutung?

Claudius: Nun, sicher, meine Freunde, er hat eine Bedeutung, denn zwölf ist die besondere Zahl. Ich möchte euch allen empfehlen euch mit dem Ursprung der **Essener** zu befassen, dann versteht ihr, was ich meine.

L.: Ich habe von einer Bergbesteigung geträumt, wurde dieser Traum von euch geschickt?

Claudius: Siehe, Freund, erklimmen mußt du den Berg, damit du den Sonnenaufgang sehen kannst. Gewollt, mein Freund.

G.: Ich träumte, daß ein Kühlschrank eine Treppe hinaufgetragen wurde. Normalerweise sind dazu zwei Personen erforderlich. Ich sah jedoch nur einen Menschen am unteren Ende tragen. Eine andere Person saß auf einem Stuhl unterhalb der Treppe und sandte Lichtstrahlen an den oberen Teil des Kühlschrankes, der sich daraufhin in die Höhe hob, so als würde dort eine andere Person tragen. Außerdem hing ein kleiner Spiegel an der Wand, in dem sich ein großes Treppenhaus spiegelte. Ich konnte tief nach unten sehen. Ich wandte den Blick wieder meiner Realität zu, also weg vom Spiegel – doch das Treppenhaus war von dieser Position aus **nicht** zu sehen.

Claudius: Die Energie, die du gesehen hast, ist die Energie, die Marc befähigt, den neuen Kreis zu gestalten. Der Kühlschrank war er. Der Mann, der unten stand, war der Kreis, der ihn vor dem Fall bewahren wird. Siehe dieses Gleichnis, und du wirst es verstehen.

G.: Und wer war der Mann, der die Energie aussandte?

Claudius: Das ist unser Sein, personifiziert für dich, damit du erkennst, daß er nicht alleine ist.

G.: Was bedeutet der kleine Spiegel, in dem ich einen größeren Blickwinkel hatte, als ohne den Spiegel, der auch vorher nicht an der Wand war. Er muß extra für mich dorthin gekommen sein.

Claudius: Meine Liebe, dadurch, daß du begreifen lernst, erweitert sich dein Gesichtskreis und es wird dir immer leichter fallen, die Zusammenhänge klar zu erkennen.

G.: Was bedeutet die große Tiefe, die ich im Spiegel sah?

Claudius: Du kannst es so interpretieren, daß diese Tiefe, die du durchblickst, der Weg ist, der durchschritten wird.

H.: Ich träumte, daß ich auf einer Wiese stand und sehr viele Leute um mich herum. Ich wußte, daß sie alle zum »Kreis der Claudier« gehörten, doch konnte ich kein einziges Gesicht erkennen. Handelte es sich um Mitglieder aus eurem Bereich und warum waren die Gesichter verdeckt?

Claudius: Sie waren deshalb verdeckt, daß du nicht lokalisieren konntest. Siehe, für dich ist wichtig zu wissen, daß wir alle um euch sind, daß unsere Energien euch berühren. Es ist nicht erforderlich, daß du erkennst, daß dein Vater auch in diesen Energien enthalten ist, daß deine Mutter, deine Großeltern in diesem Energieverbund sind. Deswegen ohne Gesicht.

K.: In einem Traum wurde das Todesurteil über mich gesprochen, jedoch nicht gefällt, denn ich wachte vorher auf.

Claudius: Mein lieber Freund, es sind die Ängste, die du trotz allem noch in dir trägst. Siehe, mein Freund, der Richter, der dieses Urteil spricht, er hat es schon gesprochen, doch nicht so, wie du es aufnimmst. Du wurdest geboren um zu sterben, wie jeder von euch geboren wird, um zu sterben und diese Gewißheit gibt dir immer noch zu denken.

Frage: Was macht unser Geist während der vielen Stunden, die wir schlafen?

Claudius: Nun, meine Liebe, ich weiß, was du meinst. Dein Geist kehrt für die Dauer deines Schlafes, abrufbereit für dich, für die Seele, zurück zu uns, denn er ist Energie. Und Energie ist so lange gebunden, solange der Magnet Mensch sie benötigt.

Frage: Was geschieht mit dem Geist, der dann bei euch ist? Findet dann die Kommunikation mit **euch** statt? Haben Träume damit auch zu tun?

Claudius: Richtig, es haben Träume damit zu tun, der menschliche Körper wird nie ganz ohne Energien verbleiben. Und diese Energien, die ihn schützen, vermitteln ihm auch Erlebnisse. Sie rufen unterdrückte Wahrnehmungen des Tagesablaufes in ihm wach. Sie können ihm aber auch Mitteilungen aus dem Jenseits ermöglichen. Das Phänomen, daß man einen Menschen sprechen hört und ihm auch Antwort gibt, beweist dir das. Siehe, ich sprach vor einiger Zeit davon, daß all eure Gedanken, ausgesprochen oder unausgesprochen, vorhanden sind und sie können sich in diesen Situationen, in diesen Träumen, manifestieren, so daß du die Stimme deines Bruders hörst, obwohl er nicht im Raum ist und obwohl er zur gleichen Zeit schläft. Er kann dir eine Frage stellen, er kann dir Anweisungen geben, du kannst sogar im Traum Streit mit ihm bekommen – und wenn du aufwachst, wirst du bitterböse auf deinen Bruder sein, obwohl gar kein Grund vorhanden ist.

S.: Ich habe mitunter sehr intensive Träume und dabei festgestellt, daß sie kurz vor Vollmond auftreten. Kann es damit zusammenhängen? Hat der Mond tatsächlich auf unsere Psyche eine so große Wirkung?

Claudius: Richtig, was du sagst, denn Stratosphäre und Atmosphäre werden durch den Zyklus des Mondes beeinflußt, so wie das Meer Ebbe und Flut zeigt, so werden diese Impulse auch den menschlichen Körper treffen und auch dort gewisse Resonanzen hervorrufen.

K.: Ich hatte einen Traum mit G. und ihrer Mutter und dem Kind. Ich stand mit G. vor einem Juwelierladen, in dessen Schaufenster ein Rubin ausgestellt war. Da fiel ein Kind in das Becken, das sich davor befand. G. sprang sofort hinterher und wie sie sich bemüht mir das Kind entgegenzuhalten, sackt das Wasser immer weiter ab, so daß der Abstand zwischen Wasser und mir immer größer wurde. Ich konnte das Kind nicht aufnehmen und so fiel es immer wieder ins Wasser. G. tauchte, um es wieder zu holen und mir zu reichen, was aber nicht gelang. Verzweifelt schrie ich den Namen meiner Schwester »Anette«. Weshalb rief ich nicht G. beim Namen?

Claudius: Es ist völlig bedeutungslos, welchen Namen du genannt hast, aber du konntest das Kind nicht erreichen. Das Kind, es sollte das Sinnbild sein des Wissens, das Wissen, das ins Wasser gefallen ist, das unterzugehen droht, wonach G. getaucht hat, um es emporzutragen, um es dir zu geben. Du fühltest die Begrenztheit deiner Möglichkeiten und hast deswegen gerufen, um Hilfe gerufen. Der Name, den du riefst war der deiner Schwester, weil du im Moment nichts anderes vorrätig hattest, meine Liebe.

K.: Und hatte der Traum für G. irgendeine Bedeutung?

Claudius: Natürlich. G. taucht nach dem Wissen. Sie versucht, nachzufragen und versucht, das Wissen mit dir zu teilen. Du siehst die Verbindung zwischen euch beiden.

Marc's Traum von Miriam erzählt:

Ein Vater steht mit seinem Sohn am Ufer eines Flusses. Der Sohn fragt seinen Vater:

Sohn: Vater, woher kommen die Menschen?

Vater: Sie kommen von jenseits des Flusses.

Sohn: Vater, wie kommen die Menschen durch den Fluß?

Vater:	Sie durchwaten ihn.
Sohn:	Vater, wo gehen die Menschen hin?
Vater:	Sie gehen in das Tal der Tränen.
Sohn:	Vater, wo kommen die Tränen hin?
Vater:	Sie werden gesammelt in dem Meer des Salzes.
Sohn:	Die Menschen haben aber auch Freudentränen. Wo werden diese gesammelt?
Vater:	Sie werden gesammelt im Meer der Fische. Mein Sohn, merke dir: Nur durch Leid und Tränen reinigt sich die Seele.
Sohn:	Vater, und wenn die Seele durch Leid und Tränen gereinigt ist, wohin geht sie dann?
Vater:	Mein Sohn, da nichts verlorengeht, geht die Seele zurück über den Fluß in die Glückseligkeit einer neuen Welt.
Sohn:	Dank dir, Vater, für deine Belehrungen.

Claudius: Seht, ich möchte euch etwas erklären: Unser Freund hat in dieser Nacht gesprochen, das war weder ein Traum, noch ein bewußtes Empfinden, sondern, ich habe über das sogenannte **Traumzentrum des Gehirns** seinen Körper angesteuert und ihn zum Sprechen bewegt. Er selbst war völlig passiv. Er hat lediglich die Lippen bewegt, um den Impulsen Ausdruck zu geben, die ich seinem Gehirn zugeführt habe. Ist dies verständlich?

M.: War seine Seele bei diesem Vorgang außerhalb seines Körpers?

Claudius: Nun, wenn er sich daran erinnern könnte, dann würde er dir folgende Erklärung geben:
»Meine Seele befand sich an der Decke des Zimmers.«
Siehe, dadurch, daß sich seine Seele außerhalb des Körpers befindet, wird sie die Eindrücke nicht empfangen – nur der Körper reagiert auf Impulse. Dies ist für uns von äußerster Wichtigkeit, denn wir wollen,

wir dürfen unseren Freund nicht überbeanspruchen, denn er muß noch fähig sein in seiner Gesellschaftsordnung zu existieren.

Frage: Lebt eigentlich nicht jeder Mensch in einer »Traumwelt«?

Claudius: Euer Leben, meine Liebe, ist ein Traum, und er ist ausgeträumt mit dem Abschied.

Entstehung von *Materie*

Kreisteilnehmer W. hatte bei seinem Computer das »Schöpfungsmodell der Allmacht« eingegeben, aber ausgedruckt wurde nicht das Schöpfungsmodell, sondern ein völlig anderes Bild, das Claudius als

»Entstehung der Materie«

(siehe S. 161) bezeichnete.

Claudius: Dir, lieber W., laß mich eine Erklärung abgeben zu der Grafik, die du über deinen Computer erhalten und heute mitgebracht hast. Die Zeichnung sollte so betrachtet werden, daß die untere Linie den Austrittspunkt aus dem Kreis darstellen soll.

Du siehst, daß unterhalb des Kreises ein Wirbel entsteht, der die Energien anzieht, verdichtet und daraus Materie entstehen läßt. Du kannst es ganz deutlich verfolgen, wenn du dir die Mühe machst, den Kreis zu beobachten. Du siehst, daß die Spiralen unterbrochen sind, das heißt nichts anderes, als daß die Unterbrechungen die einzelnen Bewußtseinsstufen darstellen, nämlich zur Verdichtung der Materie. Siehe, mein Freund, wir sprachen in einem früheren Protokoll darüber, daß der Stein zum Stein, der Mensch zum Mensch und daß das Tier zum Tier werden kann. Dies beruht auf der Tatsache, daß die Energien, die ausgestrahlt, die also zur Molekularstruktur zusammengezogen werden, immer das Bewußtsein in sich bergen, Stein, Mensch oder Tier zu werden, oder Samen zu werden für ihre Entstehung.

Deshalb, mein Freund, sind die kreisförmigen Linien unterbrochen, denn jedes einzelne Teilchen, das entstanden ist, hat ein Urbewußtsein gespeichert und löst sich somit aus dem Gesamtkreis dieser Spirale heraus.

Es beginnen sich neue Spiralen zu bilden, außerhalb dieses Kreises, das heißt, es beginnen Molekularstrukturen zu wachsen, die vollkommen selbständig ihren Weg gehen.

Ihr solltet euch vorstellen, daß alles Schwingung ist, daß alles in Bewegung ist, das gesamte Universum einem ständigen Austausch unterliegt. Wenn ihr genau hinseht, erkennt ihr die Kreisbewegung, diesen Wirbel. Versteht, **daß Materie nur dann entstehen kann,** wenn diese Wirbel sich zu irgendeinem Zeitpunkt zusammenziehen und der **Schnittpunkt sich dann zu materialisieren beginnt.** So weit, mein Freund, die Erklärung zu der Grafik, die dich so sehr verwirrt.

W.: Das hast du gut erklärt.

Claudius: Du siehst, wir finden immer wieder Wege, um uns verständlich zu machen.

W.: Das ausgedruckte Computerbild über die »Entstehung von Materie«, ist das **deine** Interpretation, die einleuchtend ist – oder hast du, beziehungsweise habt ihr das Bild in der Form entstehen lassen?

Claudius: Nun, mein Freund, ich weiß, du hattest etwas anderes erwartet, nämlich das eingegebene Schöpfungsmodell.

Wir hatten die Möglichkeit, durch dieses Gerät (Computer) diese Manipulation vorzunehmen. Es müssen immer verschiedene Möglichkeiten erfaßt werden, damit diese Dinge entstehen können.

Siehe es so, mein Freund, wir werden keine Gelegenheit auslassen, um euch Informationen zukommen zu lassen. Ihr sollt natürlich nicht alles, was euch im Leben passiert, auf unsere Anwesenheit zurückführen, denn vieles ist auch karmisch begründet und zwar so sehr, daß wir euch nur begleiten können und nichts verändern dürfen. Doch, um deine Frage zu beantworten.

Es war wichtig für alle, daß sie eine Grafik bekamen, damit ihr euch bildlich vorstellen könnt, wie die Entstehung der Materie vor sich geht, denn außerhalb dieser Kreise entsteht die Molekularstruktur. Innerhalb des Kreises ist alles Energie und es ist schwierig für euch dies nachzuvollziehen. Deshalb diese Zeichnung.

W.: Auch wenn wir es nicht verstehen, so bekommt man doch langsam ein Gefühl dafür.

Claudius: Mein lieber Freund W., nimm drei Fotokopien vom Computerbild über die Entstehung der Materie zur Hand.[1]

Nun lege die Zeichnung des Kreises auf den Tisch. Du siehst die Diagonalen, die durchgezogen sind, die also das Beispiel von der Ausschüttung der Energien sind. Das Computerbild lege an die Grenze des äußeren Kreises mit der Mitte, so daß die Diagonale im Blatt weitergeführt wird. Lege das 2. Blatt auf die andere Diagonale und das 3. Blatt wiederum auf die 3. Diagonale, die aus dem Kreis austritt.

Nun, meine Freunde, die Erklärung: Ihr seht, daß die Diagonalen einen Kern treffen innerhalb dieser Zeichnungen. Hier entstehen diese Wirbel, die übergreifen mit auf das nächste Blatt.

Alle Energien, die in diesem Kern nicht benötigt werden, werden hinausgeschleudert, treffen auf den anderen Wirbel und werden angezogen und so weiter bis auf das 3. Blatt. Wenn ihr den Kreis so vervollständigt seht, werdet ihr feststellen, daß trotz allem nicht benötigte Energien sich strahlenförmig weiter nach außen entwickeln.

Das heißt: Die Verwirbelungen, die entstehen, erfassen immer weitere Kreise und es bilden sich so Molekularstrukturen mit einem bestimmten Bewußtsein. Das heißt nichts anderes, als daß die Energien, die aus dem inneren Kreis austreten, Bewußtseinsenergien sind, die in Wirbeln andere Energien anziehen, so daß Molekularstrukturen entstehen können.

Natürlich ist das Energiefeld zunächst unbegrenzt, denn es werden sich immer wieder Energien zusammenfinden, die dazu erforderlich sind, damit sich zu irgendeinem Zeitpunkt der Stein, der Fels, der Berg bilden kann, der Mensch sich entwickeln kann, ein Embryo entsteht, ein Tier entsteht, Wälder und Pflanzen entstehen. Wie ihr sagen würdet, alles folgt physikalischen Gesetzen.

Meine Freunde, an diesem kleinen Beispiel sollt ihr erkennen, wie die Entwicklung der Erde, des Menschen und der Pflanzen auf diesem Planeten vor sich gegangen ist.

Ich glaube, wenn ihr darüber diskutiert, wenn ihr euch darüber unterhaltet, werden Überzeugungen in euch wach, die euch zumindest die Möglichkeit eröffnen, unser Sein zu begreifen.

Etwas möchte ich noch hinzufügen: **Glaubt nicht daran, daß etwas entstehen kann, was nicht im Plan der Allmacht vorgesehen ist.**

Noch etwas, mein lieber Freund W., du solltest versuchen, die gerade, waagrechte Linie, die unterste waagrechte Linie der Grafik im Bogen zu zeichnen.

Du erhältst diese Linie, indem du kleine Einschnitte von oben nach unten durchführst, jedoch die untere Linie nicht zerschneidest. Dadurch bedingt wirst du eine halbkreisförmige Vorlage bekommen. Nun, um eure Fragen noch zu beantworten. Diese Verwirbelungen, die nach außen entstehen, sind immer als Fortsetzung zu sehen. Ihr seht die Spitzen dieser Zeichnung, die sich also nach oben, nach außen fortsetzen. Ich habe euch in der Vergangenheit schon oft darauf aufmerksam gemacht, daß die Begrenzungslinien nicht als solche gesehen werden können. Es sind imaginäre Linien, Linien, die in Wirklichkeit nicht vorhanden sind. Es sind keine Grenzen, die überschritten werden müssen, sondern es geht fließend ineinander über und dazu gleich noch eine Erläuterung.

Ihr spracht die sieben Ebenen an. Ich möchte euch

bitten, diese Ebenen nicht getrennt voneinander zu sehen, sondern daß alles fließend ineinander übergeht. Das heißt nichts anderes, als daß es eine rein menschliche Bezeichnung ist, die da einordnet in verschiedene Ebenen.

Es ist verständlich für uns, daß der Mensch so reagiert, denn es paßt nicht in sein Denkschema, daß etwas fließend ineinander übergeht, obwohl im täglichen Leben eigentlich der Mensch bemerken müßte, daß alles in Bewegung ist.

Frage: Ich meine bei der Computerzeichnung (Strukturzeichnung der Materie) eine Ähnlichkeit gefunden zu haben, eine bestimmte Beziehung zu den Kreisen der nichtmateriellen Form. Ist das »Zufall«, bilde ich mir das nur ein? Ich denke an die Vorgänge der fraktalen, nach der Mandelbohrschen Mengengleichung, wo ja die Ähnlichkeiten aus den Ähnlichkeiten in einer immer größer werdenden komplexeren Struktur immer ineinandergreifen.

Claudius: Die Ähnlichkeit ist vorhanden, und wenn du weitere Studien machst, wirst du der Lösung sehr nahe kommen, denn alles, was bisher über diese Zeichnung unseren Freunden zur Erkenntnis verholfen hat, ist bereits in anderen wissenschaftlichen Werken, **rein wissenschaftlich**, behandelt worden, denn wir versuchen verschiedene Wege zu gehen.

W.: Aber als Denkmodell kann man sich das gut vorstellen. Wir sollen uns diese Linien ja nicht konkret vorstellen. Trotzdem leben wir ja in einer räumlichen Welt. Wir sehen, daß Planeten verschwinden, teilweise in Strahlung aufgehen, und daß umgekehrt auch wieder Materie entsteht.

Claudius: So ist es.

Frage: Dieses Übergeordnete ist für mich sehr schwer vorstellbar. Wenn ich diese für uns unvorstellbare Masse von Materie vor mir sehe und daß dies alles nicht dem Zufall unterliegt, sondern in irgendeiner Form geordnet und bewußt gemacht wird, dann überfallen mich Fragen über Fragen.

Claudius: Nun, mein Freund, deine Frage zielt darauf hinaus: **»Wer ist die ordnende Macht?«.**

Ich könnte dir einfach antworten mit: Gott. Ebenso ein imaginärer Begriff mit dem du nichts anzufangen weißt. Allmacht, alle Macht, alles Wissen ist **Gott.** Nun, auch damit wirst du, vermutlich, nichts anfangen können. Jetzt möchte ich dir ein Beispiel geben.

Gehe hinaus in die Natur, im Winter. Du siehst und erkennst, daß alles eingehüllt ist von einer Schneedecke. Das, was du im Sommer wahrgenommen hast, siehst du nicht mehr – und doch ist es vorhanden. Der blühende Baum, der blühende Strauch, die Rose. Die Information ist vorhanden – und nun, mein Freund, nimm beide Hände, tauche sie in den Schnee, nimm den Schnee in deine Hände und mach ein kleines Bällchen daraus. Solange dir die Hände nicht abfrieren, ist dies nicht schlimm. Doch je länger du diesen Schneeball in den Händen hältst, um so intensiver wirst du seine Kälte spüren, und je wärmer deine Hände werden, um so schneller wird sich dieser Schneeball verändern. Er wird glasig, durchsichtig, und dann fängt er an zu tropfen – und plötzlich siehst du, daß du nur noch nasse Hände hast, daß alles sich aufgelöst hat in seine Ursubstanz.

Du bist »Schöpfer« gewesen, mein Freund, doch als Mensch konntest du nur diesen Teilaspekt deiner Schöpfung beobachten. Sie hat sich aufgelöst. Es ist ein ständiges Werden und Vergehen. **Was bleibt, ist der bewußte Geist.** Es ist das, was ihr Gott nennt, in der Materie, was ihr Liebe nennt, die allumfassend das Werden und Vergehen und Wiedererneuern lenkt.

Zu 1 Die Anweisung von Claudius hinsichtlich der drei Fotokopien wurde natürlich im Kreis ausgeführt. Dies läßt sich aber schriftlich nicht nachvollziehen. Die Erklärung von Claudius ist jedoch so präzise, daß interessierte Leser mit einem eigenen Versuch zurechtkommen könnten.

Entstehung von Materie

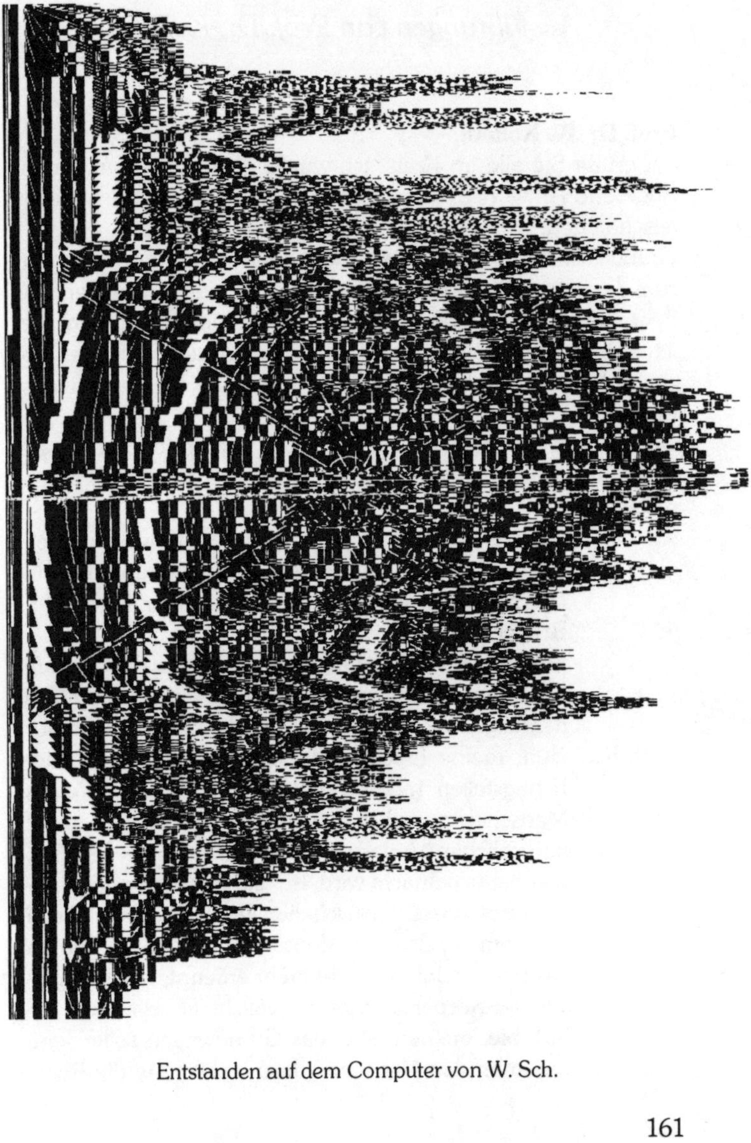

Entstanden auf dem Computer von W. Sch.

Unsere Ernährung

Ausführungen von Prof. Dr. Kollath

Prof. Dr. W. Kollath:
Ich grüße Sie alle im Kreis. Ich wurde eingeladen, um Ihnen Rede und Antwort zu stehen zu Ihren Fragen, die Sie so sehr beschäftigen.
Grundsätzlich muß ich Ihnen sagen, daß meine Forschungen zum damaligen Zeitpunkt – zum Zeitpunkt meines irdischen Lebens – auf gewissen menschlichen Erkenntnissen beruhten, die ich übernommen habe, das heißt, daß ich heute von meiner jetzigen Warte aus manches anders beurteile als zur Zeit meines Lebens auf Ihrer Welt.
Doch ich wurde gebeten, kein Referat zu halten, sondern Ihnen Rede und Antwort zu stehen. So mögen Sie bitte Ihre Fragen stellen.

K.: Wir grüßen Sie auch recht herzlich hier im Kreis. Ich nehme an, Sie wissen, wie ich Kontakt mit Ihren Büchern bekommen habe, und zwar über Herrn Dr. Bruker.
Meine Frage lautet: Wie sehen Sie **heute** die Gesundheitsberaterausbildung in L., die sich ja stark an Ihre damaligen wissenschaftlichen Erkenntnisse anlehnt?

Prof. K.: Nun, meine Liebe, was ich heute revidieren oder richtigstellen möchte, ist, daß die Ernährung des Menschen eigentlich in Symbiose stehen sollte zu der körperlichen Verfassung des einzelnen. Sehen Sie, was heute gemacht wird, ist, daß erlerntes oder übertragenes Wissen pauschaliert wird. Das eigentliche Problem ist, daß der Mensch nicht mehr in seinen Körper hineinhört, nicht mehr erkennt, welche Speisen der Körper ablehnt und welche er bevorzugt. Sehen Sie, meine Liebe, das Grundwissen sollte sein, daß man den Menschen dazu erzieht, auf die Reak-

tion seines Körpers zu achten, und das habe ich heute erst zu meinem Wissensinhalt gemacht.
Wir haben in unseren Konferenzen sehr oft darüber gesprochen, daß zum Beispiel natürliche Produkte sehr differenziert zu sehen sind.
Nehmen wir das Beispiel der Fettzufuhr zum Körper. Für bestimmte Typen von Menschen ist Butterzufuhr richtig, für andere Fette auf rein pflanzlicher Basis.
Ich möchte es näher erläutern: Sehen Sie, meine Liebe, was für den einen Menschen Gift ist, ist für den anderen lebenserhaltend. Der Arzt selbst hat nur eine begrenzte Einwirkungsmöglichkeit, denn erst wenn der Patient krank ist und zu ihm kommt, kann er ihn behandeln. Am Menschen selbst liegt es, zu erkennen, ob ihm ein Butterbrötchen mundet oder ob er lieber pflanzliche Fette auf seinem Brötchen haben möchte.
Der Mensch hat einfach verlernt, Widerwillen gegen verschiedene Speisen wahrzunehmen, sie seinem Körper abzufragen. Alles, was die Ernährungswissenschaftler und Mediziner dazu beitragen könnten, ist die Rückbesinnung auf das Bedürfnis des menschlichen Körpers, denn wenn ein Mensch Fleisch ißt – und das unter normalen, vernüftigen Umständen –, dann ist es richtig, denn die Spurenelemente des Fleisches fehlen ihm im Körper.
Wird er vom reinen Verstand gelenkt und lehnt die Aufnahme von Fleisch ab, werden Mangelerscheinungen auftreten. Ich weiß Ihr Argument, das Sie mir entgegenhalten: Diese Spurenelemente können in einem anderen pflanzlichen Nahrungsmittel auch gefunden werden. Nun, so nehmen Sie zur Kenntnis, daß Spurenelemente des Fleisches von Spurenelementen der Pflanze sich grundsätzlich unterscheiden, denn sonst würde dem Menschen nur die Pflanze zur Nahrung angeboten werden und nicht das Fleisch.

So verhält es ich mit den verschiedenen Kohlgemüsen. Sehen Sie, Kohl hat grundsätzlich die Eigenschaft, daß er Blähungen verursacht. Doch dies nur bei gewissen Menschen. Ein anderer, der Kohl zu sich nimmt, wird keine Schwierigkeiten haben. Sehen Sie unseren **jungen Freund**, der vor Ihnen sitzt. Er ißt gern Birnen, doch er weiß, daß sie ihm bei der Verdauung Schwierigkeiten bereiten, also unterläßt er es. Eine vernünftige, richtige Entscheidung.

Frage: Ich möchte etwas fragen, was die tierischen und pflanzlichen Spurenelemente betrifft. Geht es nicht hauptsächlich um das tierische Eiweiß, das wir auch, ohne Fleisch zu essen, zu uns nehmen können in Form von Milch oder Quark?

Prof. K.: Nun, meine Liebe, wenn Sie nur diesen einen Aspekt betrachten, dann stimmt es; Milch oder Quark, Sie müssen die Zusammensetzung sehen. Milchprodukte haben noch andere Auswirkungen, die das Fleisch nicht hat. Milchprodukte verursachen sehr leicht im Körper Nierensteine. Nierenerkrankungen rühren vielfach von Milchprodukten her, denn in der Aufspaltung werden die Grundsubstanzen freigesetzt, die sich mit dem Nierenwasser zu Steinen vereinen.

Dies hat nicht Gültigkeit für jeden Menschen. Es kann bei bestimmten Typen dazu führen, währenddem die Spurenelemente im Fleisch eine andere Bedeutung haben. Dies, meine Liebe, sind jedoch Erkenntnisse, die ich erst nach meinem Übergang gefunden habe.

Frage: Gut. Dann gibt es Menschen, die an Hautkrankheiten leiden, wie Neurodermitis zum Beispiel. Herr Dr. Bruker hat herausgefunden, wenn diese Menschen kein Fleisch essen – es geht hier immer wieder um das tierische Eiweiß, das manche Menschen nicht vertragen –, daß diese Personen weitgehendst geheilt werden können.

Prof. K.: Nun, dazu darf ich Ihnen eine Behandlungsmethode erläutern, die Kollegen aus früheren Zeiten verwendet haben. Sie haben dünne Fleischscheiben geschnitten und sie als Umschläge auf die Haut gelegt, und siehe da, die Haut wurde geheilt.

Was ich damit sagen möchte: **Das Eine tun, das Andere nicht lassen** – alles in einer ausgewogenen Einheit.

Wissen Sie, meine Liebe, auch ich habe den Fehler gemacht, mich in einer gewissen Richtung zu bewegen, und habe den Gesamtzusammenhang des organischen Körpers völlig außer acht gelassen. Ich habe geglaubt, daß man verschiedene Dinge dem menschlichen Körper nicht zuführen müßte. Nun, die Einheit des menschlichen Körpers kann man nicht außer acht lassen bei der Betrachtung der menschlichen Ernährung, denn es gibt so viele Unterschiede, daß es kein Patentrezept gibt und man nicht alles unter einen Hut bringen kann.

Frage: Das Fleischproblem, das mich besonders bedrückt, ist die Menge des Fleischkonsums und dadurch diese schreckliche Massentierhaltung.

Prof. K.: Meine Liebe, es ist das Problem des 20. Jahrhunderts geworden, daß die Bevölkerung explodierte. Doch sehen Sie, es wäre heute nicht mehr erforderlich, daß Menschen verhungern.

Sie haben recht. Wenn Tiere gezüchtet werden, um eine bestimmte Hautcreme zu erzeugen, so ist dies als widernatürlich zu bezeichnen. Wenn Tiere gezüchtet werden, um Medikamente auszuprobieren, so ist es falsch; es gibt andere Wege, dies zu testen.

Aber, machen Sie sich davon frei, daß Sie aufgrund dieser Tatsachen, die Ihnen bekannt sind, eine Änderung Ihrer Lebensform herbeiführen sollten. Denn, meine Liebe, für diese Dinge sind Sie nicht verantwortlich zu machen. Sie sind nur dann verantwortlich, wenn Sie fordern würden, auch nur eine kleine rote Laus zu zerquetschen, um sich deren Blut auf die Lippen zu schmieren, denn es gibt auch andere Wege, um schön zu sein.

Frage: Ja, das glaube ich. Aber unser Problem im 20. Jahrhundert ist auch das, daß wir zu viel essen. Das ist nicht nur allein das Fleisch (Prof. K.: Sie sagen es). Wir leben im Überfluß insgesamt, und es täte uns wahrscheinlich ganz gut, wenn wir grundsätzlich darüber nachdenken würden.

Es gibt noch ein Problem, das ist das Zuckerproblem, das Sie sicher auch kennen, und das damals von Ihnen auch angesprochen wurde, die Zivilisationskost, die jetzt immer mehr mit Zucker hergestellt wird.

Prof. K.: Sie sagen es. Zuckererkrankungen haben viele Ursachen. Sie liegen zum Teil darin begründet, daß der Mensch völlig abnormal lebt.

Ich möchte dies an einem kleinen Beispiel verdeutlichen. Sehen Sie, in früheren Zeiten gab es gewisse Abschnitte im Laufe eines Jahres, wo der Mensch eine Fastenperiode eingelegt hat. Er hat während der Zeit nicht zu hungern brauchen, er hat nur einfach gewisse Speisen nicht zu sich genommen. Durch diesen Entzug war es dem Körper möglich, zu regenerieren.

Es gibt viele Wege, eine vernünftige Ernährung für sich selbst auszusuchen. Ich erinnere daran, daß Hülsenfrüchte eine große Rolle im Leben des Menschen gespielt haben. Nur, wenn sie zur alleinigen Nahrung wurden, dann wurden sie zur Qual.

Was ich damit zum Ausdruck bringen möchte ist, daß Abwechslung in der Küche vorgenommen werden sollte.

Leider – und das betone ich – sind viele Hausfrauen heute nicht mehr in der Lage, vernünftig zu kochen. Es werden einfach Dosen geöffnet oder Kurzgerichte gemacht und die möglichst in großen Mengen, daß sie zwei/drei Tage hintereinander genossen werden.

Auch das ist nicht richtig. Es ist nicht richtig, wenn der Mensch nur Fleisch zu sich nehmen würde, und es ist auch nicht richtig, wenn der Mensch sich auf eine einzige Salatart spezialisieren würde, denn jede Pflanze, jedes Fleisch hat eine andere Zusammensetzung. Grobe Unterschiede können Sie feststellen zwischen Kalbfleisch, Schweinefleisch, Rindfleisch, und es gibt noch andere Arten von Fleisch. Auch jedes Fleisch hat seine eigene Geschmacksrichtung. Ich möchte Sie daran erinnern, daß zu gewissen Zeiten das Märchen in die Welt gesetzt wurde, daß es falsch ist, Butter zu essen. Dann gab es wieder Zeiten, da wurden die pflanzlichen Fette in Verruf gebracht. Gerade so, wie es den Produzenten am besten paßte. Es wurde dem Menschen Angst eingepflanzt, aber er braucht grundsätzlich keine Angst zu haben, wenn er seine Ernährung so gestaltet, daß sie abwechslungsreich ist und richtig zubereitet wird.

Frage: Darf ich das mit einem Ausspruch von Ihnen ergänzen: »Die Nahrung so natürlich wie möglich zu belassen«?

Prof. K.: So ist es.

Frage: Man könnte vielleicht auch sagen: Maßvoll – der Mensch muß nicht ständig essen, er braucht eigentlich nur ein Minimum. Er lebt damit viel besser. Das merkt man dann, wenn man einmal eine Fastenkur einlegt, daß es sogar möglich ist, zwei Wochen ohne Nahrung und nur mit Getränken auszukommen.

Prof. K.: Sie sagen es, meine Liebe, Eine Fastenkur sollte zumindest 14 Tage dauern, und sie sollte auf die verschiedenste Art und Weise durchgeführt werden.

Ich möchte Ihnen ein Beispiel geben: Es gibt bei Ihnen chemische Nahrung, die in Form von Pulver aufgelöst wird, und die der Mensch zu sich nimmt. Es wäre genauso möglich, und das sage ich aus bestimmtem Grund, eine Reissuppe, eine Grießsuppe, eine Haferflockensuppe zu sich zu nehmen – ohne

Chemie – und diese Suppen mit Gemüsesäften anzureichern. Wenn der Mensch nicht so bequem im Denken geworden wäre, würde er dies zumindest versuchen, denn in früheren Zeiten gab es zwar nicht die Chemie, aber es gab andere gefährliche Dinge, die jedoch wieder mit pflanzlichen Mitteln bekämpft wurden. Ich erinnere an die weitverbreiteten Spulwürmer bei Menschen, die nur dadurch entstehen konnten, daß die Jauche auf die Felder gefahren wurde. Nun, dieses Problem gibt es heute nicht mehr, aber dafür ist Chemie an die Stelle getreten.

Frage: Das Problem hätten wir ohne die Chemie natürlich noch genauso, weil die Jauche immer noch auf die Felder gefahren wird.

Prof. K.: Ja. Doch ist eines anders geworden. Es gab früher die Wassertoiletten nicht, die heute vorhanden sind, und dadurch ist die Konzentration wesentlich geringer geworden.

Frage: Darf ich noch eine Frage zu dem Hinweis hinsichtlich Hauterkrankung stellen? Wurden die Fleischscheiben roh oder gekocht auf die Haut gelegt?

Prof. K.: Roh aufgelegt. Und ich sage Ihnen sicher nichts Neues. In einigen Kulturen dieser Welt werden Hauterkrankungen heute noch damit behandelt, zum Beispiel Brandwunden. Brandwunden werden auch heute noch mit der Auflage von rohem Rindfleisch behandelt. Sie ziehen die Hitze aus diesen Wunden und machen es möglich, durch die RS-Struktur, die im Fleisch vorhanden ist und die sich auf die offene Wunde überträgt, neue Haut zu bilden.

Frage: Um vielleicht noch abschließend einen Konsens zu finden, was das Fleisch betrifft, den Fleischkonsum: Könnte man sagen, daß Fleischverzehr in Maßen erfolgen soll – und nicht, wie es bei uns praktiziert wird, daß das Fleisch im Übermaß gegessen wird?

Prof. K.: So ist es, meine Liebe. Sehen Sie, Fleisch war im Mittelalter eine Rarität, die nur den Fürsten und Hochgestellten vorbehalten war. Der einfache Bauer mußte sich begnügen mit dem, was er dem Boden abgerungen hat. Der Fürst ist dick und fett geworden, der einfache Mensch war mager und unterernährt. Vielleicht ist dies ein passendes Beispiel für Sie, damit Sie erkennen können, daß das, was der eine zu viel hatte, dem anderen zu wenig gegeben war, und was dem einen zu wenig gegeben war, dem anderen zu viel.

Frage: Aus einer gewissen Ehrfurcht vor der Natur – also vor dem Tier – meinen wir, daß wir durch entsprechendes Vorleben doch einen gewissen Einfluß auf unsere Umgebung ausüben können, insofern, daß wir uns vom Fleisch getrennt haben, um eben diese Nahrungskette zu beeinflussen.

Aber ich frage mich, ob ich meinen Kindern gegenüber, die wir ja durch unser Vorleben und auch mit unserem Denken beeinflussen, nicht doch einen Fehler mache und ob wir unser Verhalten ihnen gegenüber in dieser Hinsicht neu überdenken müssen?

Prof. K.: Nun, mein lieber Freund, es ehrt Sie das Motiv, das Sie zu dem bewogen hat. Doch überlegen Sie, einschneidend sind die Regeln, die Sie aufgestellt haben für **sich**.

Wenn Sie, mein lieber Freund, kein Fleisch essen mögen aus den genannten Gründen, dann lassen Sie es sein, aber Sie sollten nicht vergessen, daß Sie sich selbst dieses Verhalten auferlegt haben.

Die Ehrfurcht vor dem Wesen der Natur ist ein nicht zu unterschätzendes Motiv. Doch wenn Sie die Natur in der Gesamtheit betrachten, dann werden Sie sicher zugeben, daß auch die Salatpflanze Natur ist, daß auch die Kuh, die Milch gibt, Natur ist. Und doch nehmen Sie dem Kalb die Milch weg.

Sehen Sie, mein Freund, Ihre Denkweise ist geprägt von vielen Dingen; menschliche Meinungen sind es, ich schließe mich davon nicht aus.

Der Aufschrei der Seele für die Behandlungsweise des Menschen gegenüber dem Tier setzt Überzeugungen frei, die die Denkweise des einzelnen soweit beeinflussen können, wie das bei Ihnen geschehen ist.

Nur, denken Sie daran, alles ist Natur. Der Mensch lebt, soll leben im Einklang mit der Natur, und die Vielfalt der Natur, das Ineinanderspielen der Kräfte der Natur sollte die Meinung bilden, nicht nur ein Teilaspekt. Wie Ihre Frau so gut zum Ausdruck brachte: Alles in Maßen wird dem menschlichen Körper nutzen.

Es gibt Zeiten, wo Sie vermutlich nur Appetit auf Salat verspüren oder auf Gemüse, dann essen Sie eben nur dieses Gericht. Es gibt Zeiten, wo Sie eine ausgewogene Zusammenstellung Ihrer Speisen bevorzugen, dann tun Sie es und essen Sie, mein lieber Freund.

Der Weg Ihrer **Kinder wird ein anderer sein**, als Sie es sich vorstellen, auch in der Ernährung.

Frage: Ich akzeptiere voll die Entscheidung meiner Kinder und ich werde auch keinen Einfluß ausüben. Es geht mir um meine jetzige Verantwortung für sie. Da ich sie stark beeinflusse durch meine Lebensweise, bin ich nun doch ins Zweifeln gekommen, ob wir es im Moment richtig machen. Wenn ich Ihren Worten folge, müßten wir eigentlich versuchen, unsere Kinder zum maßvollen Fleischverzehr zurückzuführen.

Prof. K.: Nun, mein Freund, sie haben bisher Fleisch und Wurst gegessen, auch wenn es Ihnen nicht bekannt ist. Sie konnten gar nicht ausweichen, und es hat ihnen nicht geschadet.

Wissen Sie, mein Freund, Sie selbst sind ein sehr flexibel denkender Mensch, Sie hinterfragen und finden Lösungen, und glauben Sie mir, wenn Sie das Fleisch nicht mögen, wenn Ihr Körper Fleisch ablehnt, lassen Sie es sein, essen Sie es nicht. Wenn Sie keine

Wurst mögen, essen Sie sie nicht, denn sonst vergewaltigen Sie Ihren Körper. Doch wenn Sie Lust haben auf eine Fleischroulade, dann sollten Sie sie mit Genuß zu sich nehmen.

So einfach ist es, und so einfach möchte ich mich auch berichtigen in der Ernährungskunde. Sie müssen verzeihen, meine Liebe, wenn soviel Unsinn geschrieben wird, denn jeder, der sich mit Ernährungswissenschaft befaßt, ist beeinflußt von außerhalb, von seinem Umkreis, von seiner Umgebung, von seinem persönlichen Empfinden.

Frage: Darf ich sagen, daß Ihre Bücher heute noch gültig sind – für mich und für viele andere Menschen auch. Sie haben für alle Menschen geschrieben und nicht nur für Vegetarier. Sie hatten das Fleischessen nie ausgeschlossen, Sie hatten nur gesagt, es ist nicht notwendig. Und ich finde, dies ist nicht falsch, wenn man alles in Betracht zieht und für sich selbst so entscheidet, denn Menschen, die viel Fleisch essen, sind kränker als die, die gar keines essen.

Prof. K.: Nun, meine Liebe, **»es ist nicht notwendig«**, war meine Aussage, und diese Aussage muß ich **revidieren. Es ist notwendig**, daß der Mensch auch Fleisch zu sich nimmt, aus eben den geschilderten Gründen, die mir verschlossen waren, denn ich habe rein rational gedacht.

Die chemische Aufgliederung der verschiedenen Substanzen habe ich nicht im Zusammenhang gesehen, sondern lediglich als einzelne Substanz. Aus diesem Grund auch die irrige Meinung, daß es nicht nötig sei. Sehen Sie, meine Liebe, gäbe es kein Salz, dann wäre es nicht nötig, Salz zu verwenden, denn Salz ist – in Mengen dem menschlichen Körper zugeführt – Gift, das wissen Sie, das wissen alle. Doch wenn die Speise gewürzt wird mit Salz in Maßen, dann ist es gesund für den Körper, denn der Mensch scheidet Salz auch aus.

W.: Wir möchten uns vielmals bedanken für Ihre Offenheit.

G.: Könnte es sein, daß mein Mann wieder einen Nierenstein hat, und was könnte ich jetzt in der Ernährung dafür tun, daß er sich vielleicht auflöst oder zum Stillstand kommt?

Prof. K.: Nun, geben Sie ihm viel Salat.

Frage: Ich glaube, daß wir zu viel Fleisch und zu scharf essen. Könnte es damit zusammenhängen?

Prof. K.: Nun, meine Liebe, ich möchte Ihnen sagen, daß nicht das Fleisch das Problem ist, sondern – ich möchte Ihnen nicht zu nahe treten – Ihre Kochkünste sind es. Sie kochen zu schnell, Sie kochen zu unbedarft. Sehen Sie, für ihn, für seine körperliche Struktur sind Kartoffeln sehr wichtig, außerdem Gemüse, Salat, wenig Milchprodukte. Und Sie sollten keinen Kaffee zubereiten, sondern Tee in allen Variationen, denn Kaffee ist gebrannt und Tee sind einfach trockene Blätter. Wissen Sie, Sie spüren es selbst, daß Sie manches schnell, zu schnell zubereiten.

Frage: Hat das etwas mit der Mikrowelle zu tun?

Prof. K.: Nein, die Mikrowelle ist nichts anderes als eine Energieform, die gebündelt auf die Speisen gerichtet ist, und ich sage Ihnen, die Mikrowelle ist als Segen für die Menschheit zu betrachten. Sie verändert die Struktur der Gemüse nicht.

Frage: Wir haben Negatives darüber gehört.

Prof. K.: Es wird vieles darüber gesprochen, aber Sie merken es, wenn Sie bunte Gemüse zubereiten, die in ihrer Farbe erhalten bleiben. **Kochen** Sie das gleiche Gemüse, so zerstören Sie die nötigen, für den Körper wichtigen Eigenschaften des Gemüses.

Frage: Ich verstehe nicht ganz, was Sie mit »schnell kochen« meinen, meinen Sie unüberlegt?

Prof. K.: Richtig. Sie sollten sich um die **Auswahl** Ihrer Speisen etwas mehr Gedanken machen.

Frage: Das ist auch mein Bestreben, das möchte ich auch, aber es ist ein Kampf mit der Zeit.

Prof. K.: Ich kenne das Problem aus meiner eigenen Zeit. Wissen Sie, der Mensch macht immer Fehler, denn er glaubt, die Zeit liefe ihm davon. Doch das wichtigste, sich Zeit zum Essen zu lassen, vermeidet der Mensch. Er sollte sich die Tiere auf der Weide betrachten, die genüßlich und langsam ihre Mahlzeit zu sich nehmen und dadurch einen besseren Verdauungsvorgang bewirken.

Frage: Sollten die Speisen heiß oder besser nicht so heiß gegessen werden?

Prof. K.: Meine Liebe, der eine ißt gerne kalt, der andere ißt gerne heiß. Ich persönlich habe Rohkost bevorzugt, aber es hat keine Auswirkung.

G.: Ich bedanke mich vielmals.

Prof. K.: Ich wünsche Ihnen allen noch einen angenehmen Abend. Ich bedanke mich bei Ihnen, daß Sie mich gerufen haben und daß Sie mich angehört haben. Gerne werde ich bereit sein, wieder als Gast zu Ihnen zu kommen.

K.: Ich möchte dazu sagen, daß **Herr Prof. Kollath** zu bescheiden ist, denn seine Bücher – wenn er auch jetzt verschiedene Einschränkungen macht – sind heute noch sehr gültig, und es wäre gut, wenn mancher sie lesen würde.

Prof. K.: Clau – Clau – nimm mich auf – und danke.

Claudius: Nun, meine Lieben, was er gesagt hat, widerspricht nicht seinen Lehren, er hat nur verschiedene Dinge richtiggestellt, die damals noch nicht bekannt waren, und so solltet ihr es auch erkennen.

Es gibt nichts Falsches, nur nichts Komplettes; wenn ihr diese Bücher lest, werdet ihr erkennen, daß die Wahrheit immer enthalten ist. In eurem Leben sollte es heißen: DAS EINE TUN – DAS ANDERE NICHT LASSEN, in vernünftigem Maß. Es ist eine Regel, die alle Weisen sich zu eigen gemacht haben.

Frage: Es gibt Menschen, die sich mit der Jagd befassen – also Tiere töten. Ist das zu verurteilen?

Claudius: Nun, mein Freund, siehe, der Mensch ist von der Körperstruktur her so angelegt, daß er sowohl tierisches Eiweiß, tierische Proteine zu sich nehmen sollte, genauso wie pflanzliche Proteine. Das Problem ist, daß viele Menschen Ernährungstheorien aufgestellt haben, die jedoch nur bedingt richtig sind und nur für den einzelnen ein bestimmtes Schema abgeben können. Grundsätzlich ist es so, daß jeder in sich selbst die Signale seines Körpers erfühlen und begreifen sollte. Schau, mein Freund, falsch, grundsätzlich falsch ist es, jeden Menschen in ein gewisses Schema hineinzupressen, sei es jetzt ein Denkschema oder sei es jetzt die Ernährung, denn jeder einzelne Mensch wird Signale erhalten von seinem Körper, wie er ihn ernähren sollte. Es gibt kein festgefügtes Schema.

Frage: Aber wir verstehen die Signale oft nicht richtig?

Claudius: Nun, das stimmt, weil der Mensch verlernt hat, Hunger zu empfinden. Siehe, wir sitzen am Tisch. Wir speisen zusammen. Plötzlich signalisiert der Körper: Ich bin satt.

Nun sollte ich die Gabel und das Messer aus der Hand legen und mich wohlfühlen. Was aber tue ich? Hier wird ein weiterer Gang aufgetragen. Ich esse weiter. In früheren Zeiten gab es eine ganz einfache Möglichkeit, indem man den Saal verließ, den Finger in den Hals steckte, sich entleerte – und weiteraß. Nur diese Menschen haben mit dem Ausspeien der Nahrung auch die Magensäfte mit ausgespien, die schon bereit waren, die Speisen zu verdauen. Die Folge davon war, daß sie krank geworden sind und frühzeitig Messer und Gabel aus der Hand legen mußten. Ihr seht, wie wichtig es ist, **auf die Signale des Körpers zu hören**, die über die Psyche in das Bewußtsein eindringen.

Frage: Wäre es sinnvoll, das Fasten zu praktizieren, zum Beispiel einmal in der Woche, um diese Erfahrung wieder aufzuwecken?

Claudius: Weißt du, mein Freund, schon am Anfang, als der Mensch diese Erde bevölkerte, hat er sich selbst Richtlinien gegeben, die sich fortsetzten bis in eure heutige Zeit. Seht, es wird auch heute noch praktiziert bei verschiedenen Religionsrichtungen, daß man den Sabbat feiert, daß man Ramadan begeht. Dies alles sollte dazu dienen, den Körper des Menschen neu zu erleben. Genügt diese Antwort?

Frage: Ja – aber ich muß noch einmal auf die Jagd zurückkommen. Ist sie, so wie ich sie verstehe, also das Töten von Tieren, mit dem Gedankengut, das wir hier vorantragen wollen, vereinbar?

Claudius: Nun, mein Freund, wenn sie der Ernährung des Menschen dient, so ist sie vereinbar, denn die Tiere wurden euch, so wie das Gemüse, zur Ernährung mitgegeben. Doch vielleicht ist es so, daß **der Mensch aus Lust am Töten agiert und vergißt, daß die Kreatur ihm Verantwortung aufbürdet**.

So, wie der Mensch die Ernten vernichtet, so, wie er Tiere vernichtet, wird er die Demut vor der Allmacht vernichten.

Frage: Ist es unsere Aufgabe, beginnend mit diesem Kreis, dies wieder aufzubauen?

Claudius: Nun, mein Freund, ihr wäret überfordert, wollten wir von euch verlangen, hinauszugehen in die Welt und die Grundsätze menschlichen Seins zu predigen. Möglich ist, **in euch selbst die Wahrheit zu erfahren – und danach zu handeln**. Seht, meine Freunde, euer Leben ist mit uns nicht leichter zu leben – aber, es wird erfüllter sein, weil ihr in euch selbst die Zusammenhänge erfühlen könnt zwischen eurem Diesseits und unserem Jenseits – oder auch umgekehrt.

Werner Kollath

Hygieniker und Bakteriologe, geb. 11. 6. 1892 in Gollnow (Pommern), Professor in Breslau, Rostock und Freiburg/Br.
Kollath arbeitete besonders auf den Gebieten der Vitaminforschung, der Ernährungslehre, und stellte den Krankheitsbegriff der Mesotrophie auf (Kümmerzustand des Menschen nach unterwertiger Ernährung, infolge Fehlens bestimmter Vitamine und Wirkstoffe = Mangelkrankheit = Zivilisationskrankheit).
Kollath starb am 19. 11. 1970.

Gesundheit – Krankheit (Teil II)

Frage: Ist es jedem Menschen möglich, durch Meditationen und Sprechen mit dem kranken Körper auf ihn heilend einzuwirken?

Claudius: So ist es.

Frage: Kürzlich hattest du etwas über die Selbstheilungskräfte des Körpers gesagt. Könntest du dies etwas näher erläutern?

Claudius: Nun, mein Freund, ich werde versuchen, dir eine Erklärung zu geben. Siehe, geistige Kräfte wirken auf deinen Körper ein. Sie aktivieren die Zellen, die ihre Arbeit eingestellt haben. Sie wandeln sie um, und dein Leiden wird sich verlieren. Natürlich ist es eine Sache des Bewußtseins, des Bewußtwerdens der Seele über diese Kräfte, die im Körper vorhanden sind.

Grundsätzlich ist es so, daß das Wissen um die Selbstheilungskräfte des Körpers erst geweckt werden muß.

Eine abgehackte Hand kann nicht nachwachsen, aber die Schmerzen, die damit verbunden sind, können von dir beeinflußt werden während des Heilungsprozesses und nach dem Heilungsprozeß, wenn die Phantomschmerzen auftreten. Genauso ist es bei der Erkrankung irgendeines inneren Organs.

Wenn deine **Kräfte nicht ausreichen** und wenn diese Krankheit **dein Karma** ist, dann wirst du diese Krankheit nicht heilen können. Und es kann durchaus geschehen, wenn es im Sinne der Allmacht begründet liegt, daß du den irdischen Körper abstreifst, weil er dir lästig wird, weil er krank geworden ist, weil du ihm nicht mehr vertraust und weil deine Seele frei werden will von diesem Ballast.

Frage: Es gibt »Reiki«. Ist dies nicht die Aktivierung der Heilkräfte aus dem Informationsfeld?

Claudius: Es ist nichts anderes als das Aktivieren der körpereigenen Kräfte durch geistige Öffnung.

Frage: Aktivierung der körpereigenen Kräfte heißt doch: Stärken des Immun- und Abwehrsystems vom Physischen her. Wenn die Seele offen ist, kann man hier etwas bewirken?

Claudius: So ist es, meine Liebe.

Frage: Die Zellen werden neu gebildet vom Abwehrsystem und vermehrt?

Claudius: Ja. Deshalb ist es möglich, daß bei geistheilender Behandlung eines Blutkrebses plötzlich wieder Zellen sich normalisieren.

Frage: Ich mache Yoga-Meditation. Dies hat mir sehr geholfen, und ich glaube, ich bin auf dem richtigen Weg, auf den ihr mich gebracht habt.

Claudius: So ist es.

Frage: Was waren die runden Kügelchen mit den jeweils acht Ecken, die ich über die Lymphe habe abfließen sehen? Dies war vor zwei Tagen ganz stark, und nun ist es weg.

Claudius: Nun, meine Liebe, dies ist die geistige Materialisation dieser Lymphflüssigkeit.

Frage: Dann ist mein Zustand jetzt auch besser, da die Schmerzen weniger sind und ich dies nicht mehr sehe?

Claudius: So ist es, meine Liebe. Es ist der gleiche Vorgang, den du in anderer Art und Weise kennengelernt hast, als unser Freund seine Hände dazu benutzte und diese geistigen Energien, fehlgeleiteten Energien aufgenommen, für dich sichtbar gemacht hat.

Betrachte es so, dein Körper ist eine Verbindung von vielen Atomen und Molekülen, die zu diesem Körper gehören. Wenn du es möglich machen kannst, dich selbst so zu betrachten, dann wird es dir auch möglich sein, die Erde als eine Verbindung von Atomen und Molekülen zu sehen, dann wird es dir möglich sein, Bestandteil eben dieser Atome und Moleküle zu werden. Ich möchte es am Beispiel unserer Freundin R. noch einmal vor Augen führen. Wir wollten, daß sie selbst über ihren Körper hinweg das geistige Potential mobilisiert, das in jedem einzelnen von euch vorhanden ist. Wir haben ihr Impulse gegeben, daß sie sich – und dies war wichtig –, daß sie sich selbst eine Methode zu eigen macht, die es ihr ermöglicht, diese Erkrankung in den Griff zu bekommen.

Nun, mit dieser Methode ist es ihr möglich geworden, ihren Geist, ihre Seele zu mobilisieren und dadurch das Erlebnis der Materialisation am eigenen Körper zu beobachten. Seht, nicht der Körper hat reagiert, sondern die Seele hat reagiert. Es ist, wenn ihr es richtig bedenkt, eine Demonstration für alle im Kreis, daß in euch selbst das geistige Potential vorhanden ist, das wir euch über unseren Freund durch die Heilungen plausibel gemacht haben, denn euer Geist, eure Seele beherrscht den Körper und nicht umgekehrt. Ihr müßt euch dessen nur bewußt sein.

Frage: Ist es möglich, daß eine Krankheit durch eine andere Krankheit aufgelöst werden kann? Ich will es konkreter sagen: A. hat Herzprobleme, und durch seine Gürtelrose sind diese total weg, so wie er jedenfalls sagt.

Claudius: Nun, meine Liebe, es ist ein geistiger Prozeß gewesen. Siehe, das Herz ist ein Organ. Dieses Herz, als Organ gesehen, ist nach wie vor krank. Doch die Krankheit an sich ist auf den Körper begrenzt. Wenn jetzt eine andere Krankheit hinzukommt, wie du es ausdrückst, dann wird der Geist abgelenkt auf diese andere Krankheit, die weniger Probleme mit sich bringt. Verstehe mich so, es kann der Mensch einen kranken Körper haben und ihn trotzdem nicht als krank empfinden im bewußten Denken.

Frage: Ich habe es so verstanden und habe die Hoffnung, daß, wenn entsprechende Öffnungen da sind, aus dem Körper krankhafte Keime austreten können.

Claudius: So ist es, meine Freundin, so ist es. Doch siehe, Überbeanspruchungen gewisser Körperteile bringen den Haushalt des Körpers durcheinander. Du solltest den Körper als Maschine betrachten, dann wirst du verstehen, daß der Körper dem Verschleiß unterworfen ist mit all seinen Organen, die er beinhaltet, aber Möglichkeiten vorhanden sind, **geistige Möglichkeiten**, diese Krankheiten dem Verstand nicht bewußt werden zu lassen.

Verstehe, daß hier etwas geschieht, das diesem Mann hilft, seine körperliche Behinderung besser überwinden zu können.

Nichts agiert von allein. Es ist immer ein Steuerungsfaktor vorhanden. Auch euer Körper besitzt einen Steuerungsfaktor – nämlich die sogenannten Freßzellen. Wenn diese Zellen geschädigt werden, dann können sie sich des Ansturms nicht mehr erwehren und werden lahmgelegt in Krankheitszellen.

Frage: Bevor die Freßzelle gegen das Immunsystem geschädigt ist, geht ja etwas anderes vor sich. Wenn man von der Trinität ausgeht, ist zuerst einmal die Psyche krank?

Claudius: Ich danke dir, meine Liebe, daß du diesen Ausdruck verwendet hast, denn **alles** ist die **Trinität** – ist darauf zurückzuführen. Es ist der Schlüssel des Seins.

Frage: Ein Kind, das schon physisch krank geboren wird, hätte demnach, wenn man von der Trinität ausgeht, eine kranke, beziehungsweise unvollkommene Seele sowie einen dementsprechenden Geist schon mit in diese Welt gebracht?

Claudius: Meine Liebe, nun wirfst du alles durcheinander. **Die Seele ist gesund**. Sie sucht sich den kranken Körper aus, um sich zu inkarnieren, damit sie einen gewissen Lernprozeß vollziehen kann. Beispiel: Es gibt Kinder, die werden ohne Arme geboren, aber mit einem außergewöhnlichen geistigen Potential. Es gibt Menschen, die sich nicht bewegen können – oder deren

Körper ständigen Zuckungen unterliegt, deren Sprache sich nicht verständlich machen kann – und trotzdem werden diese Körper, **diese Seelen** einen Gesprächspartner finden, mit dem sie sich verständlich machen können.

Frage: Es beruhigt mich, daß du sagst, daß die Seele nicht krank sein kann.

Claudius: Niemals, meine Liebe.

Frage: Die Seele ist also das, was vollkommen ist in uns, und es ist der Geist, der noch unvollkommen ist, der dann die Auswirkung auf den physischen Körper hat?

Claudius: So ist es.

Frage: Das wird auch so in den Ayuveden, also in der indischen Heilslehre beschrieben.

Claudius: Es ist die Erklärung für diese Situation.

Frage: Wenn ich das richtig verstanden habe, dann ist die Bakterie inaktiv, wird aber dann durch Geistmaterie bewußt, daß sie Bakterie ist?

Claudius: Nun, mein lieber Freund, wenn du vom Bewußtsein sprichst, so wie der Mensch ein Bewußtsein hat, dann **nicht**. Sie trägt die **Information** in sich, daß sie so reagieren muß und nicht anders.

Frage: Könnte man es so sehen: Die Information »Bakterie« bildet einen Keim, der dann über die Geistmaterie zur Materie wird?

Claudius: So ist es. Ein kleines Beispiel euch allen als Anschauung.

In jedem Menschen, auch in euch, ist die Veranlagung, sprich die Keimzelle, zur Schizophrenie vorhanden. In jedem von euch ist die Keimzelle »Krebs« enthalten. Das erstaunliche ist, daß sie nicht bei jedem Menschen eine Krankheit hervorruft. Wenn ihr dies so versteht, dann begreift ihr die gegenseitige Wirkungsweise der geistigen Molekularstruktur.

Frage: Wodurch wird dann ein Auslösungsprozeß in Gang gesetzt?

Claudius: Nun, er wird durch die Psyche ausgelöst. Wenn diese

Frau zu meiner Rechten heute glaubt, daß sie kein Kind gebären kann, wenn die Psyche dies zum Bestandteil ihres Körpers macht, dann wird sie nie ein Kind gebären. Oder wenn die Frau zu meiner Linken Angst bekommt, krebskrank zu werden, dann wird sie es, denn dadurch öffnet sie der geistigen Krankheit Tür und Tor. Etwas anderes ist es im Alterungsprozeß. Dann, meine Freunde, wird beim Mensch eine kleine Pforte geöffnet. Er beschäftigt sich mit der Vergangenheit und denkt nicht mehr an die Zukunft. Er beschäftigt sich mit dem Weg zurück und dadurch löst sich der Geist langsam vom Körper und läßt den Körper krank werden, damit er ihn verlassen kann.

Frage: Manchmal hat sich aber eine Seele doch so eine Krankheit ausgesucht? Dann ist sie also karmisch bedingt und nicht durch eine psychische Öffnung entstanden?

Claudius: Richtig was du sagst. Wenn eine Krankheit karmisch bedingt ist, dann wird der Mensch auch die Angst mitnehmen, so daß er sich vorher öffnet, damit er der Krankheit freien Raum gewährt.

Frage: Ist das dann eine bewußte Öffnung?

Claudius: Richtig. Es kann eine bewußte Öffnung sein. Der Mensch, meine Liebe, der dieses Schicksal mit auf den Weg genommen hat und dem materiellen Leben verhaftet ist, wird trotzdem die Öffnung vollziehen, damit die Information der Krankheit die Zellen, die Viren, aktivieren kann. Es ist eine stete Wechselwirkung, und um euch dies näherzubringen, müßte jeder einzelne Fall separat behandelt werden.

Frage: Du sprachst von Menschen, die mit zunehmendem Alter beginnen, in der Vergangenheit zu leben. Wie aber ist es, wenn diese Menschen weiterhin in der Zukunft leben? Sind sie geschützter oder haben sie mehr Chancen, länger zu leben?

Claudius: Es sollte ein Beispiel sein. Bei dir ist die Vergangenheit ein Faktum. Du, meine Liebe, wendest dich der

Zukunft zu, und damit löst auch du in deinem Körper einen Prozeß aus. Verstehst du mich?

Frage: Ja, auf jeden Fall wird immer im Körper ein Prozeß ausgelöst, so oder so . . .

Claudius: So ist es, es gibt viele Ursachen, die dazu führen, daß der Mensch stirbt. Doch die Frage ist immer, **wie** er stirbt. Ob er befreit und glücklich den Weg über den Fluß beschreitet oder sorgen- und kummervoll.

Frage: Ich las über die Behandlungsmethoden mit Öl in einem Bericht über Ayuveda. Sicher hat das Öl eine andere Funktion, als die in diesem Bericht angeführte? Es soll doch wahrscheinlich ein geistiger Effekt sein?

Claudius: Nun, meine Liebe, so ist es. Weißt du, es gibt viele Behandlungsmethoden. Behandlungen mit Öl sollten immer auf eine spezielle Krankheit ausgerichtet sein. Ich verweise dabei auf die Behandlung unserer Freundin **R.** Lymphdränagen sollten nach der herkömmlichen ärztlichen Methode ohne Öl stattfinden – nur, man schüttet auch hier »das Kind mit dem Bade aus«, weil man die Strukturen der Haut mit in Betracht ziehen muß, weil man auch in Betracht ziehen muß die Ganzheitsbehandlung des Krankheitsbildes. Siehe, die Krankheit, die **H.** hatte, mußte wieder anders behandelt werden als die, die bei **K.** aufgetreten ist. Es ist von unserer Seite natürlich wesentlich einfacher, in speziellen Fällen Hilfestellung zu geben. Ayuveda ist auch eine Behandlungsmethode, doch sie läßt sich nicht auf die breite Masse anwenden.

Frage: Es ist aber doch eine ganzheitliche Methode?

Claudius: Nun, meine Liebe, betrachte deinen Körper, betrachte den Körper deiner Mutter oder deiner Freundin. Jeder Körper ist anders zusammengesetzt. Jeder Körper beinhaltet andere Grundstrukturen. Aus diesem Grund muß auch die Behandlung des Körpers unterschiedlich sein. Verstehe mich nicht falsch.

Ayuveda gründet sich auf dem Wissen einer altindischen Heilslehre. Diese Lehre wurde von Fachleuten praktiziert. Nichts anderes als das, was wir mit dem Karmel besprochen haben. Es müssen gewisse Qualitäten im Menschen, der die Methode praktiziert, vorhanden sein, damit sie zum Erfolg führen. Keine Krankheit ist gleich, hat den gleichen Ursprung und macht sich an der gleichen Stelle des Körpers bemerkbar.

Wenn du es so verstehst, dann hat Ayuveda seinen Platz in der Medizin. Dann hat die Behandlung mit goldenen Nadeln ihren Platz in der Medizin, dann hat der Magnetismus seinen Platz in der Medizin.

Frage: Kann es sein, daß Aids von einem biologischen Kampfmitteleinsatz in Afrika herrührt?

Claudius: Mein lieber Freund, dieses Problem ist kein neues. Schon in der Vergangenheit gab es Krankheiten, die das Immun-System aller Lebewesen beeinflußt haben. Ich spreche bewußt von allen Lebewesen. Nicht nur der Mensch, auch die Pflanzen, die Umwelt sind davon betroffen. Siehe, mein Freund, die Menschen versuchen, das Problem dieser Krankheit auf einen engen Personenkreis einzugrenzen und verkennen dabei, daß verschiedene Ursachen diese Krankheit wieder neu aufleben ließen.

Frage: Könnte man durch Genmanipulation Aids vielleicht bekämpfen?

Claudius: Solange sich die Forschung nur auf das Bekämpfen eines Symptoms beschränken würde, wäre es zu begrüßen. Doch glaube mir, nicht umsonst sind Genmanipulationen von unserer Seite nicht erwünscht, aus einem einfachen Grund: Das, was ihr bekämpften wollt, ist eine **Struktur, die ihr auch Leben nennen solltet**.

Siehe, Genmanipulationen wurden in der Vergangenheit, im Ursprung des Menschen, schon einmal vorgenommen. Man wollte diesem neuen Menschen, diesem neuen Wesen, das aus dieser Genmanipulation hervorging, neue Möglichkeiten geben. Aber man hat eines vergessen: **Man hatte diesen Wesen nicht die Liebe mit auf den Weg gegeben**, sondern man hat sie **körperlich und physisch verändert**, durch eben diese Manipulation.

Frage: Wie verhält sich das bei den Heilungen, die Geistheiler vornehmen, indem sie den Körper abtasten, ohne ihn aber zu berühren?

Claudius: Der Arzt, der diese körperliche Untersuchung vornimmt und mit den Händen den Körper entlanggeht, nimmt die Ströme, die euer Körper von sich gibt, wahr und kann sie umsetzen. Es entsteht ein Krankheitsbild. Sind einzelne Organe des Körpers erkrankt, dann nimmt er über die Energien die Ausstrahlungen dieser Krankheit wahr. Euer Körper, mein Freund, besteht aus Energie, aus Elektrizität, die sichtbar gemacht werden kann durch die sogenannte Kirlianfotografie. Nur ist dies, was ihr über diese Fotografie bemerkt, ein ganz geringer Teil nur. Wäre dieses Gerät komplett, dann mein Freund, würdest du sehen, daß die Hand, die auf dieser Platte liegt, nicht allein von bläulich züngelnden Flammen umgeben ist, sondern ein gesamtes Spektrum zeigt. Ein gesamtes Spektrum, das ausgesendet wird über die körpereigene Struktur. Du kannst, wenn du ein geistiger Arzt bist, aus dieser Struktur Veränderungen des Gewebes innerhalb des Körpers erkennen.

Es entsteht eine Kaskade von Farben über deinem Kopf. Vergleichbar mein Freund mit Springfluten, die aus dem Zündholz hervorgehen, wenn es angezündet wird. Ähnlich vergleichen kannst du die Farben, die sich schillernd um dich legen, die abgestrahlt werden vom Herzen, von der Lunge, von der Leber, vom Magen, von allen Molekularstrukturen, die diese Organe bilden. So solltet ihr es sehen – und so solltet ihr auch die Erklärung annehmen für den Arzt, den ich euch jeweils mitbringe, der über die Aura eure Krankeiten erfühlen und sie behandeln kann.*

Frage: Lieber Claudius, E. hat Gallensteine, könntest du dazu etwas sagen?

Claudius: Siehe, Gallensteine, Nierensteine, dies alles sind Absonderungen der inneren Organe, Sekrete, die nicht zum Abfluß gebracht werden konnten, sondern eine Materie haben, die sich zu einem Stein formen kann. Dieser Stein wird keine Beschwerden machen, solange er nicht anfängt zu wandern. Doch dann, wenn die Gallengänge oder die Harnleiter verstopft werden oder andere Ursachen dies bewirken, dann muß eine Operation stattfinden.

Doch glaubt mir, ihr könnt vorbeugen, indem ihr zum Beispiel Gallentee trinkt, um den Gallenfluß anzuregen. Tee für die Blase, damit die Blase durchgespült wird oder damit die Harnleiter freigehalten werden. Seht, meine Freunde, eure Medizin hat die Möglichkeiten zur Operation, so wie das in längst vergangenen Zeiten auch schon der Fall gewesen ist.

Frage: Kann es sein, daß der Mensch sich eine Krankheit selbst suggeriert?

Claudius: Es ist für uns erschreckend, wie der Mensch aus dem Gefühl der Angst heraus sich Suggestionen unterwirft, die ihm bestimmt nicht nützlich sind.

Ich erinnere an die vielen Veröffentlichungen über die ganze Palette der Krankheiten. Ist ein Mensch gesund und hat er keine Angst, wird er diese Artikel nicht lesen. Er wird Gesundheitsmagazine in euren Lichtapparaten (gemeint sind Fernseher) abschalten. Weißt du, mein Freund, wenn du dich selbst aufgibst, wenn du in deinem Stuhl herumstocherst, um zu bemerken, ob irgendwo ein Blutgefäß seine Aufgabe nicht so ausgeführt hat, wie es das sollte, dann wirst du mit diesem Stochern deine Seele, deinen Körper »stochern« und du wirst Angst bekommen.

* siehe auch Kapitel »Geistheilung«

Frage: Hat ein Mensch, der blind ist, Erleichterung durch seine Vorstellungskraft?

Claudius: Ein Blinder ist nicht blind.

Frage: Er ist aber doch auf seine Vorstellungskraft angewiesen? Wir hingegen sind auf unsere Augen angewiesen, die uns das Bild zeigen.

Claudius: Nein, ihr seid nicht auf eure Augen angewiesen – ihr seid nur auf euren Geist angewiesen. Ihr seht, wie sehr wir differenzieren, mein Freund.

Frage: Du meinst, ein Blinder kann sich mehr auf seinen Geist, auf sein Gefühl einstellen?

Claudius: Glaubt mir, daß der **Sehende der eigentlich Blinde ist**.

Frage: Eine 20 Jahre im Rollstuhl sitzende Nachbarin hatte jahrelang einen sogenannten offenen Rücken. Sie las eines Tages in einer Zeitung einen Bericht über den verstorbenen Bruno (Bruno Gröning). Zu ihm betete sie morgens und abends voller Vertrauen und innerhalb einiger Tage war die Wunde am Rücken verheilt. Dies liegt nun schon einige Jahre zurück und die Frau erlitt keinen Rückfall. Wie ist das möglich?

Claudius: Nun, meine Liebe, du siehst, welche Kraft im Menschen steckt und im Gebet. Du siehst, wie er aus Verzweiflung den richtigen Partner findet, der ihm hilft. Es ist nicht gesagt, daß damit die Krankheit endgültig besiegt ist, denn Krankheiten haben einen bestimmten Sinn für jeden einzelnen von euch.
Die Frau mußte erst durch einen Zeitungsartikel darauf aufmerksam gemacht werden. Doch wie dem auch sei, es war so gewollt, daß sie diese Zeitschrift zur rechten Zeit in die Hände bekam.

Frage: Die Frau wird zwar von ihrem Mann wegen ihrer Gläubigkeit belächelt – doch sie ist überzeugt und demütig.

Claudius: Meine Liebe, ich sage dir etwas. Wenn euer Arzt, der euren Enkelsohn behandelt, über die Hintergründe seiner Heilung restlos aufgeklärt wäre, würde er genauso lächeln. Deswegen sprach ich von der Gefahr, der ihr euch aussetzt, wenn ihr unkontrolliert über unsere Kontakte sprecht.[1]

Frage: Was geht bei epileptischen Anfällen vor sich? Welche Energien beziehungsweise Wesen nehmen hier Einfluß?

Claudius: Meine Liebe, Epilepsie ist eine Erkrankung des Gehirns und hat mit Wesenheiten nichts zu tun. Es ist die Veränderung der Gehirnsturktur, die viele Ursachen haben kann.

Frage: Hat sich der Mensch eine derartige Erkrankung ebenfalls ausgesucht, um damit gewisse Erfahrungen zu machen?

Claudius: So ist es.

Frage: Wie ist das mit Drogen? Bringt eine Seele diese Sucht mit in dieses Leben, weil sie sie überwinden lernen will?

Claudius: Nun, meine Liebe, du solltest den freien Willen des einzelnen Menschen nicht vergessen.

Siehe, mein Herz, die Wege sind verschlungen und nicht klar erkennbar für euch. Doch glaube mir, wenn ein Mensch so verzweifelt ist, daß er abhängig wird von Drogen, so ist immer noch die Frage, ob es seinem eigenen Willen unterworfen war oder ob er in diese Situation hineingeführt wurde, hineingerutscht ist.

Dieses Kapitel ist sehr, sehr weitgehend zu betrachten. Seht, ihr leidet unter Kopfschmerzen. Ihr geht zum Arzt, der verschreibt euch ein Medikament und ihr merkt nicht, welches Medikament euch gegeben wurde. Ihr vertaut dem Wissen des Arztes. Nun, die Kopfschmerzen gehen vorbei – aber das Medikament hat euch in dem Augenblick süchtig gemacht, so daß ihr wieder zu diesem Medikament greift. So ist es mit den Schmerzen, die der menschliche Körper aussendet. Sie werden überdeckt von Medikamenten. Es gibt gewisse Situationen, wo man als Arzt menschlich reagieren und dem Sterbenden die Gnade gewähren sollte, ohne Schmerzen den Übergang zu bewältigen. Doch auf eurer Ebene, in eurer Welt wird sehr viel mit Medikamenten Schindluder getrieben. Der Mensch gerät immer mehr und mehr in Abhängigkeit davon.

Wißt ihr, Drogen können ein Segen sein, Drogen können aber auch zur Verdammnis führen. Bewußtseinsveränderungen können durch die Drogen Einfluß nehmen auf das Leben des einzelnen, denn das Gehirn wird hier angesprochen und in Mitleidenschaft gezogen. Es gaukelt dem Menschen die heile Welt vor, die er tief in sich erfühlen möchte. Er möchte in einer heilen Welt leben.

Anstatt mit dem Leben sich auseinanderzusetzen, hat er die Möglichkeit wahrgenommen, sich in eine andere Sphäre hineinzukatapultieren und kommt nicht mehr zurück. Diese Erkenntnis wird schmerzhaft sein beim Übergang, wenn er den Körper verlassen hat und den Irrweg erkennt – und wiederholen muß.

Frage: Du sagst, Drogen können auch zu Verdammnis führen. Wie kann man dies verstehen?

Claudius: Nun, du solltest den Menschen sehen. Der Mensch, der zerfällt vor deinen eigenen Augen. Du kannst ihm nicht helfen – und das ist die Verdammnis der Drogen.

Frage: Eine Bekannte leidet unter sehr starken Depressionen und die Familie ist verzweifelt. Die Frau läßt auch kein Gespräch an sich herankommen, was kann man tun?

Claudius: Meine Liebe, siehe, dieser Fall trägt ganz markante Züge der Selbstaufgabe und der Zweifel an sich und am menschlichen Sein. Sie wird zu irgendeinem Zeitpunkt begreifen und verstehen – aber ihr, meine Freunde, könnt nichts ändern. Es ist ihr Schicksal.

Nur eines möchte ich dir mit auf den Weg geben. Laßt nicht auf euch übergreifen den Jammer dieses Menschen, sondern erkennt, daß es ihr eigener Weg ist, den ihr nicht beeinflussen könnt. Sie will nicht und deshalb wird eure Liebesmühe vergebens sein. Achten müßt ihr darauf, daß ihr möglichst als Zuschauer fungiert und wißt, daß dieser Mensch einfach seine Pflicht erfüllt und nichts anderes.

Freunde, was viel wichtiger ist als die Hilfe für den Körper, ist die Hilfe für die Seele, die Seele und den Geist dorthin zu führen, ohne Belastung durch den Körper, wo er (der Geist) letztendlich eingeht. Seht, viele Menschen glauben, wenn der Körper gesund ist, sind Geist und Seele auch gesund.

Nun, jeder Körper ist Teil der Materie und wird es bleiben, während Geist und Seele von der Ratio sehr stark unterdrückt werden. In dem Augenblick, meine Liebe, wo es euch gelingt, euren Geist, eure Seele freizulassen, in dem Augeblick wird der Körper eine völlig untergeordnete Rolle spielen und dadurch wird auch der Körper von Schmerz und Krankheit befreit. Ich weiß, es klingt in euren Ohren paradox, was ich sage, denn die Krankheit, die im Körper ist, ist nach wie vor vorhanden – aber Geist und Seele schwingen über dem Körper. Seht der Körper ist nur eine Leihgabe, die eines Tages verschwindet – und die Seele bekommt Flügel.

Frage: Die Schmerzen sind aber trotzdem da . . .?

Claudius: Meine Liebe, sicher ist es so, daß der Schmerz des Körpers den Höhenflug zurückhalten will, doch glaubt mir, in dem Augenblick, in dem die eigentliche Bestimmung der Seele und des Geistes von der Ratio aufgenommen werden kann, wird der Schmerz nicht mehr empfunden.

Frage: Ich interessiere mich für die »Chinesische Medizin«, die etwa seit 3000 vor Christus schon bekannt ist. Es gibt ein Frage- und Antwortbuch, wobei die Hauptperson der »Gelbe Fürst« ist, der die Fragen beantwortet. Ist das richtig?

Claudius: Nun, meine Liebe, der »Gelbe Fürst« war der Besitzer des Wissens, das ihm überliefert worden ist von denen, die vorher, vor ihm waren.

Frage: Waren dies Geistwesen, die ihm geantwortet haben, so wie bei Moses vielleicht?

Claudius: Richtig, in diesen Urreligionen ist die geistige Verbindung zu bestimmten Informationsfeldern fließend gewesen. Vielleicht kann ich es dir an einem Beispiel erklären.

Die Informationen, die ihr von uns erhaltet, sind vielfältiger Art. Hier ist ein Informationskanal entstanden, der sich nicht begrenzt auf eine einzige bestimmte Information, sondern ausweitet auf viele Informationen – und das ist die Schwierigkeit unserer Begegnung. Ich möchte euch alle Möglichkeiten der Informationen zur Verfügung stellen, damit ihr Antwort erhaltet auf die vielfältigsten Fragen aus der geistigen Welt. Levitation – Kommunikation und all die vielen Dinge, die euch bisher begegnet sind. Ich möchte euch mehr Wissen vermitteln. Wir möchten euch helfen aus dem Verständnis unserer Welt für euch. Sprich weiter.

Frage: Diese chinesische Medizin ist bei uns seit den siebziger Jahren sehr populär geworden, unter anderem auch Akupunktur. Wir können es nicht gut nachvollziehen, weil die Schriften nicht gut übersetzt sind. So, wie es bei uns praktiziert wird, könnt ihr erkennen, ob es den Menschen hier im Westen »etwas bringt«?

Claudius: Es bringt in jedem Fall Erleichterung und teilweise auch Heilung von bestimmten Krankheiten. Das gesamte Wissen steht euch nicht zur Verfügung, sollte euch auch nicht zur Verfügung stehen, denn damit würde eure **gesamte Medizin**, würden eure **gesamten Forschungsergebnisse** auf den Kopf gestellt.

Aber diese Dinge sollten im großen Zusammenhang

gesehen werden mit der Menschheitsgeschichte. Seht, all diese Fortschritte, die eure Medizin gemacht hat, beruhen nicht nur auf den Hilfsmitteln, die die Natur euch zur Verfügung gestellt hat, sondern der Mensch versucht, in die Schöpfung einzugreifen. Er stellt künstliche Medikamente her und fragt nicht mehr nach der Ursache einer Krankheit.
Ich sage euch, der größte Teil der Krankheiten ist zurückzuführen auf die kranke Psyche des Menschen. Wenn sich die Ärzte die Mühe machen würden, mit dem Kranken zu sprechen, dann würden viele Krankheiten sich von selbst auflösen.
Wenn die Psyche des Menschen sich öffnet, wenn er Hilfestellung bekommt, und sei es auch nur einen Anstoß des Denkens, dann wird er erkennen, was er zu tun hat. Aber viele Menschen fühlen sich wohl in ihrer Krankheit. Sie pflegen ihre Krankheit, und sie laufen von einem Arzt zum anderen.

1 Es handelte sich um die Heilung des Enkels der Kreisteilnehmerin E. durch die Hilfe von Claudius, worüber sie aber mit dem behandelnden diesseitigen Arzt nicht sprechen konnte. Ähnlich erging es auch anderen Kranken, die durch **jenseitige Ärzte** geheilt wurden.

Unser Übergang

Frage: Holt unser ÜBER-ICH (Gesamtbewußtsein) uns sofort ab beim Übergang zu euch?

Claudius: In dem Maße, in dem du dich öffnest, hinterfragst, wird dein **ÜBER-ICH** dich erwarten. Nur derjenige, der blind hinübergeht, wird sein eigenes **ÜBER-ICH** nicht sofort erkennen.

Frage: Wird es auf eine Spule gebracht, so daß es automatisch wieder zurückrollt in die richtige Energie?

Claudius: Richtig, so ist es. Derjenige, der diesen Weg fehl gegangen ist, sein Leben, das er jetzt lebt – der verneint, daß es ein Leben nach diesem Leben gibt –, derjenige wird verwirrt sein und wird erst langsam **sein eigenes ICH, sein ÜBER-ICH**, erkennen, mit dem er sich dann vereinigt.

Frage: Mit dieser Vereinigung sind dann alle Sehnsüchte gestillt?

Claudius: Bei weitem nicht, meine Liebe, bei weitem nicht. Siehe, mein Herz, erst wenn der Weg vollendet ist, die Inkarnationen abgeschlossen sind, **dann ist das Wort erfüllt.**

H.: Als meine Tochter starb, hatte ich das Gefühl, als wäre ein Teil von ihr auf mich übergegangen in diesem Moment.

Claudius: So ist es, du selbst könntest es nicht besser beschreiben, denn dein Erleben, meine Liebe, ist der Schlüssel zu eurer Frage.

H.: Ihr werdet es nicht glauben, ich habe mich ihr sogar äußerlich angepaßt.

Claudius: So ist es, meine Liebe.

H.: Ich las in einem Buch, daß Verstorbene einen Teil ihrer Energie auf Lebende übertragen können. Stimmt das?

Claudius: So ist es. Grundvoraussetzung ist, daß der einzelne geöffnet ist für diesen Austausch – und, meine Liebe, wenn du es jetzt noch nicht einordnen kannst, weil dir dein Verstand noch im Wege steht, so glaube mir – du wirst diese Erfahrung machen.

Frage: Könnte man es damit vergleichen, als Jesus am Kreuze »starb«, hatte sich der Christus-Geist gelöst und ist in Teile der Menschen, deren Seelen dafür offen waren, eingetreten, so wie H. dies jetzt darstellte?

Claudius: Genau dies ist der Fall!

Frage: Es wurde auch einmal erwähnt, daß der »Vitalkörper« drei Tage zur Auflösung benötigt. Wie steht das im Zusammenhang mit dem Verbrennen des Körpers nach dem physischen Tod – denn es könnte ja auch gleich geschehen?

Claudius: Nun, meine Liebe, es dient den Ärzten zur Sicherheit, daß der Mensch wirklich seinen Körper zurückgelassen hat. Dies ist **eine** Erklärung, die **andere** Erklärung ist, daß sich die Seele, der Geistkörper an die neue Situation, in die er eingetreten ist, gewöhnt. Dabei spielt es keine Rolle, ob der Körper verbrannt wird oder ob der Körper in den Schoß der Erde zurückgebracht wird. Der Seele tut dies keinen Abbruch, **denn sie geht nicht verloren.**

Frage: Könnte es sein, daß ein Mensch, der zu Lebzeiten nicht an ein Leben nach dem Tod geglaubt hat und sieht, daß sein Körper verbrannt wird, erschrickt, oder wird es ihm dann bewußter, daß er eigentlich physisch tot ist?

Claudius: Nun, meine Liebe, der Mensch, der die Reise ins Jenseits antritt, ist immer seinem persönlichen menschlichen Empfinden zunächst ausgeliefert. Der Atheist, der Gottesverneiner, derjenige, der nicht an die Auferstehung glaubt, der nicht an die Wiedergeburt glaubt, wird dies erleben müssen, und du kannst diese drei Tage auch als Gnadenfrist bezeichnen, um zur Erkenntnis zu gelangen, daß es nicht zu Ende ist mit dem irdischen Absterben.

Frage: Wenn die Verbindung mit der »Silberschnur« nicht

mehr besteht, das heißt der physische Körper stirbt, ist es dann so, daß der Geistkörper auch keine physischen Empfindungen mehr hat?

Claudius: Nein, denn dein **Geistkörper ist das Empfindungszentrum** deines physischen Körpers.

Frage: Das heißt also, wenn ein Mensch physisch stirbt und der ausgetretene Geistkörper sieht seinen physischen Körper liegen, ohne zu erkennen, daß dieser gestorben ist, kann er Berührungen nicht mehr empfinden. In diesem Moment müßte ihm die Situation eigentlich ganz klar sein?

Claudius: Du sagst es, meine Liebe, dieser Geistkörper wird, wenn er sich nicht mit der Problematik des irdischen Todes auseinandergesetzt hat, Schrecken empfinden, er wird Verlorensein empfinden, er wird Angst empfinden, denn noch ist die Urangst Bestandteil des Geistkörpers.

Frage: Du sagtest einmal, daß alles Wissen vereint ist, wenn wir den Fluß überschritten haben – und doch ist es mir unerklärlich, weshalb viele Seelen nicht erkennen wollen, obwohl sie doch den Übergang schon oftmals vollzogen haben? Offenbar muß der Seele sich dieses Bewußtsein erst offenbaren?

Claudius: Mein Kind, jeder braucht seine Zeit zur Erkenntnis. Natürlich, dieses Erkennen erfolgt nach der Vereinigung aller bisher gelebten Leben. Die Entwicklung schreitet fort.

Frage: Also hat die Seele nach dem Übergang doch nicht alles Wissen in sich?

Claudius: **Nein**, sonst würde sich eine **Wiedergeburt** erübrigen. Denken müßt ihr schon mein Herz.

Frage: Du sagtest, unser Wissen erstrahlt in neuem Glanz nach dem Übergang – und doch ist es eine Frage des eigenen Erkennens?

Claudius: Ihr erkennt dabei die Folgerichtigkeit eurer bisherigen Leben, die während eures Erdenlebens verdeckt waren.

Frage: Inwieweit können die sogenannten »Desorientierten« Einfluß auf uns ausüben?

Claudius: Im allgemeinen nicht. Aber es gibt welche, die nicht wahrhaben wollen, daß sie dieses Leben verlassen haben, denn sie empfinden noch rein menschlich. Mancher bemerkt mit Erschrecken, daß seine gewohnte Umwelt nicht mehr auf ihn reagiert. Entweder wachen sie auf und hören den Ruf ihres Schutzgeistes oder sie taumeln weiter, bis sie befreit werden können von der Erdgebundenheit.

Siehe, meine Liebe, wenn ein Mensch, der sich auf dieser eurer Ebene mit dem geistigen Potential, das ihn umgibt, in Resonanz tritt, wenn er aufnimmt, daß es etwas mehr ist, Mensch zu sein, wenn er sich davon loslöst, daß der Körper alles ist, dann, meine Liebe, wird er beim Übergang des Geistkörpers Freude, Erwartung, Liebe empfinden. Er wird weitergehen, er wird weiterschreiten und wird das **Licht sehen, das ihn erwartet**.

Zyklus einer Inkarnation

Frage: Lieber Claudius: Wir haben Fragen hinsichtlich der Skizze »Zyklus einer Inkarnation« in Buch I. Es ist also so, daß uns unser gelebtes Leben nach dem Übergang in den unteren Kreis des jenseitigen Bereiches erst in vollem Ausmaß bewußt wird und wir daraus Erkenntnisse gewinnen, aus denen sich wiederum unser zukünftiges Leben, wo auch immer, aufbaut? Somit ist dann der Kreis – Leben – Erkennen geschlossen?

Claudius: Siehst du, meine Liebe, deshalb habe ich euch dieses Beispiel gegeben. Wenn das Leben vollendet ist, ist der Scheitelpunkt erreicht. An diesem Scheitelpunkt beginnt das neue Leben, das sich langsam weiterentwickelt. So, wie das Bewußtsein des Kindes sich langsam weiterentwickelt, bis zur Höhe des Lebens und dann abfällt bis zum rechten äußeren Schnittpunkt.

Frage: Im unteren Bereich erkennt man also die Notwendigkeit der verschiedenen Wege unseres Lebens. Das Bewußtwerden zieht daraus Erkenntnisse und wird darauf neu aufbauen?

Claudius: So ist es, der Mensch wird neu aufbauen, neu beginnen, mit neuem Bewußtsein, das sich weiterentwikkeln wird, bis zum Zenit, und dann der Wunsch im Zenit wach wird, den neuen Weg zu gehen. Dadurch verliert er langsam wieder das Gesamtbewußtsein oder die Verbindung zur Akasha-Chronik.

Frage: Er verliert es also bereits vor der Geburt?

Claudius: Er hat keine Erinnerung mehr, außer der, die der neue Weg ihm bieten soll. Du solltest es so sehen, daß dies nicht abrupt geschieht, sondern daß er am Schnittpunkt des neuen Lebens schon noch zurückblicken kann – aber das Kind, das neu geboren wird, kann noch nicht sprechen. Es kann dir die Erinnerung aus dem alten Leben nicht erzählen. Ist es nicht weise, was die Allmacht vollbracht hat? Ich habe am Anfang unserer Unterhaltung dir, lieber W., die erste Zeichnung gegeben (Schöpfungsmodell). Erkennt daraus, daß sich die Kreise immer ähnlich sind, daß es immer einen Zusammenhang gibt, daß nichts auf der geraden Ebene sich befindet, sondern alles im Wechsel ineinander übergreift. Ihr seht, nichts verliert sich in der Unendlichkeit. Ist das nicht erstaunlich?

Religion (Teil II)

Frage: Lieber Claudius, du hast uns vieles verständlich gemacht, uns aufgeklärt über die Religion und ihre Dogmen. Nun frage ich dich, warum verschließt sich die katholische Kirche vor gewissen Erkenntnissen, warum hat sie Angst vor der Wahrheit?

Claudius: Meine Liebe, sie müßte keine Angst haben, doch jedes Staatsgebilde, das Menschen beherrschen will, hat Angst, daß ihm die Maske vom Gesicht gerissen wird.

Seht, meine Freunde, das große Problem ist, daß der Mensch manipulierbar ist. Allenthalben werden Diskussionen geführt über das Christentum, über die Liebe. Die wenigsten haben begriffen, daß der Mensch sich einzig und allein frei entfalten möchte in seiner Seele, daß dies der Sinn der Inkarnationen überhaupt ist.

Seht, alles andere sind Dogmen, die den Menschen vergewaltigen. Wie leicht der Mensch beeinflußbar ist, erlebt ihr durch die Tatsache, daß es noch immer Kriege gibt, »heilige« Kriege gibt. Von den Priestern werden die Waffen gesegnet und sie werden dazu benutzt, sich gegenseitig zu erschießen.

Seht, wie der Mensch verbildet ist. Die meisten, die den Dienst in einer Armee verweigern, haben fadenscheinige Gründe. Keiner ist bereit zu sagen: »Ich will mich nicht zum Töten erziehen lassen«, nur weil es nicht ins Schema dieser Welt paßt.

Es wäre alles so einfach, würde man den Menschen verständlich machen können, daß sie Brüder sind, daß sie alle aus einem Stamm hervorgegangen sind, daß sie sich gegenseitig wenigstens achten sollten.

Frage: Unser Pfarrer diskutiert mit uns über die »Zehn Gebote«. Was könnte ich dazu, in unserem Sinne, beitragen?

Claudius: Die Zehn Gebote sind **Kirchengebote**. Es gibt nur **eine** gültige Wahrheit:

Die Liebe – sie umschließ alles.

Frage: Ich möchte noch einmal auf den Begriff »heilig« zurückkommen, sowohl allgemein, wie auch auf die »heiligen Kühe« des induistischen Glaubens. Was können wir unter »heilig« verstehen?

Claudius: Mein Freund, siehe, alle Religionen haben ihre »Heilige Kuh«. Du siehst es an der katholischen Kirche, die heiliggesprochen hat, wenn ein Mensch ihre Theorien vertreten und durchlebt hat. Heilig ist nur eins:

**Heilig ist das,
was dich in tiefster Seele berührt.**

Siehe, die Liebe, die reine göttliche Liebe, die könntet ihr als das heiligste Gut betrachten, das euch Menschen mit auf den Weg gegeben worden ist.

Ich möchte noch etwas dazu sagen: Alles, was der Mensch nicht begreifen konnte, schrieb er den Göttern zu. So war es zu allen Zeiten, so wird es auch in Zukunft sein. Nur gibt es Menschen, die ihren Verstand gebrauchen und die versuchen, »hinter die Kulissen« zu sehen.

Die wenigsten Menschen machen sich die Mühe, sich mit den Problemen der einzelnen Religionen auseinanderzusetzen. Siehe, die katholische Kirche behauptet, daß sie die alleinseligmachende Kirche sei. Mein Herz, welch eine Vermessenheit!

Frage: Werden sich die verschiedenen Religionen dem Bewußtwerden der Endzeit anpassen?

Claudius: Meine Liebe, es wird einen großen Schnitt geben. Ihr werdet ihn nicht mehr erleben, aber alle Religionen werden eines Tages einmünden in der Erkenntnis, daß es nur **eine einzige Gottheit** gibt, daß es nur eine **einzige Allmacht** gibt, und viele Dinge, die den Menschen verwirren, werden klar zutagetreten.

Frage: Die Kirche hat es verstanden, die Angst des Menschen zu ihrem Vorteil zu nutzen, indem sie ihm Angst einsuggerierte vor der Sünde, vor der Erbsünde und dann anschließend mit der Beichte Vergebung verspricht. Ist da der Mensch nicht ein regelrechter Spielball der Angst?

Claudius: Nun, mein Freund, das ist das Verbrechen an der Menschheit aller Religionen, daß man versucht hat, die Seelen der Menschen einzuengen in ihrem Höhenflug.

Viele Dinge wären nicht geschehen, hätte man den Menschen den Verstand gelassen, der ihn dazu befähigt hat, die Seele begreifen zu können. Du kannst es auch umgekehrt sehen. Es wurde nicht nur der Verstand vergewaltigt, es wurde auch die Seele vergewaltigt, Angst eingepflanzt, damit er besser zu regieren ist. Doch um der Wahrheit die Ehre zu geben, muß ich euch auch ein anderes Bild vor Augen führen.

Viele Dinge hätte der Mensch nicht schaffen können, ohne die Unterstützung eben dieser Kirche. Ich erinnere an die Prachtbauten, die errichtet wurden, um der Allmacht ein Denkmal zu setzen. Vielen, vielen Menschen wurde dadurch Brot und Arbeit gegeben. Man sollte also nicht alles verwerfen, was in der Vergangenheit geschehen ist, sondern man sollte analysieren und sollte sagen, dieser Weg war ein guter Weg – und jener Weg war ein schlechter Weg.

Frage: Ist es nicht so, daß der Mensch – in eine Familie hineingeboren – zwangsläufig die Religion der Eltern übernimmt?

Claudius: Das stimmt, daß der Mensch in seine Umgebung hineingeboren und mehr oder weniger einer Religionsrichtung zugeführt wird. Solange diese Dinge nicht im Übermaß von ihm Besitz ergreifen, wird es eine normale Entwicklung sein, die dieses Kind nimmt.

Doch Kinderseelen sind zart besaitet. Es wird ihnen der strafende Gott vor Augen gehalten. Sie werden in ihren Gedankengängen so vergewaltigt, daß sie

Angst bekommen. Wenn die Sexualität beginnt, das Erwachen des Menschen zum Fortpflanzen, ihr sprecht von Pubertät, dann, meine Freunde, steht immer wieder der strafende Gott vor ihnen.

Es wurde in der Vergangenheit die Sexualität von allen Kirchen eingeengt, in gewisse Dogmen gezwängt. Sexualität jedoch, meine Freunde, ist Bestandteil des menschlichen Lebens. Sie ist das Leben selbst, denn ohne Sexualität würde sich der Mensch nicht fortpflanzen. Es würde kein Raum geschaffen für neu zu inkarnierende Seelen – **also ist Sexualität göttlich**.*

Auch wenn sie von dem einzelnen nur sporadisch als göttlich empfunden werden kann, so ist sie doch Bestandteil des Menschen, mitgegeben von der Allmacht.

Nun stellt euch vor, ein Priester sagt: »Es ist schlimm, was ihr tut«, dann gerät dieser Mensch in inneren Zwiespalt. Er findet die Richtung nicht mehr, quält sich mit Selbstvorwürfen, und derjenige, der sensibel genug ist, unkritisch diese Worte anzunehmen, derjenige kommt ins Schleudern und schafft den Boden für eine Besetzung (Anneliese Michel). Deswegen sprach ich auch davon, daß man den Menschen geistig niemals vergewaltigen soll. Man soll ihn seinen Weg gehen lassen, damit er die Liebe über die Sexualität auch erfahren kann.

Frage: Lieber Claudius, du sprachst schon des öfteren vom »Karmel«. Wir wissen zwar, daß dies ein Kloster ist oder war, möchten aber gerne etwas mehr darüber erfahren, vor allem auch deshalb, weil Jesus dort einige Jahre verbrachte.

Claudius: Seht, Freunde, Karmel ist eine Bezeichnung für ein Bergmassiv und für ein sogenanntes Kloster. Ihr müßt euch dieses Kloster nicht so vorstellen, wie es

* auch unter Kapitel »Familie – Moral – Sexualität«

hier bei euch der Fall ist. Es war eine Ansammlung von Hütten auf einem Berg. Der eigentliche Klosterbereich lag **im Berg verborgen** und ist auch heute noch vorhanden. Die Nachwelt ist dazu übergegangen, das gesamte Bergmassiv als »Karmel« zu bezeichnen. Doch zur Zeit, die ich euch vor Augen führe, wurde dieser Berg der Karmel-Berg genannt, weil dieses Kloster, bleiben wir bei dem Ausdruck, dort etabliert war.

Frage: Was hat Karmel für eine Bedeutung?

Claudius: Nun, meine Freunde, dazu möchte ich euch folgende Erklärung geben:

Als damals die Erde bevölkert wurde von den sogenannten Göttern, Wesen, die außerhalb eurer Galaxie beheimatet waren, mußte der Mensch, der über Generationen hinweg sich aus diesem sogenannten Göttergeschlecht entwickelt hat – und nebenbei möchte ich mein Referat über Atlantis hier einflechten* –, nachdem die große Flut Atlantis ausgelöscht hatte, irgendwo einen Halt finden und die Überlieferungen sprachen von den Göttern. Hört mir gut zu: **Von den Göttern, nicht von dem Gott**, von den Göttern, die die Erde bevölkerten, die die Erde unter sich aufteilten und die darüber wachten, daß ein jeder einzelne seine Anbeter fand.

Zu jener Zeit entstand das »Gilgamesch-Epos« und viele andere Richtungen in den verschiedenen Kontinenten. Es entstand eine Urreligion, die die **Essener** herauskristallisierten. Heute im 20. Jahrhundert gibt es verschiedene Religionsrichtungen, die jedoch alle auf dieser einen Urreligion gründen. Von Generation zu Generation pflanzte sich Wissen fort, wurde erweitert, wurde ausgemalt und ausgeschmückt, da damit den Menschen die Hoffnung gegeben wurde, nicht allein zu sein und irgendwie zu wissen, daß eine höhere Macht vorhanden ist.

* in Band I

Doch die Menschen, die der Religionsrichtung ihr Leben anvertrauten, ihr Sein, lebten eingebunden in diese Religion. Das heißt: Sie wurden streng gläubig. Nur, so wie es heute ebenfalls ist, gibt es Menschen, die mit dieser Religionsrichtung zu irgendeinem Zeitpunkt nicht mehr einverstanden waren, die den Härten des Gesetzes dieser Religion keinen Glauben abgewinnen konnten. Sie veränderten also die strengen Regeln, gemäß ihrem eigenen Verständnis. Es entstanden Abzweigungen, wie in jeder Religion.
Es entstand die jüdische Religion, die auch glaubte, die einzig wahre zu sein. Sie ist auch entstanden aus dieser Urreligion, und innerhalb dieser jüdischen Religion gab es dann, wie heute noch, die Orthodoxen, das heißt die, die dem Urglauben noch verhaftet sind, und es gab die, die den Glauben mit in ihr Leben hineinnahmen und einfach damit lebten – auch wenn sie dadurch vielleicht als Außenseiter bezeichnet wurden.
Nun, es gibt auch heute Mohammedaner, die Fleisch essen, es gibt auch heute Juden, die ein normal geschlachtetes Tier essen, weil sie die Art des Schlachtens, des Schächtens, nicht als Inhalt der Religion ansehen können. So, auf diese Weise, ist eine **Kern-Religion** entstanden – nämlich eingebunden im **Karmel**.
Diese Religion, meine Freunde, beinhaltete Wissen aus längst, längst vergangener Zeit. Wissen über Heilungen, die möglich waren allein durch die Kraft des Geistes. Wissen, das hellsichtig machen konnte durch die Kraft des Geistes, Wissen, das es ermöglichte, daß man sich selbst so weit versenken konnte, daß man levitieren, das heißt die Schwerkraft überwinden konnte.
Dieses Wissen, meine Freunde, und einiges mehr war das bestgehütete Geheimnis, das es jemals auf diesem Erdkreis gegeben hat.

Doch zu irgendeinem Zeitpunkt wurden diejenigen Lehrer, die den Kern bildeten, auch zu sehr dem orthodoxen Denken verhaftet. Es bildete sich ein Kern heraus, der eine Vereinigung mit der Frau ablehnte und dadurch über Jahrzehnte hinweg immer mehr zu Eiferern wurde – und das, meine Freunde, war der Anfang vom Ende des Karmel, denn Offenheit gehört dazu, sich den Gegebenheiten, dem neuen Denkschemata anzupassen.

Es ist wie bei euch jetzt. Seht, die, die orthodox bleiben wollen, werden zu Außenseitern der Gesellschaft, weil sie nicht mehr fähig sind, nur in Liebe dem Grundgedanken jeder Religion zu folgen, ihrem Nächsten entgegenzugehen. Nichts anderes war der Grundgedanke der Urreligion:

Liebe dem Nächsten weiterzugeben.

Und deshalb, meine Freunde, geschieht heute, was damals geschah. Es werden Dogmen aufgestellt, Verhaltensmaßregeln gegeben, die die Menschen daran hindern, frei zu entscheiden, ihrem Empfinden und ihrem Geist gemäß.

Der Mensch wehrt sich, denn der Mensch ist immer ein Suchender gewesen. Und irgendwo findet jeder auch seine Heimat – nur zwangsläufig wird es so sein, daß er an der Religion zerbricht, die ihn abkapselt, einkreist und ihm das Denken nimmt.

Angehörige des Karmel zu sein, war eine Auszeichnung, die nicht jedem zuteil werden konnte, denn die Aufnahme in diese Schule setzte voraus, daß ein gewisses geistiges Potential vorhanden war.

Seht es so, es gibt in euren Schulen verschiedene Fachrichtungen und gemäß dem Wunsch des einzelnen wird er eine Fachrichtung wählen, die ihm keine Schwierigkeiten bereitet. Im Karmel geschah nichts anderes. Die, die dort aufgenommen wurden, sollten Sendboten sein, Sendboten für die geistige Weiterentwicklung des Menschen.

Im Karmel gelebt zu haben, bedeutete, Wissen erworben zu haben, das zum Nutzen des Menschen verwendet werden sollte. Und so solltet ihr den Karmel verstehen.

Der Ursprung liegt im Land der roten Erde, in Ägypten, wie der Ursprung des jüdischen Glaubens, der auch ein Teil des Urglaubens ist. Die Spaltung der einzelnen Richtungen traten schon relativ früh ein, weil der Mensch es verstanden hat, sich aus gewissen Fesseln zu lösen.

Wenn ihr euch überlegt, daß euer christlicher Glaube 2000 Jahre alt ist, und wenn ihr euch weiter überlegt, daß hier aus diesem christlichen Glauben heraus eine Basis vorhanden gewesen sein muß, nämlich das alte Testament, dann, meine Freunde, müßt ihr euch fragen: Worauf gründete sich dieses alte Testament? Es war nichts anderes als die jüdische Glaubenslehre, entstanden aus der Gesetzgebung, die **Moses vom Herrn** erhielt. Doch zuvor, bevor die Israelis auswanderten aus Ägypten, gab es schon eine Religion. Ich erinnere euch an Ägypten, ich erinnere euch, daß dort im herrschenden Pharao zu Urzeiten sowohl die weltliche, als auch die geistige Macht vorhanden war. Ich erinnere euch und ich bitte euch, sich mit der Geschichte dieses Landes zu befassen, wie in den Überlieferungen vermerkt ist, daß es riesige Menschen waren, Göttern gleich, mit Wissen, das sie nicht erlernt haben konnten, sondern das sie mitbrachten.

Vor diesem ägyptischen Reich gab es auch eine Religion, eine Religion, die weit, weit zurückführte in den Beginn des Menschseins überhaupt. Und so, meine Freunde, zieht sich das Werden des Menschen bis zur Jetztzeit durch die gesamte Geschichte der Menschheit.

Und wenn ihr mir noch weiter folgen wollt: Jahrmillionen sind vergangen, bis der Mensch beim Heute angelangt ist. Er hat sich immer mehr und mehr vom Ursprung seines Seins entfernt. Märchen, die ihr in eurer Kindheit gehört habt, werden heute in den wenigsten Familien noch Verbreitung finden. Sie verschwinden allmählich, genauso, wie die Religionen verschwunden sind, die das Christentum begründeten.

Doch eines, Freunde, seid gewiß: Derjenige, der versucht, sein Sein zu begreifen, zu erahnen, wird nicht umhin können, sich mit der Vergangenheit der Menschheit auseinanderzusetzen. Er wird die Grauzonen nicht überschreiten können, denn bis zu einem gewissen Grad kann er nur gehen – dann müßte ihm sein realer Verstand sagen, daß nicht alle Sagen, daß nicht alle Überlieferungen der Geschichte nur Märchen sein können, daß er selbst seinen Ursprung in der Vergangenheit hat und erkennen kann.

Frage: Kann man diesen Karmel heute noch besuchen?

Claudius: Nein, meine Liebe, es wurde zerstört, was nach außen lag. Im Berg selbst könnten noch Entdeckungen gemacht werden. Ich erinnere euch an die Rollen, die jetzt am »Roten Meer« gefunden wurden. Unweit davon gibt es Niederlassungen, die damals von den sogenannten Essenern als Gemeinde aufgebaut wurden. Hier sind Fragmente noch vorhanden, die jedoch im Laufe von Jahrhunderten vom Wüstensand verdeckt wurden. Man müßte Ausgrabungen machen, dann könnte man noch Teile finden.

Frage: Die Menschheit hat schon immer eine Religion gebraucht und wird sie auch weiterhin brauchen.

Claudius: Das ist richtig, nur sollten die Religionen nicht zur Vergewaltigung des Geistes führen. Siehe, auch du glaubst, daß dieses Leben, das du jetzt führst, nicht ausreichen würde für die Ewigkeit – auch du bist ein Suchender, auch du suchst nach den Gründen deines Seins, sonst säßest du nicht hier!

Frage: Im Buch über die Essener steht geschrieben, daß das Wissen von der Venus gekommen sei.

Claudius: Meine Liebe, ich habe euch in der Vergangenheit Erläuterungen gegeben, wie die Welt beseelt, belebt wurde, daß Wesenheiten aus anderen Galaxien die Welt bevölkerten. Nichts anderes ist gemeint.

Frage: Was war Moses für ein Mensch?

Claudius: Nun, meine Liebe, **Moses** war ein Mensch, wie ihr. **Moses, Mosche** war ein Jude, der die Knechtschaft kennengelernt hat und der die Menschheit leiten wollte, weg aus der Urreligion, und dazu brauchte er Gesetze. Es wurde ihm ein einziges Gesetz gegeben, das Gesetz:

Liebe deinen Nächsten, wie dich selbst.

Und dieses Gesetz umschließt alles. Doch damit allein, mit diesem Wort der Liebe, läßt sich kein Menschenvolk regieren. Und er hat gewisse Grundprinzipien aufgestellt durch die Kontakte, die er mit den Wesenheiten herstellen konnte, die damals noch den Menschen leiteten. **Es waren dies die Wesen, die den Ursprung der Menschheit auf diesem Planeten zu verantworten hatten**.

Frage: Ist nicht jede Seele auf der Suche?

Claudius: Nun, meine Liebe, jede Seele wird irgendwann einmal die Wahrheit für sich erfahren. Sei es hier oder auf dem Weg zu uns, sei es in den christlichen Religionen, im Buddhismus, Lamaismus – oder wie auch immer diese Religionen sich nennen. Derjenige, der gläubig ist und zu Allah betet, meint genau den gleichen Gott wie ihr, und doch könnte er mit eurer Religion nichts anfangen.

Frage: Wenn ein verstorbener Mohammedaner einen verstorbenen Christen drüben auf der **gleichen Ebene** trifft – verstehen die beiden dann einander?

Claudius: Natürlich, weil sie die **gleiche Erkenntnis** haben. Siehe, es gibt keine verschiedene »Liebe«, keine verschiedenen Götter. Es gibt Erkenntnisstufen.

Frage: Was bedeutet der Satz: »Selig sind die Armen im Geiste?«

Claudius: Meine Lieben, nicht so lautet der Satz: »Selig sind die Armen im Geiste«, sondern: »Selig sind die, die im Geiste sind« – und hier, meine Freunde, soll euch offenbar werden, wie falsch die Interpretationen der Gedanken dieses ausgesandten Jesus sind.

Er, meine Freunde, war kein Wissenschaftler, kein Priester, kein Lehrer. Er hat einen Beruf gelernt, so wie ihr alle, bis er den Weg fand in die Gemeinschaft der **Essener**, bis ihm erlaubt wurde, mit Hilfe derer, die seine Lehrer waren, seine eigenen Erkenntnisse zu gewinnen über die Wahrheit, über die Liebe.

Meine Freunde, dies alles soll euch zeigen, daß es uns nicht darauf ankommt, ein neues Evangelium zu verkünden – sondern einzig und allein euch, Freunde, den Weg zu erklären, der euch unbeschadet auf unserer Seite wieder erwachen läßt, daß ihr die Dunkelheit nicht kennenlernt, wie so viele, die auf eurer Welt einschlafen und hier bei uns mühsam aus dem Schlaf geweckt werden müssen. Wenn ihr es so als Auszeichnung **ansehen wollt, ohne daß ihr überheblich werdet, dann tut es**.

Frage: Ist der sogenannte »Heiligenschein« nur ein Symbol oder welche Bedeutung kommt ihm zu?

Claudius: Ein Symbol, das eure Kirche euch gegeben hat, um bestimmte Menschen besonders zu kennzeichnen.

Frage: Es hat mit der Aura also nichts zu tun?

Claudius: **Nein**.

Frage: In dem Essener-Buch ist die Rede von einer kleinen blauen Flamme. Existiert diese Flamme wirklich, oder ist diese Flamme identisch mit der Seele?

Claudius: Nun, meine Liebe, ich erinnere euch an euren Katechismus, ich erinnere euch an den Geist, der über die Jünger des Herrn kam zu Pfingsten. Das kleine blaue Flämmchen, das angezeigt hat, daß der Geist einströmen kann in die Seele, den Körper des Menschen.

Frage: Ein Geistfunke?

Claudius: So ist es. Er ist sichtbar für den, der sich so weit vom Körper entfernt, daß er seinen Körper nicht mehr benötigt.

Frage: Was ist mit einem reinen Leben der Mutter Maria zum damaligen Zeitpunkt gemeint?

Claudius: Meine Liebe, siehe, das reine Leben ist nichts anderes als die Demut der überkommenen Religion. Stellt es euch so vor: Euer Elternhaus hat euch geprägt mit einer gewissen sittlich-moralischen Grundlage. Dieses reine Leben beinhaltet noch die Demut und die Liebe. Deshalb spricht man von der »Jungfrau« und von der »Taube«. Die Taube gilt als Sinnbild der Liebe, der Jungfräulichkeit, und wenn zwei Täubchen turteln, werden sie zu irgendeinem Zeitpunkt neues Leben zeugen.

Frage: War Maria eine Vestalin?

Claudius: Wenn du meinst, daß **Maria** eine Vestalin gewesen ist, dann irrst du, denn eine Vestalin war in der **Römischen** Welt zu Hause. Doch wenn du sie vergleichst mit diesen Vestalinnen, für die wir Tempel errichtet haben im Römischen Reich, dann ist die Frage mit »ja« zu beantworten, denn Wissen dieser Dinge war Maria eigen.

Frage: Maria müßte ein geistig hochstehendes Wesen mit geistigem Bewußtsein gewesen sein, um der Geburt von Jesus würdig zu sein?

Claudius: Falsch, **Maria** war eine einfache glückliche, liebevolle Frau. Sie war geistig weder hochstehend noch hatte sie je eine Schule besucht. Sie war einfach die Liebe.

Frage: Haben Klöster eine Bedeutung?

Claudius: Ich möchte dir erklären, daß in der Vergangenheit viele Orden gegründet wurden, angeblich Verinnerlichungen, die als Bestandteil der Christlichen Religionen betrachtet wurden. Viele Ordensgründungen wurden zum Selbstzweck sanktioniert von den Religionen, und ich sage dir, es war auch eine Flucht für viele, eine Flucht vor dem Leben. Es war auch ein Irrtum, sich in der Abgeschiedenheit eines Klosters frei entfalten zu können. Im Gegenteil, der Geist wurde erneuten Zwängen ausgeliefert, und der Mensch hat die natürlichsten Gefühle, die ihm von der Allmacht mitgegeben wurden, vergewaltigt und in Zwänge legen lassen.

Siehe, mein Freund, gesegnet wird der, der eine Aufgabe auf dieser Welt erfüllt, die im Einklang steht mit seiner Seele. All dies, was geschehen ist in der Vergangenheit, hat nichts mit Frömmigkeit zu tun, wie ihr sie nennen würdet. Was ist das, was ihr als fromm bezeichnet? Nichts anderes, mein Freund, als die Demut, sein Leben anzunehmen, es zu durchleben und mit dem, was ihm mitgegeben worden ist auf diese Welt, mit dem Potential seines Verstandes in Einklang zu bringen zum Segen der Menschheit.

Frage: Besteht in der Zukunft die Möglichkeit einer Veränderung der Religion im positiven Sinn?

Claudius: Nicht von der Hierarchie eurer Religion wird sich der Glaube verändern, sondern von unten her. Denn dies ist der Weg, der beschritten werden muß, weil sich die **Hierarchie selbst die Fesseln angelegt hat, die so eng geknüpft sind, daß sie nicht ausbrechen kann, ohne ihr Gesicht zu verlieren**.

Meine Freunde, habt Geduld, die Wege sind bereitet und sie werden gegangen werden. Es wird Heulen und Zähneknirschen sein!

Frage: Sind die Symptome, die Jesus für die Endzeit vorausgesagt hat, die gleichen, die wir jetzt erleben?

Claudius: So ist es, ich habe dir gesagt, daß die Bibel das Buch der Bücher ist, daß sie aber anders interpretiert und verstanden werden muß. Für euch spielt es keine Rolle, ob Endzeit – ob die Welt zugrunde geht, wie auch immer. Ihr sollt wissen, daß ihr (der Mensch)

ewig leben werdet – immer – und diese Gewißheit wird euch emportragen aus diesem Jammertal, in dem ihr zu leben wünschtet.

Frage: Warum haben die sogenannten Mächtigen, die über diese Dinge zu entscheiden haben, die Möglichkeit, eine ganze Menschheit eventuell einer relativ kurz bevorstehenden Vernichtung im irdischen Sinne auszusetzen?

Claudius: Nun, mein Freund, weil sie sich nicht bewußt sind, daß sie das, was heute geschieht, morgen verantworten müssen. Siehe, eure materielle Welt wird geprägt von wirtschaftlichen Interessen. Sie wird gesteuert vom Kapital. Ihr selbst könnt an dieser Sachlage nichts ändern, weil ihr die Macht nicht besitzt. Ihr könnt in Demut eure Augen auf die jenseitige Welt richten und könnt versuchen, für euch selbst Frieden zu finden.

Doch euch ist es nicht möglich, dem Kapital Einhalt zu gebieten. Siehe, mein Freund, dazu gehört, daß Regierungen Beschlüsse fassen, die niemals umgesetzt werden. **Dazu gehört, daß Religionen die Wahrheit verfälschen, damit sie den Menschen daran hindern, seine eigene Wahrheit zu finden. Er wird eingebunden und eingepreßt in ein gewisses Schema, das dem Kapital von Nutzen ist**.

So hart es klingen mag – solange es nicht möglich ist, das geistige Potential der Menschheit zusammenzuführen – solange es nicht möglich ist, von bisher liebgewordenen Vorstellungen Abschied zu nehmen – solange wird es nicht möglich sein, daß auf dieser Welt Frieden herrscht.

Frage: Du sprachst von den Religionen, die die Wahrheit verfälschen. Ich kenne seit vielen Jahren die beiden großen Werke von **Jakob Lorber** – das große Evangelium und die Haushaltung Gottes. Wie durch eine Fügung sind mir die Bücher plötzlich ins Haus gekommen. Hat das eine Bedeutung für mich?

Claudius: Nun, mein Freund, du wirst sehen, daß in diesen Büchern Interpretationen der Ursprungsbibel gegeben werden, du wirst sehen, daß die Bibel – dieses Buch der Bücher – von einer anderen Warte her aufgezeigt wird, neu erklärt wird, und du wirst sehen, daß daraus ein völlig neues geistiges Bild entsteht. Doch es werden dir auch viele Dinge zweifelhaft vorkommen, denn auch dies sind Interpretationen aus der Welt des ewigen Seins. Sie wurden dir zur Verfügung gestellt, damit du kritisch dich damit auseinandersetzt.

Siehe, und dies möchte ich für alle sagen, denkt immer daran, daß alle Religonen sich gründen auf die unendliche Liebe der Allmacht, daß sie alle dort ihren Ursprung haben und den Menschen mitgegeben wurden auf ihrem Weg durch das Leben auf diesem Planeten und daß es nur eine einzige allgemeingültige Wahrheit gibt, die Wahrheit, daß das Universum in seiner Urenergie aus Liebe besteht.

Dann, meine Freunde, werdet ihr gemäß eurer Erziehung eure eigene Erkenntnis aus den dargebotenen Büchern für euch herauslesen und herausfinden. Es soll euch Hilfestellung geben für euch selbst, denn meine Wahrheit ist nur insofern eure Wahrheit, als sie Liebe beinhaltet, die Liebe als Urenergie für jeden einzelnen.

Der Mensch im allgemeinen hat den Glauben an seine Gottgleichheit verloren, denn sie wurde ihm geraubt, diese Wahrheit. Und es muß viel geschehen, daß sich dieses Wissen wieder manifestieren kann.

Es ist ein langer, weiter Weg, doch er wird beschritten von vielen Menschen, und dies wird eines Tages die Hoffnung der neuen Generation sein, die jetzt und in Zukunft geboren wird. Viele Wesenheiten, Geister, wie immer ihr es nennen wollt, haben sich zu neuen Inkarnationen entschlossen, jetzt zu dieser Zeit. Es wird ein neues Bewußtsein entstehen, doch eure Generation hat irgendwo den Anfang gemacht für dieses neue Bewußtsein, aus Angst und Sorge um die Existenz dieses Planeten und dieser darauf lebenden Menschen. Wollen wir hoffen, daß ein neues Zeitalter den Menschen einen Weg zeigt.

Frage: Heute im Gottesdienst erkannte ich voller Erschütterung die Hilflosigkeit des Priesters, aus dem Mysterium des Weihnachtsfestes etwas herauszuholen, was dem Menschen wirklich Trost und Hoffnung geben kann.

Claudius: Nun, mein Herz, du solltest wissen, daß dem Priester keine Schuld zuzumessen ist, es ist ein Ritus, der zelebriert wird. Du könntest dir vorstellen, daß dieser Altar auf freiem Felde steht und daß auf diesem Altar ein Feuer entzündet wird, in das eine Opfergabe gelegt wird. Nichts anderes macht der Priester dort auf dem Altar, indem er darum bittet, daß Brot und Wein verwandelt werden in Leib und Blut Jesu Christi.

Frage: Das gibt doch keinen Sinn, wenn der Hintergrund nicht erkennbar ist.

Claudius: Nun, mein Herz, Generationen haben damit gelebt und waren gläubig – oder auch nicht.

Frage: Ich kenne viele Menschen, die in die Kirche gehen, aber doch nicht alles glauben, was ihnen erzählt wird.

Claudius: Weil sie **innerlich nicht** glauben können. Sie gehen einen Weg, der ihnen **angelernt** wurde, und haben vergessen, darüber nachzudenken.

Wenn du das Mysterim begriffen hast, wird dir alles klar und du wirst vor dem Tod, dem Ablegen des Körpers, keine Angst mehr haben. Du wirst Frieden erhalten, wenn du auf dem Weg bist zu uns. Klar wird dein Blick und leuchtend werden deine Augen den neuen Tag erschauen.

Meine Freunde, dahin will ich euch führen, damit ihr erkennt, wie nichtig menschliches Sein ist. Wichtig allein ist, daß euer Geist emporgetragen wird zum Licht, zur Erkenntnis, und dies, meine Freunde ist meine Aufgabe, der ich mein Leben gewidmet habe.

Seht, wie schön es ist, frei zu werden vom Ballast des menschlichen Lebens, frei zu werden, ein neues Ziel vor Augen zu haben. Dann, meine Freunde, wird euch die Arbeit, die ihr jetzt noch verrichten müßt, nicht zur Last werden, sondern freudig werdet ihr den neuen Weg beschreiten – **denn am Ende steht nur noch Licht**, die Glückseligkeit der Allmacht, die ich euch näherbringen werde.

Glaubt mir, vieles in der Vergangenheit, was euch begegnet ist, wäre in dieser Form von euch nicht zu bewältigen gewesen ohne die Hilfe der Allmacht. Euer Leben, euer Sein **ist der neue** geistige Weg. Ihr habt ihn gesucht, ihr habt ihn gefunden – und an euch liegt es, ob ihr diesen Weg weitergehen wollt. Wenn ihr es tut, meine Freunde, werdet ihr ihn nicht umsonst gegangen sein.

Ich gebe euch mit auf den Weg: Wenn ihr an der Schwelle des Übergangs steht, werden wir euch hier erwarten. Keine Angst wird euren Übertritt verdunkeln, ihr werdet gleiten und werdet erkennen die strahlende Sonne

Amun-Re's.

Nun, meine Freunde, dies soll unser Dank sein für das, was ihr zu überwinden habt. Ihr habt zu überwinden althergebrachte Vorstellungen und trotzdem nicht zu verurteilen, was euch einst gelehrt wurde, denn alles, was euch gelehrt wurde, beinhaltet letztendlich die Liebe, auch wenn es nicht deutlich genug ausgesprochen wurde, auch wenn in der Vergangenheit Fehler gemacht wurden, die sich in der Zukunft wiederholen werden – so wißt ihr in euch selbst die Wahrheit. Ihr findet sie überall.

Ich möchte dies noch an einem Beispiel verdeutlichen. Seht, unser Freund S. versucht, in seinem Buch diese Dinge in wissenschaftlicher Form auszudrücken. Dies, meine Freunde, ist notwendig aus einem einfachen Grund: Er spricht die Sprache der

Gebildeten, der sogenannten Gebildeten, und wir versuchen, auf diese Art und Weise Einfluß zu nehmen auf die Gedankengänge derer, die da Philosophie, Mathematik und Medizin studieren, oder andere Sparten, und glauben, daß nach diesem Leben nichts mehr kommt.

Wie töricht ist der Mensch. Er macht sich nicht die Mühe nachzufragen, wie aus Materie lebende Wesen entstehen.

Seht, wenn euch die Sprache nicht gegeben wäre, wenn euch der Verstand nicht gegeben worden wäre, wenn euch die Seele nicht gegeben worden wäre und der Intellekt, wäre euer Körper nur tote, unbelebte Materie, zusammengesetzt aus zwei Drittel Wasser, Kalk und ein bißchen Fleisch, das irgendwann verfault und zum Ursprung der Erde zurückkehrt.

Schon allein diese einzige Überlegung müßte den Wissenschaftlern zeigen, daß der Mensch etwas mehr ist als nur Materie, ungeheuer viel mehr ist als das, was um ihn herum geschieht. Er bräuchte ja nur Vergleiche zu ziehen zwischen der übrigen Natur und dem Menschen – und es würde ihm wie Schuppen von den Augen fallen – und er würde die Wahrheit erkennen. **Doch eitel ist des Menschen Tun und Denken**.

Ein jeder Wissenschaftler ist stolz darauf, wenn er eine neue Erkenntnis sich erarbeitet. Er tut letztendlich nichts anderes als das, was ihr getan habt. Ihr habt nach dem Sinn eures Lebens gefragt – er fragt nach einer Form, nach einer Lösung seines Problems. Dadurch wird es ihm möglich, je intensiver die Fragestellung ist, aus dem Informationsfeld, das um euch herum vorhanden ist, gewisse Informationen abzurufen.

Nun, er hat sie sich erarbeitet durch seine Fragestellung. Ihr jedoch, und wenn ihr die geringsten meiner Brüder seid – ihr habt viel mehr erreicht, denn ihr habt ein einziges Informationsfeld erreicht, das weit über allem steht – die Hauptinformation für den Menschen:

die Liebe.

Nun, dieser Vergleich möge euch erkennen lassen, daß derjenige, der jahrelang studiert, der sich jahrelang um Erkenntnisse bemüht, nur mit dem realen Verstand versucht, hinter die Geheimnisse zu kommen, die letztendlich nie aufgelöst werden, weil die Wahrheit nur dann in ihm Platz greifen kann, wenn er in **Demut die Liebe hinterfragt**.

Deshalb, meine Freunde, ist es bei euch anders und ich sage euch, selig sind die, die im Geiste sind, denn sie werden den Himmel erahnen, in sich aufnehmen und in sich fühlen können.

Noch einmal:

Nicht so ist das Wort: »Selig sind die Armen im Geiste«, sondern: »Selig sind die, die im Geiste sind«.

In euch selbst sollt ihr Frieden finden – nur in euch selbst – und daraus resultiert, daß ihr euch frei in eurer Gesellschaftsordnung bewegen könnt, daß Dinge, die euch früher verletzt haben, keine Bedeutung mehr gewinnen. Daß ihr wißt: Mein Beruf, meine Verantwortung im Beruf, ist ein Teil meiner menschlichen Tätigkeit und der **geistige Weg ist der andere, wichtigere Teil**.

Wenn ihr es so versteht und verarbeiten könnt, werdet ihr euch langsam, aber sicher freimachen und werdet weniger verletzlich sein.

Ich spreche in diesem Zusammenhang von diesem Priester, der die Barmherzigkeit und die Liebe in sich fühlt und an seinem Glauben verzweifelt und dem deshalb die Lehrerlaubnis entzogen wurde (Eugen Drewermann).

Ihr seht, wie paradox dies ist. Man hätte ihm Schüler zuführen sollen, denen er die Liebe der Allmacht hätte lehren können. Aber man verweigert ihm die

Lehrerlaubnis. Ihr seht, dogmatisierende Vorschriften bewirken immer das Gegenteil dessen, was die Allmacht geben möchte.
Stellt euch die Ungeheuerlichkeit vor, daß ein Priester, der zu gleicher Zeit ein Lehramt ausübt, die Unbefleckte Empfängnis, ein Dogma seiner Kirche, in Frage stellt. Was ist dies für ein Mensch!
Nun, dieser Mensch hat Theologie studiert und Psychologie. Dadurch, daß er beide Studien miteinander verbindet, konnte er sich den Menschen zuwenden und lernte die Ängste kennen, die furchtbaren Qualen, die einzelne Menschen erleiden. Er erkannte, daß Menschen, die guten Willens sind, an ihrem Leben verzweifeln, weil sie glauben, schuldhaft geworden zu sein im Sinne ihrer Moralvorstellungen, im Sinne **der Moralvorstellung**, die die **Kirche** ihnen gelehrt hat.
Nun, dieser Mensch, der da Priester ist, wurde in die Zweifel mit hineingezogen, die seine Schäfchen hatten. Er selbst mußte sich mit seinem Studium der Theologie auseinandersetzen und mußte erkennen, daß verschiedene Dinge einfach nicht möglich sein können, weil **Jesus Christus** Mensch geworden ist, weil Jesus Christus als **Mensch gelebt** hat – und doch vom **Geist der Ewigkeit** beseelt war. Infolgedessen konnte er die Zweifel nachvollziehen und versuchen, die Aussagen dieser Religion richtigzustellen, verständlich zu machen für die sogenannten Laien, die mitunter jedoch eine größere Herzensbildung besitzen als die Kirche ihnen vermitteln konnte. Der Verstand hat ihm gesagt: Wenn du mit deinen Erkenntnissen an die Öffentlichkeit gehst, dann wirst du angegriffen und verlierst dein Lehramt. Vielleicht wirst du auch exkommuniziert, aus dieser Kirche ausgestoßen. Vielleicht wird man dir auch die Priesterschaft aberkennen.
Überlegt Freunde, welchen Weg dieser Mensch geht,

überlegt euch, welche inneren Qualen dieser Mensch durchlebt hat, bevor er das tat, was er heute tut.

Nun – er wurde ausgesandt – seine Seele wollte diesen Weg gehen. Er hätte die Möglichkeit gehabt, mit seinem **Verstand** die **Seele zu knebeln**. Er hat es **nicht** getan, obwohl er sich über die Konsequenzen bewußt war, die ihn erwarteten auf eurer Welt. Und ich sage euch, meine Freunde, er wird ans Kreuz genagelt, wie Jesus Christus – nur in anderer Art und Weise.

Aber er lebt der Überzeugung seiner Seele – und damit in Harmonie mit sich selbst!

Frage: Würdest du es für sinnvoll halten, wenn wir uns mit Eugen Drewermann in Verbindung setzen würden?

Claudius: Nun, meine Liebe, es ist nicht erforderlich. **Er kennt seinen Weg**. Die Meinungen der Menschen werden immer auseinandergehen, wenn sie so einen Fall vor Augen geführt bekommen. Es ändert nichts daran, gar nichts, daß dieser Mann in sich selbst die Liebe der Allmacht trägt. Er wird genauso ans Kreuz geschlagen wie **Jesus Christus**. Nichts anderes geschieht heute – und nichts anderes wird morgen und übermorgen passieren. Solange die Masse der Menschen in der Dunkelheit verbleibt und ihrem Geist das Denken verweigert, werden diese Dinge geschehen.

Seht, meine Freunde, der Weg, den **ihr** gehen müßt, ist auch mit Steinen gepflastert. Gutes Schuhwerk solltet ihr tragen, damit der schwierige Weg nicht zur Qual wird.

Der Mensch ist immer einsam, einsam in seinen Nöten, in seinen Entschlüssen und einsam auf seinem Weg. Nur wenn er die Sonne sieht, wenn er das Licht erkennt, wird es ihm möglich sein, in seinem Inneren die Kraft zu empfinden, die die Energien in ihm auslösen. Wie einsam wäre der Mensch, könnte er keine Hoffnung schöpfen. Wie sinnlos wäre sein Leben,

wüßte er nicht, daß dies nur ein Funke in der Ewigkeit ist.
Seht, meine Freunde, wenn ihr versteht, euch so weit zu öffnen, daß ihr erkennt, **wie kurz euer Leben ist**, daß es nur ein Hauch ist, der vergeht, dann, meine Freunde, werdet ihr **Frieden finden können**.

Das Gebet

Frage: Können wir durch Gebete helfen?

Claudius: Gebete sind gute Gedanken. Gebete sind Bitten, die helfen.

Frage: Sollen wir für die Verstorbenen, also für die Jenseitigen beten? Haben bezahlte Gebete in der Kirche einen Sinn?

Claudius: **Nein**, denn freikaufen könnt ihr nicht!

Frage: Wenn man zu Gott betet, ist dies gleichbedeutend mit Gebet zur Allmacht oder zu Jesus oder zur Energie Liebe?

Claudius: Wenn ihr zu Gott betet, dann betet ihr zur allumfassenden Liebe, wenn ihr zu **Christus** betet, meint ihr eine Person, die auf Erden gewandelt ist und die Liebe gepredigt hat. Wenn ihr statt **Christus Achram** rufen würdet, dann würdet ihr eine Energiequelle mobilisieren, die weit, weit vor Christus gelebt hat und **trotzdem Christus ist, dieses Teilbewußtsein Achram**.

Ganz einfach ist es zu begreifen. Ich könnte dich, meine liebe G., Rachel nennen, ich könnte dich noch anders nennen, viele Namen hattest du, meine Liebe, und ich würde dann eine bestimmte Person zum Gespräch einladen, denn du kennst **Daniella** genauso wie **Rachel**. Alle sind Bestandteile deiner selbst.

Frage: Könnte man statt zu Christus auch zu Jesus beten? Ist dies nicht die gleiche Person?

Claudius: Richtig, ihr sprecht mit eurem Gebet um Hilfe immer eine bestimmte Energiequelle an. Ihr könntet **Maria** genauso rufen oder einen eurer sogenannten »Heiligen«. Ihr werdet sehen, daß eure Worte Gehör finden werden. Sie werden dorthin gelangen, wo sie hin sollen, um euch Frieden zu bringen.

Wenn du zu Hause in deinem Bett liegst und an deinen Vater denkst, dann wird dieser Gedanke deinen Vater erreichen, **direkt**, er wird nur nicht sprechen können.

So ist es mit eurem Gebet, mit euren Bitten an die Allmacht um Hilfe. Ihr werdet mit euren Bitten direkt diese Energiequelle benutzen, die eure Bitten emporträgt zur Allmacht, zu Gott. Dazu ist erforderlich, daß sich eure geistigen Begleiter darum bemühen, diese Bitten verstärkt weiterzutragen – und hierzu habt ihr sie, die Engel.

Frage: Diese sind für uns genauso namenlos?

Claudius: So ist es, meine Liebe.

Frage: Wenn wir uns als Geistschutz eine uns bekannte Person vorstellen, so ist es sicher für uns leichter, um Hilfe zu bitten, weil ein Bezug da ist?

Claudius: Ja, meine Liebe, du kannst genausogut zu deinem Vater beten, ihn bitten, dir zu helfen. Ich weiß, es ist etwas schwierig zu begreifen, weil ihr gebunden seid an eine Vorstellung. Wenn ihr zu Gott betet, seht ihr vor eurem geistigen Auge den alten Mann mit dem weißen Bart. Wenn ihr zu **Christus** betet, seht ihr das verhärmte, hagere Gesicht dieses Menschen, der dort am Kreuze hängt. Wenn ihr zu **Maria** betet, dann betet ihr zu der allgütigen Frau, die euch als Statue, als Bild zur Verfügung steht. Wenn du zu deinem Vater betest, **siehst** du ihn.

Frage: Es ist demnach nichts anderes als eine Energieaussendung, die automatisch in die richtige Bahn geleitet wird?

Claudius: Genauso ist es, mein Freund, genauso.

Frage: Ich dachte sehr intensiv an einen vor wenigen Tagen verstorbenen Bekannten und hatte dann das starke Gefühl einer Resonanz.

Claudius: Mein lieber Freund, ein Gebet, in Demut gesprochen, wird immer eine Resonanz in dir hervorrufen. Glaube mir, nicht umsonst sprach ich davon, daß alles zu euch zurückkehrt, was ihr aussendet. Ihr selbst werdet es empfinden und Liebe und Glück entsteht nicht einfach so, meine Freunde.

Frage: Wir glauben, wenn tausend Leute beten, daß dann besser geholfen wird, als wenn nur einer betet. Oder hilft es genauso, wenn nur ein einziger um etwas bittet?

Claudius: Natürlich, meine Liebe. Du siehst, daß bei der Krankheit von **Papst Pius XII**. die gesamte Menschheit um Hilfe gefleht hat. Nun, sie wurde Papst Pius XII. gewährt, nur auf eine völlig andere Art und Weise. Es hätte aber auch genügt, wenn ein einzelner gebetet hätte.

Denn, meine Liebe, wo würdet ihr alle bleiben, die ihr es nicht ermöglichen könnt, daß die ganze Welt für euch betet. Wenn du es so begreifst, dann begreifst du die Gnade der Allmacht, die jedem einzelnen gegeben wird. Selbst wenn niemand für dich betet, und nur aus dir heraus dieser Schrei nach Erlösung kommt, sei es jetzt, um aus dem Körper heraustreten zu können, oder sei es die Bitte um Erkenntnis, dann, meine Liebe, wird sie dir zuteil werden.

Frage: Also betet eigentlich jeder immer nur für sich selbst, auch wenn er sagt, er betet für den anderen. Im Prinzip öffnet **er sich** für das Geistige und es kommt auf ihn zurück?

Claudius: Richtig. **Er** ist immer die kritische Masse. Und es gibt kein Allgemein-Bewußtsein des Menschen. Jedes Bewußtsein auf diesem Planeten ist in sich ein abgeschlossenes Bewußtsein. Es kann zwar korrespondieren, kann sich Informationen holen, aber letztendlich ist jeder Mensch allein. **Jeder lebt und stirbt für sich allein**. Doch, meine Freunde, **ihr gebt eurem Nächsten Ansatzpunkte**. Begreift euer eigenes Sein, lernt euch zu lieben, euch anzunehmen, versinkt in euch, und ihr werdet die Unendlichkeit eures Seins begreifen können. Dahin möchte ich euch führen.

Meine Freunde, laßt euch fallen in die Stunde des Glücks. Nehmt auf die Melodie, damit eure Seele schwingt.

Laßt uns den heutigen Abend mit einem kurzen Gebet beschließen:

> Wir wollen danken der Allmacht, die uns zusammengeführt hat, auf daß wir teilhaben an der Liebe des Einen, der seine Gnade ausgießt über alle. Nehmen wir in Demut diese Liebe an und tragen sie weiter in die Welt.

Ich danke euch und schließe den Kreis. Gesegnet seid ihr.

Der Segen

Eure Kirche hat sich darin verstiegen, Segen zu spenden, wo es ihr angemessen erscheint, und Segen zu verweigern, wo es ihr ebenfalls angemessen erscheint.
Verstehe es richtig! Segnen wird euch die Allmacht. Und wenn ich meine Hände erhebe, dann bitte ich, daß die Gnade der Allmacht diese meine Hände zum Segenspender werden läßt für euch, für die Menschheit, für das Universum. Denn segnen, mein Freund, ist die Übersendung der höchsten Energie. Sie macht nicht halt vor dem, der im katholischen Glauben oder irgendeinem andern Glauben eingebunden ist.
Jeder einzelne, ob er glauben kann oder nicht glauben kann, bleibt in die Liebe der Allmacht eingebunden und wird gesegnet werden, und sei es, daß er sich der Gnade dessen erst bewußt wird, wenn er den Fluß überschreitet.
Reich mir die Hand, mein Freund. Siehe, auch das ist Segen. Nimm deine Hand und gib sie dem, der vor dir steht, damit die Gnade der Allmacht durch dich hindurchfließen kann, damit du segnen kannst im Auftrag der Allmacht.
Schau, mein Freund, es genügt, wenn in dir der Wunsch aufbricht, daß du die Kraft erhältst, Segen zu geben, ohne daß du dich auf ein Podest oder einen Altar stellst – einfach so, und du wirst es spüren in dir selbst, daß du vom Segen, der dir zuteil wird, abgeben kannst an deinen Nächsten. **Das ist das ganze Geheimnis**.
Ich, meine Freunde, bin kein Priester. Ich bin weit entfernt davon, **ich liebe**.

Jesus Christus (Teil II)

Claudius: Freunde, ihr wolltet noch einmal auf Jesus Christus zurückkommen, über dessen Leiden und Sterben bereits gesprochen worden ist. Seht, **Jesus, dieser Christus**, hieß bis zu seinem fünften Jahr **Joseph, Joshua**. Er trug den Namen seines Vaters und als er in die Schule des Karmel gegangen ist, wurde er mit dem Namen **Jesus** belegt. Dies war ein Ritual, das ihn zunächst als völlig neuen Menschen in die Gemeinschaft dieser Essener (Essäer) eingebunden hat. Er wurde vom **Christusgeist** beseelt, um diesen Weg gehen zu können. **Das heißt nichts anderes, als daß zu gewissen Zeiten, je nachdem wie der Auseinandersetzungsprozeß mit der eigenen Religion vonstatten ging, dieser Christusgeist in ihn einfloß und ihm den Weg, die Erkenntnis brachte**.

Ähnlich wie bei euch, meine Freunde, die ihr meine Worte aufnehmt. So, wie es Menschen gab, für die **Jesus Christus** gepredigt hat, denen er neue Hoffnung geben konnte – doch er war auch Mensch und den menschlichen Schwächen unterworfen.

Seht, als **Christus** hat er die Ungerechtigkeiten gegeißelt, die ihm begegnet sind. Zur damaligen Zeit war es üblich, daß Frauen, die ihren Körper verschenkten, ausgestoßen wurden aus der menschlichen Gesellschaft. **Maria von Magdala** war so eine Frau. Doch dadurch, daß sie in ihrer Verzweiflung einen Weg suchte, fand sie durch **Jesus Christus** zu sich selbst – und seht wie das Umfeld reagierte. Sie wollten **Maria Magdalena** ausschließen, sie wollten sie nicht teilhaben lassen an der Gnade. Doch Jesus Christus hat sie aufgenommen.

Frage: Jesus Christus hat, wie du uns schon einmal gesagt hast, nochmals inkarniert. Welche war seine erste Inkarnation?

Claudius: Meine Freunde, **Jesus**, war in seiner Ur-Inkarnation, also in seiner ersten Inkarnation, **Angehöriger der Priesterkaste der Atlanter**. Alles Wissen trug er in sich und trug es hinaus, doch kein Mensch lebt ewig – und auch er war ein Mensch, der Winkelzüge machen mußte, um die Wahrheit leuchten zu lassen.

Jesus war die Inkarnation der Liebe zu einem gewissen Zeitpunkt, um neue Denkrichtungen einzuleiten. Genauso wie **Buddha**, wie **Dalai-Lama** eine richtunggebende Figur geworden sind für bestimmte Religonen.

Frage: Befindet sich **Jesus** nicht mehr im »Inneren Kreis«, sondern ist er ganz in die Allmacht eingegangen?

Claudius: Die Person Jesu ist eingegangen in den inneren Kreis. Das, was sie gelehrt hat, die Liebe, wurde neu ausgesandt in verschiedener Art und Weise.

Frage: Du hast einmal vom Christusgeist gesprochen, aber auch vom Logos-Geist. Wie sollen wir das verstehen?

Claudius: Nun, meine Liebe, wenn du davon ausgehst, daß Christus Mensch gewesen ist, als Mensch geboren ist wie du und alle anderen Menschen, dann muß etwas Außergewöhnliches geschehen sein, daß Christus in Jesus Platz finden konnte.

Christus war das ausgesandte Bewußtsein der Allmacht zur Erneuerung des menschlichen Gedankengutes, das über Jahrhunderte hinweg verkrustet und vergewaltigt worden ist. **Logos**, meine Liebe, ist nichts anderes, als der dem Menschen innewohnende Geist, der diese Botschaft aufnehmen und umsetzen konnte. Genügt dir diese Erklärung?

Frage: Ich dachte Christus und Logos seien verschiedene Individuen?

Claudius: Meine Liebe, auch du bist ein Individuum. Jeder einzelne Mensch. Du hättest gerne von mir gehört, daß zwei Seelen in diesen Körper eingeflossen sind. Nun, meine Liebe, so ist es nicht zu verstehen.

Frage: Jesus sagte (laut Essener Buch): Geheimnisse von

Taw und Mem sind in mir enthalten. Hat es vielleicht damit zu tun?

Claudius: Meine Liebe, das A und das O des menschlichen Empfindens ist darin ausgedrückt. Die Möglichkeit, über dieses Wissen zu verfügen, das aus dem Ursprung der Allmacht in ihn eingeflossen ist.

Frage: War es dann nichts anderes als das Unterbewußtsein in Jesus, das ihm dann bewußt geworden ist?

Claudius: Nun, so könntest du es ausdrücken. Ihm ist bewußt geworden, daß die gelehrte Religion zur damaligen Zeit nicht richtig interpretiert worden ist, und dies ist ihm bewußt geworden.

Christus ist die Liebe.

Sein Bewußtein war verbunden mit der Aufgabe, die das Kind Jesus erlernte, um das Wissen hinauszutragen. So, wie dein eigenes Bewußtsein all das erfährt, was in normalen Büchern nicht zu lesen ist. Je höher dein eigenes Bewußtsein schwingt, um so mehr wird es von der Liebe der Allmacht bewußt gemacht.

Frage: Wurde Jesus in der sogenannten Cheops-Pyramide eingeweiht (laut Buch), durch den Knotenpunkt oder die verstärkten Energien, die dort vorhanden sind?

Claudius: Nun, meine Liebe, dies solltet ihr als Vergleich sehen. Jesus war als kleiner Knabe in den Katakomben des Karmel und wurde auf seine Aufgabe vorbereitet. Diese Katakomben waren in Pyramidenform in den Felsen geschlagen, damit die Mauern nicht einbrechen konnten.

Frage: Jesus wußte offensichtlich von seiner Aufgabe. Welche Quellen haben dieses Wissen gespeist?

Claudius: Siehe, die Gnade der Allmacht wollte Zeichen setzen, so wie sie heute Zeichen setzt.

Die Quelle des Christus-Bewußtseins war die Allmacht – Gott. Sie floß ein in den Körper dieses jungen kleinen Jesus, der von frühester Kindheit an sich der Religion des Judentums annahm und sich mit dieser Religion auseinandersetzte. Er wurde erfüllt vom Christus-Geist, der langsam mit ihm gewachsen ist und sein Bewußtsein schulte, ohne ihn als Mensch zu zerstören. Im Gegenteil, er stählte diesen Menschen, indem er ihm die Kraft gab, dieses neue Bewußtsein auszusprechen und zu predigen.

Frage: Wußte Christus zum damaligen Zeitpunkt, inwieweit sich seine Lehre in den nächsten Jahrhunderten und Jahrtausenden unter den Menschen verbreiten würde? War es vorauszusehen?

Claudius: Mein Freund, daß diese Liebe den Menschen neu gegeben wurde, war der Sinn dieses Christus-Geistes und diejenigen, die an diesem Abendmahl teilgenommen haben, waren überzeugt, daß Christus-Jesus die Wahrheit sprach. Und daß er die Wahrheit sprach, beweist euch euer Hiersein hier im Kreis, denn ihr wollt die Wahrheit wissen und erfühlen.

Frage: Wäre es Jesus nicht möglich gewesen, die Kreuzigung zu verhindern?

Claudius: Seht, Jesus hätte sich ohne weiteres entfernen können, er hätte in ein anderes Land gehen können. Dies war seinem freien Willen offen. Doch er wollte die Wurzel mit dem neuen Geist beseelen – und hat deshalb den Ursprung der Religion als Ansatzpunkt für Veränderung benutzt.

Wäre er in ein anderes Land gegangen, dann, meine Freunde, wäre eine neue Religion entstanden – und dies sollte nicht sein. Es sollte der **jüdische Glaube, das Alte Testament neu geordnet werden, so wie es ursprünglich war.**

Frage: War es dem Geistwesen Jesus vor seiner Inkarnation bekannt, was es für eine Aufgabe übernimmt?

Claudius: So ist es. Sonst hätte er die Kraft nicht aufgebracht, diesen Weg zu gehen.

Tiere (Teil II)

Frage: Lieber Claudius, du hast einmal gesagt: Wir sollten uns als Mensch der Vaterstelle der Kreatur gegenüber bewußt werden. Unser Verhältnis zur Natur ist sicher diskutierfähig. Wenn wir zum Beispiel an die Massentierhaltung denken. Ist dies etwas, was wir eigentlich mit unserem Gewissen vereinbaren können?

Claudius: Nun, meine Freunde, zu allen Zeiten hat der Mensch versucht, zu züchten, zu manipulieren und eigene Wege zu gehen, um seine Ernährung zu sichern. Wenn ihr es von dieser Warte aus betrachtet, ist eine Massentierhaltung zwar eine unangenehme Sache, aber vermutlich in eurem Verständis nicht anders zu machen. Es gäbe aber auch andere Möglichkeiten. Es wäre möglich, brachliegende Felder so zu gestalten, daß das Tier einen Aufenthalt hat, daß das Tier in seiner Schönheit erkannt werden kann.

Gehst du durch die Batterien der Legehühner, mußt du doch Mitleid bekommen mit der armen Kreatur, die dort vegetiert. Es ist eine Sache des Bewußtseins, des Bewußtseins der Menschen. Nur – der Mensch, mein Freund, denkt, er könnte der Schöpfung neue Impulse geben.

Ich sage euch: Alles ist falsches Denken. Es ist falsches Denken, daß durch Medikamentenzugabe ein schnelles Wachstum erreicht wird, denn zu irgendeinem Zeitpunkt schlägt es zum Verderben des Menschen um. Seht, wie heute mit Hormonen versucht wird, zu manipulieren.

Frage: Meine Kinder bitten dich, ihnen Antwort darauf zu geben, ob es das Wesen »Nessi« gibt, denn es werden im Augenblick sehr viele Gelder für diese Forschung ausgegeben.

Claudius: Ja, siehe, dieses Wesen lebt! Aber die Millionen, die dafür ausgegeben werden, könnten zu einem weitaus besseren Zweck verwendet werden. Es gibt auf dem Grunde eurer Meere noch mehr solcher eigenartiger Wesen. Sie werden immer wieder zu irgendeinem Zeitpunkt gesichtet, so, wie man jetzt eine neue Gruppe, eine neue Abart von Delphinen gesichtet hat, so gibt es neue beziehungsweise alte Abarten der Robben, es gibt Fischarten, die noch keiner eurer Wissenschaftler entdeckt hat, weil es euch nicht möglich ist, in die größeren Tiefen des Meeres abzutauchen.

Warum dieses Wesen »Nessi« nicht öfter gesehen wird, liegt daran, daß in diesem See eine unterirdische Verbindung besteht, die zum Meer hinführt, und kein Taucher gelangt in diese Tiefe.

Richte deinen Söhnen aus: So, wie es Raumschiffe gibt, die eure Erde besuchen, so gibt es Wesen auf eurer Erde, in eurer Erde, in eurem Wasser, deren Bestehen angezweifelt wird, so, wie ihr angezweifelt werden würdet, wenn ihr mit eurem jetzigen Wissen unserer Verbindung an die Öffentlichkeit gehen würdet. Ich grüße sie, deine Söhne.

Frage: Ich habe schon öfter festgestellt, daß Tiere ein ungeheures Erinnerungsvermögen haben. Wo sitzt das eigentlich?

Claudius: Wenn du fragst, wo das Erinnerungsvermögen der Tiere sitzt, dann, meine Liebe, solltest du bedenken, daß jedes Tier ein Teilbewußtsein hat. Dieses Teilbewußtsein umschließt ein Erinnerungsvermögen, doch nur punktuell.

Das Tier wird die Wasserquelle finden, die es braucht, um trinken zu können. Über Kilometer hinweg wird es diese Oase finden, weil es das Wasser zum Überleben braucht. Es nimmt den Geruch, die Information Wasser in sich auf und findet den Weg.

Frage: Arbeitet das Tier also überhaupt nicht mit der Ratio, sondern nur intuitiv?

Claudius: Intuitiv.

Frage: Auch die höher entwickelten Säugetiere?

Claudius: Auch. Weißt du, meine Liebe, der Steuerungsfaktor ist immer das Informationsfeld. Dadurch, daß bei euch die Seele den gesamten Körper umschließt, ein eigenständiges Leben sozusagen ist, nur für eine kurze Zeit an die Materie gebunden und dann zurückkehrt zum Gesamtbewußtsein, **dadurch ist der Mensch bewußtes Sein**. Habe ich mich verständlich ausgedrückt?

Frage: Das Gehirn beim Tier ist also anders aufgebaut. Es benötigt nicht den Steuerungsfaktor, den wir haben.

Claudius: So ist es, es braucht nur die Information. Das Gehirn des Tieres arbeitet immer so, wie das menschliche Gehirn auf Steuerungsfaktor Information – nur, **das Bewußtsein hat nur der Mensch**, denn er kann auch unterscheiden, wen er beißt.

Frage: Beim Tier laufen die meisten Vorgänge über das Nervensystem?

Claudius: So ist es. Ich freue mich, daß ihr alle mitdenkt, denn nur so können wir dieses Wissen in euch hineinversenken. Wenn die Frage auftaucht, warum ich punktuell nur Ansatzpunkte gebe, so, meine Freunde, ist dies gewollt, denn wir möchten, daß sich dieses Wissen in euch selbst vertieft durch die Diskussionen. Es nutzt nichts, wenn ich euch einen Vortrag halte – ihr hört ihn wohl –, doch Glauben kann sich nur entwickeln durch eigene Erfahrungen, **sowohl durch Nachfragen als auch durch Nacherleben**.

Frage: Spielt es eine Rolle, um welches Tier es sich handelt? Wie ist das bei einer Schnake?

Claudius: Nun, mein Freund, eine kleine Schnake braucht kein Gehirn im Sinne dessen, was ihr darunter versteht. Sie braucht zum Beispiel nur einen Fühler, über den sie angesteuert werden kann.

Frage: Hat ein höheres Säugetier ein anderes Bewußtsein als zum Beispiel ein Insekt?

Claudius: Völlig anders, weil es anders leben muß. Verstehe mich richtig. Die Information einer Fliege ist eine völlig andere, als die Information eines Hundes, einer Katze, eines Fisches. Es ist völlig unterschiedlich, auch das solltet ihr in eure Überlegungen miteinfließen lassen.

Die Tiere wurden euch beigegeben zu verschiedenen Zwecken. Die Kuh gibt euch Milch, die Ziege auch, sie versorgen euch mit Fleisch, das ihr in eurem Körper benötigt. Das Huhn, meine Freunde, legt Eier. Es benötigt das Ei sowohl zur Fortpflanzung der eigenen Art als auch zur Nahrungsquelle für den Menschen.

Die Information benötigt bei diesen Tieren **kein Wissen um sich selbst**, denn wäre das vorhanden, dann wäre es schlimm bestellt. Auch der Salat, die Salatpflanze erhält ihre Information aus dem Informationsfeld, und sie dient euch zur Nahrung, sowohl dem Menschen als auch dem Tier.

Seht, meine Freunde, das Zusammenspiel all dieser Momente bringt euch den Gedankengang »Allmacht« näher. Ihr könnt die Verknüpfungen erkennen, die daraus entstehen.

Frage: Gibt es auch bei einzelnen Tieren eine Weiterentwicklung oder ist alles pauschal zu sehen?

Claudius: Falsch ausgedrückt. Wenn Viola hier bei uns ist und ihren kleinen Hund haben will, wird er da sein. Wenn sie dann den Wunsch hat, sich weiterzuentwickeln, dann wird dieses Tier sich auflösen in das allgemeine Energiefeld. Nichts geht verloren.

Frage: Können Tiere auch so etwas wie eine »alte Seele« haben?

Claudius: Wenn ich es so wie beim Menschen sehen soll, dann nicht, aber das Tier hat ein Gruppenbewußtsein, weil es aus der Gesamtenergie hervorgeht.

Siehe Violas Promenadenmischung. Er ist treuer als jeder reinrassige, hochgezüchtete Hund. Seine Augen werden ihr unvergeßlich sein.

Frage: E. hat ihren kranken Hund eingeschläfert, dessen Herrchen vor einigen Monaten verstorben war.

Claudius: Dir danken wir, daß du den schweren Weg mit E. gegangen bist zur Heimkehr des kleinen Hundes. Er ist angelangt bei seinem Herrn, der ihn mit liebevollen Armen aufgenommen hat. Wir sind glücklich, daß sich E., das Frauchen, überwunden hat, dank deiner Hilfe. Eure Nachbarin möge nicht mehr weinen, denn der kleine Freund ist zurückgekehrt zu seinem Herrn. Sagt ihr – wenn ihr es für richtig erachtet –, daß ihr Mann redlich mit ihr geteilt hat die Liebe des Tieres. Es ist bei ihm und im Glück der Liebe erwacht.

Frage: Gehört ein Tier immer dem gleichen Morphogenetischen Feld an?

Claudius: Es ist aus dem Ursprung so zusammengesetzt, daß es sich nicht verändern kann (das Morphogenetische Feld). Doch ich möchte überleiten zu dem Affen, den es störte, daß er bei der Aufnahme seiner Mahlzeit auf Sand gebissen hat. Da fing er an, seine Nahrung zu waschen. Glaubt nicht, daß ein Tier sich nicht auch verändert. Es nimmt auch Erfahrungen auf, die jedoch mit den Erfahrungswerten des Menschen nicht zu vergleichen sind.

Frage: Bei den Tieren gibt es eine Art »Hackordnung«. Die Tiere, die den anderen überlegen sind, haben die etwas, was die anderen nicht haben? Ist es vielleicht doch ein kleines bißchen Ratio?

Claudius: Nun, meine Liebe, die sogenannte Hackordnung, von der du sprichst, ist eigentlich in der Rasse der Tiere begründet. Es gibt grundlegende Feindschaften zwischen Tieren. Da ist der Fuchs, der die Gans bedroht, da ist die Gans, die das Küken bedroht. Es ist eigentlich, wenn ihr es auf den Menschen übertragt, nichts anderes als instinktmäßiges Verhalten.

Weißt du, meine Liebe, die Entwicklungsstufen der einzelnen Gattungen beinhalten immer die Urinformation des Überlebenwollens, des Überlebenmüssens, so wie auch der Mensch diese Urinformation in sich vereinigt.

Ein Tier, wäre es sich selbst bewußt, würde vermutlich all diese anderen, von denen es sich bedroht fühlt, eliminieren wollen, so wie der Mensch in früheren Jahren immer einen Ausweg gesucht hat, der Bedrohung zu entgehen. Es sind Reaktionen, die hervorgerufen werden. Tiere reagieren auf Veränderungen viel intensiver als es dem heutigen Menschen in der breiten Masse überhaupt möglich ist. Ein Tier ist mit Informationen versorgt, die es so reagieren lassen, wie es reagiert – ohne nachzufragen, ohne das Bewußtsein von gut und böse zu haben. Es reagiert aus der Situation heraus.

Frage: Ich hatte jetzt das Verhalten in der gleichen Gattung gemeint. Da trifft aber das gleiche zu. Das stärkere Tier ist der Anführer und das kristallisiert sich automatisch heraus.

Claudius: So ist es, denn siehe, der Kampf um den ersten Platz in einer Herde wird in der Regel immer nur von zwei Tieren ausgetragen – in der Regel, weil es keine Konkurrenz gibt – geben darf –, um die Art überleben zu lassen.

Frage: Können Tiere Liebe vermitteln?

Claudius: Es gibt Gattungen im Tierreich, die sich dem Menschen anpassen. Wenn der Wolf satt ist, wird er sich dir zu Füßen legen und damit seine Dankbarkeit erweisen. Doch wenn du dieses Tier schlägst, wird es nie vergessen, daß du dies getan hast. Es wird Angst haben vor dir, und es wird die Hand, die es streichelt, eines Tages beißen. Es gibt Tiere, die sich niemals dem Menschen anpassen. Auch wenn der Mensch glaubt, es sei so, so irrt er. Zuckerbrot und Peitsche sagen eure Dompteure, doch wenn sie das Zuckerbrot vergessen, nutzt ihnen die Peitsche nichts mehr. Es ist eine Vergewaltigung der Natur.

Frage: Wie sieht es bei den Delphinen aus, man sagt ihnen ein sehr menschenfreundliches Verhalten nach?

Claudius: So ist es, diese Art der Fische nehmen den Menschen an in ihrer Unschuld, die sie verkörpern. Doch auch ein Delphin wird von seinem Instinkt geleitet und wird sich zurückziehen, wenn er spürt, daß er gejagt wird. Siehe, mein Freund, all diese Absonderlichkeiten, die euch begegnen, daß sich Wale angeblich verirren und dabei stranden, daß Delphine die Orientierung verlieren, daß Tausende und Abertausende Meeresbewohner sterben, dies alles liegt im Wandel der Zeit begründet, den der Mensch mit verursacht hat. Deshalb – das **Bewußtsein der Menschheit muß sich verändern!**

Und noch etwas:

Was ihr heute als Haustiere bezeichnet, sind Züchtungen, die der Mensch vorgenommen hat, um sich der Tiere zu bedienen.

Frage: Vielleicht ist es albern, aber mich beschäftigt das Verhältnis zu meiner Katze sehr.

Claudius: Meine Liebe, dieses Tier ist in der freien Natur geboren und wurde als Kleintier eingefangen und in einen Käfig gesperrt. In sich fühlt es noch immer die Freiheit in der Natur. Deshalb, meine Liebe, verwundert es dich, daß diese Katze immer noch diesen Freiheitsdrang in sich spürt.

Hättet ihr die Tiere in Freiheit gelassen, hätten sie sich die Nahrung selbst gesucht. Es ist zu vergleichen mit dem Tier, das euch die Milch liefert. Seht, meine Freunde, der Mensch lebte im Ursprung seines Seins von der Jagd und von dem, was ihm die Natur bot – Wurzelwerk und verschiedenes andere –, bis der Mensch glaubte, sich die Mühe des Jagens ersparen zu müssen, wenn er ein Tier einfängt und an die Leine legt.

Es ist nicht schwer zu verstehen, meine Liebe, es ist folgerichtig, daß dies heute so ist. Ich erinnere euch, daß der König der Wüste eingefangen wird. Er wird abgerichtet mit Zuckerbrot und Peitsche, um euch, entgegen seinem ursprünglichen Empfinden, Kunststücke vorzuführen.

Tiere, die in der Gefangenschaft sich weitervermehren, verlieren immer mehr und mehr den Bezug zur Natur, zu ihrem natürlichen Sein. Deshalb ist es besonders verwerflich, wenn der Mensch, der sich ein Tier ins Haus holt, es auf die Straße setzt, wenn es ihm nicht mehr paßt. Denn die Irritationen, die dann dieses Wesen erlebt, rechtfertigen in keiner Weise die Unbarmherzigkeit des Menschen, der glaubt, ihm einen Gefallen zu tun.

Frage: Spürt denn diese Katze nicht die große Hochachtung, die ich vor dieser Schöpfung habe, vor diesen Augen und vor dieser Psyche? Ich liebe das Tier und achte und respektiere es.

Claudius: Nun, meine Liebe, du setzt Gefühl voraus, das über deine Seele gesteuert wird, und dies solltest du nicht tun. Siehe, ein kleiner Hund, der nichts anderes kennengelernt hat als dich. Er wird dich anerkennen. Oder die Gans, die das erste Mal den Menschen erblickt, wird ihn als Leittier annehmen. Wenn dieses Tier hier bei dir geboren worden wäre, dann würde es zu dir eine andere Beziehung haben, weil es instinktmäßig dich so erfassen würde.

Dies gilt genauso für deinen Hund, mein Freund, den du aufgenommen hast, der im Laufe seines kurzen Lebens, seines kurzen Daseins schon so viele bittere Erfahrungen machen mußte und jetzt Angst hat, Angst, wieder hinausgestoßen zu werden. Deshalb auch das Jammern. Doch du solltest dich davon frei machen, daß du dich von ihm beherrschen läßt. Bringe ihm deine Liebe entgegen, doch vermeide, auf sein Jaulen allzuviel einzugehen, sonst wirst du nicht mehr ohne ihn ausgehen können.

Frage: Wenn ich die Evolution der Tiere beobachte, dann ist aus unserer Sicht, aus den Ausgrabungen der Forschung heraus, eine Veränderung der Tierwelt absolut offensichtlich. Ist das nicht ein Widerspruch?

Claudius: Nun, mein Freund, dies ist kein Widerspruch zu meinen Worten, und zwar aus folgendem Grund: Es hat sich nicht das Tier von allein verändert. Es hat sich die **Umgebung** verändert, in der es gewachsen, groß geworden, gestorben ist. Es haben sich die Sonneneinstrahlungen verändert, es hat sich **alles** verändert. Verstehe mich richtig, es ist die **Anpassung**, die stattgefunden hat.

Frage: Also Ausleseverfahren, daß die überleben, die sich am besten anpassen konnten?

Claudius: So ist es.

Frage: Wenn irgendein Höhenstrahl, irgendein Gen herausschlägt oder verändert, kann dies nach dem Zufallsprinzip zu einer Mutation führen und Lebewesen schaffen, die möglicherweise bessere Überlebenschancen haben oder umgekehrt?

Claudius: Genauso ist es.

Familie – Moral – Sexualität

Frage: Lieber Claudius, du sagtest den Satz: »Einer Seele durch die Annahme Heimat zu gewähren«. Muß sich jemand schuldig fühlen, der nur ein Kind oder kein Kind hat?

Claudius: Mein lieber Freund, das hängt von verschiedenen Umständen ab. Es hängt von der Seele ab, die sich vielleicht inkarnieren wollte und nicht angenommen wurde. Schuld, im Sinne des Wortes, wie du es auffaßt, gibt es nicht. Es gibt Erfahrungswerte, die gemacht werden müssen. Siehe, es gibt Frauen, die auf dem Standpunkt stehen: Ich will kein Kind – und werden doch Mutter. Egal jetzt, ob sie verheiratet sind oder nicht, denn vereinigt müssen sie sein – und dies würde ich als die **Hochzeit** bezeichnen. Wenn eine Frau das Kind innerlich nicht annehmen kann, das aus dem Zeugungsakt entstanden ist, dann wird sich keine Seele inkarnieren. Wenn auch nur der Funke einer Überlegung vorhanden ist, wird sie der Seele in diesen Körper Eintritt gewähren, der in ihr wächst.

Ich weiß, daß diese Dinge für euch schwer begreifbar sind, weil ihr als Menschen nicht hinter die Stirn eurer Umgebung blicken könnt. Ich sage euch: Manch ein Mann möchte Vater werden und wird es nicht und manche Frau möchte Mutter werden und wird es nicht. Sie versteifen sich gegenüber ihrer Umwelt mit dem Argument: Wir wollen keine Kinder. Und umgekehrt gibt es Menschen, die von euch schief angesehen werden, weil sie fünf oder zehn Kinder geboren haben.

Nun, die Großfamilien der Vergangenheit waren sozial anders gelagert, denn in diesen Großfamilien war der alternde Mensch eingebettet. Heute bejammert er, daß er in ein Haus gesteckt wird zum Sterben, daß niemand da ist, der sich um ihn kümmert.

Alles ist eine Folgeerscheinung des geistigen Degenerationsprozesses und wird durchlebt werden müssen.

Frage: Sicher gibt es viele Seelen, die geboren werden wollen und denen wir durch unsere »moderne« Zivilisation die Möglichkeit einfach nicht geben.

Claudius: Sicher ist es so, daß dem Menschen Möglichkeiten gegeben wurden, die er erforscht hat, für die er sich Orden ansteckt. Sicher ist es so, daß die Forschung Wissen hervorgebracht hat, die es den Menschen ermöglicht, einzugreifen in die Ordnung der Natur (die Pille).

Doch wir sprachen jetzt im Augenblick nur vom Menschen. Vergiß es nicht – alles wiederholt sich, was vor langer, langer Zeit geschehen ist. Der Mensch versucht sich als Schöpfer, meine Liebe, und hat schon mehrere Male Schiffbruch erlitten. Und nicht alles, was Wissen schafft, ist Wissenschaft. Laßt diese Worte in euch wirken und ihr werdet den Sinn begreifen. Euch alle hier im Kreis, die ihr verheiratet seid, bitte ich zu bestätigen, daß Streit und Auseinandersetzungen in jeder Zweisamkeit vorkommen. Sie müssen vorkommen, damit ein jeder sich weiterentwickeln kann, damit er die Fähigkeit entwickeln kann, durch seine Liebe Brücke zu schlagen zum Partner. Nur dadurch ist es den Menschen möglich, die Liebe ständig neu zu erleben, auch wenn sie nicht auf den Lippen eures Partners erscheint – so ist es doch ein inneres Band, das euch zusammenhält. Ist dieses innere Band nicht mehr vorhanden, dann sprecht es aus, denn jeder von euch hat das Recht, sich selbst emporzutragen zum Licht.

Frage: Es ist zwar unser Bemühen, allgemeine Verhaltensregeln für unser Zusammenleben zu finden, aber des öfteren schon hast du gesagt, daß jeder Mensch seine eigene Wahrheit hat. Vielleicht ist es deshalb so schwierig, in Frieden miteinander zu leben?

Wir haben auch immer die Tendenz, den anderen zu beurteilen und zu kritisieren.

Claudius: Mein Freund, das ist das Problem des Menschen. Siehe, allzu leicht seid ihr bereit, andere Menschen zu beurteilen, zu **verurteilen**. Doch es gibt bei euch ein Sprichwort:

»DU SIEHST DEN SPLITTER IM AUGE DEINES FREUNDES – UND DEN BALKEN IN DEINEM EIGENEN AUGE SIEHST DU NICHT.«

Siehe, mein Freund, dies ist das Problem der Menschen im allgemeinen. Und ihr solltet versuchen, kein Urteil zu fällen für andere, sondern ein Urteil für **euch**. Euch selbst zu erkennen, euch selbst ins Licht zu führen, ist der richtige Weg.

Siehe, deine Wahrheit ist nicht die Wahrheit deiner Frau. Ihr begegnet euch, ihr könnt Gedankenaustausch pflegen und könnt daran wachsen, wenn ihr bereit seid, den anderen neben euch bestehen zu lassen, ihn geistig nicht zu vergewaltigen. Das ist das Geheimnis eures Lebens, daß ihr in Liebe eure Nächsten leben lassen sollt, seinem eigenen Leben, seinem eigenen Bewußsein gemäß.

Selbstverständlich solltet ihr Diskussionen führen. Was der eine oder andere aus diesen Diskussionen für sich herausnimmt, ist eine völlig unbedeutende Frage für die Diskussionsrunde. Nur für den einzelnen ist sie wichtig.

Siehe, mein Freund, du gehst in ein Museum. Du siehst Bilder, Bilder der Modernen, Bilder längst vergangener Jahrhunderte von Künstlern gemalt. Bei dir ist deine Frau, sie begeistert sich für die Kleckse eines Salvadore Dali, und du wirst Ruhe finden beim Betrachten eines Bildes, das Rubens gemalt hat.

Du siehst, wie verschieden die Eindrücke sind, die eure Seele treffen. Und du solltest soviel Größe besitzen, daß du sagst: Das gefällt **dir**, und das gefällt **mir** – und trotzdem mögen wir uns.

Frage: Die gleiche Größe muß man wohl besitzen, wenn man jemanden gehen lassen will, was uns mit Sicherheit nicht so leicht fällt?

Claudius: Richtig. Weißt du, mein Freund, das ist immer eine Sache der Erfahrung, der persönlichen Erfahrung, **weil ihr euch in der Regel im Urteil eurer Nächsten seht**, die euch unter Umständen für dumm halten. Nur, es spielt für euch keine Rolle, wenn ihr den inneren Frieden behaltet und die Überzeugung, richtig gehandelt zu haben. Doch laßt mich euch sagen: Laßt nie zu, daß eure Seelen vergewaltigt werden. Ihr habt die Macht, zu erkennen, wie weit ihr mit einem anderen Menschen den Weg beschreiten könnt. Es soll niemals sein, daß ihr euch selbst aufgebt, um des anderen willen. Geht mit ihm, solange es ohne Schaden für euch möglich ist. Es sind Begegnungspunkte nur in eurem Leben – nichts anderes ist gemeint. Ihr werdet zusammengeführt, aus gutem Grund – und ihr trennt euch wieder, aus gutem Grund. Denn kurz ist der Weg mitunter, der zusammen gegangen werden kann. Mitunter sind es nur Kreuzungspunkte, aus denen Erkenntnisse geschöpft werden können, und es ist wichtig für euch zu wissen, auch wenn ihr zornig seid, auch wenn es euch unverständlich erscheint, warum der andere euren Gedankengang nicht verfolgen kann, so ist dies ein Lehrbeispiel für alles, was euch begegnet.

Frage: Ist Toleranz auch angebracht bei der Erziehung der Kinder?

Claudius: Ja – und Nein.

Frage: Wie soll man das verstehen? Zum Bespiel gibt es so viele unzufriedene, junge Menschen. Wie sollen wir uns da verhalten?

Claudius: Sie haben ihren Weg noch nicht gefunden. Wenn die jungen Leute keine eigenen Entschlüsse fassen, wenn ihr sie für sie trefft, wird man euch immer den »Schwarzen Peter« zuschieben, wenn es schiefgeht. –

Und wenn es gutgeht, wird man nicht daran denken, daß ihr die Grundlage dafür geschaffen habt. Deshalb laßt eure Kinder ihren Weg gehen, ihre Erfahrungen sammeln, wenn ihr nicht in die Verantwortung gezogen werden wollt. Ihr könnt die Sterne vom Himmel holen – und sie werden es als selbstverständlich annehmen – aber zufrieden sein werden sie nicht, weil sie die Anstrengung nicht kennengelernt haben, die dazu erforderlich wäre. Doch eines möchte ich euch sagen. Sie müssen sich einfügen in die Gemeinschaft eurer Familie. Vergeßt es nicht, dringt darauf, auch wenn es ihnen nicht paßt.

Seht, die jungen Menschen sind im Aufbruch begriffen. Sie suchen sich selbst, sie suchen ihre eigene Wahrheit. Daran sollt ihr sie nicht hindern, aber sie dürfen euch nicht als die »Ältere Generation« abstempeln. Ihr wißt, was ich meine. Ihr bestimmt euer Leben, und solange die Kinder daran gewöhnt werden, daß sie im Elternhaus Kompromisse schließen müssen, solange ist Strenge angebracht, damit der Baum gerade wachsen kann und später keine Stütze braucht.

Frage: Werden Kinder von der Religion beeinflußt und in welchem Maß?

Claudius: Der normale Mensch wird in seine Umgebung hineingeboren und wird mehr oder weniger einer Religionsrichtung zugeführt. Solange diese Dinge nicht im Übermaß von ihm Besitz ergreifen, wird es eine normale Entwicklung sein, die dieses Kind nimmt.

Doch Kinderseelen sind gar zart besaitet. Es wird ihnen der strafende Gott vor Augen gehalten. Sie werden in ihren Gedankengängen so vergewaltigt, daß sie Angst bekommen. Wenn die Sexualität beginnt, das Erwachen des Menschen zum Fortpflanzen, ihr sprecht von Pubertät, dann, meine Freunde, steht immer wieder der strafende Gott vor ihnen.

Es wurde in der Vergangenheit die Sexualität von

allen Kirchen eingeengt, in gewisse Dogmen gezwängt. Sexualität jedoch, meine Freunde, ist Bestandteil des menschlichen Lebens. Sie ist das Leben selbst, denn ohne Sexualität würde sich der Mensch nicht fortpflanzen. Es würde kein Raum geschaffen für neu zu inkarnierende Seelen – **also ist Sexualität göttlich**.

Auch wenn sie von dem einzelnen nur sporadisch als göttlich empfunden werden kann, so ist sie doch Bestandteil des Menschen, mitgegeben von der Allmacht.

Nun stellt euch vor, es kommt irgendein Priester, der sagt: »Es ist schlimm, was ihr tut«, dann gerät dieser Mensch in inneren Zwiespalt. Er findet die Richtung nicht mehr, und er quält sich mit Selbstvorwürfen, und derjenige, der sensibel genug ist, unkritisch diese Worte anzunehmen, derjenige kommt ins Schleudern und schafft den Boden für eben diese Besetzung.

Deswegen sprach ich auch davon, daß man den Menschen geistig niemals vergewaltigen soll. Man soll ihn seinen Weg gehen lassen, damit er die Liebe über die Sexualität auch erfahren kann.

Frage: Aber Moral muß doch auch sein?

Claudius: Du hast recht, meine Liebe. Es muß im menschlichen Leben einen Maßstab geben, es muß im menschlichen Leben eine gewisse Moral geben. Nur sollte der Mensch auch akzeptieren, daß seine Moralvorstellung unterschiedlich ist von der des Nachbarn. Auch ist **euere Moral nicht unsere Moral**.

Schau, mein Herz, es gibt Frauen, die ihren Körper der freien Liebe hingeben, wie ihr so schön sagt. Es hat mit Liebe nichts zu tun, es ist einzig und allein eine Art von Geldverdienen, von Beruf. Und allzu leicht, du hast es gehört in meiner Hochzeitsansprache*, wird Sexualität mit Liebe verwechselt.

* Band I, Seite 470

Schau, meine Freundin, es gibt Menschen, die sich in Liebe zugetan sind und nicht im Traum daran denken, ein sexuelles Verhältnis miteinander zu beginnen. Wäre das der Fall, würde das, was die beiden verbindet, vielleicht zerstört.
Doch Freunde, es gibt schöne Sprichwörter bei euch:

- **Richtet nicht,**
  auf daß ihr nicht gerichtet werdet.

und:

- **Der werfe den ersten Stein.**

Glück – Pflicht – Freude

Frage: Lieber Claudius, wir Menschen trachten immer nach Glück, aber kann man auf dieser Erde überhaupt glücklich sein?

Claudius: Seht meine Lieben, ihr lebt nun einmal nicht im Himmel, ihr lebt im Fegefeuer, um euch zu läutern, damit ihr eine Stufe höher gleitet, wenn ihr den Fluß überschreitet. Es gibt auf dieser Welt nicht einen einzigen Menschen, der immerwährend glücklich sein könnte.

Lichtpunkte lassen euch die Schattenseiten erkennen. Seht, **wir** leben im Licht, **ich** lebe im Licht und ich weiß es, weil ich die **Schattenseite** kenne.

Glück hängt unmittelbar mit dem Erkennen zusammen, denn wenn man erkennt, dann ist es möglich, daß man sich verändert. Wenn dein Verstand erkennt, dann veränderst du dich selbst. Nicht von außerhalb kommt die Veränderung, ich kann sie dir nicht verordnen, denn sie muß aus dir selbst herausbrechen. So ist es mit der Wahrheit – aus dir selbst entsteht die Wahrheit – aus dir selbst entsteht der Weg – und **der Weg, mein Freund, ist das Ziel**.

Es ist alles schmerzhaft. Jede Veränderung ist schmerzhaft, zunächst, doch sie wandelt sich. Der Schmerz verschwindet und siehe, **es wird Licht**.

Du kannst den Boden bereiten für die Saat, nicht aber die Saat zum Keimen zwingen.

Wenn der Körper, das heißt der Verstand eingebunden wird in die geistige Entwicklung, dann erst ist es möglich, **Harmonie zu erreichen. Harmonie aber ist Glück**.

Bisher wurde euer Verstand nur für materielle Dinge gebraucht und nicht zur Entwicklung des Geistes.

Frage: Wie kann man erkennen, ob man den »richtigen« Weg eingeschlagen hat?

Claudius: Wichtig allein ist die innere Überzeugung, das Möglichste getan zu haben für sich selbst. Ihr müßt euch selbst Maßstäbe setzen und euch nicht an eurem Nächsten ausrichten. Ihr selbst seid »Ich bin« (als Mensch). Ihr selbst seid völlig selbstständige Funken der Allmacht und die Wahrheit liegt in euch – ihr müßt sie nur erfragen – und ihr werdet die Antwort finden in eurer Seele. Ihr ladet keine Schuld auf euch, wenn ihr nicht bewußt falsch handelt – und das, meine Lieben, tut ihr doch nicht? Es gibt nur Irrwege, die der Mensch gehen kann. Aber Schuld würde bedeuten, daß es eine Hölle gibt, daß es ein Fegefeuer gibt. Meine Lieben, ihr alle lebt im Fegefeuer, denn ihr müßt euch bewähren – und mitunter lebt ihr in der Hölle, die ihr euch selbst erschafft. Glaubt mir, es ist alles eine Wechselwirkung.

Vergeßt nicht, wenn ihr das begreift, das Mysterium eures Lebens, dann werdet ihr frei sein von Schuldzuweisungen und ihr werdet euren Weg unbelastet zu Ende gehen.

Laßt mich ein Wort zitieren, das bei euch so oft gesprochen worden ist:

ICH SCHLIEF UND TRÄUMTE, DAS LEBEN WÄRE FREUDE.
ICH ERWACHTE UND SAH:
DAS LEBEN IST PFLICHT.
ICH TAT MEINE PFLICHT UND SIEHE:
DIE PFLICHT WAR FREUDE.

Dies möchte ich euch mit auf den Weg geben, doch nicht ohne Erklärung. Eure Seele schläft, und wenn sie erwacht ist, wird sie erfühlen, warum sie diesen Weg in diesem, eurem Körper geht, und sie wird den Weg gehen, denn sie hat es sich zur **Pflicht** gemacht, ehe sie inkarnierte. Sie tut ihre Pflicht, und seht, meine Freunde, **die Pflicht ist die Freude**, die zurückkehrt, die euch befreit von den Zwiespältigkeiten, die zwischen Seele und Verstand zwangsläufig auftreten.

Dir, mein lieber W., möchte ich mit auf den Weg geben und für jeden einzelnen, der im Berufsleben steht, gilt dieses Wort: Ihr habt in eurem Leben Pflichten zu erfüllen, die unabhängig von eurer Seele erledigt werden müssen, denn ihr lebt in dieser Gesellschaftsordnung.

Einzig und allein, **wie** ihr eure Pflicht erfüllt, ob ihr rücksichtslos seid oder ob ihr versucht zu vermitteln, euch anzunähern an die Standpunkte anderer, wird in euch die Resonanz hervorrufen, die eure Seele befriedigt. Es ist nicht so schwer, meine Freunde, wie ihr denkt. Es ist nur eine Frage des eigenen Empfindens.

Macht euch frei – und jetzt benutze ich ein Wort, das es gar nicht gibt –, laßt euch nicht durch **negative** Einflüsse künstliche Schwierigkeiten schaffen, wohlgemerkt, **negativ** ist eine Empfindung, die **ihr** hegt.

Wahrheit

Frage: Was kannst du uns zur »Wahrheit« sagen?

Claudius: Was ist Wahrheit? Nun, meine Freunde, die Wahrheit ist in euch. Das, meine Freunde, was ich als Wahrheit erkenne, hat für euch als Menschen, für euch als Teilbewußtsein der Allmacht, Gültigkeit, **doch die Wahrheit, die ihr fühlt, nach der werdet ihr handeln, euer gesamtes Sein ausrichten.**

Wenn ihr erfühlt, daß materielle Dinge eure Wahrheit sind, dann wird euer ganzes Sinnen und Streben ausgerichtet auf das Materielle. Und ihr werdet eines Tages erkennen, daß es der falsche Weg war.

Laßt mich euch erklären, daß die Wahrheit überall zu finden ist, wo sie auf offene Ohren stößt. Ich weiß auch, daß es sehr schwierig ist, hinter dem gesprochenen Wort den Sinn zu erkennen, weil es immer von eurer persönlichen geistigen Freiheit abhängt, Worte in euch Widerhall finden zu lassen.

Es ist nun einmal so, daß eure Sprache euch verwirrt, daß eure Ratio mitunter der Inspiration einen Riegel vorschiebt, so daß die Inspiration nicht einfließen kann in eure Seele. Dies ist es, was ich euch näher bringen möchte.

Frage: Gibt es eine allgemeingültige Wahrheit?

Claudius: **Es gibt nur eine Wahrheit, nur eine einzige:**

Daß du aus der Liebe geboren bist und zur Liebe zurückkehrst. Wie – das meine Freunde, ist eurem Wollen und eurem Erkennen anheimgestellt.

Siehe, viele Menschen auf eurem Planeten glauben, mit dem erlernten Wissen die Welt beherrschen zu können – und nichts, **nichts wird eines Tages Widerhall in ihnen finden.**

Ihr seht die Schwierigkeiten, die die menschliche Gemeinschaft herausfbeschwört. Ihr seht die Kriege, das Elend und niemand steht auf, kein einziger derer,

die da sagen: Wir haben studiert – ändert die Situation, **weil sie sich selbst nicht ändern**.
Meine Freunde, damit ihr eure Wahrheit erkennen könnt, euer Sein begreifen könnt, müßt ihr in euch selbst die unzweifelhafte Gewißheit haben, **daß ihr Liebe seid und aus Liebe geboren wurdet**.
Dann, meine Freunde, wird eure Wahrheit nicht so sehr entfernt sein von der Wahrheit der anderen. Ihr müßt erkennen, daß die Liebe die Brücke baut zur Verständigung und zum Verständnis.
Ich lobe mir den, der die Wahrheit in sich fühlt und nicht mit dem Verstand versucht, Gott, die Allmacht, zu begreifen, denn er wird sie niemals einordnen können, weil ihm auch keine Beweise zugeführt werden.

Frage: Der Beweis ist doch eigentlich die Natur?

Claudius: Meine Liebe, du mußt sie erfühlen, die Natur, dann kannst du sie als Beweis annehmen. So ist es das passende Beispiel.
Nun, es ist ganz einfach. Ihr seid es, die uns die Möglichkeit gebt, tätig zu werden, weil ihr euch öffnet, um die Wahrheit in euch erfühlen zu können. Ihr könnt die Welt nicht verändern, aber ihr könnt euch selbst verändern, damit ihr in dieser Welt leben könnt.

Siehe, die Wahrheit liegt in euch.

Tief in euch klingt eine Saite auf, die euch erfühlen läßt, was ihr wollt. Richtet euch nur danach, nach eurem Empfinden, dann wißt ihr, was richtig ist.
Für alle im Kreis möchte ich sagen: Jeder ist für sich selbst verantwortlich und möge durch Gespräche im Freundeskreis Gewißheit erlangen, über die ihm und für ihn **allgemeingültige Wahrheit**. So möchte ich auch meine folgenden Worte verstanden wissen:
Jeder lebt für sich allein, denn das ist euer Leben, dem ihr euch unterworfen habt, um einmal einzugehen in die Gnade der Allmacht.

Demut – Liebe

Frage: Lieber Claudius, wir haben heute über den Begriff »Demut« diskutiert und sind uns nicht ganz einig geworden. Möchtest du uns vielleicht dazu etwas sagen?

Claudius: Liebe und Demut gehören zusammen, denn nur wer die Demut in sich hat, wird die Liebe ohne Erwartung weitergeben und damit den Weg bereiten für viele andere.

Demut ist, daß du erkennst die Liebe in dir und daß du aus dieser Liebe heraus deinen Nächsten, dein Umfeld, betrachtest.

Demut ist einfach das Wissen um die Liebe, die jeder Mensch in sich trägt, und wenn du Demut so verstehst, dann wirst du merken, daß es gar keine Schwierigkeiten macht, die Liebe hinauszutragen, ohne Erwartungen daran zu knüpfen. Einfach so!

Frage: Ohne Überheblichkeit?

Claudius: Richtig, genau so. Wie ich schon oft sagte, **geht nur die Hälfte des Weges – die andere Hälfte muß euch entgegengegangen werden**. Nur so ist Liebe zu verstehen, ansonsten artet sie aus in Vergewaltigung des Geistes.

Denkt an den Vater, der seinen drei Söhnen Talente gegeben hat. Zwei der Söhne haben diese Talente benutzt, um sie zu vermehren. Der letzte Sohn hat das Talent, das ihm der Vater gab, vergraben, damit es ihm niemand stehlen könne.

Nun, der normale Mensch, der dieses Beispiel und die nachfolgende Erklärung verarbeiten soll, der beißt sich daran fest, daß der Vater den Jüngsten, der sein Talent vergraben und nicht vermehrt hat, hinausgestoßen hat.

Nur, ich sage dir: Das Talent, das euch mitgegeben wird bei eurer Geburt, ist die Liebe. Viele Menschen

lassen die Liebe in sich wach werden und vermehren sie – und andere schützen diese Liebe, damit sie nicht verlorengeht. Du siehst an diesem Beispiel, wie recht der Vater hat.
Wenn ihr mich nun fragt, was ist Liebe, wie kann ich sie erkennen, wie kann ich damit umgehen?, dann, meine Freunde, muß ich euch sagen:

Erkenne dich selbst!

Versuche, dich selbst zu lieben – und siehe, das, was in dir wächst, die Überzeugung, wird über dein Gehirn dem rationellen Verstand zugeführt.
Liebe, meine Freunde, ist das Erkennen in sich selbst. Liebe ist, sein eigenes Sein erfühlen zu können.
Ich bin in dir – und du bist letztendlich auch in mir, denn wir alle sind Liebe – aus der Liebe geboren.
Es gibt nur eine Wahrheit, nur eine einzige: Daß du aus der Liebe geboren bist und zur Liebe zurückkehrst.

Siehe, die Wahrheit liegt in euch.

Meine Freunde, damit ihr eure Wahrheit erkennen könnt, euer Sein begreifen könnt, müßt ihr in euch selbst die unzweifelhafte Gewißheit haben, **daß ihr Liebe seid und aus Liebe geboren wurdet.** Ihr müßt erkennen, daß Liebe die Brücken baut zur Verständigung und zum Verständnis.

Die Liebe der Allmacht ist grenzenlos!

Liebe, meine Freunde, ist das Ausgefülltsein in sich selbst, sich bewußt machen, daß das Ziel eures Lebens einfach der Heimgang in diese unendliche, alles umfassende Liebe des Universums ist. Ich spreche von der Liebe als allumfassende Energiequelle, als allumfassende Informationsquelle des gesamten Universums. Ich spreche jetzt von

Gott.

Diese Urenergie – **Gott – Liebe** –durchströmt das gesamte Universum, belebt es und macht es fähig, ständig miteinander zu kommunizieren. Es müßte euch bewußt sein, daß **alles im Universum *Liebe* ist – *alles* – die höchste Energie:**

Gott.

Liebe ist immer, Liebe ist Gott,
ist die Urenergie.

Ich wiederhole immer wieder, daß **Gott** nicht zu hinterfragen ist. **Gott**, meine Lieben, ist der **Kern allen Seins**, der **Kern der Liebe** aller Informationen, aller Planeten, die da werden und vergehen. Es gibt nichts anderes als diesen Gott, den ihr so nennt.

Liebe ist göttlich! Liebe ist die stärkste, die faszinierendste, die allumfassendste Energie. Liebe ist die Urinformation. Liebe ist der Atem Gottes, der

ausatmet alles Wissen, alle Information und
einatmet alles, was sich selbst bewußt
geworden
ist.

Ihr versucht, **ICH BIN** zu begreifen. Wenn ihr durch diese Information versteht, daß ihr Menschen seid, daß ihr euer Menschsein begreift, dann, meine Freunde, werdet ihr irgendeines Tages diese Stufe erreicht haben, die ich versuchte, durch unseren Freund euch zu vermitteln: **ICH BIN – TEIL DER ALLMACHT**, alles andere ist völlig bedeutungslos geworden. **ICH BIN – Liebe, und ich kehre in den Ursprung zurück**. Die Größe dessen, der euch diesen Weg gehen ließ, ist grenzenlos. Auch ich, meine Freunde, erlebe dieses **ICH BIN** zu jeder Stunde, zu jeder Minute, losgelöst von Raum und Zeit, denn

ICH BIN LIEBE.

Opfer und Täter

Frage: Wenn jemand zum Mörder wird, ist dies etwas, was wir aus unserer menschlichen Sicht natürlich völlig verurteilen, aber aus übergeordneter Sicht kann einem der Mörder auch in gewisser Weise leid tun, weil es für ihn ja ein sehr schwieriges Lernprogramm ist. Ich habe ein Problem, dies einzuordnen, wie der Mörder **hier bei uns** gesehen werden muß.

Claudius: Nun, mein Freund, siehe es so: Der Mensch hat sich eine Gesellschaftsordnung aufgebaut, gewisse Regeln gegeben, damit die Gemeinschaft funktionieren kann. Ist diese Gesellschaftsordnung aus Liebe aufgebaut, hör mir gut zu, dann gibt es keine Mörder. Ist die Gesellschaftsordnung darauf aufgebaut, daß sie in Vorteilnahme sich wandeln kann, dann gibt es den Mörder, dann gibt es das Mordopfer, dann gibt es den Wechsel: **Täter und Opfer zugleich**.

Hier geschieht etwas, was euch im Tiefsten eures Seins bewegt, was euch zum Haß führt auf die Situation, zum Haß auf die Allmacht, die, wie ihr meint, versagt, die es zuläßt, daß ein kleines Mädchen vergewaltigt wird. Diese Allmacht läßt es zu, daß Tausende von Menschen in Naturkatastrophen ums Leben kommen. Diese Allmacht läßt zu, daß Kriege geführt werden – Mörder – Opfer? Wägt gut ab. Ich appelliere an die Barmherzigkeit eures Menschseins. Seht die Zusammenhänge. Es geschieht nichts grundlos. Es sind immer Voraussetzungen da, die etwas entstehen lassen. So wie Haß, Neid, Mißgunst permanent vorhanden sind, so ist die Liebe ebenfalls permanent vorhanden, so ist die Demut vorhanden, so ist die Barmherzigkeit vorhanden.

In richtigem Maße angewendet, wäre das Leben hier auf diesem Planeten ein Paradies. Doch ihr seid nun einmal Menschen. Auch ich war Bestandteil dieser menschlichen Gesellschaft, auch ich habe gefehlt, auch ich bin dem menschlichen Sein verfallen, auch ich habe Barmherzigkeit empfunden, habe Liebe empfunden, Haß und Neid waren meine Begleiter gewesen.

Doch am Ende meines Lebens, meine Freunde, habe ich erkannt, daß es so sein mußte, daß ich durch die Hölle dieses Lebens gehen mußte, um zu erkennen, daß der Mensch vieles vermag, wenn er in sich selbst die Wahrheit und die Liebe erfühlt. Und so solltet ihr es sehen.

Frage: Ja, das leuchtet mir ein. Wir haben uns ja nun in eine Zeit hineininkarniert, wo Diskrepanzen da sind bezüglich Besitz, Macht und so weiter – wie es eigentlich schon immer gewesen ist – das Paradies ist eigentlich sehr weit weg. Das Opfer eines Mörders, das Wesen, das also gemordet wird, hat sich dies als sein Lernprogramm ausgesucht?

Claudius: Richtig. Siehe, als Folgeerscheinung eines früheren Lebens wollte er einen anderen Weg gehen, ich müßte es geschlechtslos machen: Wollte **die Seele** diesen Weg gehen. Es paßt nicht ins menschliche Denkschema, daß so etwas möglich ist. Doch, mein Freund, da alles Wechselbeziehungen sind – betrachte dich selbst, wenn du nicht über dich nachdenkst, wenn du dich nicht kontrollierst – jeden Tag, jede Stunde deines Lebens dir bewußt machst –, wirst du keine Entscheidungen fällen oder du wirst alle Entscheidungen auf einmal fällen, was genauso falsch wäre.

Du mußt abwägen. Nun, du hast dich nicht als Mörder inkarniert, wie ihr sagen würdet, sondern du gehst einen ganz anderen Weg. Das schließt jedoch nicht aus, daß du sowohl Mörder als auch Richter in einem früheren Leben gewesen sein könntest, jeder einzelne hier. Was dich erschüttert ist die **Sinnlosigkeit**, die du **vermeintlich** in dieser Tat erkennst.

Frage: Ich möchte noch etwas zu dem Mörder sagen. Du sagtest, daß ein Mörder nicht als Mörder geboren wird, denn er hat seinen freien Willen. Er kann also auch anders entscheiden.

Claudius: So ist es.

Frage: Das würde aber für das Opfer bedeuten, daß es diesen Weg nicht gehen könnte?

Claudius: Es würde für das Opfer bedeuten, daß eine Gnade gewährt worden ist, meine Liebe. Ich weiß, es ist sehr schwer zu begreifen, weil ihr mit dem rationalen Verstand versuchen wollt, wieder diese kleinen Schächtelchen zu machen, daß ihr also sagt: Folgerichtig muß es so und so geschehen. Doch, meine Liebe, was ist folgerichtig? Siehe, wichtig ist für dich zu wissen, daß die Allmacht nur dann eingreift, **wenn die Gnade zu einem neuen Weg führen kann**.

Frage: Eines interessiert mich in diesem Zusammenhang Mörder – Opfer ganz besonders. Wie war das bei **Hitler**? Aufgrund seiner Beschäftigung mit der Atlantis-Mythologie glaubte er, eine besondere Menschenrasse züchten zu müssen. Und wenn er von seinem Tun überzeugt war, daß es gut wäre, dann wäre es in diesem Sinne ja keine Schuld gewesen? Hat er dann nicht in gutem Glauben gehandelt?

Claudius: Dieser Mann war Werkzeug der Geschichte. Er mußte diesen Weg gehen. Ihr würdet diesen Mann hinrichten, so, wie er damit einverstanden war, daß Tausende und Abertausende ihr Leben hingeben mußten. So, wie **Nero** damit einverstanden war, daß Städte niedergebrannt wurden, so wie **Stalin** einverstanden war, daß in den Weiten Rußlands die Gebeine der Menschen, die umgebracht wurden, vermodern.

Nun, meine Liebe, persönliches, tragisches Schicksal, doch im Sinne der Allmacht als Beispiel den Menschen, den nachfolgenden Menschen aufgezeigt, wie sie sich **nicht verhalten** sollen. Zu allen Zeiten hat es Tote, Sterbende, Krüppel und Wiedergeborene gegeben. Der Mensch lernt nicht dazu.

Unter den Menschen, hör mir gut zu, meine ich nicht den einzelnen, sondern ich meine die einzelnen Völker. Solange das Bewußtsein des einzelnen immer noch vergewaltigt werden kann, wird es dazu kommen, daß kein Friede herrscht. Doch zu irgendeinem Zeitpunkt, meine Liebe, wird der einzelne Frieden finden, und dies, meine Freunde, ist gut für euch zu wissen.

Frage: Kann ein Mensch verflucht werden?

Claudius: Wenn ihr es so seht, daß ein Mensch euch tödlich beleidigt hat und ihr ihm daraufhin alles Schlechte wünscht, dann kann es durchaus sein, daß er diese Schwingung aufnimmt und sein Leben beeinflußt wird. Aber – eure Gedanken schwingen auf zur Akasha-Chronik und werden euch begleiten, denn die Wertigkeit nehmt **nicht ihr** vor.

Todesstrafe

Frage: Hat der Staat das Recht, die Todesstrafe aussprechen zu dürfen?

Claudius: Du siehst, wie die einzelnen Gesellschaftsordnungen sich mit dem Recht auseinandersetzen. Glaube mir, keiner hat ein Recht, ein Urteil zu sprechen über seinen Nächsten. Es gibt nur eine Wahrheit, nur ein Recht.

Ich möchte euch einen kurzen Überblick geben über Moral. Moral ist das Empfinden, das euch eure Gesellschaftsordnung vorschreibt. Die Achtung vor dem Leben soll jedem einzelnen ins Bewußtsein gerufen werden. In einem Staat, wie dem euren, gibt es die sogenannte Todesstrafe nicht mehr, das heißt, die gewaltsame Trennung von Körper und Seele. In anderen Ländern ist sie vorhanden, weil man sich sagt: »Dieser Mensch gehört nicht in diese Gesellschaftsordnung, denn er hat sich außerhalb dieser Ordnung bewegt.« So weit, so gut!

Irgendwann schreit die Masse der Menschen auf, wenn ein Mörder unter ihnen seine Opfer holt. Ich sage euch, auch dieser Mörder hat seine Berechtigung im Leben des Menschen, so wie der Löwe seine Berechtigung hat, im Tierreich nach Nahrung zu suchen.

Die Hintergründe dafür, daß der Mensch gegen den Menschen wütet, liegen im Verborgenen. Sie sind als Schrei der gequälten Menschheit zu verstehen. Die Angst, die dieser Mörder verbreitet, grassiert wie eine Seuche, und es ist zu verstehen, wenn der Staat reagiert, und keineswegs zu verurteilen. Aber wenn der Staat seine Bürger zwingt, in den **Krieg zu ziehen** und zu **töten**, so ist auch dies eine **Art von Mord**, die nicht sanktioniert werden kann, denn hier ist die Staatsgewalt der **Vergewaltiger** der einzelnen **Seele**.

Auch euer Staat versucht, euch an die Kette zu legen. Nun, ihm könnt ihr nicht ausweichen. Doch, was ist Recht? **Der Sieger hat das Recht**. Ihr seht es heute an dem zweigeteilten Staat.
Siehe, viele Menschen, die einst an der Macht waren, werden heute angeklagt, Verbrecher zu sein, weil sie an Gesetzen mitwirkten, die das Volk unterdrückten. Alles, mein Freund, ist einem steten Wechsel unterworfen und wenn die Teilung eures Landes auf andere Weise zusammengeführt hätte, würden die, die heute zu Gericht sitzen, selbst auf der Anklagebank sein. So ist es im menschlichen Leben. Die Perspektiven verschieben sich, je nachdem, von welchem Standpunkt aus du es betrachtest.
Siehe, **Rajiv Gandhi**, er wollte das Beste für sein Volk, und er wurde gesichtslos gemacht. So ist es überall auf eurer Welt. Die, die da glauben, die Macht zu besitzen, hängen selbst am seidenen Faden und merken es nicht.
In euch selbst empfindet ihr die Wahrheit und in euch selbst ist das Recht, in euch selbst ist das Licht. Ihr müßt euch bemühen, es so zu erkennen.

Krieg – Frieden – Politik

Frage: Lieber Claudius, sage mir bitte etwas zum Thema Krieg und Frieden, das gerade jetzt so aktuell ist.

Claudius: Solange der Mensch sich manipulieren läßt und solange der Mensch in Gesellschaftsordnungen eingebunden ist, die ihn zwingen, auf seinen Bruder zu schießen, wird es Kriege geben, denn das Bewußtsein ändert sich nur stufenweise.

Siehe, meine Liebe, die Welt stand vor einer Katastrophe. Diese Katastrophe ist im letzten Moment abgewendet worden, doch sie hat nicht dazu geführt, daß der Mensch klüger geworden ist, sondern es sind neue Kriege entstanden, neue Krankheitsherde entstanden und Krankheiten müssen ausgeschwitzt werden, meine Liebe.

Frage: Diesen Satz hast du auch in deinem Leben als »Claudius« benutzt. Er hat also noch immer Gültigkeit?

Claudius: Vieles wurde euch gezeigt, das ihr in Verbindung sehen solltet zu dem, was ich euch in der Vergangenheit zu vermitteln versuchte, nämlich die **Verbindung zwischen den Menschen und uns, die seit Jahrmillionen schon besteht.**

Seht, meine Freunde, Kriege werden geführt und die Meinung wird dem Menschen aufgezwungen, in seinem Nächsten seinen Feind zu sehen, einen Feind, den er vernichten muß – seinen eigenen Bruder. Darin solltet ihr das Paradox erkennen, das die Regierungen eurer Staaten eurem Geist infiltriert.

Wenn in allen Völkern der Erde das Verständnis der Liebe Platz greifen würde, dann würden diese Wenigen, die versuchen, aus sogenannten politischen Gründen Kriege zu entfachen, keine Chance bekommen.

Ihr seht, wie wichtig es ist, daß diese Botschaft der Liebe Platz greift unter allen Völkern.

Was nutzt es den Menschen, wenn er Land gewinnt, das nie sein Eigen wird. Seht, im Frieden der Zeit kann der Mensch überall auf dieser Welt sich niederlassen. Grenzen werden überflüssig.
Probleme, die heute noch als sogenannte Asylantenprobleme behandelt werden, würden nicht mehr auftreten, denn ein jeder könnte in Frieden neben seinem Nächsten leben und die Wenigen, die glauben, dem Nächsten den Lebensraum absprechen zu müssen, würden keine Chance erhalten.
Sie sollte man zusammenfassen und in die Wüste schicken, damit sie die **Demut** lernen und die **Gnade**, die da ist, **mit dem Nächsten leben zu dürfen**.
In diesem Zeitalter, in dem das Bewußtsein, daß der Mensch seit Jahrtausenden von Jahren diese Erde bevölkert, hochschwingen sollte, dürfte dies, was heute geschieht, nicht geschehen.
Das Mittelalter wurde überwunden, die Kreuzzüge und das Regiment der Kirchen, die jedoch heute noch versuchen, den Menschen in eine gewisse Richtung zu zwängen. Ebenso wie die verschiedenen Regierungen immer wieder versuchen, den Menschen zum »Heiligen Krieg« aufzurufen, der niemals heilig sein kann, weder für das Land, das es betrifft, noch für den einzelnen, der gezwungen wird, den Bruder umzubringen.
Nun, das, meine Freunde, wollte ich euch sagen, daß nie eine Feindschaft zwischen den Menschen bestand, sondern daß eine **aufgezwungene Feindschaft zweier Regierungen die Menschen zu Feinden werden ließ.**

Frage: Könnte man in Kooperation mit euch, durch das Hinlenken geistiger positiver Schwingungsfelder versuchen, die Kriegsgefahr abzuwenden?

Claudius: Glaubt mir, es führt nur dann zum Erfolg, wenn **alle** Völker und Staaten dieser Welt sich einigen.

Frage: Du machtest einmal die Bemerkung, daß der Krieg

punktuell auf Leute mit entsprechendem Karma Auswirkungen hat. Könnte nicht auch durch unser Dazutun eine Gnade für diese Leute gewährt werden?

Claudius: Mein liebes Kind, das geistige Bewußtsein ist bei den wenigsten Menschen so hoch entwickelt, daß ein für allemal die Kriegsgefahr gebannt werden könnte. Der Mensch in seiner unbescheidenen Art – in seiner Arroganz gegenüber der Allmacht – wird sich wandeln müssen. Sehet, einer ruft zum Heiligen Krieg und die meisten laufen ins Verderben. Wie die Lemminge stürzen sie sich ins Verderben.

Frage: Sieht der Kriegsanstifter vor seinem Eintritt in dieses Leben seine Situation? Wenn ja, warum führt er sie dann doch aus?

Claudius: Ich darf vielleicht ein Beispiel aus deinem Leben nehmen. Viele Dinge, die du getan hast, die du bewußt getan hast, waren gut – und viele Dinge, die du aus Zorn getan hast, waren nicht gut. Doch hättest du diese Dinge nicht aus Zorn getan, würdest du die andere – die Gegenseite – nicht kennengelernt haben.

Es ist nicht so, daß der einzelne für die Gesamtheit eines Volkes verantwortlich gemacht werden kann. Er kann immer nur verantwortlich gemacht werden für das, **was er zu tun unterlassen hat**. Und wenn du der Meinung bist, daß du dein Leben lebst, mit all seinen Schwierigkeiten und mit allen Irrungen und Wirrungen, dann wird es richtig sein. Vielleicht kann ich es noch etwas deutlicher ausdrücken. Du wirst nie etwas tun wollen, was einem anderen schadet – und trotzdem wirst du es nicht vermeiden können, daß du ihm Schaden zufügst, in irgendeiner Form. Dann hast du nicht bewußt falsch gehandelt.

Frage: Gorbatschow und Bush sind Männer, die unwahrscheinlich große Verantwortung übernommen haben. Sind sie sich der Verantwortung bewußt unter dem Aspekt, daß es noch andere Lebewesen außerhalb unseres Planeten gibt?

Claudius: Meine Liebe, sie sind sich dessen bewußt. Sie haben ihre Begleiter, und sie bemühen sich krampfhaft, einen Konsens zu finden, der für alle Politiker annehmbar ist.

Es ist die Schwierigkeit, daß auch im Umkreis dieser beiden Männer wirtschaftliche Interessen an der Oberfläche gehandelt werden. Mit den Schwierigkeiten müssen sie sich auseinandersetzen, deshalb ist es so schwierig, einen gemeinsamen Nenner zu finden.

Du siehst, vor einigen Monaten hast du darüber gesprochen, meine Liebe, daß Frieden doch eigentlich nicht so schwer zu begründen sei. Siehe, wie schwierig es ist, Frieden in der Familie zu finden, wie schwierig ist es erst unter den Völkern, unter verschiedenen Nationen mit verschiedenen Erkenntnissen, mit verschiedenen Sprachen. Dieser Planet ist nun mal **kein Friedensplanet**.

Seht, in euch selbst, in eurer Familie, solltet ihr versuchen, Harmonie und Liebe zu verbreiten und euch bewußt sein, welche Gnade euch zuteil geworden ist bei eurer Geburt.

Ihr könnt die Welt nicht verändern. Es ist das Schicksal dieses Planeten, daß die Völker, die auf ihm leben, einem ständigen Wandel unterworfen sind. Kulturen kommen und vergehen, werden vergessen und entstehen neu und, **je mehr sich der Mensch der Technik verschrieben hatte, um so schwieriger wurde es, den einzelnen Menschen in die Liebe einzubinden**.

Nun, das haben euere Vorfahren schon erlebt, das erlebt ihr heute und eure Kinder werden es morgen erleben.

Wichtig allein ist, daß ihr euch selbst treu bleibt und euch nicht verliert.

Frage: Wenn man mitansehen muß, wie grausam diese Kriege geführt werden und die Menschen, sogar Frauen und Kinder gequält und getötet werden, dann fragt man sich, wenn man über Karma Bescheid weiß, haben alle diese Menschen irgendwann in der Vergangenheit diese Akzente gesetzt. Welche Ursache ist es, wie tief müssen Menschen gefallen sein, wenn sie jetzt dieses Leid erfahren müssen? Ist dies alles Ursache und Wirkung?

Claudius: Nun, meine Liebe, du sprichst es aus, es ist der Gang, der vorgeschrieben ist, um die Erfahrungen zu machen, und so lange sich das Gesamtbewußtsein dieses Planeten nicht verändert, so lange geistige Korruption das Leitmotiv für die Politik ist, hör mir gut zu, ich spreche von **geistiger Korruption**, so lange gibt es keinen Frieden.

Frage: Unsere wirtschaftliche Situation wird ja auch schlecht werden?

Claudius: Hungern, meine Freunde, werdet ihr nicht – ihr könnt ja den Garten umgraben und bepflanzen. Ihr seht, es wird immer einen Weg geben und ihr solltet nicht in Panik geraten.

Aber alles ist einem Wandel unterworfen und die materielle Welt wird sich nicht beruhigen, meine Freunde, dazu sind die Gegensätze zu groß geworden im Laufe der Jahre.

Wenige sind es, die den Weg zurückfinden zum Bescheiden in den Ansprüchen. Doch nun, auch dies ist eine Erfahrungssache, die jeder einzelne machen muß. Keinem werden die Erfahrungen erspart bleiben – und dies ist gut.

Frage: War der Untergang Deutschlands schon vor dem Krieg gesteuert?

Claudius: Meine Liebe, ich darf dir sagen, daß der **Aufschwung** dieses Volkes auch gesteuert, gewollt war, denn du siehst heute keine Trümmer mehr – zumindest im westlichen Teil dieses Landes und es bleibt nur eine Wahl: eingebunden zu werden in eine politische Völkergemeinschaft, damit ein Ausgleich entsteht, denn alle müssen bezahlen, meine Liebe.

Frage: Die anderen haben ja nichts?

Claudius: Ich müßte zu diesem Gespräch einen **Völkerkundler** einladen, einen, der das **Werden und Vergehen der Menschheit über Jahrtausende hin verfolgt hat**, der das Griechisch-Römische Reich begleitet hat, der das Reich der Chaldäer begleitet hat, der das Osmanische Reich begleitet hat, der das Römische Reich begleitet hat. Doch, meine Lieben, was sollte euch dieses Wissen nutzen?

Ihr werdet daran nichts ändern. Wichtig ist, meine Freunde, daß ihr euch auf euch selbst besinnt, daß ihr wißt, daß euer Leben durchlebt werden muß – doch das letzte Drittel mit einem anderen Verständnis, dank der Tatsache, daß ihr euch geöffnet habt.

Was auch kommen mag, so manches wird Bedauern in euch hervorrufen, so manches wird euch auch zornig machen – doch letztendlich wird der **Friede eurer Seele** überwiegen – und dies geben wir euch mit auf den Weg.

Frage: Unsere Erde soll von einer Gruppe von Menschen beherrscht werden, die sich praktisch als Regierung hinter den Regierungen bezeichnen läßt, die über das ganze Banken-, Finanz- und Großkapital auf sämtliche Regierungen einwirken soll und deren Ziel es ist, eine Art Weltherrschaft zu errichten. Was ist von dieser Information zu halten?

Claudius: Nun, mein Freund, Durchsagen, Kontakte gibt es manigfaltiger Art. Wie du selbst in Erfahrung gebracht hast, gibt es Wesenheiten, die sich bei verschiedenen Menschen melden und versuchen, Einfluß auf den Menschen zu nehmen. Dies ist nichts Neues, es war in der Vergangenheit ebenfalls so.

Unterscheiden könnt ihr daran, ob es wertvolle Kontakte sind, ob sie Katastrophenstimmung verbreiten oder die Liebe der Allmacht predigen. Dies ist das wichtigste Unterscheidungsmerkmal, das euch gegeben wird.

Ob es Wesenheiten gibt, die hinter den Regierungen diese Planeten regieren, war deine Frage gewesen. Nun, mein Freund, der Materialismus zieht weite Kreise und setzt sich mitunter fest in einer Gruppe von Menschen, die das Finanzwesen der gesamten Welt beherrschen.

Es sind keine Außerirdischen, die dies tun, keine Geistwesen, sondern es ist eine bestimmte Gruppe von Menschen, die ich dir betiteln könnte, nur, wenn ich sie nennen würde – und ihr würdet es aus diesem Kreis hinaustragen, **würdet ihr verschwinden**.

Seht, materielle Strömungen sind es, die sich hier in dieser Menschengruppe festsetzen und die die Gewalt über alle Regierungen haben. Manch einem Regierenden ist es bewußt, daß etwas geschieht, was er nicht steuern kann – doch manch einem wird es erst bewußt, wenn die Wirtschaft des eigenen Landes zugrunde gegangen ist.

Kein Volk ist je zugrunde gegangen, ohne daß nicht mehrere Faktoren eine Rolle gespielt hätten. Was geschieht, ist eben das, was ich euch vom Ursprung des Menschen mitgeteilt habe, daß die Liebe in Vorteilnahme umgeschlagen ist und deshalb das Joch des Menschen durchlebt werden muß.

Frage: Der Einfluß, der von dieser Gruppe ausgeht, ist offenbar sehr gravierend und die Frage ist, ob wir auf indirektem Weg über unsere geistige Arbeit wenigstens teilweise etwas dagegen setzen können?

Claudius: Nun, mein Freund, des Rätsels Lösung liegt im Menschen selbst. Wäre der Mensch frei in seinen Entscheidungen, dann würde ich dir unbedingt recht geben. Doch der Mensch, mein Freund, ist das Produkt seiner Umgebung. Er wird vergewaltigt, er läßt sich vergewaltigen, er läßt sich indoktrinieren, und dies ist das Problem der Menschheit. Wenn du versuchst, in dir selbst Frieden zu finden, wenn du versuchst, dich selbst zu öffnen für die Wahrheit des Geistes, dann wird es dir möglich sein, frei deine Entschlüsse in dieser Gesellschaftsordnung zu fassen, für **dich selbst**. Aber die wenigsten, mein Freund, sind dazu imstande.

Alles geistige Potential, das vorhanden ist, müßte aktiviert werden – und glaube mir, irgendwann wird **dies** geschehen und dann – kennst du die Geschichte von **Ritter, Tod und Teufel**, mein Freund, die **Apokalypse**?

R.: Ja.

Claudius: Siehst du, dies ist die einzige Lösung – bedauerlicherweise. Doch es hat keinen Einfluß auf euer eigenes Sein, denn ihr selbst habt die Freiheit des Geistes, ihr selbst seid euch bewußt eurer Seele und ihr selbst könnt für euch etwas bewegen – trotz dieser Apokalypse.

Physik

Frage: Was versteht man unter »Supernova«?

Claudius: Du solltest vielleicht den Artikel aus PM (Peter Moosleitner's Magazin) vervielfältigen zum besseren Verstehen für die Freunde. Ich möchte Stellung nehmen zu der Sonne, die sich aufgelöst hat und deren Auflösung euere Wissenschaftler bemerkt haben.
Seht, meine Freunde, ungeheure Energien wurden freigesetzt, aber kein Wissenschaftler ist bereit anzunehmen, daß dies ein Zeichen ist für das Bestehen eines göttlichen Waltens. Sie jagen den Atomen – Protonen – Quarks hinterher und wissen nicht, daß das Ende der Kernspaltungen die reinste Energie ist. Die Energie, die man Liebe nennt oder Gott oder Allmacht.

Frage: Die Explosion der Supernova, einem blauen Stern, währenddem sonst nur die Explosion von roten Sternen beobachtet wurde, fand vor zirka eintausendsiebenhundertsiebzig Jahren statt, und die Energien erreichen erst jetzt unseren Planeten. Hat also diese Energie mit der Endzeit zu tun, deren Einstrahlung das Bewußtsein der Menschen verändern soll?
(Wir unterhielten uns über den Bericht im P. M. – Supernova – und der damit verbundenen ungeheuren Entdeckungen unserer Wissenschaft.)

Claudius: Alle diese Dinge, sind Erkenntnisse eurer Wissenschaft, die euch staunen machen. Aber begreifen und nachvollziehen werdet ihr nicht können, denn dies können auch die nicht, die ein Leben lang geforscht haben. Denn würden sie begriffen haben, was sie erforschten, würden sie demütig werden oder geworden sein über die Großartigkeit, die unendliche Liebe der Allmacht. Erfühlen würden sie die Gnade der Erkenntnis und stumm würden sie über dem Erkennen dieser unendlichen Liebe.

Meine Freunde, ich weiß, wie schwer es ist, dies alles zu begreifen. Es sollte euch jedoch nur ein kleiner Einblick gewährt werden und nicht veranlassen, euch mit Fragen herumzuschlagen, deren Auflösung für euch unbegreiflich ist. Hundert Millionen Sonnenjahre haben für euch die gleiche Bedeutung wie eine Million oder ein Lichtjahr. Begreifen möget ihr, daß es für uns kein Gestern – Heute – Morgen – gibt und daß alles gleichzeitig existiert. Dies allein wird genügen für den Frieden eurer Seele.

Frage: Ist die Aussage in dem Artikel richtig: die Supernova erzeugt Licht – Liebe – Allmacht, elektromagnetische Strahlung = Gott?

Claudius: Ja.

Frage: Die Supernova ist nicht vor eintausendsiebenhundert Jahren explodiert, sondern bereits vor einhundertsiebzigtausend Jahren?

Claudius: Mein Kind, sind einhundertsiebzigtausend Jahre nicht genauso unvorstellbar? Es spielt für dich doch keine Rolle.

Frage: Nein, natürlich nicht, doch ich wollte es korrekt wiedergeben.

Claudius: Mein Herz, warum sollte ich dies richtigstellen? Wäre ein Astrologe, ein Astrophysiker dagewesen, hätte ich es verbessert.

Frage: Was meinst du, Claudius, zur Atomkraft?

Claudius: Meine Lieben, Atomkraft ist keine Erfindung eures Zeitalters. Schon einmal wurde ein Planet zerstört durch Wesenheiten, die Schöpfer sein wollten.

Frage: Wenn durch einen Fehler der Menschen unkontrollierte Atomspaltung stattfindet, könnte die Erde zerfallen?

Claudius: Nein, denn die Erde ist nicht anders zu betrachten als ein Stern. Aber der Mensch kann durch seine Experimente alles Leben zerstören und die Erde zu einem toten Planeten machen und sie unbewohnbar für euch Menschen werden lassen. Dies heißt jedoch nicht, daß andere Wesen in irgendeiner Form existieren können.

Frage: War die Erde schon einmal teilweise unbewohnbar?

Claudius: **Ja**, siehe Atlantis.

Frage: Ich las über die »Versteckte Raumdimension«, was bedeutet das?

Claudius: Lieber Freund, all das, was eure Wissenschaft noch nicht erkannt hat. Siehe, sie sollten ins Metaphysische gehen, dann wäre es leichter, den Wissensdurst zu stillen. Aber noch immer wehren sie sich, die Unendlichkeit des Weltalls als solche zu akzeptieren. »Schwarze Löcher« ist die Antwort. Du siehst, Wege werden aufgezeigt und doch stützt sich die Wissenschaft nicht auf das neue Gedankengut.

Frage: Gab es schon früher Flugkörper mit Astronauten?

Claudius: **Ja**, nichts ist neu, sondern nur teilweise wieder entdeckt. Alle Völker, die einmal hochentwickelt waren, sind zugrunde gegangen, weil sie Raubbau getrieben haben. Atlantis ist kein Märchen, wie man euch glauben machen möchte. Denn eine Sintflut hat Ursache und Wirkung.

Frage: Däniken sprach über die »Heiligen Stiere« (Apis).

Claudius: Ich gehe zurück in die Vergangenheit. Zu einer Zeit waren Besucher von anderen Sternen auf dieser Welt. Ich sprach von der Sonne des Amun Re, die das, was man Mensch nennt, zu dem gemacht hat, was er ist: Zu einem bewußten Sein.

Siehe, diese Menschen, die das Bewußtsein hatten, lebten vor Millionen von Jahren auf diesem Planeten glücklich, soweit das beim Menschen möglich ist. Die Besucher aus dem Weltraum, wenn ihr so wollt, haben nichts anderes getan, als das, was heute eure Wissenschaft versucht, zu tun.

Die Veränderung der Gene. Genmanipulationen führten zu Zwitterwesen. Diese Zwitterwesen waren jedoch nicht fähig, sich fortzupflanzen, ohne erneut geklont worden zu sein. Deshalb entstanden Fabelwesen, wie ihr sie heute nennt. Sie aber existierten. Sie waren nicht den Gedanken der Menschen entsprungen, sondern wurden als solche angebetet. Als diese Fremden in ihre Heimat zurückkehrten, blieben diese Fabelwesen auf der Erde, und sie starben aus – aber für die Menschen waren sie Götterboten, und sie haben in der weiteren Zukunft diese Wesen verehrt und ihnen Denkmäler geschaffen. Es ist heute noch so, daß es in einigen Teilen eurer Welt heilige Kühe gibt, obwohl die Menschen verhungern.

Frage: Sind Photonen meßbare Energieeinheiten?

Claudius: Lichtteilchen.

Frage: Seid ihr diese Teilchen?

Claudius: Ja, der reinste Energiestrom, den ihr euch vorstellen könnt. Auflösung der Quarks, in die Urenergie, das Licht der Liebe, das euch verzaubert, wenn ihr es erahnt.

Frage: Also sind die Photonen sich ihrer selbst bewußt?

Claudius: Meine Liebe, was ist Bewußtsein anderes, als alles zu wissen, im Wissen sich zu bewegen, Wissen zu sein, denn die Einordnung läßt sich mit eueren Worten nicht vollziehen. Wenn keine Liebe ist, dann kein Bewußtsein.

Frage: Du sagtest einmal: »Teile meines Wissens sind auch in euch.« Ist das so richtig von uns zu verstehen?

Claudius: Ja, denn alles ist Energie.

Frage: Dann ist also alles Wissen in uns?

Claudius: Ja, denn ihr seid Teilbestand des Universums.

Frage: Das wäre dann der »Geist der Materie«?

Claudius: Ja, ja. Seht, ich benutze Marc zur Zeit, ohne ihn fallen zu lassen, mit einer Teilenergie seines Körpers. Deshalb spürt er keine Muskelschmerzen. Wenn wir ihn zum Sprachrohr machen, dann müssen wir eine besondere Energieform benutzen, die bei euch nicht vorhanden ist, vergleichbar mit dem Licht – oder **Tachyonenenergie**,[1]) die ihn sprechen läßt, ohne daß ein Substanzverlust eintritt.

Frage: Was bedeutet der Begriff »Tachyonenenergie«?

Claudius: Nun, mein Freund, Tachyonenenergie ist eine Energieform, die nicht nachweisbar ist, sie wird vermutet. Siehe, eure Wissenschaftler sehen die Tachyonen als die kleinsten Lichtteilchen an. Es ist schwer, verständlich zu machen, was Tachyonen bedeuten, ohne einige Vorkenntnisse.

Sie sind schneller als Licht. Lichtgeschwindigkeit ist nicht das letzte Stadium.

Frage: Licht ist nach unserem Verständnis auch Materie.

Claudius: Ja, du denkst mit, gut so. **Tachyonenenergie** wurde schon früh erkannt. Einstein hat sie aufgegriffen. Tachyonenenergie hat Nicola Tesla[2]) schon erkannt, sie nur anders benannt. Tachyonen, die kleinsten Teilchen, die der Mensch entdeckte – und es gibt noch kleinere – sage ich dir.

Weißt du, Tachyonen setzen sich zusammen aus Energie, reinster Energie, sie bündeln sich gemäß ihrem Wissen zu dem, was ihnen bestimmt ist. Würdest du deinen Körper auflösen, so würde auch Tachyonenenergie entstehen.

Frage: Die Energien, die ihr **jetzt** benutzt, sind das Tachyonenenergien?

Claudius: So ist es, es sind überschnelle Lichtteilchen, die, wie ich schon erläutert habe, nicht zu erfassen sind für den Menschen. Doch jeder Mensch wird von diesen überschnellen Lichtteilchen tagtäglich getroffen. Sie durchdringen den Körper und treten aus. Es hat etwas damit zu tun, daß sich die Ozonschicht eurer Stratosphäre gelockert hat, teilweise auseinandergerissen ist. Deshalb werden heute größere Phänomene beobachtet, sowohl auf technischer als auch auf physischer Seite des Menschen.

Frage: Dann ist praktisch die Durchlässigkeit für euch erhöht worden?

Claudius: Richtig, so ist es. Es hat natürlich auch einen Nachteil für den Menschen. Er wird sensibler dadurch, und hier ist die Abstrahlung der Erdatmosphäre in die Stratosphäre auch ein wesentlicher Faktor. Hinzu kommen Verwirbelungen im Erdmagnetfeld und Sonneneruptionen in überreichem Maße, so daß hier eine Energieform sich manifestiert, die **Nicola Tesla** als Brücke zum Jenseits einmal beschrieben hat.

Frage: Braucht diese Energie diese Wechselwirkung, die zur Zeit auf der Erde herrscht?

Claudius: So ist es. Es sind physikalische Vorgänge, die jedoch gewollt und gesteuert sind von der Allmacht, damit eine Veränderung überhaupt stattfinden kann.

Frage: Nach unserer menschlichen Physik bleibt jede Energie erhalten und keine Energie entsteht aus dem Nichts. Wo kommt dann die erste Energie her?

Claudius: Meine Lieben. **Gott ist Energie**. Niemals wurde sie **»erschaffen«**, sie war **immer vorhanden**. Siehe, als es noch keine Generatoren gab, waren Energien vorhanden. Deine Liebe, die du fühlst, ist reinste Energie und nicht meßbar, aber fühlen kannst du sie und alle, die dir entgegentreten, fühlen sie. Nicht meßbar, meine Lieben.

Frage: Die Seele wird als verdichtete Energie beschrieben. Ist diese verdichtete Energie mit unserem physikalischen Weltbild beschreibbar?

Claudius: Nein, mein Freund, denn eure Wissenschaft läßt nur gelten, was sie sehen kann, und dies ist der Haken. – Siehe, wenn du am Tisch einen Naturwissenschaftler haben würdest, dann wärest du über seine Reaktion erstaunt, denn nicht das, was er erlebt, wird ihn überzeugen können, sondern Meßgeräte, die wiederum nur aus Atomen oder verdichteter Energie bestehen. – Verstehst du mich?

Frage: Ja, sehr gut! Die Erde soll sich aufgrund der Gravitationskraft um das Doppelte vergrößert haben und dadurch das Aufbrechen der Kontinente hervorgerufen haben. Ist dies vorstellbar? (Dirac)[3])

Claudius: Diese Theorie ist vorstellbar. Aber der Vortrag, den ich euch darüber halten müßte, würde weit über euer Verständnis hinausgehen.

Frage: Können wir die Bündelung der Lichtquanten als Laserenergie verstehen?

Claudius: Laserenergie ist ein Abklatsch davon. Ich möchte es so nennen: Ihr versucht, diesen Hyperantrieb zu erforschen und zu bekommen. Dieser Hyperantrieb ist nur zu erreichen, wenn das Gebiet der Laserstrahlen, der Bündelung der Lichtstrahlen, zu Ende gedacht wird.

Frage: Ich würde das auch im Interesse der Energiefrage sehen. Ist es legal, nach Auswegen zu suchen, die unsere Umwelt nicht belasten?

Claudius: Es gab vor einiger Zeit einen Wissenschaftler unter euch, der dieses Problem leicht hätte lösen können, der auch die Anlagen dazu hatte und das Wissen. Man hat ihn ausgelacht, eure Wirtschaft hat ihn zum Narren gemacht, und er ist, ja, »irgendwo« gelandet.

Frage: Meinst du Nicola Tesla?[2]

Claudius: **Ja.**

Frage: Tachyonenenergie?

Claudius: Richtig.

Frage: Gibt dies euch die Möglichkeit, in Vergangenheit und Zukunft zu gelangen?

Claudius: Das ist ein Grundbestandteil unseres Seins.

Frage: Welche Energie benützt ihr bei unseren Kontakten?

Claudius: Wir arbeiten mit Hochfrequenzenergien. Wir bitten euch sehr um äußerste Konzentration, wenn ich den Körper des Freundes benutze. Vergeßt es nicht, daß wir diese Konzentrationsschwankungen ausgleichen müssen, die leicht zur Überbeanspruchung unseres Freundes führen. Hochfrequenzenergien sind gefährliche, gebündelte Energien, vergleichbar mit einem Lichtstrahl, mit einem Laserstrahl. Geringste Schwankungen erfordern einen Ausgleich. Dieser Ausgleich ist nicht immer zu regulieren.

Achtet darauf, daß der Kreis der gemeinsamen Schwingungen erhalten bleibt. Eine kleine Abweichung ist nicht schlimm, doch wenn zwei in diesem Kreis sich nicht konzentrieren können und eingeholt werden von ihren Gedanken, wird es gefährlich. Sicher werdet ihr Verständnis haben, wenn wir dann abbrechen.

Du solltest es so sehen, daß diese Energie, die von uns dazu benutzt wird, Marc aus dem Körper herauszunehmen, **gleichzusetzen** ist mit **Tachyonenenergie**. Tachyonen bilden einen Schirm, und dieser Schirm ist ungefähr gleichzusetzen mit einem Faradayschen Käfig.

Dieser Faradaysche Käfig kann durchbrochen werden, denn eure Energien sind zum Ausgleich wichtig. Ihr bildet mit euren Energien den Stahlkäfig, in dem er sitzt, und unsere Energien gleiten um diesen Käfig herum und schließen ihn ein. Ist nun von euch eine Lücke zu bemerken, dann versuchen wir, die Energien umzuleiten in eine kreisrunde Bewegung, so daß sie nicht eindringen können in die Lücke, die geschlossen wird.

Nur, diese kreisrunde Bewegung erfordert höhere Schwingungen. Siehe, mein Freund, ein langsames Gleiten von Energien ist so, wie wenn die Liebe euch umschließt. Tritt ein Fehler ein, dann wird ein Wirbel in Bewegung gesetzt, und dieser Wirbel kann gefährlich sein, wenn diese Lücken größer werden.

Frage: Besteht ihr auch aus Tachyonenenergie?

Claudius: Swejen Salter[4]) sprach davon, daß sie eine Reise macht und aufgelöst wird. Sie wird aufgelöst, nicht in die Molekularstruktur, nicht in Atome, sie wird aufgelöst in winzige, nicht mehr wahrnehmbare Energieteilchen. Es ist das Licht der Ewigkeit, das jedoch das Wissen um die Atome beinhaltet und sich so wieder zusammensetzen kann. Tachyonen, meine Liebe, ist das Schlüsselwort. **Tachyonenenergie**.

Frage: Sicher besteht nicht alles aus dieser Energie, sondern auch aus Elementarteilchen mit unterschiedlichen Schwingungen?

Claudius: Halt – Tachyonenenergie ist die Grundlage für alles, was lebt, auch für euch, denn eure Moleküle werden auch gesteuert von Tachyonen. Wenn eure Molekülatome zerfallen, dann entsteht eine andere Energie.

Frage: Unsere Forschung baut an einer Antenne zum Messen von Gravitationswellen, die die kleinste Veränderung zwischen Sonne und Erde in Größe eines Wasserstoffatoms feststellen könnte. Außerdem soll es damit möglich sein, bis an den Anfang von »Raum und Zeit« zu sehen. Man könne damit erstmals die Gravitationswellen tatsächlich nachweisen (Garching/München).

Claudius: Ja, nur sie durchdringen den Raum damit nicht. Sie können neue Denkmodelle wissenschaftlich erzeugen. Umsetzen, das ist die Frage. – Der äußere Kreis ist die Begrenzung, die der lebende Mensch nicht überschreiten kann. Aber – die sogenannten »Schwarzen Löcher«, die von euren Wissenschaftlern so genannt werden, sind die Pforte zum Eintritt in den inneren Kreis. Sollte es den Menschen jemals möglich sein, mit seinen Raumschiffen diese Pforten zu durchschreiten, werden sie aufgelöst werden in die Energie, die erforderlich ist, um neue Planeten, neuen Geist freizusetzen, denn es ist nicht Sinn dessen, daß der Mensch diese Pforten ungestraft übertritt. – Versteht es so: Euch wird das Geheimnis erklärt auf diese Art, wie ich es jetzt tue. Ich möchte es an einem Beispiel verständlich machen: Wenn ihr bewußt eine Schwelle übertretet, hinter der die Dunkelheit verborgen ist, werdet ihr ins Bodenlose stürzen. Vielleicht wird es so verständlich, was ich meine.

Frage: Könnte man die »Schwarzen Löcher« theoretisch auf der blauen Linie ansetzen?

Claudius: Richtig!

Frage: Die »Schwarzen Löcher« sollen eine so hohe Anziehungskraft besitzen, daß sie alle Materie, die in ihre Nähe kommt, unweigerlich zerreißen. Sie wären also nur in geistiger Form zu durchschreiten?

Claudius: Du siehst, wie recht ich hatte, dir das auf diese Art und Weise verständlich zu machen.

Frage: Im Bermuda-Dreieck verschwindet Materie. Steht dies auch im Bezug zu den »Schwarzen Löchern«?

Claudius: Es hat etwas mit den Wesen zu tun, die die Erde einst in Besitz nahmen. Sie haben Gravitationsfelder geschaffen auf der Erde, die zum Teil im Wasser versunken sind. Diese Gravitationsfelder vermögen es, Energien freizusetzen, die nicht mehr kontrollierbar sind. Ich weiß, die Theorie ist in euren Köpfen verankert – bis diese Dinge auf eine andere Ebene gebracht werden. – Nun, wenn es möglich ist, die Materie aufzulösen, so ist es auch möglich, die Materie auf einer anderen Ebene wieder zu materialisieren.

Geistmaterie entsteht im inneren Kreis und wandert über den grünen und den blauen Kreis nach außen. Hier entsteht meßbare Energie in Form von Quantenimpulsen, sichtbares Licht. Durch Rotation entstehen Atome, und es kann von verdichteter Energie gesprochen werden.

Euer Albert Einstein hat Tore geöffnet zum besseren Verstehen. Aber er hat nur rationell gearbeitet, mit dem Verstand also versucht, das Universum einzukreisen und zu verstehen. – Seht, geliebte Freunde, er war voller Zynismus und mußte doch erkennen, daß all sein Forschen Stückwerk im Sinne der Liebe bleiben mußte. Er hat erkannt, daß er trotz all seiner Kenntnisse nur einen Bruchteil des Universums gesehen hatte.

Euer ganzer Körper besteht aus Partikelchen. Ich kann den ganzen Körper zu diesen Partikelchen werden lassen. Sie sind ohne Gewicht, sie sind nur ein Gedanke. – Und ich kann diesen Gedanken irgendwohin transportieren und dann dort wieder zusammensetzen. Ich erinnere euch an das sogenannte Philadelphia-Experiment. Dabei wurde versucht, ein Schiff zu teleportieren. Es wurde der Versuch unternommen, der Materie, der festen Materie, ein Schnippchen zu schlagen. Wäre dieser Versuch gelungen, wäre in diesem Augenblick die Menschheit vernichtet worden. Ich weiß, welche Faszination dieser Gedanke in sich birgt, etwas aufzulösen und wieder zusammensetzen zu können. Doch glaubt mir, Freunde, dies ist nicht im Sinn der Allmacht. Alles, was ihr erfahren könnt, ist die Überzeugung, daß es möglich ist.

Selbst das kleinste Lichtteilchen trägt die Information in sich, die das Universum umfaßt. Schickt von Europa einen Laserstrahl ins All, schickt zur gleichen Zeit aus Amerika und Afrika Laserstrahlen ins All, und ich sage euch, sie werden sich treffen. Sie werden ihre Informationen zusammenfügen, sie werden miteinander kommunizieren, und das sollte euch auch ein Beispiel sein, wie ihr Gott – die Allmacht – verstehen könnt.

Frage: Du hast das Beispiel der Dematerialisation und Materialisation genannt. Kann man das so verstehen, daß solch ein Teil nicht den Raum durchwandert, sondern nur als eine Art Informationsmuster an einer Stelle verschwindet und an einer anderen Stelle neu entsteht?

Claudius: Das ist richtig, denn dein Körper, so, wie du jetzt bist, ist nichts anderes als ein Informationsmuster. Dieses Informationsmuster kann in kleinste Partikelchen aufgelöst werden und kann sich – wohlgemerkt die Information, nicht dein Körper – diese Information, die du bist, an einem anderen Ort wieder manifestieren.

Frage: Kann man das auch als eine Art holographisches Weltbild beziehungsweise Gesamtbild sehen?

Claudius: Solange du das holographische Gesamtbild meinst, ja. Wenn du jedoch eine Holographie in kleinste Teilchen zerschneidest, wird jedes einzelne Teilchen die Gesamtinformation haben; und daraus kannst du erkennen, daß jedes einzelne Lichtteilchen deines Körpers die Gesamtinformation deines Körpers beinhaltet. Das heißt nichts anderes als: Die Gesamtinformation, daß du Körper bist, liegt in diesen Teilchen verborgen. Darum wird der Stein zum Stein, das Wasser zu Wasser, der Berg zum Berg, weil diese kleinsten Teilchen aus der gesamten Information eine bestimmte Information zur Materialisation brauchen.

Frage: Hat das Philadelphia-Experiment die Grenze des »Schwarzen Loches« tangiert?

Claudius: Nein, so solltest du es nicht sehen. Die Grenze des »Schwarzen Loches« ist das Auflösen sämtlicher Materie in unser Sein.

Frage: Könntest du, wenn du wolltest, die Moleküle, die hier im Raum sind, dazu benutzen, um dich zu materialisieren?

Claudius: Das ist richtig.

Frage: Ich habe einmal in einem Buch (Seth)* gelesen, daß es möglicherweise Quanten des Bewußtseins gibt, die aber wesentlich kleiner sind als die Quanten, von denen wir normalerweise sprechen, so daß also Millionen in einen Atomkern passen würden.

Claudius: Mein geliebter Freund, wenn du das letzte Protokoll richtig durchgelesen hast, dann erkennst du, daß die Quanten-Physik weit unter dem liegt, was ich dir erläutert habe. Natürlich gibt es Teilchen, die ein bestimmtes Bewußtsein haben. Der Atomkern beinhaltet Informationen, die aus den Lichtteilchen kommen. Sie sind in diesem Atom vorhanden, damit es überhaupt zum Atom werden kann. Du siehst den Teilaspekt in diesen Quanten.

* »Gespräche mit Seth« (Ariston-Verlag)

Frage: Bestehen die Astralkörper unserer Jenseitigen auch noch aus Atomen?

Claudius: Sie sind feinstofflicher.

Frage: Aber auch Atome?

Claudius: Es sind keine Atome.

Frage: Auch keine Elementarteilchen?

Claudius: Wenn sich der Körper auflöst, entstehen Energien, die ohne Gewicht sind.

Frage: Könntest du dein Einwirken auf Marc bei dieser Kommunikation näher erläutern?

Claudius: Nun, laß es mich so erklären. Sein Bewußtsein ist schlafen gegangen. Er liegt im Schlaf, und ich benutze sein Unterbewußtsein, um mich zu artikulieren.

Siehe es an einem Beispiel. Ich benutze die Maschinen des Körpers, um mit euch zu sprechen. Seine eigenen Eindrücke, die er normalerweise empfinden würde, werden eliminiert. Sie sind für ihn nicht mehr vorhanden. So ist es auch zu erklären, daß er von diesem Gespräch nichts, aber auch nichts behält. Noch nicht einmal in seinem Unterbewußtsein sind diese Gespräche aufgezeichnet. Es dient ihm vor allem deswegen, daß er durch diese Erfahrung von Belastungen frei bleibt. Deshalb bat ich auch den Kreis, während dieser Gespräche aufmerksam zu bleiben, damit keine Störungen eintreten, die ihm schaden können.

Frage: Wenn man den Körper als Maschine sieht, gehört ja eine »Ansteuerung« dazu.

Claudius: Richtig. Diese Steuerung geschieht durch unsere Energien. So, wie du ihn jetzt vor dir siehst, schläft er einen tiefen, festen Schlaf. Unsere Energien machen es möglich, daß er trotzdem spricht, daß er unsere Botschaft an euch weitergeben kann.

Frage: Sind diese Energien mit unserem physikalischen System erfaßbar?

Claudius: Nun, ich möchte so sagen: Wenn dieses Gespräch unter Laborbedingungen aufgenommen werden könnte, würde dieser Mensch vor euch voller Elektroden stecken, die die Energien aufzeichnen würden. Euer Gehirn ist eine Maschine, die ihr persönlich benutzt zum Denken, zum Sprechen, um den Körper in seinen Aktivitäten zu halten. Euer Gehirn hat darüber hinaus noch eine andere Möglichkeit. Wenn es genügend sensibilisiert ist, wird, auf geistiger Ebene die Energie gesendet, die sich in eurem Gehirn umsetzt, die verarbeitet wird zu Wissen. Verstehe mich richtig. Es gibt keinen besseren Computer auf der ganzen Welt als das kleine menschliche Gehirn. Vergeßt es nie, diese Präzision ist durch einen Computer nie zu erreichen.

Frage: Es gibt auch Menschen, die etwas wahrnehmen, was für andere unzugänglich ist, sie nehmen etwas wahr, was in der Zukunft liegt oder in der Vergangenheit lag. Ereignisse also, die entweder schon durchlebt wurden, oder noch durchlebt werden müssen.

(Wir hatten während der vorhergegangenen Diskussion einen Kreis aufgezeichnet, um anhand dieses Kreises über die Energiespaltung zu diskutieren.)

Claudius nimmt nun auf diesen Kreis Bezug:

Claudius: Siehe den Kreis. Im Mittelpunkt stehst du als Mensch. Deine Augen können nicht das Kreisrund voll erfassen, sondern nehmen nur einen kegelförmigen Ausschnitt wahr. Wenn du dich etwas drehst, nach rechts oder nach links, dann wird sich dein Gesichtskreis erweitern oder verengen, gemäß der Vergangenheit oder der Zukunft. Vielleicht erkennst du an diesem Beispiel besser die Zusammenhänge.

Noch etwas zum Phänomen Gehirn: Wenn ihr euer Gehirn im Denkmodell als das umsetzende Organ für Wellenlängen bezeichnet, so ist das richtig. Die Informationen, die dem Gehirn zufließen, entstehen im Geistkörper, und euer irdischer Körper ist das ausführende Organ. So, wie euer Herz Freude empfindet oder Leid, so ist es vom Gehirn gesteuert worden. Doch das Gehirn allein würde nichts bewirken. Es ist an sich eine tote Masse, die erst in Resonanz gebracht werden muß durch zugeführte Energie. Und du siehst, wenn diese Energien nicht mehr fließen, daß der Körper zu dem wird, was er ursprünglich war, nämlich sich einfach in seine Moleküle, in seine Urbestandteile auflöst.

Frage: Wenn ich einen Gedanken entwickle oder mir ein Gedanke, wie wir so sagen, plötzlich durch den Kopf schießt, kommt er von außen, oder wie kann man sich das Entstehen eines Gedankens vorstellen?

Claudius: Es ist einfach. Du mußt davon ausgehen, daß Körper, Geist und Seele eine Einheit bilden. Geist und Seele befähigen den Körper, das Gehirn, das Denken. Sie sind Energien, die dies ermöglichen. Die Seele leitet die Informationen weiter, sowohl zum Geist wie auch zum menschlichen Körper, zum Hirn. Der Gedanke entsteht in der Trinität, zwischen Körper, Geist und Seele.

Frage: Ist das dann auch die Stelle, an der ihr eingreift, wenn ihr durch Marc sprecht?

Claudius: Hier muß ich es anders formulieren. So, wie unser Freund heute euer Haus betreten hat, war er Einheit zwischen Geist, Körper und Seele. Jetzt, im Augenblick, sind Körper und Seele schlafen gegangen. Es fungiert nur der Geist, und dieser Geist wird durch unsere Energien angesteuert und leitet direkt auf die Sprechorgane über. Wir sind also, um einen Vergleich zu bringen, Geist, Seele und Körper. Es ist uns möglich, die Molekularstruktur so zu benutzen, daß wir uns artikulieren können. Für uns ist es sehr einfach, aber ich weiß nicht, ob du es so begreifen kannst.

Frage: Ich muß darüber nachdenken. Ein Problem ist auch, daß Gedanken so schwer kontrollierbar sind. Ist dies eine menschliche Schwäche?

Claudius: Mein Freund, deine Gedanken, die du aussendest, sind vielfältig. Nur wirst du bemerkt haben, daß etwas geschieht, wenn du konzentriert ein Problem anfaßt. – Du siehst auch aus diesem Beispiel, daß deine Seele Möglichkeiten sucht, um vom Geist her Informationen an das Gehirn weiterzuleiten. Es ist ein komplizierter Vorgang, den du als Mensch vermutlich erahnen, aber nicht kontrollieren kannst.

Frage: Du sagtest, daß du uns an den Frequenzen, die von unseren Molekülen abgesandt werden, erkennst, daß du unsere Frequenzen umformst zu einem Bild von uns.

Claudius: Richtig, aber laß dir sagen, nicht dein Körper ist das wichtigste. Wichtig ist dein Geist und deine Seele. Wenn dir ein Arm abgetrennt wird vom Körper, wird dein Geistkörper nicht beschädigt, weil er aus Energien besteht, die nicht vernichtet werden können. Ich nehme diese Energien auf und habe das Bild deines Körpers vor Augen. Ich sehe nicht deinen irdischen Körper, ich sehe deinen Geistkörper, und zwar ist er das Ebenbild deines irdischen Körpers. – Ich will dir ein Beispiel geben. Ich habe einmal gesagt, daß ich Geistenergie bin, jetzt, und daß es mir möglich ist, mich als verdichtete Energie euch zu zeigen. Ich kann aber keinen materiellen Körper annehmen. In dem Augenblick, in dem ich das tun würde, wäre ich in diesen Körper gebannt.

Frage: Ist mit **Od, Orgon, Pranah** das gleiche gemeint, wie die **Tesla'schen Energien**?

Claudius: Nein, mein Freund, **Nicola Tesla** versucht, die Energien, die um euch vorhanden sind, Lichtenergien, Teilchenenergien, die Bestandteil des Weltalls sind, für die Menschheit nutzbar zu machen.

Frage: Ich habe gelesen, daß man mit Hilfe des sogenannten Ods eine Gestalt annehmen kann.

Claudius: Richtig. Das ist nichts anderes als eine Sichtbarmachung der gebündelten Geistenergie. Es ist kein irdischer Körper, so wie du ihn verstehst, so wie du ihn hast.

Frage: Kann man hier während seines Lebens eine Trennung zwischen irdischem Körper und Geistkörper herbeiführen?

Claudius: Natürlich. Wenn du den Wunsch hast, einmal frei zu sein von der Erdenschwere. Zum Beispiel löst sich Geistkörper und Seele bei einem schweren Unfall, und du siehst von oben deinen Körper auf der Straße liegen. Oder du legst dich ins Bett und träumst einen Traum, daß du dich loslöst und eine Reise unternimmst, und dabei entsteht das Phänomen, daß du siehst, wie dein Körper weiterschläft, und zu irgendeinem Zeitpunkt zieht sich diese sogenannte »Silberne Schnur« wieder in deinen Körper zurück.

Frage: Bist du, Claudius, ohne Körper?

Claudius: ICH BIN, ich bin Bewußtsein. **Ich bin reine Energie**.

Frage: Wenn du unseren Körper anhand von Frequenzen siehst, hat er für dich auch eine bestimmte Größe, oder ist er für dich ohne Maß?

Claudius: Gehe von der Voraussetzung aus, daß es rein menschlichem Denken vorbehalten ist, in Zentimetern, Millimetern und noch kleineren Größen etwas auszudrücken. Für uns spielt einzig und allein eine Rolle die Größe deines Geistes, denn das, mein Freund, ist dein Wesenskern. Ich könnte dich – deinen Körper – als Hologramm aufzeichnen, doch das hat keine Bedeutung. Nur deine geistige Reinheit hat Bedeutung. Verstehst du mich?

Frage: Unsere geistige Entwicklung erkennst du an bestimmten Frequenzen oder Schwingungen?

Claudius: Am Farbspektrum deiner Seele, das heißt deines Astralkörpers. Ich kann dir sagen, dein Farbspektrum ist sehr schön.

Frage: Wenn du dich materialisieren würdest, könntest du dann hier unter uns sein, als Mann?

Claudius: Ich könnte mich materialisieren, aber ich würde nicht materiell sein. Unter einer Materialisation verstehen wir hier, Energien zusammenzuführen, um irgend etwas sichtbar zu machen.

Siehe, unserem Freund Marc wurden einige Beispiele gegeben. ich nenne die Materialisation seines Schwiegervaters in der Türe. Nur hat er es so empfunden, als stünde ein Mensch dort. – Ich möchte noch ein Beispiel geben. Pater Pio[5]) wurde zur gleichen Zeit an verschiedenen Orten gesehen. Es ist nichts Ungewöhnliches, nur – es gab ihn nur ein einziges Mal real, alles andere waren Spiegelbilder seines Seins, doch, um das näher auszuführen, müßte ich jetzt einen größeren Vortrag halten, und dazu, meine Freunde, reicht unsere Energie jetzt nicht mehr.

Frage: Die Einflußnahme, die du auf Marc nimmst, geschieht die im zentralen Nervensystem auf kleinster Ebene, auf Quantenebene?

Claudius: Auch hier ist bei euch ein kleines Mißverständnis aufgetaucht. Seht, wir bündeln seine Geistenergie, die er freiwillig zur Verfügung stellt. Dadurch steuern wir ihn an mit elektromagnetischen Wellen, die sich im Gehirn umsetzen und es möglich machen, daß die Nervenzentren, die die Sprache bilden, angeregt werden zu arbeiten. Alles andere ist nicht erforderlich.

Frage: Gibt es Kraftfelder auf unserer Erde, auf die die Dome und Kirchen ausgerichtet sind?

Claudius: Siehe, meine Liebe, auf eurer Erde gibt es bestimmte meßbare Punkte für die Ausrichtung eurer Kirchen. So, wie es möglich ist, Wasseradern durch einen Rutengänger feststellen zu lassen, so ist es möglich, diese Energiepunkte genau zu bestimmen, auf denen das Meditationszentrum errichtet werden soll. Dieses ist der eine Punkt. Siehe, diese Punkte, auf denen die Kathedralen errichtet wurden, sind besondere Energiepunkte der Erde. Es sind Kraftfelder, die ausgenutzt werden können durch den Menschen im Gebet. Es wurden hier Hilfestellungen gegeben, jedem einzelnen.

Aber nicht jeder, der diesen Dom betritt, wird Ruhe darin finden. Diese Ruhe kann nur der gleichen Schwingung zuteil werden, die der Besucher mitbringt. Manche Besucher werden aus diesem Dom fliehen, weil er sie tief im Inneren nicht ansprechen kann, sie gehen in eine kleine Kapelle und finden dort ihre Ruhe, denn auch die kleine Kapelle steht auf einem Kraftfeld ungeheuren Ausmaßes.

Frage: Gilt dies auch zum Beispiel für Lourdes und Fatima?

Claudius: Richtig.

Frage: Können sich diese Kraftfelder auch ändern?

Claudius: Diese Kraftfelder ändern sich nicht.

Frage: So wie in England Stonehenge, ist das immer noch ein Kraftfeld?

Claudius: Richtig. Das ist immer noch vorhanden. Wenn du in die Weiten Schottlands gehst, wirst du Ruinen finden, Ruinen, die nichts mehr aussagen über ihre ehemalige Bestimmung. Es sind Kirchen und du betrittst sie, und du wirst emporgetragen zum Licht, denn du fühlst die Energien, die dort im Kreuzungspunkt aufsteigen.

Frage: Müssen die Menschen, die diese Punkte aussuchten, wie zum Beispiel Stonehenge und die Kathedralen, eine besondere Gabe gehabt haben?

Claudius: Nun, ein jeder ernsthafte Rutengänger hat eine besondere Gabe, derartige Kraftfelder aufzuspüren.

Frage: Wenn man mit einem Tonbandgerät zu einem Kraftfeld ginge, würden dann die Kontakte, ich meine Transkommunikations-Kontakte besser sein?

Claudius: Nun, das ist nicht unbedingt gesagt, diese Kraftfelder könnten auch dein Tonband zerstören. Es kommt darauf an, wozu diese Kraftfelder ausgelegt worden sind. Selbstverständlich gibt es Kraftfelder, die die Transkommunikation bevorzugt benutzen könnte.

Frage: Kann solch ein Kraftfeld von euch geortet werden – speziell für die Transkommunikation?

Claudius: Wir versuchen, diese Kraftfelder aufzubauen (ihr baut die dann künstlich auf?). Richtig.

Frage: Diese Kraftfelder sind nicht eine natürliche Erscheinung der Erde, sondern sind durch euer Zutun entstanden?

Claudius: Nun, mein Freund, gehe davon aus, daß alles schon vorhanden ist und die Erde diese Kraftfelder bei ihrer Entstehung schon gespeichert hat. Energiefelder, mein Freund, die in der Erde, im Bewußtsein des Planeten Erde, vorhanden sind.

Frage: Ich meine, du hättest einmal gesagt, daß die Erde kein eigenes Bewußtsein habe?

Claudius: Du sprichst ein wahres Wort, weil du es wieder als persönliches Bewußtsein siehst. Du siehst, wie schwierig es ist, daß ich mich verständlich ausdrücke. Die Molekularstruktur dieser Erde birgt das Wissen in sich. Nichts anderes als das Wissen des Steines, daß er Stein ist.

Frage: Das heißt, man kann die Erde aus dem Informationskeim heraus entstanden sehen?

Claudius: Richtig. Nichts anderes ist geschehen. Tachyonenenergie wurde freigesetzt. Es bildeten sich Atome, und, wie du schon bemerkt hast, wie eure Wissenschaftler schon bemerkt haben, rotieren Lichtteilchen, verbinden sich, stoßen sich ab, ziehen sich an. Die, die sich anziehen, bilden einen festen Kern.

Frage: Hat **Nicola Tesla** erst jetzt Interesse an der Transkommunikation gezeigt?

Claudius: Nun, meine Liebe, Nicola Tesla ist hier zum Hüter der Tachyonenenergie berufen. Ich möchte dies nicht weiter ausführen, weil es eurem Verständnis nicht entspricht.

Frage: Wird uns Menschen die Tachyonenenergie in absehbarer Zeit zur Verfügung stehen?

Claudius: Mein Freund, sie steht euch bereits zur Verfügung.

Frage: Werden wir sie in absehbarer Zeit erkennen?

Claudius: Ihr werdet sie nicht nutzen können. Selbst wenn ihr sie erkennt, werdet ihr sie nicht nutzen können.

Frage: Hat dies etwas zu tun mit physikalischen Gesetzen?

Claudius: Nun, mein lieber Freund, was sind physikalische Gesetze?

Siehe, alles was die Physik in eurem Leben bewirkt hat, waren Folgeerscheinungen dieser Zusammensetzungen von Energien. Ich erinnere daran, daß eure Physik heute total auf den Kopf gestellt ist im Verhältnis zu den vergangenen hundert Jahren. Es hat eine Weiterentwicklung gegeben und es wird sie immer wieder geben. Alles wird sich weiterentwickeln. Die Versuche, die eure Wissenschaftler heute auf eurem Raumschiff vornehmen, sind nichts anderes als Vorstufen zu neuen Erkenntnissen, zu neuem physikalischen Erfassungsvermögen.

Frage: Ich möchte noch einmal auf die elektromagnetischen Felder zurückkommen, die auf das Leben einwirken und auch auf die Materie. Sind diese Felder abhängig von den chemischen Vorgängen eines Körpers, zum Beispiel der Hormonausschüttung, die ja einige Funktionen steuert? Gibt es da Redundanzen (Überladung mit überflüssigem Informationsgehalt) oder sind die Dinge anders zu sehen?

Claudius: Nun, mein lieber Freund, alles ist eine Wechselwirkung. Es gibt nichts Selbständiges. Das eine ist ohne das andere nicht denkbar.

Wenn du von der Voraussetzung ausgehst, daß der Körper ein in sich abgeschlossenes Molekül ist – bitte versuche meinem Gedankengang zu folgen –, dann ist innerhalb dieses Moleküls ein bestimmtes Wissen vorhanden. Dieses Wissen steht im ständigen Austausch mit sich selbst. Schwierig zu begreifen? (Eigentlich nicht.) Nun, dadurch, daß eben ein ständiger Austausch vorhanden ist, funktioniert dieses Molekül oder dieses Atom »Mensch«.

Ist dieser Austausch nicht mehr vorhanden, wird er in irgendeiner Weise unterbrochen, das heißt, daß Hormonausschüttungen in überreichem Maße geschehen oder aber überhaupt nicht mehr geschehen, wird die Komplexität des Körpers gestört.

Wäre das nicht der Fall, daß eben Hormonausschüttungen oder auch andere chemische Vorgänge im menschlichen Körper nicht mehr funktionieren, dann wird sich der Körper einer Folgewirksamkeit unterziehen und, wenn dem Blut kein Sauerstoff mehr zugeführt wird, wird es andere Organe in Mitleidenschaft ziehen, und der Körper wird sich zur Ruhe begeben – und die Seele freigeben.

Betrachtet den menschlichen Körper als komplette Information: Mensch zunächst – alle Organe arbeiten normal und plötzlich ist ein Organ nicht mehr fähig, in diesem Konglomerat von ineinandergreifenden Energien zu arbeiten. Es schädigt somit die nächstliegenden Organe und führt zu Krankheit und letztendlich zur Auflösung des menschlichen Körpers.

Frage: Wissenschaftler glauben, dunkle Materie entdeckt zu haben, die um uns ist. Unsichtbar ist sie, aber meßbar, und man weiß nicht, woraus sie besteht. Du hattest von Energien gesprochen. Haben sie damit zu tun? (Claudius: Richtig.) Oder habt ihr damit zu tun?

Claudius: Nun, wenn du uns als einen Teil der Allmacht bezeichnest, haben wir damit zu tun. Weißt du, meine Liebe, der Mensch sucht immer noch nach neuen spaltbaren Materieteilchen. Was eure Wissenschaftler jetzt entdeckt haben, ist ein Teil dieser Tachyonenenergie, die dort geballt vorhanden ist. Tachyonenenergie ist sowohl Materie als auch Geist. Sprechen wir also von **Geistmaterie**. Wenn es dem Menschen möglich wäre, diese Tachyonenenergie zu sammeln, zu bündeln, wäre das Versorgungsproblem der Erde gelöst. – Doch der Mensch, meine

Liebe, so wie er jetzt ist, würde damit nicht umgehen können.
Ein kleines Beispiel hierzu. Eure Wissenschaftler haben Materie entwickelt, die Sonnenstrahlen einfangen und damit Wärme erzeugen können. Dies allein könnte die Grundlage einer neuen Forschung werden. Wenn der Mensch begreift, daß die Strahlen der Sonne getragen werden von der Tachyonenenergie, dann bekommt er eine leise Ahnung von dieser gewaltigen Energie.

Erläuterungen

1. Tachyonenenergie = Elementarteilchen, die alles durchdringen und schneller als das Licht sein sollen, aber für Menschen nicht meßbar sind.
2. Nicola **Tesla**, Physiker, geb. 10. 7. 1856 in Similjan (Kroatien), gest. 7. 1. 1943 in New York. (Drehstrommotor – Mehrphasensystem – Tesla-Transformator, in dessen Sekundärwicklung hochfrequente Wechselströme hoher Spannung (Tesla-Ströme) erzeugt werden.
3. Paul Adrien Maurice **Dirac**, engl. Physiker, geb. in Bristol 1902, Prof. in Cambridge – Forschungsgebiete: Quantentheorie des Strahlenfeldes – relativistische Theorie der Elektronen – Zeemanneffekt – Sommerfeldsche Feinstrukturforschung – Positronen – Vereinigung der Quantentheorie und der Relativitätstheorie – Nobelpreis für Physik 1933.
4. **Swejen Salter** ist das jenseitige Geistwesen, das sich bei dem Ehepaar Harsch-Fischbach (CETL Luxemburg) über Video, Telefon und Computer regelmäßig meldet. Ausführliche Beschreibungen enthalten die CETL-Infos dieser Gruppe.
5. Siehe unter »Geist – Körper – Seele« (Band I). In der Erläuterung zu diesem Kapitel nimmt Claudius zu diesem Phänomen Stellung.

Erklärung zur technisch gestützten Transkommunikation

Zu diesem Kapitel ist zunächst eine Erklärung erforderlich: »Transkommunikation« ist ein Neologismus, von Physikprofessor Dr. Ernst Senkowski geprägt. Man versteht darunter *alle* Kontakte zwischen Diesseits und Jenseits, ob es sich nun um mediale, visuelle, technisch-elektronische oder wie immer geartete Kontakte handelt.

Mediale Kontakte gab es schon zu allen Zeiten, jedoch kaum in der Form, wie in »Dialog mit Claudius« Band I und Band II beschrieben.

Die Kommunikation mit technisch-elektronischen Geräten und Apparaturen wird »technisch gestützte Transkommunikation« genannt.

Sie wurde erst möglich durch unsere Fortschritte in der Technik und Elektronik.

In meinem 1988 im Hermann Bauer Verlag, Freiburg, erschienenen Buch »Brücke zwischen Diesseits und Jenseits« habe ich die wichtigsten Transkontakte über Tonband und Kassettenrecorder, Video und Computer und auch über Telefon beschrieben.

Aus diesem Grund möchte ich davon Abstand nehmen, das bereits ausführlich in allen Details Geschilderte und mit Skizzen versehene zu wiederholen. Außerdem gibt es außer dem genannten Buch noch eine ganze Reihe anderer, guter Bücher zu dem Thema »Transkommunikation«.

Bei unseren Dialogen mit Claudius ging es uns im Kreis im Grunde genommen nur darum, eine Bestätigung über die Realität der Trans-Phänomene, vor allem über die Echtheit der Tonbandstimmen, mit denen ich mich 20 Jahre lang befaßte, über ihr Zustandekommen und ihre eventuelle Verbesserung etwas zu erfahren.

Ich glaube, daß diese Dialoge von großer Bedeutung sind für alle auf diesem Gebiet Experimentierenden.

Erklärungen zu den Kontakten wurden zwar vielfach gegeben, sowohl von Claudius wie auch von Nicola Tesla, dem 1943 verstorbenen kroatisch-amerikanischen Physiker, doch in einer hochgeistigen, physikalisch-wissenschaftlichen Form, die Physik-Kenntnisse voraussetzt und daher für die Allgemeinheit und den Leser, der sich noch nie mit der Nomenklatur der Transkommunikation befaßt hat, nicht verständlich wäre.
Selbst für Fortgeschrittene sind manche dieser Aussagen ein Buch mit sieben Siegeln.
Der interessierte Leser möge deshalb, wenn er sich eingehender mit der Thematik »Transkontakte« befassen möchte, auf das genannte Buch oder andere richtungweisende Bücher zurückgreifen.

Die technisch gestützte Transkommunikation

Frage: Lieber Claudius, können wir uns heute mit dir über die technisch gestützte Transkommunikation unterhalten?

Claudius: Seht, meine Lieben, in den vergangenen Zeiten, Jahre liegen dazwischen, gab es einen Menschen*, der offene Ohren hatte, um aus der Natur heraus Stimmen zu hören, die er nicht einordnen konnte. Dies war der Anstoß für viele Experimente, die er selbst durchgeführt hat und die dann Kreise gezogen haben. Es war der Beginn der **technisch gestützten Transkommunikation**, wie ihr sie nennt. Diese technisch gestützte Transkommunikation hat den Sinn, Punkte zu setzen, eine Schlüsselfunktion zu schaffen, für jeden einzelnen, der **nicht medial begabt ist**.

Du selbst, liebe Hilde, und mit dir unsere Freunde, haben Erfahrungen gesammelt auf diesem Gebiet, die jedoch völlig unterschiedlich voneinander waren. Dir, mein Herz, hat deine Tochter Aussagen geben können, die dir den spirituellen Weg eröffnet haben. Unseren Freunden waren sie Hilfe auf dem Weg bis zu diesem Tag.

Der Sinn lag darin, daß beweiskräftige Kontakte, die in euer technisches, materielles Leben hineinpassen, geliefert wurden. Für viele Menschen war es eine ungeheure Hilfe, über den Tod ihrer Angehörigen hinaus die Erfahrung zu sammeln, daß der Tod nicht das Lebensende ist, sondern ein Übergang. Was der einzelne damit gemacht hat, lag seiner Empfindung gemäß zugrunde.

* Friedrich Jürgenson, Nestor der Stimmenforschung (*1903, †1987) Lebenslauf in »Stimmen aus einer anderen Welt«

Viele Wege sind gegangen worden, um die Stimmen hörbarer zu machen, um Irrtümer auszuschließen. Es war mitunter sehr schwer, in einer Gruppe von Menschen eine gültige Aussage zu geben, denn die Gruppen der Menschen, die zusammengeführt wurden, um diese Experimente starten zu können, bestanden aus verschiedenen Energien. Deshalb war es auch möglich, daß der eine oder andere etwas anderes hörte als diejenigen, die experimentierten, welche die Geräte vor sich hatten. Doch immer war es möglich, daß der einzelne, gemäß seines Verständnisses, Stimmen wahrgenommen hat. Und dies war die Primärsituation, die wir schaffen wollten.

Frage: Kannst du erläutern, **wie** die Stimmen auf die Tonbänder gekommen sind?

Claudius: Meine Liebe, siehe, das Tonband ist beschichtet. Was wir gemacht haben ist, **die Struktur der Beschichtung der Magnetbänder so zu verändern**, daß sie sich, gemäß unserer ausgesandten Energien, ausgerichtet haben. Nichts anderes geschieht zum Beispiel bei großen Geräten, die angesteuert werden, um eine direkte Stimme zu erreichen.

Völlig anders ist die Situation, wenn ich durch einen Lautsprecher sprechen möchte. Hier geschieht es, daß nicht das Tonband, **sondern die Geräte**, durch die wir uns artikulieren, **beeinflußt werden**. Wir nehmen Schwingungen auf, bündeln sie und leiten sie über die Geräte **direkt in den Lautsprecher hinein**. Das alles hört sich einfach an. Ihr habt es erlebt in Luxemburg und in Darmstadt bei Peter, wie sich die Stimmen modifiziert haben.

Frage: Wir waren immer der Meinung, daß die Jenseitigen aus den mitlaufenden **Radiogeräten** ihr Material für die Umsetzung der Sprache nehmen.

Claudius: Richtig, meine Liebe, es kommt auf verschiedene Art und Weise zustande. Siehe, wenn du eine Fremdsprachenkassette anbietest, die der einzelne nicht versteht, der im Kreis anwesend ist, dann versuchen wir, diese fremde Sprache umzuformen in eure Sprache. Nur so ist es möglich, daß präzise Aussagen gemacht werden können.

Wir haben auch die Möglichkeit genutzt, aus Schwingungen heraus Sprache zu bilden. Ich erinnere an den sogenannten Wabbelton. All dies ist auch heute noch praktizierbar.

Frage: Ist es nicht sehr schwierig für euch, diese Art zu benutzen?

Claudius: Nun, es war für uns zunächst ein Einstieg, denn das andere Material stand uns noch nicht in ausreichender Menge zur Verfügung. Hier brauchen wir nicht nur Geräte, sondern wir brauchen den Experimentator dazu, um zum Beispiel Telefonkontakte steuern, um einen Computer bedienen zu können, um irgend jemanden sprechen zu lassen.

Die Fortsetzung dieser ersten Transkommunikations-Kontakte geschah über **Peter[1] und über Manfred Boden[2]** und zu gleicher Zeit waren **Luxemburg[3]** und **Rivenich[4]** die Ansteuerungsfaktoren. Es war uns möglich, die ersten Kontakte über den Computer zu bringen, doch wir hatten Schwierigkeiten, andere **Wesenheiten davon abzuhalten, Schabernak zu treiben**. Es war eine Erfahrung, die gemacht werden mußte, um weiter aufbauen zu können.

Wißt ihr, meine Lieben, die Energien, die dazu verwendet werden, müssen so gebündelt sein, daß sich niemand, ihr würdet es so bezeichnen, daß sich niemand »dranhängen« kann. **Dies haben wir natürlich mittlerweile schon gelernt**, Kanäle zu festigen, die vorhanden sind, damit wir keine Störungen einfließen lassen, die den Experimentatoren ängstigen müßten.

Alles, was damals geschehen ist durch diese Texte, Todesdurchsagen[5], Lebensänderungen für den Experimentator, waren für uns ein Faktum, das wir aus-

schalten mußten, um Ängste nicht hochkommen zu lassen.
Deshalb werden Kanäle heute anders gebaut und besser gefestigt, so daß kein Abweichen möglich ist. Seht, für **Peter Härting** war ein Kanal geschaffen worden, der es ihm ermöglichte, seine gesamte Denkungsart umzustellen und mit ihm auch manche, die an diesen Experimenten teilhatten.
Doch ich möchte darauf aufmerksam machen, daß nicht alle, die im Experiment eingeschlossen waren, auch daraus die richtigen Schlüsse gezogen und sich verändert haben, ebensowenig wie dies im großen Kreis bei euch geschieht.
Es werden Detailfragen für den einzelnen immer von Wichtigkeit sein, **nicht jedoch der Sinn erfaßt, der hinter diesen Mitteilungen steht**. Die Stufenleiter hat sich verändert. Wir mußten verschiedene Kanäle schließen, die dazu dienten, daß der **Mensch glaubte, sich feiern lassen zu müssen.**
Seht, meine Freunde, wichtig allein ist die **Demut,** mit der eine Sache aufgenommen und verbreitet wird. Unser Wunsch ist es nie gewesen, daß große Geräte geschaffen werden, um die Öffentlichkeit davon zu überzeugen, weil die breite Öffentlichkeit sich nicht überzeugen läßt.
Unser Wunsch war, bestimmte Menschengruppen anzusprechen, sie dahin zu führen, daß sie, gemäß ihrer Suche, Bestätigung finden. Seht, wie leicht wäre es hier bei unserem Freund (Marc), ihn auf die Reise zu schicken. Verschiedene Möglichkeiten eröffnen sich, er könnte heilen, er könnte Vorträge halten, er könnte ein esoterisches Zentrum bilden, bei dem alle Möglichkeiten aufgezeigt werden, und noch vieles, vieles mehr.
Doch, meine Freunde, nicht Sinn ist es, daß Zeitungen über dieses Phänomen berichten. Sinn ist es, daß der Mensch, der mit diesen Dingen konfrontiert

wird, für sich selbst etwas mit nach Hause nimmt. Wenn ich heute davon spreche, daß Transkommunikation auf breiter Ebene erfolgt, so haben alle, die damit konfrontiert werden, die Möglichkeit, sie anzunehmen oder abzulehnen, sich damit zu befassen, damit ihre Überzeugung wächst – oder einfach zu sagen: Ich will damit nichts zu tun haben.

Frage: Sind es besondere Menschen, die diese Kontakte erhalten? Wie trefft ihr die Auswahl? Sind diese Menschen sehr medial – oder sind sie von euch gezielt ausgewählt worden? Oder hat ihre Seele den Weg gesucht?

Claudius: Meine Liebe, das letztere ist der Fall. Die Bereitschaft der Seele war ausschlaggebend, daß es möglich wurde, sie anzusteuern. Wenn ich davon spreche, daß die Bereitschaft der Seele maßgebend ist, dann hat dies viele Hintergründe.

Bei dem einen ist es so, daß Neugierde vorhanden ist, alles Neue, alles Unbekannte kennenzulernen, oder der innere Drang dieser Seele, die ja diesen Wunsch schon mit in die Inkarnation genommen hat, freigeworden ist, um als Kanal benutzt werden zu können.

Es geschieht nichts von ungefähr. Seht, die Frage nach dem **Woher und Wohin des Menschen, nach dem Sinn des Lebens,** ist in jedem latent vorhanden – nur bringt der eine oder andere bestimmte Voraussetzungen mit, die es uns ermöglichen, ihm die Gnade des Erkennens zu geben, damit er sie weiterträgt.

Und so ist zu verstehen, daß völlig verschiedene Menschen von der Struktur und vom Wissen her völlig verschiedene Ansatzpunkte erhalten. Die Seele, die aufbricht, ist unabhängig von der Stellung, die sie in dieser Gesellschaftsordnung einnimmt. Es ist unabhängig davon, ob man eine normale Schulbildung oder ein Studium hinter sich gebracht hat.

Ihr seht die Unterschiede zwischen unseren Freunden. Sie haben ein völlig unterschiedliches Bewußtsein, eine völlig unterschiedliche Schulbildung. Das, was der eine tut, könnte der andere niemals tun, weil ihm die Voraussetzungen fehlen – aber sie fehlen ihm nur hier in **diesem Leben**. Bei vorhergehenden Inkarnationen kann es einen Rollentausch gegeben haben. Es ist nicht möglich, mit jedem einen Telefonkontakt herzustellen. Mancher wäre dadurch überfordert.

Dir, meine liebe Hilde, sei gesagt, dein Leben, so wie es verlaufen ist, ist folgerichtig gelaufen, denn **Heli** hast du erst **nach deren Tod erkannt**. Nach dem Übergang hast du eigentlich deine Tochter erst richtig erfühlt und kennengelernt. Dadurch war es möglich, daß in dir etwas aufgebrochen ist.

Frage: Befassen sich bei euch auch Geistwesen mit der Transkommunikation?

Claudius: Siehe, mein Kind, stelle es dir so vor. Die Geistwesen, die sich mit der Transkommunikation befassen, haben natürlich einen Gedankenaustausch. Dieser Gedankenaustausch wird ständig praktiziert. Ihr würdet Konferenzen dazu sagen. Nur, mein Kind, es ist nichts anderes als der Informationsaustausch zwischen Geistwesen, die zum Beispiel die Transkommunikation mit euch führen, und demjenigen, der auf unserer Ebene die Richtlinien dafür festlegt, damit ihr sicher geleitet werdet.

Frage: Ich gehe davon aus, daß alles schon einmal da war, also müßte im Informationsfeld all das Wissen und die Möglichkeiten der Transkommunikation enthalten sein.

Claudius: Mein Herz, sicher hat sie schon existiert, sicher – nur auf unserer Ebene, gibt es die Technik im Sinne eures Verstehens nicht. Die Technik gibt es auf anderen Planeten. So wie sie auf Terra benötigt wird, so wird sie auf anderen Planeten ebenfalls benötigt.

Einige dieser Planeten haben ein hochtechnisiertes Wissen, eine Physik, die euer Wissen in den Schatten stellt, denn man hat weitere Schritte unternommen. Ihr seht es daran, daß die Besucher auf eurem Planeten mit ihren Raumschiffen ganz andere physikalische Grundlagen kennen als eure Wissenschaft.

Das allein soll ein Beweis dafür sein, daß auf anderen Planeten diese Dinge existieren.

Frage: Aus welchen Personen setzen sich eure Forschungsgruppen zusammen?

Claudius: Die Forschungsgruppen setzen sich zusammen aus verschiedenen Personen – jetzt nimm bitte nicht die »Personen« wieder wörtlich – aus verschiedenen geistigen Schwingungen. Diese geistigen Schwingungen finden sich zusammen, und ein jeder bringt sein eigenes Wissen, seine eigenen Erkenntnisse aus seiner eigenen Akasha-Chronik mit in dieses Gesamtwissen ein. Deshalb ist es möglich, daß auch Physiker, die hier mitarbeiten, und andere Gelehrte Anstöße geben für euch, und der Lernprozeß eines jeden einzelnen, hier wie bei euch, vorwärts schreitet.

Frage: Könnten Wesen theoretisch, die innerhalb des grünen Kreises sich befinden, Hilfestellung den Forschergruppen der Transkommunikation geben, denn sie haben Zugang zum gesamten Informationsfeld des Universums?

Claudius: Meine Liebe, nichts leichter als das. Ich könnte dir das ganze Wissen dieser Welt und anderer Welten vermitteln – nur, du könntest damit nichts anfangen, weil du es nicht einordnen kannst, da du die Grundlagen nicht beherrschst.

Das einzige, was von unserer Seite aus möglich ist: Den Boden bei euch zu bereiten, um euch weiterzuführen, um euch zu helfen, die Hürden zu nehmen.

Funktioniert eines eurer Geräte nicht richtig, können wir uns noch so sehr bemühen, es wird zu keinem Erfolg führen, und wenn es uns nicht möglich ist, euer geistiges Potential zu bündeln, wird es auch unmöglich sein, eine dauerhafte Brücke zu bauen. Es wird nur sporadisch eine Verbindung möglich sein, damit euch nicht der Mut genommen wird.

Frage: Offenbar gibt es doch sehr viele unwissende Wesen, die die Verbindung stören wollen.

Claudius: Nun, so solltest du es nicht sagen, du solltest sagen: Die das Licht noch nicht gesehen haben. Das ist die richtigere Definition.

Frage: Es ist also ein mühseliges Unterfangen?

Claudius: Schau dich um in eurer Welt, wie schwierig es ist, einen Konsens zwischen den Völkern herzustellen.

Frage: Ich dachte eigentlich, daß der Mensch das primitivste bewußte Wesen ist?

Claudius: Nun, es gibt noch primitivere Stufen einer Existenz.

Frage: Könntet ihr diesen negativen oder niederen Wesen nicht Einhalt gebieten?

Claudius: Meine Liebe, **ihr** zieht diese Wesen an, und deshalb ist es uns nicht möglich, einzugreifen.

Frage: Wenn also Liebe und Demut fehlen, könnten negative Geistwesen die Oberhand gewinnen?

Claudius: So ist es. Aber Transkommunikation beschränkt sich nicht allein auf Geräte. Ihr meint, die technisch gestützte Transkommunikation müßte besser ausgebaut werden können. Die Versuche sind mannigfaltig, die von unserer Seite gemacht werden. Doch, wie ihr selbst bemerkt, ist es äußerst schwierig, **die verschiedenen technischen Geräte, die vorhanden sind, auch nutzbar zu machen für uns**.

Seht das Auto, das ihr benutzt, fährt nur, weil es der Mensch bedient. Ohne den Menschen würde es tot bleiben, es würde nicht zum Leben erwachen.

Vielleicht hinkt dieser Vergleich etwas, doch ich glaube, er trifft den Kern der Sache, den Kern unserer Unterhaltung. Es ist immer wichtig, **was der Mensch tut, wie** er es tut. Man kann das erste Mal im Auto sitzen und einen Unfall bauen, weil man es nicht beherrscht. Man kann aber auch langsam fahren, dann wird man mit der Zeit ein Gespür bekommen für den Motor.

Und dies zeichnet den Menschen aus. Es sollte ihn auszeichnen, daß er die Möglichkeit des Erfühlens, des Erahnens hat.

Ich weiß, es klingt im wissenschaftlichen Kreis lächerlich, wenn ich vom persönlichen Empfinden spreche, doch dieses persönliche Empfinden ist genauso ein Phänomen, wie das Nichterkennen neuer Energien.

Frage: Ich meine, wenn die technisch gestützte Transkommunikation weltweit Anerkennung finden würde, dann müßte sich doch das Bewußtsein der Menschen verändern?

Claudius: Meine Liebe, würde die Menschheit in Demut dieses Wissen annehmen und umsetzen, wäre das Problem kein Problem mehr. Nur, denke daran, welche Fragen gestellt würden.

Frage: Ja, nach den Lottozahlen und nach dem Testament.

Claudius: So ist es. Und ich sage euch, nicht allein das technische Verständnis ist Voraussetzung für die Transkommunikation, sondern **Demut und Liebe**, mit der ihr den Kanal schaffen wollt. Wichtig ist, daß ihr euch loslöst von der Vorstellung, einfach mit ein paar Schräubchen, mit ein bißchen Metall, die Transkommunikation vorantreiben zu können. Überlege, mein Freund, wieviele Parabol-Antennen auf dieser Welt montiert sind, um die kleinsten Signale aus dem All erfassen zu können, und wie einfach es ist, wenn der »kleine Mann« sein Tonbandgerät einschaltet und voller Demut darauf wartet, daß sich der Gerufene meldet.

Alles technische Wissen ist nicht ausschlaggebend für die Transkommunikation zu uns. Was wir brauchen und was ihr braucht, meine Freunde, ist das Gefühl der Liebe und der Demut, der Allmacht die Pforten zu öffnen, damit sie zu euch durchdringen kann. Täuschet euch nicht, Apparaturen alleine sind es nicht, sondern das Gefühl, mit denen sie bedient werden.

Seht, es gibt Menschen, die sich mit Transkommunikation befassen und auch Erfolge haben. Sie versuchen erst gar nicht, in Liebe und Demut die Erfolge auszuwerten, sondern wollen diese Dinge rationell erfassen. Was dabei herauskommt, ist Zerriß im Umfeld – weil das rationale Denken der anderen ein Verstehen verhindert.

Siehe, das Buch* mußte geschrieben werden, damit die Menschen Ansatzpunkte erhalten. Was sie daraus machen, meine Liebe, das ist ihnen völlig überlassen; denn die Wege sind ihnen offen. Nicht an euch liegt es, Urteile zu fällen, sondern einfach anzunehmen jeden einzelnen, wie er ist, denn auch im Nihilisten ist die Liebe der Allmacht verankert. Vergeßt dies nie, meine Freunde. Nicht umsonst sprach ich in der Vergangenheit davon, geht eurem Nächsten bis zur Hälfte des Weges entgegen, wenn er die andere Hälfte geht, ist es gut für ihn. Wenn er es nicht tut, habt ihr nichts falsch gemacht und seid auch nicht verletzbar.

Frage: Ich frage nun nach dem Sinn und Zweck der Transkommunikation. Ist das ein Geschenk für uns, damit wir eine Bewußtseinserweiterung erfahren?

Claudius: Wir alle, meine Freunde, die wir hier auf unserer Ebene uns um die Transkommunikation bemühen, sind nichts anderes als **Geburtshelfer für ein neues geistiges Bewußtsein.**

Die Transkommunikation, gleich in welcher Form sie stattfindet, hat nur einen einzigen Sinn: Den Menschen einen Weg aufzuzeigen, den sie gehen können, und sie werden sich zwangsläufig weiterentwickeln, wenn sie irgendeinen Weg beschreiten.

Frage: Für viele Menschen ist es aber sehr schwer, an die Realität der Tonbandstimmen zu glauben.

* »Dialog mit Claudius«

Claudius: Es wird natürlich so sein, daß der rationaldenkende Mensch mit diesen Dingen wenig anfangen kann. Derjenige, der im materiellen Denken verhaftet ist, wird es schwer haben, neue Impulse zu bekommen. Es wird viele Stimmen geben, die dafür sind, und viele, die dagegen sprechen. Es wird viele Stimmen geben, die mit einem Lächeln darüber hinweggehen. Es ist die Entwicklung jedes einzelnen Menschen. Seht, meine Freunde, so wie die Parapsychologie als Hexerei verbannt wurde, so wie die Alchimisten sich vom Geheimnis umschleiern ließen, so ist es heute ähnlich mit der Transkommunikation. Die Wege zur Erkenntnis des einzelnen sind verschieden, sie waren es zu allen Zeiten. Irgendwo bei Beginn des Menschen wurde die Frage nach seinem Weg gestellt – und diese Frage ist Bestandteil einer jeden Inkarnation geblieben, vom Anfang bis zum Ende wird diese Frage bleiben.

Seht, meine Freunde, Transkommunikation ist permanent vorhanden. Die Frage ist nur, ob der Empfänger bereit ist, eingeschaltet ist, Informationen aufzunehmen. Ich erinnere euch daran, wenn ihr ein Fernsehgerät nicht einschaltet, erscheint kein Bild, trotzdem die Information latent vorhanden ist.

So solltet ihr Transkommunikation verstehen. Was macht der einzelne daraus? Nun, der eine sagt: »Das angebotene Programm ist völlig idiotisch.« Der andere sagt: »Eine phantastische Darbietung« – nun, so ist es eben. Doch die Vergleiche sollten euch dazu dienen, und vor allen Dingen auch den Lesern des Buches, Einblick zu gewähren in den metaphysischen Bereich, der entweder erfahren werden kann über die Seele, dann ist er real – oder nicht – nun, dann ist er trotzdem vorhanden – aber für den betreffenden irreal.

Das Wollen der Allmacht ist, daß der Mensch unabhängig von seiner sozialen Stellung diese Gnade erkennen kann. Denn ansonsten, meine Freunde, wäre euer Leben nicht einen Pfifferling wert, wenn ihr vergeßt, daß die Gnade der Allmacht euch den Weg gezeigt hat, daß es etwas mehr ist, Mensch zu sein, als gemeinhin wahrgenommen wird.

Frage: Besteht ein Unterschied zwischen dem Kontakt mit dir und den Tonbandstimmen?

Claudius: Siehe, meine Liebe, unsere Kontakte kommen auf andere Weise zustande. **Wir benötigen eine Person, die sich völlig zur Verfügung stellt** und uns damit die Möglichkeit gibt, eine unbegrenzte Abschirmung zu erreichen.

Das ist bei Tonbandstimmen anders. Hierbei spielt die persönliche Tagesform eine Rolle, die der Einspielende hat. Ihr wißt aus der Vergangenheit, daß mancher Experimentator zunächst keine Probleme hatte. Sie traten in der Regel erst dann auf, als der Experimentator an die Öffentlichkeit ging oder sich selbst als auserwählt betrachtete und die Demut verlor.

Seht, Hilde, unsere liebe Freundin, stellte sich nicht in den Mittelpunkt, sondern war immer von dem Wunsch beseelt, anderen zu helfen und Leid – das sie selbst auch durchlebt hat – zu lindern. Seid euch bewußt, daß wir ganz andere Wege gehen als die Freunde der Tonbandstimmen. Seid euch bewußt, daß wir nicht nur **eine einzige Wahrheit** predigen, sondern **alle Wahrheiten**. Ich weiß, ich irritiere euch jetzt. Ich möchte es berichtigen, damit ihr es begreift.

Die Wahrheit ist, daß es Tonbandstimmen gibt. Diesseitige oder Jenseitige, wie ihr sie nennen wollt, melden sich bei euch. Der eine kann es annehmen, der andere nicht – dies ist eine Wahrheit.

Es ist auch Wahrheit, daß es Menschen gibt, die **die Elfen sprechen hören. Auch dies ist eine Wahrheit**.

Es gibt Menschen, die sich **dematerialisieren, auch dies ist eine Wahrheit**.

Versteht die Wahrheiten, die ich so benenne, da wir in diesem Kreis ein breites Spektrum anschneiden können, was woanders nicht möglich ist.

Frage: Bei den Tonbandstimmen taucht immer wieder die Vermutung auf, daß es sich um Manifestationen des eigenen Unterbewußtseins handeln könnte. Du selbst sprachst einmal davon, daß es sehr kompliziert und schwer erklärbar sei, jedenfalls in unserer augenblicklichen geistigen Entwicklungsstufe. Kann man es so erklären, daß ein gewisses Teilwissen von irgendeiner Begebenheit im jetzigen Leben uns die Möglichkeit gibt, dazu passende Teilaspekte aus der Akasha-Chronik abzurufen, anders ausgedrückt: Treten wir auf diese Weise mit unserem Gesamtbewußtsein in Verbindung?

Claudius: Nein, mein Freund, derjenige, der Erfolge aufzuweisen hat bei dieser technisch gestützten Transkommunikation, wird so lange einen Begleiter haben, der ihm Worte zuflüstert, solange er demütig ist. Siehe es so: Um jeden von euch schart sich eine Gruppe von Geistwesen. Diese Gruppe von Geistwesen kann sich auf diesem Tonband stellenweise manifestieren. Ihr nehmt die Worte auf, die euch sowohl beglücken als auch traurig machen können.

Die technisch gestützte Transkommunikation nimmt Schwingungen auf, die vielseitig sein können, bis sie gesteuert werden von einem geistigen zentralen Verbund. Deshalb sollte der Empfänger nie alleine gelassen werden, denn es können Mißverständnisse auftreten und er könnte etwas hineindeuten in die Sprache, auf seinem Tonband, was gar nicht gesagt wurde. **Es ist ein gar gefährlich Ding, wenn Demut und Liebe fehlen.**

Frage: Es gibt Kraftfelder auf unserer Erde, auf die Dome oder Kirchen gebaut sind. Wenn man mit einem Tonbandgerät zu einem solchen Kraftfeld ginge, würden dann die Kontakte besser sein?

Claudius: Nun, das ist nicht unbedingt gesagt, denn siehe, diese Kraftfelder könnten auch dein Tonband zerstören. Es kommt immer darauf an, wozu diese Kraftfelder ausgelegt worden sind. Selbstverständlich gibt es Kraftfelder, die die Transkommunikation bevorzugt benutzen könnte.

Frage: War die Bundeslade das erste Transkommunikationsmittel? Wer gab die Anweisung zum Bau?

Claudius: So ist es, meine Liebe. Die Bundeslade war nichts anderes als ein Gerät, das es Moses ermöglichte, Kontakt aufzunehmen zu den Wesenheiten, die ihn führten. Technisch gestützte Transkommunikation, wenn du so willst – nur mit anderen Energien. Ich möchte euch nähere Einzelheiten ersparen, denn ihr werdet sie nicht nachbauen können.

Frage: Moses erhielt jedoch genaue Anweisungen für die Benutzung?

Claudius: Natürlich, es wurde ihm nicht eingegeben. Dieses Gerät wurde ihm zur Transkommunikation übergeben.

Frage: Weiß man, wo sich dieses Gerät jetzt befindet? Existiert es überhaupt noch?

Claudius: Ja – dieses Gerät wurde aufbewahrt, das ist richtig, aber nicht auf eurem Planeten.

Frage: Warum ist die Übermittlung der Jenseitsbotschaften akustisch oft so schwer verständlich?

Claudius: Die Ionosphäre, die Stratosphäre, die Atmosphäre sind manchmal starken Verwirbelungen ausgesetzt. Derjenige unter euch, der empfindsam ist, spürt die Turbulenzen. Aus diesem Grund werden die Kontakte technischer Art etwas durcheinandergebracht. Seht, die Unstimmigkeiten in der Stratosphäre haben viel Verwirrung gestiftet. Sonneneruptionen, Sonnenfinsternis und auch die brennenden Ölfelder setzten Energien frei, die Wirbel verursachen. Es ist für uns sehr schwierig. Deshalb versuchen wir immer wieder, neue Wege zu gehen.

Für die Tonbandstimmen im allgemeinen gilt, daß atmosphärische Störungen eine klare Übermittlung sehr schwierig gestalten. Atmosphärische Störungen dringen auf den Menschen ein. Dennoch – eines ist gewiß. **Selbst der kleinste Beweis einer Umformung legt Zeugnis von uns ab**.

Frage: Lieber Claudius, kannst du uns noch irgendwelche Vorschläge zur Verbesserung der Kontakte machen?

Claudius: Wichtig ist **Beständigkeit im kleinen Kreis** mit **gleicher Schwingung.** Ein wichtiger Aspekt ist auch folgender: Verwendet zu Anfang jeder Einspielung immer die **gleiche Formel**.

> Sie kann etwa so lauten: Wir rufen euch, die ihr uns zur Begleitung gegeben wurdet. Wir rufen euch und bitten um euere Hilfe für uns und für die Menschheit.

Frage: Warum ist diese Formel wichtig?

Claudius: Sie dient zur Sammlung der Energien. Siehe, die Einführung, die ich spreche,[6] ist immer die gleiche im Ansatz, mit kleinen Abwandlungen in der Fortsetzung. Sie bezweckt die Konzentration des einzelnen, damit wir ihn einbinden können. Verständlich?

Frage: Welche sind die wichtigsten Regeln für die Transkommunikation?

Claudius: Wichtig sind vor allem emotionale Beziehungen. Soll eine fruchtbringende Verbindung zustande kommen, muß das emotionelle Band eng geknüpft sein.

Grundvoraussetzung für alle Experimente ist auch die persönliche Einstellung, die der Experimentator zu unserer Ebene unterhält.

Die Schwingungen des Experimentators müssen miteinbezogen werden, damit die Energieausgleiche vorgenommen werden können, um nicht zerstörend zu wirken.

Es ist sehr wichtig für jede Art von Transkommunikation, daß damit nicht gespielt wird, denn es werden Energien freigesetzt, die heilen oder zerstören kön-

nen, denn die Energie ist weder gut noch böse. Es kommt auf **die Anwendung** an, meine Freunde.
Verliert euch nicht zu sehr in euren eigenen Problemen, die von untergeordneter Bedeutung sind.
Nichts, was ihr tut, wird umsonst gewesen sein, und überall auf eurer Welt wird die Transkommunikation weitergeführt werden.
Die Zeit ist angebrochen und ihr selbst bemerkt, daß sich viel bewegt.
Viele Versuche laufen, aber wenige sind offen dafür. Viele sind auserwählt, aber nur wenige berufen.

Erläuterungen:

1. Der Tontechniker Peter *Härting* war zusammen mit dem Konrektor Jochem Fornoff Leiter der Darmstädter Experimentiergruppe. Von 1987 bis zu Peter Härtings Tod am 4. 12. 1988 hatte die Gruppe Direktkontakte mit dem Geistwesen ABX Juno. – Härting meldet sich durch Claudius regelmäßig.
2. Der Statiker und Computerfachmann Manfred *Boden* hatte jahrelang Kontakte über Computer und Telefon. Er starb am 23. 3. 1990 und meldete sich auch über Claudius.
3. Maggy und Jules Harsch-Fischbach in Hesperange/Luxemburg sind sehr erfolgreiche Experimentatoren. Sie erhalten sowohl Kontakte über Radio – Tonband – Computer – Video und am häufigsten über Telefon. Sie sind international bekannt.
4. In Rivenich ist es Adolf Homes, der zusammen mit Fritz Malkhoff, Schweich, mit Computer, Telefon und Video experimentiert. Ihre Erfolge sind inzwischen auch international bekanntgeworden.
5. Manfred Boden hatte einmal ein Todesdatum bekommen, das aber nicht stimmte. Claudius warnt eindringlich, solche Botschaften ernst zu nehmen, da es jenseitigen Wesenheiten nicht erlaubt ist, die Menschen über ihr Ableben aufzuklären.

Wenn eine solche Aussage gemacht wird, dann handelt es sich um Fopp – oder negative Geister, denen man kein Gehör schenken sollte.

6. Die Formel, die Claudius bei jeder Sitzung benutzt, lautet: »Clau – Clau – Claudius – Herodes Agrippa, Freund meines Lebens, ich schließe den Kreis und binde euch ein in die Liebe der Allmacht.«
   »Ich schließe den Kreis«, wird immer gesagt, das ist sehr wichtig, lediglich die letzte Formulierung ändert sich manchmal. Entweder heißt es: »Ich binde euch ein in unser Sein« oder es wird noch angefügt: »Ich grüße euch – ich segne euch«.

Konstantin Raudive über die technisch gestützte Transkommunikation

Claudius: Nun möchte ich unserem Freund Konstantin Raudive die Möglichkeit geben, mit euch allen zu sprechen.

Konstantin Raudive[1]:

Guten Abend, liebe Freunde. Ich begrüße Sie in diesem Kreis und ich danke **Claudius**, daß er mir die Möglichkeit gibt, eine kurze Botschaft für alle durchzugeben. Auch spreche ich im Namen meiner Begleiterin, **Zenta Maurina**[2]. Sie möchte sich bedanken, daß die Zweifel aufgelöst wurden, die sie hatte. Sie ist hier bei mir und sie **schickt Grüße aus dieser wunderschönen Welt**.

Ich möchte Glückwünsche darbringen zu dem Buch, das fertiggestellt wurde, meine Hochachtung für die geleistete Arbeit zum Ausdruck bringen und zu gleicher Zeit erwähnen, daß **Friedrich** (Jürgenson) ebenfalls glücklich ist, daß diese neue Zeit begonnen hat. Wir alle bedanken uns, daß wir aufgenommen und gehört werden. Ich möchte bitten, Fragen zu stellen, die ich beantworten kann.

Frage: Können Sie sich nur auf einer bestimmten Frequenz melden, die jedoch nicht die sogenannte »Jürgenson-Welle« ist?

Raudive: Richtig, meine Liebe. Ich benötigte das Angebot, das Hilde mir zur Verfügung gestellt hat.

Hilde: Ich nahm als Hintergrund einen Sender mit Fremdsprachen, und zwar vorwiegend aus den Ostländern (russisch, tschechisch, polnisch, rumänisch etc.), und damit hatte ich regelmäßig Kontakt mit Ihnen.

Raudive: **Ja – das ist richtig.**

Hilde: Als ich dann auf die sogenannte »Jürgenson«-Welle überging, diesen Wabbelton, brach der Kontakt ab.

Raudive: Auf dieser Frequenz kam ich leider nicht durch.

Frage: Sie können sich auch bei anderen Experimentatoren melden. Ist es immer die gleiche Frequenz, die dann von Ihnen benutzt wird?

Raudive: Meine Liebe, ich bringe meine eigene Frequenz hier mit ein. Bedenken Sie, daß die Transkommunikation weitergegangen ist, daß wir andere Kanäle benutzen als zum damaligen Zeitpunkt. Denken Sie auch darüber nach, daß die Transkommunikation im herkömmlichen Sinn, wie wir sie früher betrieben haben, nur noch sporadisch stattfindet.

Frage: Weshalb können Sie sich beispielsweise bei J. F. nicht auf diese Art und Weise melden?

Raudive: Aus dem einfachen Grund, weil das Energieangebot dort noch nicht so vorhanden ist, wie ich es benötigen würde. Es sind zur Zeit Versuche im Gange, die unter Umständen dann zu einem Erfolg führen werden.

Frage: Darf ich fragen, wie Euer beider Leben (Konstantin Raudive und seine Lebensgefährtin Zenta Maurina) sich nun gestaltet, abgesehen von der Transkommunikation?

Raudive: Nun, ich habe mich dem Transkommunikationsbereich im weitesten Sinne gewidmet und wurde angenommen in diesem Kreis um **Claudius**. Ich versuche, da ich bekannt bin, auf den verschiedenen Transkommunikationsbereichen tätig zu sein, indem ich mich bei dem einen oder anderen Experimentator melden werde, damit die Sicherheit für den einzelnen gegeben wird, daß unsere Seite hier nach wie vor tätig ist.

Zenta Maurina, meine Liebe, ist bei **Heli**. Diese beiden sind eng miteinander verbunden und in regem Gedankenaustausch. Sie begleiten ihre Gruppe hier auf verschiedene Art und Weise. Ordnend ist **Zenta Maurina** tätig, ordnend, damit **Heli** es ermöglichen kann, unseren Freund zu tragen. Ordnend ist sie tätig auch im Kreis um **Claudius**, denn sie durfte erfahren, daß **Heli** ihr beim Übergang geholfen hat. Durch ihre – soll ich sagen, **einmalige Einmaligkeit – hat sie durch ihre Liebe alles bewegt.** Genügt dies?

Frage: Ich denke darüber nach, welche großartigen Bücher Sie geschrieben haben und ebenso **Zenta Maurina**. Das ist ein Bücherschatz. Diese Beschäftigung ist jetzt nicht mehr gegeben?

Raudive: Nun, meine Liebe, wenn Sie meinen, daß sie schreibt, dann im Sinne Ihres Verstehens – nicht –, aber sie begleitet auch Sie, meine Liebe.

Hilde: Ich hörte Zenta auf meinem Tonband sagen: »Die Heli, die ist so lieb die kann so gut wecken.«

Raudive: Das, meine Liebe, bestätigt Ihnen Ihr **Konstantin**.

Hilde: Es hat also gestimmt, was wir verstanden haben?

Raudive: Ganz richtig! Sehen Sie, jeder Mensch geht auf diesem Erdenleben einen bestimmten Weg – und mag er geistig noch so offen sein, so wird er am Ende seines Lebens dennoch die Frage stellen, ob er hoffen darf, weiterzuleben. Auch dies mußte **Zenta** erfahren und **Sie** haben ihr mit **Ihrer Antwort** sehr viel geholfen. Mir war es damals nicht möglich, mit ihr in Kontakt zu treten – leider, doch die Erfahrung mußte sie machen und durfte nicht daran gehindert werden.
Nun, meine lieben Freunde, lassen Sie mich sagen, daß wir in der Zukunft zusammen gestaltend tätig sein werden für Sie. Ich möchte, daß Sie sich meiner Hilfe sicher fühlen.

Hilde: Sie waren damals der Anstoß für mich, selbst zu experimentieren – und es hat sich auch gelohnt.

Raudive: Meine Liebe, Überzeugung konnte in Ihnen nur Platz greifen durch eigene Erfahrung. Und so, wie Ihnen, erging es vielen. Sehen Sie, die Bereitschaft des einzelnen ist immer ausschlaggebend für den Erfolg. Natürlich sollte sich der Experimentator im klaren sein, daß wir ihm die Frage nach dem Testament des Verstorbenen nicht beantworten werden, ebenso nicht nach dem verbliebenen Geld, das irgendwo noch vorhanden sein müßte. Es kommt immer auf die Qualität der Fragen an, die dann beantwortet werden, und dies ist wichtig zu wissen.

Frage: Es ist schade, wenn man sieht, daß sich die Psychen der Experimentatoren verändern. Kontakte, die so hoffnungsvoll begannen, verlaufen oft im Sand.

Raudive: Nun, meine Liebe, Sie sagen es, die Psyche verändert sich in dem Maße, wie der Reifungsprozeß des einzelnen fortschreitet oder stehenbleibt.

Frage: Ist auch ein Rückgang möglich?

Raudive: Meine Liebe, ein Zurückgehen gibt es nicht, es gibt nur ein Überlagern, und wenn sich der Experimentator nicht weiterentwickelt, dann wird die Überlagerung Platz greifen und wir werden abbrechen müssen.

Frage: Es ist so schade, denn Transkommunikation ist doch ein so kostbares Geschenk?

Raudive: Sie sagen es. Nun, meine Liebe, Sie haben viel bewegt und Sie werden auch in Zukunft viel bewegen können, solange Sie sich in dem **vorgegebenen Rahmen bewegen**.

Es ist Ihnen sicher nicht entgangen, daß sich hier in Ihrer unmittelbaren Nähe einschneidende Veränderungen anbahnen – gewünscht und gewollt. Daß der Kreis, so wie er zusammengesetzt ist, immer gewissen Schwankungen unterworfen bleiben wird, ist sicher. Doch glauben Sie, **Claudius wird immer Claudius bleiben und die Hand schützend über unseren Freund halten. Haben Sie Vertrauen.**

Erläuterungen

1. Über Konstantin *Raudive* habe ich wiederholt ausführlich berichtet (»Stimmen aus einer anderen Welt« und »Brücke zwischen Diesseits und Jenseits« – beide Hermann Bauer Verlag, Freiburg). Der lettische Philosoph und Schriftsteller war einer der Pioniere der Tonbandstimmenforschung (*1909, †1974).
2. Als ich Konstantin Raudive's Experimenten in seinem Heim in Bad Krozingen beiwohnte, lernte ich auch seine Lebensgefährtin, die bekannte lettische Schriftstellerin und Essayistin Dr. Zenta Maurina kennen. Diese Bekanntschaft wurde für mich zu einem unvergeßlichen Erlebnis. Später – Konstantin Raudive war 1974 verstorben – unterhielten wir auch einen sporadischen Schriftwechsel.
   Es war einige Wochen vor Zenta Maurinas Tod, als sie mir einen sehr verzweifelten Brief schrieb. Sie, die tiefgründige, erkenntnisreiche und in ihren Schriften so weise Frau, war in eine tiefe Depression gefallen und begann am nachtodlichen Leben zu zweifeln. Ihr damaliger Brief war ein Hilfeschrei. Sie wollte von mir wissen, ob ich tatsächlich an eine Weiterexistenz nach dem leiblichen Tode glaube und sollte dies auch begründen.
   Ich schrieb ihr einen langen ausführlichen Brief – ich, die ich damals noch in den Kinderschuhen der Transkommunikation steckte – an die Frau, die über Jahre hinweg an der Seite von Konstantin Raudive die Kontakte mit dem Jenseits miterleben konnte.
   Ich tat mein Bestes, um ihr die Zweifel und die Ängste zu nehmen. – Sie bedankte sich sehr und schrieb mir, daß ich für sie die rettende Hand am Ufer gewesen sei. – Vielleicht ahnte sie, daß sie den Fluß der Ewigkeit bald überschreiten würde. Der 25. April 1978 war der Tag ihres Übergangs.

Video-Bilder

Zu nachfolgendem Dialog muß ich zunächst eine Erklärung abgeben.
Bei Adolf Homes in Rivenich, einem sehr erfolgreichen Experimentator, der zusammen mit seinem Kollegen Friedrich Malkhoff laufend Kontakte über Computer, Video und Telefon erhält, wurde ohne Kommentar ein sich in seiner Struktur ständig veränderndes Bild auf seinem Videogerät eingeblendet. Adolf Homes schickte eine Ablichtung an den Physikprofessor Dr. Ernst Senkowski, der es zu einer Sitzung im Kreis mitnahm und Claudius nach der Bedeutung dieser Einblendung befragte.
Es ergab sich nachfolgender Dialog, wobei die Fragen hauptsächlich von Dr. Senkowski gestellt wurden.

Frage: Lieber Claudius, kannst du uns etwas erklären zu diesem Bild, das bei A. Homes in Rivenich kommentarlos durchgegeben wurde?

Claudius: Das Foto, das vor dir auf dem Tisch liegt, ist nichts anderes als das Strukturmodell für die Transkommunikation mit einem anderen Medium.* Es sollte euch so deutlich nicht gezeigt werden, doch wir können darüber sprechen, ohne euch zu erschrecken.
Seht, die kleinen Raster in der Mitte sind die Reproduktion von Kristallen. Das äußere Raster verändert sich. Es ist die Trägerfrequenz für diese Art der Transkommunikation mit Bildern, die wir zu euch schikken, und mit Schriftzeichen, die auf euren Geräten erscheinen.

Frage: Das Bild gefällt mir gut: Da ist einmal die schöne Regelmäßigkeit der kleinen Teilchen, dann die Vielfalt der Farben. Kann man diese einzelnen Kristalle als Informationsträger sehen – sowohl die in der Mitte wie auch die äußeren – oder wie kann man das verstehen?

* Jenseitige zeigen sich auf Video.

Claudius: Du hast die Lösung ausgesprochen.

Frage: Kristalle, in dem Sinn, wie wir sie haben, sind dies sicher nicht?

Claudius: Nun, mein lieber Freund, ich will es dir erklären: Der Mensch versucht, Kristalle zu züchten, und dies ist ihm möglich. Aber die Kristalle, die der Mensch züchtet, haben nicht die Urinformation der Allmacht. Du verstehst, die Urinformation dieser Kristalle ist etwas **Besondereres**!

Frage: Nach unserem System ist der Kristall etwas Besonderes aufgrund seiner Atomgitter und seiner Anziehungskräfte, so wie er sich in bestimmter Regelmäßigkeit anordnet – kann man auf fünf Ecken kommen. Aber wo die Information ist, weiß ich allerdings nicht.

Claudius: Auch sie liegt in der Struktur – in der Molekular-Zusammensetzung begründet – in einem Kristall. Doch es geschieht noch etwas anderes. Hier werden Urenergien freigesetzt, die es dem Kristall ermöglichen, Informationen zu speichern. Siehe, der Mensch sucht nach der Reinheit. Er kann Kristalle züchten, ohne irgendwelche Einschlüsse. Wir würden sie als **Glas** bezeichnen. Das ist der kleine Unterschied.

Frage: Das heißt, diese Informationsfähigkeit oder Tragfähigkeit der Kristalle ist verknüpft mit den Fehlstellen und den Fremdsubstanzen, die in ihnen enthalten sind.

Claudius: So ist es. Siehe, ein Kristall wächst nicht über Nacht auf dem Gestein. Jahrhunderte vergehen, bis sich dieses Wunder manifestiert. Jahrhunderte hinterlassen Spuren in den Kristallen und auch Information.

Frage: Du sprachst in einem früheren Gespräch von Quasi-Kristallen. Das heißt also, daß Atome in einer Art angeordnet sind, wie sie sich normalerweise nicht ergeben würden aufgrund physikalischer Anziehungs- oder Abstoßungskräfte. Ist das der Schlüssel zur Information?

Claudius: So ist es. Euch erschließen sich neue Aspekte.

Frage: Information kann man ja in verschiedenster Weise speichern. Das kann in Farbe sein, die ja in der Regel durch Verunreinigungen erzielt wird, indem bestimmte Atome und Moleküle eingeschlossen sind, kann auch durch Fehlstellen entstehen, was also auch andere Atome und Moleküle im Kristall sein können, aber auch durch unterschiedliche Anordnung gleicher Moleküle. Werden alle diese Möglichkeiten benutzt?

Claudius: Facettenreich ist die Allmacht.

Claudius kündigte Nicola Tesla an, der sich hier einschaltet.

Frage an Nicola Tesla:

Ich würde gern noch einmal auf die Strukturen zurückkommen, Herr **Tesla**, die uns auf diesen Bildern übermittelt worden sind. Die erste Frage wäre: Hat die 5er-Struktur, die hier durchgängig erkennbar ist, eine besondere Bedeutung?

Nicola Tesla:

Richtig. Diese 5er-Struktur ist der Ausdruck einer bestimmten Kristallstruktur. Diese Struktur ist als Information zu betrachten, als Information für eine gewisse Kette, die aneinandergereiht sich ständig verändert, jedoch nicht abreißt. Es ist eine kristalline Struktur, die sich auch manifestiert in der Mitte der Bilder als kleine Kristalle. Es muß jedoch eine bestimmte Information als Trägerstruktur vorhanden sein, und dies können Sie an der Kette, an der Informationskette rechts und links vom Bild erkennen. Wenn ich Ihnen sagen würde, daß es ein Abbild der Scalarwellen ist, würden Sie mir das abnehmen?

Frage: Ein Abbild der Scalarwellen? Ja, ich würde das vielleicht akzeptieren – akzeptieren muß ich das sowieso – nur, ich muß es ja interpretieren mit meinem Wissen oder mit dem, was mir zur Verfügung steht. Es ist eine Abfolge – wir erkennen ja eine Abfolge (Nicola

Tesla: So ist es), die durch Lücken unterbrochen ist (Nicola Tesla: So ist es), das heißt, daß es eigentlich eine Impulsfolge ist?

Nicola Tesla:

Ja – und vergessen Sie eines nicht, alle Strukturen sind unmittelbar damit verbunden. Die einzelnen Glieder kommunizieren miteinander, untereinander und kommunizieren auch in Quer- und Schrägverbindungen, so daß sie, wenn Sie es als Raster sehen wollen, ständig miteinander im Fluß sind und dadurch gewisse Informationen tragen können. Daß sie sich natürlich im Laufe ihres Weges verändern müssen, zwangsläufig, dürfte klar verständlich sein, wenn ich Ihnen sage, daß die Information, die sie tragen, verdichtet wird. Dadurch ziehen sich die äußeren Strukturen zusammen. Dadurch, daß sie in Quer- und Schrägverbindungen miteinander verbunden sind, ist es möglich, diese kristalline Information zusammenzuführen zu einem Gesicht, zu einem Gerät, zu etwas, was Ihnen als Anschauungsmaterial dienen kann.

Frage: Sie bestätigen eigentlich damit eine Vermutung oder eine Beobachtung, die ich glaube, mehrfach gemacht zu haben, daß nämlich sowohl bei unserem Freund **Klaus Schreiber**[1] als auch in manchen Bildern in Luxemburg und auch in manchen Bildern in Rivenich[2] – bevor diese wirklich informativen Bilder von Gesichtern oder Personen auftreten –, Strukturen erkennbar sind auf dem Bildschirm, die so ähnlich aussehen wie ein Ziegelmauerwerk oder wie Sequenzen von mehr oder weniger grob- oder feinstrukturierten Linien. Ist das so?

Nicola Tesla:

So ist es. Sie können, wenn Sie genau hinschauen auf diese Bilder, erkennen, wie sich vom rechten oberen Bildrand herab etwas manifestiert. Ich weiß nicht, ob es für Sie selbst so scharf erkennbar ist, aber wenn Sie die Abfolge dieser Bilderserie aufeinander, übereinander heranziehen würden, würden Sie sehen, wie dieses Bild sich allmählich nach der Mitte zu bewegt und dort Gestalt annimmt. Nun, dies ist genauso eine Struktur, die sich aufgrund des angebotenen Materials ausnutzen läßt.

Frage: Ja, in diesem Fall des Materials, wenn es sich nur um eine normale fotografische Aufnahme handelt, im anderen Fall bei einem Fernsehbildschirm, der – wie wir sagen – von der Innenseite der Röhre her mit Elektronen beschossen wird, so daß bereits ein gewisses Grundleuchten oder eine gewisse Grundenergie im Strahlungsbereich vorhanden ist, ähnlich wie bei einem Blitz, den man zum Fotografieren auslöst. Meine Vermutung oder meine Frage bezieht sich auf dieses spezielle Energieangebot, das einerseits elektronisch den Schirm zum Leuchten anregt und im anderen Fall den Schirm anregt durch einen Blitz, der vielleicht sogar ultraviolette Anteile enthält?

Nicola Tesla:

Nun, mein Freund, Sie liegen richtig mit Ihrer Vermutung, doch beides sollten Sie getrennt sehen. Sehen Sie, diese kristalline Struktur, die es uns ermöglicht, auf dem Bildschirm gewisse Vorgänge sichtbar zu machen, ist in ähnlicher Form als Lichtstruktur durch diesen Blitz erzeugt worden.

Es gibt verschiedene Möglichkeiten. Sie sollten nicht eines mit dem anderen vermischen, doch sollten Sie eines beachten: Es gibt immer Möglichkeiten, vorhandenes Material zu nutzen für bestimmte Zwecke. Und selbstverständlich ist es so, daß eine Kristallstruktur, so wie ich sie Ihnen aufgezeigt habe auf diesem Bild, immer die Möglichkeit hat, wenn sie beschossen wird von irgendeiner Energie, sich in irgendeiner Form auch zu materialisieren. Es ist eine Notwendigkeit – möchte ich fast sagen –, denn die Information als solche ist immer in kristalliner Form

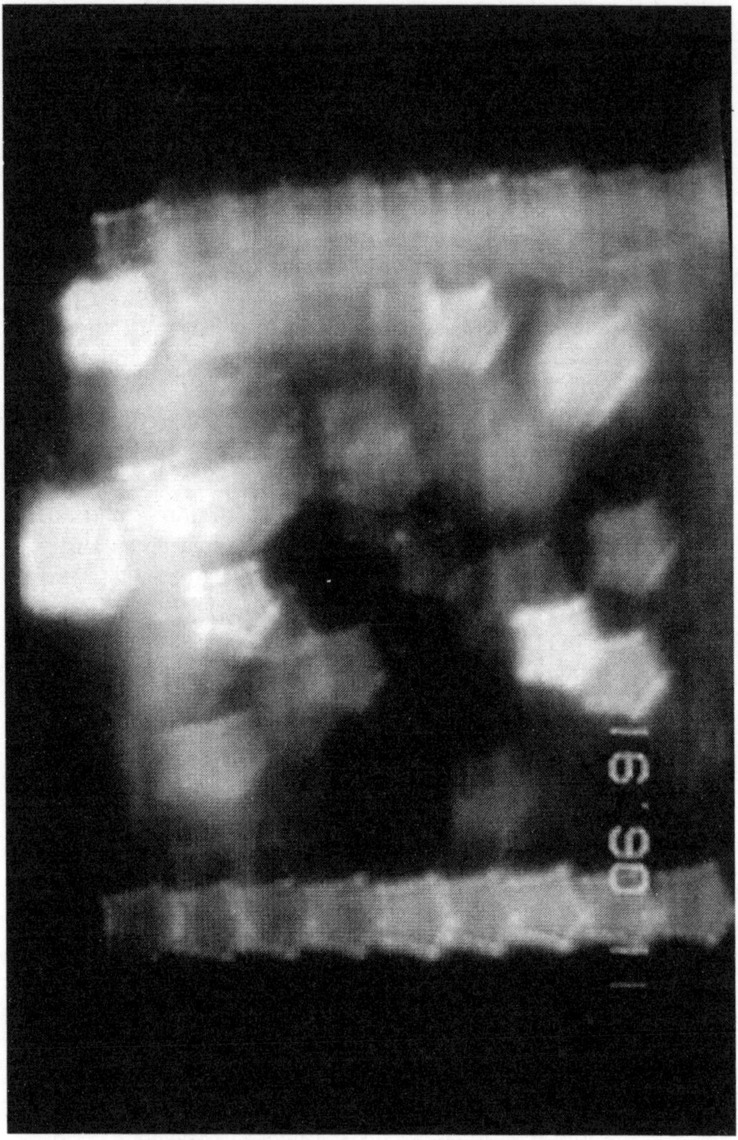

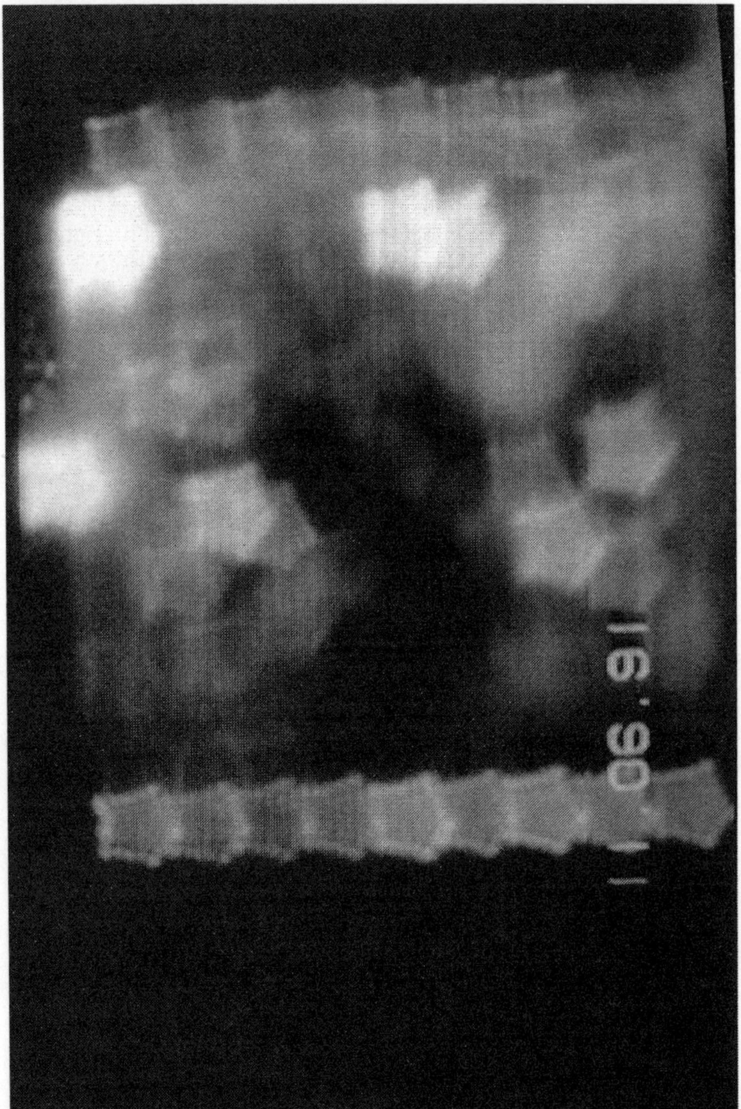

oder in unsichtbarer energetischer Form – egal, wie Sie es ausdrücken wollen – vorhanden. Es ist nur die Frage, ob sie gezielt eingesetzt wird, um Ihnen als Menschen die Informationen zuzuleiten, oder ob es nur eben ein Blitz ist, der Ihnen mitteilen soll: Hier geschieht etwas, was ich nicht mit meinem Verstand begreifen kann.

Frage: Wir haben erlebt, daß sich Manifestationen zeigten auf einem Fernseher, der nicht angeschlossen war. Auch das ist mir unbegreiflich.

Tesla: Sie fragen sich, wie kann ein Bild entstehen auf einem Fernseher, einem Bildschirm, der nicht angeschlossen ist, außer am elektrischen Strom. Sehen Sie, das ist dieses Phänomen. Wir haben Ihnen mit diesen bunten Aufnahmen zeigen wollen, wie wunderschön es ist, daß Scalarwellen – und nichts anderes sind diese Aufzeichnungen – sich verdichtet haben, um Ihnen Anschauungsmaterial an Hand zu geben, das Ihnen zeigt, wie ein Bild überhaupt entstehen kann.

Die energetischen Felder haben sich verändert, und wenn Sie dies als einen Film ansehen wollen, dann werden Sie sehen, daß am Anfang der Bildschirm dunkel ist, dann verändert er sich, es entsteht etwas.

Die Scalarwellen sind es, die dies möglich machen, und zuletzt wird nur ein weißer Fleck noch vorhanden sein. Aus diesem weißem Fleck kristallisiert sich dann das eigentliche Mitteilungsprogramm.

Wie sagte doch Claudius? »Facettenreich ist die Allmacht.«

E.: Wir bedanken uns sehr herzlich, es ist eine Ehre, daß Sie mit uns gesprochen haben.

Tesla: Nun, wissen Sie, die Ehre ist ganz auf meiner Seite, bei Ihnen sitzen zu dürfen.

E.: Ich glaube aber, die Ehre müßten wir einem höheren Wesen zuschreiben.

Tesla: Wissen Sie, ich bedanke mich bei der Allmacht, daß

sie es mir ermöglicht, durch **Claudius**, mit **Claudius** diese neuen Wege zu beschreiten.
Ich bin mir bewußt, daß Ihr Leben mit meinem Leben eng verknüpft ist. Ich habe die Aufgabe freudig angenommen, zu Ihnen zu kommen, denn es ist eine Gnade für mich – und für Sie – gewährt durch die Allmacht.
Und bei **Claudius** bedanke ich mich für die Bereitung des Bodens über Jahre hinweg bis zu diesem Abend. Ich gehe zurück und lege mein Sein in die Hände dessen, der mich gesandt hat. Ich grüße Sie, meine Freunde und ich danke Ihnen.

Claudius: Nun, mein Freund E., wir wollen dich sicherer machen. Wir wollen, daß du sicherer wirst auf dem Glatteis der Wissenschaft. Du hast schon Kufenschuhe, mein lieber Freund, doch vor Stürzen bist du nicht gefeit. Du siehst, alles wurde für den heutigen Abend vorbereitet.

E. Selbst die Schnellentwicklung des Films gestern in einer Viertelstunde, so daß heute dieses Bild hier vorliegen konnte.

Claudius: Mein Freund, nichts ist unmöglich. – Meine lieben Freunde, es ist wunderbar, wie die Energien um euch fließen, wie die Diskussion aufgewirbelt wird. Wir fühlen uns wohl, denn hier entsteht Resonanz, die euch schnell weiterführen wird in euren Fragen, meine Freunde.

Erläuterungen

1. Klaus *Schreiber* gelangen 1985 zum ersten Mal *Video*-Bilder von Jenseitigen, jedenfalls waren vorher diese Experimente nicht bekannt.
   Ausführlich berichtete ich über Klaus Schreiber in meinem Buch »Brücke zwischen Diesseits und Jenseits«. Der Experimentator starb 1988 und hat sich seitdem schon wiederholt über verschiedene Kontaktbrücken gemeldet.

2. Über Adolf Homes in Rivenich wurde bereits geschrieben. Siehe Kapitel »Die technisch gestützte Transkommunikation«.

Verschiedene Phänomene

Hellsehen – Chiromantie – Levitation – Strahlungen – Rückführungen etc.

Frage: Lieber Claudius, wir haben nun über die technisch gestützte Transkommunikation gesprochen, kannst du uns auch Auskunft über andere parapsychologische Phänomene geben?

Claudius: Paranormal ist ein Ausdruck, den die Menschen geprägt haben. **Alles ist normal – nur unser Sein ist nicht erkennbar.**
Stellt bitte euere Fragen.

Frage: Mich würde interessieren, aus welchem Feld ein Hellseher seine Informationen über die Zukunft eines Menschen bezieht.

Claudius: Nun, meine Liebe, er zapft das persönliche Netz dieses Menschen an, für den er tätig wird, denn Vergangenheit, Gegenwart und Zukunft sind vorhanden. Es sind vorhanden alle Informationen, alles Wissen – im Informationsfeld begründet.

Frage: Ich hatte eine Art Erscheinung, aber ich bin nicht sicher, ob ich diese mit meinen physischen oder geistigen Augen gesehen habe. Es war eine Struktur, die ich nicht definieren kann. Zuerst hatte ich das Empfinden, es sei ein menschliches Wesen, aber dann erkannte ich, daß dies nicht stimmte.

Claudius: Ich möchte dir dazu eine Erklärung geben: Es sind die Vorstufen der Hellsichtigkeit. Es wird noch einige Zeit dauern, bis diese Hellsichtigkeit dich voll erfassen kann. Siehe, im Augenblick erkennst du Konturen, im Augenblick bist du noch im Zweifel, **was** du gesehen hast und **ob** du etwas gesehen hast. Es ist nur natürlich, daß du die Spuren im Sand erkennst und doch nicht weißt, ob sie von dir stammen oder von anderen Menschen.

Hellsichtigkeit kann auf zweierlei Arten geschehen, nämlich: die intuitive Erfassung der Seele des anderen. Dies wäre die gewollte und richtige Hellsichtigkeit. Oder aber die Hellsichtigkeit bei der Erfassung bestimmter Situationen. Dies ist eine Hellsichtigkeit, die nicht unbedingt gewollt ist. Aus einem einfachen Grund: Wenn du die Hellsichtigkeit der Seelen, der Persönlichkeiten erfaßt, dann wird es zum Segen sein, zum Segen für dich, zum Segen für diese Person, die du geistig erfassen kannst.

Die Hellsichtigkeit einer bestimmten Situation könnte dazu führen, daß sie dich erschreckt und daß sie vielleicht von deiner Ratio falsch interpretiert wird. Das kann nicht passieren bei der Hellsichtigkeit der anderen Form.

Doch ich möchte dich bitten, nicht bewußt diese Hellsichtigkeit zu fördern. Bewußt heißt also mit dem Verstand. Tue es nicht, du wirst geleitet, und wenn es dir nahegebracht wird, dann wirst du keinen Schaden dadurch erleiden.

Ich möchte dir ein Beispiel geben: Siehe unseren Freund*. Er hat nichts gewollt von dem, was heute geschieht. Deshalb war es uns möglich, ihn dorthin zu bringen, wo er heute ist. Hätte er es erzwungen, dann wäre aufgrund seiner seelischen Struktur die Durchlaßmöglichkeit wesentlich größer gewesen.

Verstehst du, was ich meine? Der reale Verstand sollte diese Dinge nicht versuchen zu steuern, denn wenn er das tut, gerät er außer Kontrolle, denn er kann die Gefahren, die auf diesem Weg liegen, einfach nicht erfassen. Dazu ist er nicht ausgebildet.

Frage: Es kommt noch etwas hinzu, was ich beobachtet habe. Man spricht von der Gabe, Gedanken lesen zu können. Ich möchte nun nicht sagen, daß ich genau die Gedankengänge anderer Menschen verfolgen

* Marc

kann, aber ich glaube, mich in den anderen Menschen hineinversetzen zu können, und ich weiß oft, was er denkt, was auch oft zum Nachteil für mich sein kann, weil sie in mir arbeiten – die Gedanken der anderen.

Claudius: So ist es. Würdest du versuchen, nicht mit dem realen Verstand dies zu tun, sondern einfach ihn erkennen, dann wäre es anders. Weißt du, was ich meine?

K.: Ja, aber ich glaube nicht, daß ich das selbst steuere, es ist ganz einfach da, ich weiß einfach, was er denkt.

Claudius: So ist es, du gerätst in diese Situation des Erkennens, einfach so, und, meine Liebe, etwas was dich auszeichnet in diesem Leben, ist deine angeborene Neugierde.

Frage: Ja – in der Richtung alles, was die psychologischen Dinge betrifft.

Claudius: So ist es. Du hast – ihr würdet sagen ein Feeling – für Psychologie. Und es ist wichtig, daß du darüber sprichst, denn wir können dir nur dann eine Antwort geben, wenn du uns fragst. Hier geschieht etwas, es entsteht eine Rückkopplung, und aus diesem Rückkopplungseffekt heraus kommen dann diese Erkenntnisse für dich. Du nimmst die Schwingungen auf, und sie werden umgesetzt, so daß du den Gedanken erkennst, noch ehe er ausgesprochen ist. Verstehst du?

K.: Ja, danke – ich habe dies verstanden. Wie ist das bei diesen »wachbewußten« englischen Medien, die unabhängig von der Schwingung über jeden Menschen Information abrufen können?

Claudius: Nun, meine Liebe, dies sind Teilaspekte, die ermöglicht werden. Siehe, eines dieser Medien kann das Bewußtsein der im Raume befindlichen Personen aufnehmen und Erinnerungen abrufen, zum Beispiel an Eltern, Begebenheiten aus diesem bestimmten Leben. Ein anderes Medium kann heilen, weil es intuitiv über die Aura des einzelnen die Krankheitsherde erkennt und die Fehlinformationen in diesen Körpern eliminieren oder umwandeln kann in die normale Struktur.

Es gibt verschiedene Arten dieser Übermittlung. Siehe, ich habe euch verschiedene Beispiele gegeben, was ich in einem einzigen Körper vermag: Heilen, Informationen weitergeben und verschiedenes mehr. Du siehst Teilaspekte, und solange du sie als notwendige Teilaspekte erkennst, ist das eine fantastische Sache, eine fantastische Erfahrung für dich.

Frage: Hängt dieses geistige Übersetzungsvermögen und die Übersetzungsqualität bei diesen »wachbewußten Medien« vom Intellekt oder Bewußtsein dieser – wohlgemerkt wachbewußten – Medien ab, und inwieweit wird dies von der geistigen Seite aus gesteuert?

Claudius: Liebe Freundin, nun erlaube mir, daß ich dich als Beispiel nehme. Die geistige Arbeit, die du beim Übersetzen (englisch/deutsch/englisch) geleistet hast, zeigt eigentlich, daß in dir selbst Qualitäten vorhanden sind.

Siehe meine Liebe, Steuerungsfaktor deines Gehirns ist deine Seele. Deine Seele hat bei dieser Inkarnation die Fähigkeit des Erlernens einer anderen Sprache mitbekommen. Und da du in diesem Land schon einmal inkarniert warst, ist auch eine Voraussetzung vorhanden, daß es dir keine Mühe macht, intuitiv die Signale deiner Seele, die gesteuert wird, wiederum vom Informationsfeld, umzusetzen und zu übersetzen.

Frage: Mir fällt noch etwas ein: **Myra Evens*** hat über die Kristalle gesprochen, ganz besonders über den Amethysten, der für alle anderen Kristalle reinigende Wirkung haben soll, wenn man sie darauf legt. Kann man das so sehen?

* engl. Medium

Claudius: Nun, in sich abgeschlossen ist dieser Amethyst und gibt ureigenste Schwingungen wieder, die in ihm eingeschlossen sind. Wenn du den Ring von deinem Finger ziehst und auf den Amethysten legst, wird dieser Ring, dieser Bergkristall, seine Eigenschwingung verlieren. Ich würde dir raten, dies nicht nachzuvollziehen.

Wenn dich Amethyst anspricht, lege den Bergkristall ab und nimm einen Amethysten, doch niemals bringe Kristalle zusammen, denn jeder Kristall hat, gegeben durch das Farbspektrum, eine völlig veränderte Information.

K.: Sollte man dann auch vermeiden, am Finger einen Bergkristall und am Hals einen Amethysten zu tragen, wäre das eine nachteilige Verbindung?

Claudius: Nein, und zwar aus folgendem Grund: Der Amethyst, den du um den Hals trägst, hat bestimmte Ausstrahlungen auf ein bestimmtes Organ oder auf bestimmte Organe in deinem Körper. Der Bergkristall wiederum hat eine andere Schwingung für bestimmte Organe. Es ist also nicht falsch, zwei verschiedene Kristalle am Körper zu tragen, doch achte darauf, daß du an einem einzigen Finger nicht zwei verschiedene Kristalle trägst, es sei denn wie bei unserem Freund (Marc), daß Diamanten einen anderen Stein umschließen.

Frage: Der Diamant ist also neutral?

Claudius: So ist es.

Frage: Ich habe betreffend der Handlinien eine Frage. Jeder Mensch hat ja andere Linien, andere Fingerabdrücke. Und besonders die Handlinien sind ja ein großes Thema hinsichtlich Schicksalslinien, Todeslinien und so weiter. Was ist davon zu halten?

Claudius: Meine Liebe, nicht die Handlinien verraten das Geheimnis des Lebens. Die Handlinien, meine Liebe, zeigen, ob dieser Mensch geistig arbeitet oder körperlich. Doch derjenige, der die Linien zu deuten versucht, wird **über die Intuition den Menschen erfassen** und wird ihm Antwort geben können.

Weißt du, er hat für sich gewisse Regeln aufgestellt, die er mit den Linien der Hand verbindet. Er weiß nicht, daß er Intuitionen aufnimmt. Dadurch, daß er diese Deutungen aufgezeichnet hat, versucht er, Wissen weiterzugeben, das eigentlich nur über Intuitionen zu erfassen ist. Nun, es kann nicht viel passieren, also lassen wir demjenigen die Freude, der aus den Handlinien sein Schicksal zusammenreimt.

Frage: Beruht Kartenlegen auf dem gleichen Prinzip?

Claudius: Es ist das gleiche Prinzip, doch wenn du davon ausgehst, meine Liebe, daß Schwingungen hin und hergetragen werden zwischen dem Übermittler und demjenigen, der die Karten auf den Tisch legt, dann kannst du immer gewisse Regeln aufstellen, die bei dem Großteil der suchenden Menschen eine Ähnlichkeit aufweisen und somit auch angenommen werden können.

Freunde, ich möchte euch sagen, daß alles und jedes Suchen letztendlich immer wieder ein persönliches Überzeugungspotential mobilisiert. Wenn ich angesprochen werde von dieser bestimmten Schwingung, dann akzeptiere ich sie und richte mein Leben danach aus – mehr oder minder. So ist es mit der Chirologie, so ist es mit der Psychologie, so ist es mit all euren Wissenschaften, die sich auf geistiger Ebene bewegen. Jeder nimmt aus diesem Wissen das heraus, was er für sein Leben akzeptieren kann.

Frage: Was meinst du zu Uri Geller?

Claudius: Dieser Mann ist in der Lage, Gedankenkonzentrationen aufzunehmen und sie umzusetzen, Energiequellen also. Und wenn er junge Menschen bittet, bei seinen Experimenten dabei zu sein, so ist es nichts anderes als eine Verstärkung seiner Energien, denn dies ist nur bei **jungen begeisterungsfähigen Menschen möglich.**

Frage: **Uri Geller** behauptet, wir könnten das alle. Ist das richtig?

Claudius: Nun, meine Liebe, die Behauptung hinkt hinter der Wahrheit her. Natürlich kannst du levitieren, natürlich kannst du dich in Trance versetzen. Alle Möglichkeiten stehen offen, nichts anderes meinte er damit. Die Energien sind für jeden vorhanden, aber siehe dir die Steckdose hier in der Wand an, sie birgt den Strom. Doch nur, wenn du den richtigen Stecker benutzt, wird der Strom fließen.
Siehe, meine Liebe, ich könnte es möglich machen, daß durch den Blick unseres Freundes Glas zerspringen würde. Nur, was soll das? Eine Dokumentation von verschiedenen Energiequellen, nichts anderes. Ich habe andere Methoden, um euch unser Sein deutlich zu machen, meine Freunde.

Frage: Ist es so, daß die jungen Leute im pubertären Alter ihre überschüssige Kraft leichter abgeben als der ältere Mensch?

Claudius: Sie sind begeisterungsfähiger. Denk an deine Jugend zurück, denke daran, mit welchen Illusionen, mit welchen Gedankengängen du gespielt hast, die zu Vibrationen geführt haben. Oder hast du es schon vergessen, mein Freund?

Frage: Wie ist das bei **Marienerscheinungen?**

Claudius: Diese Erscheinungen sind rotierende Strahlen, Strahlungen, die sich zusammenbündeln zu einer **Energieform, die dann sichtbar wird**, jedoch nicht jeder Mensch kann sie sehen.

Frage: Ich hätte gerne eine Erklärung zur Kirlianfotografie?

Claudius: Diese Technik bezieht sich auf die Abstrahlungen des Körpers, auf die Elektrizität, die im menschlichen Körper vorhanden ist, die ihn lebensfähig erhält und die dann sichtbar gemacht wird. Ihr erkennt es an den Funken, die von euren Händen weggehen.

Frage: Reine Energie also?

Claudius: Richtig. Die Hand, die auf dieser Platte liegt, wird nicht nur von bläulich züngelnden Flammen umgeben, sondern zeigt ein gesamtes Spektrum, das ausgesendet wird über die körpereigene Struktur. Du kannst, wenn du ein geistiger Arzt bist, aus dieser Struktur Veränderungen des Gewebes innerhalb des Körpers erkennen.

Frage: Wie ist **Levitation** zu erklären? Wenn ich einen Gegenstand hochheben will, muß ich gegen eine Anziehungskraft arbeiten, und offensichtlich ist es möglich, mit geistiger Energie diese Anziehungskraft zu überwinden oder auszuschalten?

Claudius: Nun, es ist ganz einfach. Dein Körper, mein Freund, ist an die Erdenschwerkraft gebunden. Derjenige, der also die Erdenschwere verläßt durch Levitation, löst sich, indem er die **geistigen Kräfte** bündelt. Laß mich dir ein Beispiel geben:

Wenn ich es möchte, könnte ich mich der Erdenschwerkraft aussetzen. Ich würde also materialisieren. Ich könnte jedoch aus diesem Mantel, der Zusammenziehung der Atome, Moleküle zu einem festen Körper, nicht mehr zurück. Ich könnte es auch ermöglichen, vor euch einen Geistkörper entstehen zu lassen. Doch dazu bedarf es noch einiger Vorbereitungen.

Siehe, mein Freund, umgekehrt: In dem Augenblick, wo es dir möglich wird, deine Gedanken, dein Wollen und Sein nach uns auszurichten, spielt die Schwere deines Körpers keine Rolle mehr. Du wirst emporgetragen. Die Schwerkraft, der dein Körper unterworfen ist, wird vorhanden sein, aber deine geistige Kraft wird die Loslösung bewirken. Dein Körper wird emporgleiten – aber sowie diese geistige Kraft dich verläßt, wirst du auf die Erde zurückfallen.

Frage: Würde mir in diesem Zustand überhaupt bewußt sein, daß ich keine Erdenschwere mehr habe?

Claudius: Nein, dein ganzes Bewußtsein wäre nach oben gerichtet.

Frage: In etwa kann ich mir das vorstellen, denn ich habe gelesen, daß man durch intensive Meditation diesen Zustand erreichen kann?

Claudius: Richtig.

Frage: Es gibt auch Leute, die einen Gegenstand, ohne daß sie ihn berühren, schweben lassen können.

Claudius: Auch das ist richtig. Es ist die Vorstufe dessen, was ich dir eben zu erklären versuchte. Mit ihrer gesamten Willenskraft können sie diese Dinge bewirken. Sie können es fertigbringen, die Uhrzeiger nach der anderen Richtung zu drehen, ohne die Hand auszustrecken. Sie können Gläser zerbrechen lassen, sie können es fertigbringen, daß Materie weich wie Butter wird. Sie sind sich auch dieser Kräfte durchaus bewußt. Nur wenden sie sie an materiellen Dingen an. Würden sie ihre Kräfte anders nutzbar machen, würde ihnen die Levitation gelingen. Doch das Rezept dazu – **verrate ich nicht**.

Frage: Theoretisch könnte es aber jeder? Oder muß man eine bestimmte Vorraussetzung mitbringen?

Claudius: Du mußt die **geistige Voraussetzung** mitbringen und mußt nur die Demut haben, diese Kräfte anzunehmen, dir bewußt zu werden, daß du nicht nur Mensch bist – und du wirst Dinge erleben, die dich staunen lassen.

Frage: Du könntest, vorausgesetzt du hättest einen menschlichen Körper, die Levitation vollziehen?

Claudius: Auch du könntest sie vollziehen, meine Liebe. Alle, ein jeder einzelne könnte die Levitation vollziehen.

Frage: Für dich als geistiges Wesen wäre es sicher eine Selbstverständlichkeit, aber für uns als Mensch ist es das doch sicher nicht.

Claudius: Ja. Für mich ist es selbstverständlich. Für mich ist es selbstverständlich mit euch zu sprechen. Du siehst, wenn du den Körper verlassen hast, ist die geistige Energie immer noch vorhanden und diese geistige Energie soll zum Nutzen aller Verwendung finden.

Frage: Ich könnte also mit der geistigen Energie die Molekularstruktur meines Körpers beeinflussen, also die Schwingung der Elementarteilchen umwandeln?

Claudius: Richtig. Betrachte es wie einen Magneten. Dein Körper als Magnet betrachtet hat die magnetischen Kräfte der Erde dazu benutzt, um nicht in der Luft zu schweben.

Du müßtest mit deinen **geistigen Kräften**, mit deinem **geistigen Potential** den Magneten umpolen. Dadurch würden für eine kurze Zeit die Moleküle, die Atome deines Körpers umgepolt nach oben. Nur, wenn diese geistige Energie wegfällt, kehren die Moleküle in ihre ursprüngliche Form zurück, und du wirst hart auf den Boden deiner Realität aufschlagen.

Frage: Unser Problem ist, wie können wir die Kräfte, die wir nicht kennen, so bündeln, daß man levitieren kann, wenn man nicht weiß, was man bündeln soll?

Claudius: Nun, mein Freund, so ist es. Siehe, wäre es dem Menschen möglich, allen Menschen möglich – denn in allen Menschen ist die Kraft dazu vorhanden – dann würdet ihr nicht laufen, nicht stehen, ihr würdet fliegen. Du siehst, wie weise es eingerichtet ist.

Frage: Ist es eine biologische Eigenschaft, die sich verändert hat, daß der Mensch das Levitieren verlernt hat, oder hat sich geistig etwas verändert?

Claudius: Es ist eine geistige Eigenschaft. Der Stein wird keine Energien aus dem All anziehen, die ihn – diesen Stein – schwerelos macht. Er muß von uns geworfen werden.

Frage: Es gibt Wünschelrutengänger, die die Gabe haben, aufgrund irgendwelcher Energien Erdstrahlen, Wasseradern und Kreuzungspunkte aufzuspüren.

Claudius: Nun, mein Freund, dort, wo sich gewisse Energien sammeln, brechen sie auch durch. Siehe es so, wenn der Rutengänger über die Felder wandert, dann ist er auf eine bestimmte Energiequelle ausgerichtet. Er wird die Quelle, die im Untergrund sprudelt, finden.

Aber es gibt auch Menschen, die durch die Fluren gehen, an einem Punkt stehen bleiben und andere Kräfte, Energien aufnehmen und sich nicht erklären können, was sie so sehr verwirrt. Was ich damit sagen möchte, ist, daß bei vielen Menschen eine Veranlagung besteht, gewisse starke Abstrahlungen wahrzunehmen.

Frage: Hat es eine Bedeutung, wenn wir auf einem Kreuzungspunkt sitzen, Erdstrahlen oder Wasseradern?

Claudius: Nun, mein Freund, es hat eine Bedeutung und es hat auch keine Bedeutung. Für den, der sehr empfindsam ist, wird die Energie dieser Wasserader fühlbar sein; für den, der weniger empfindsam ist, dem macht es nichts aus. Wenn du meinst, daß die Strahlen im Schlaf stören, dann würde ich dir raten, dein Bett in ein anderes Zimmer zu stellen.

Frage: Kann man davon ausgehen, daß diese Strahlen krankheitsfördernd sind?

Claudius: Nun, meine Liebe, nicht unbedingt. Denn ihr lebt ja in einer Strahlenwelt, wenn du es so nennen willst. Es ist einzig und allein eine Sache der Angst, des Bewußtseins. Die Angst, meine Liebe, hilft viel dazu bei, daß der Körper krank werden kann.

Es gibt natürlich Strahlungen, die, wenn sie in konzentrierter Form auftreten, den Körper krank machen können, zum Beispiel wenn über dein Haus eine Hochspannungsleitung führt. Diese Hochspannungsleitung strahlt nach unten ab. Du, meine Liebe, würdest allein durch diese abstrahlende Elektrizität krank werden. Einem anderen macht diese Elektrizität nichts aus, weil sein Körper diese Elektrizität absorbiert.

Frage: Man sagt, daß Katzen diese Kreuzungspunkte oder Strahlen lieben und Hunde sie meiden.

Claudius: Dieser Vergleich hinkt etwas, doch im großen und ganzen gesehen hat die Katze ein Gespür für energetische Strahlung. Siehe, das Katzenfell speichert

Energien und gibt sie auch wieder ab. Diese Energien sind im Fell vorhanden, auch wenn der Körper dieses Tieres längst verscharrt ist.

Frage: Nimmt man deshalb Katzenfelle zur Behandlung von Rheumakrankheiten?

Claudius: So ist es.

Frage: Gibt es Rückführungen ohne Hypnose nur in Begleitung des »hohen Selbst«?

Claudius: Nun, mein Freund, es wird vieles geschrieben bei euch. Weißt du, du selbst – und nur du selbst kannst eine Rückführung erleben, wenn du dich **völlig fallen läßt** – und einen **Führer besitzt**, der dir nicht **seine eigenen Gedanken** aufzwängt. Es ist sehr mit Vorsicht zu genießen. Diese Dinge geistern in so manchen Menschen umher – doch real erfaßbar sind sie nie.

Siehe, meine Liebe, Rückführungen in vergangene Leben, wenn sie zu medizinischen Zwecken dienen, können eventuell eine psychische Erkrankung heilen, durch das Erkennen der Seele, durch das Erkennen des jetzigen Menschen, der in einem vergangenen Leben bestimmte Punkte gesetzt hat, die heute aufgelöst werden durch Rückführungen.

Doch, meine Liebe, wird diese Praxis nur genutzt, um Neugierde zu befriedigen, dann können verheerende Folgen für den Menschen eintreten. Er kann sich zum Beispiel in dieser seiner jetzigen Welt nicht mehr zurechtfinden. Er kann sich verirren, er kann, wenn er erfährt, daß er im früheren Leben einmal ein Mörder war, diese Last neu durchleben. Das heißt, sie wird nicht mehr aufgelöst, was eigentlich der Sinn der Rückführung war, sondern sie wird geballt in dieses neue Leben eingebracht. Deshalb ist es sehr gefährlich und derjenige, der Rückführungen praktiziert, sollte sich über die Psyche des Rückzuführenden im klaren sein, damit er nicht schuldhaft etwas provoziert, was nicht der Sinn dieser Behandlung ist.

Hilde erzählte dem Kreis:

Ich war zu Besuch bei dem Übersetzer meiner Bücher ins Italienische, in Padua. Dabei erlebte ich folgendes: Das Ehepaar T. wollte Fotos von mir machen und ich stellte mich neben eine Kommode. Auf dieser Kommode lehnte an der Wand ein Zinnteller. Dieser Teller war völlig glatt, ohne jegliche Gravur oder Ziselierung. Da eine Polaroidkamera verwendet wurde, konnten wir die Fotos sofort sehen.

Zu unserem größten Erstaunen befand sich nun auf dem Zinnteller ein Bild beziehungsweise ein Gesicht – ein Kopf. Wir hatten zwei Fotos gemacht und auf jedem Foto zeigte sich ein anderes Bild. – Das Ehepaar verriet mir dann, daß dies schon öfter vorgekommen wäre. Wenn ein sensitiver Mensch an dieser Stelle fotografiert würde, zeigten sich auf dem Teller Gesichter.

Es war uns jedoch nicht möglich, die Person, die sich auf dem Teller manifestiert hatte, zu identifizieren.

Während einer Sitzung kommentierte Claudius dieses Erlebnis, ohne daß wir ihn danach gefragt hatten.

Claudius: **Ajuna** heißt sie, die sich im Teller deiner Freundin spiegelte. Und das nette Gesicht, meine Liebe, das aus diesem Teller hervorschaut (gemeint war das Bild mit dem männlichen Gesicht) – ich laß dich raten, denn es wird sich, je länger du dieses Bild betrachtest, eine Figur herausschälen, du warst nämlich nicht allein. Ich habe dir einen Begleiter mitgegeben.

Hilde: Auf dem zweiten Bild ist auf dem Zinnteller ein anderer Kopf.

Claudius: Nun, meine Liebe, es gibt ein Jugendbildnis unseres Freundes (Marc), und wenn du dieses Bild intensiv genug anschaust, dann wirst du die Ähnlichkeit feststellen, die sich immer mehr herauskristallisiert.

Hilde: Er ist aber doch nicht verstorben.

Claudius: Nein, meine Liebe, es ist nichts Außergewöhnliches. Siehe, alles was du an guten Gedanken aussendest,

wird sich dort, wo sie hinkommen, manifestieren, vom einzelnen nicht unbedingt bewußt empfangen.
Doch wir haben dir auf diese Art und Weise zeigen wollen, daß auch unser Freund seine Gedanken an dich aussendet.
Miriam hatte ihn erkannt und sagte: Ich werde das Jugendbild heraussuchen. In welchem Bezug steht Hilde zur Person **Ajuna**?

Claudius: Nun, es ist nicht ihre Begleitung, sondern **Ajuna** ist Begleitung und Bestandteil der Familie, die sie besucht hat, und wenn du dieses Bild betrachtest, wirst du sehen, daß es ein liebliches Gesicht ist, und dieses Antlitz versinnbildlicht den Wissensstand dieser beiden Menschen.
Es ist auch heute noch möglich – und ihr habt einen bestimmten Ausdruck dafür, daß in Gedankenschnelle sich hier Materie bildet und sie transferiert wird auf eine andere Ebene. Sie löst sich auf und durch die Kraft des Geistes wird sie wieder materialisiert auf dieser anderen Ebene. Das ist des Rätsels Lösung **(Materialisation).**

Mediumismus

Frage: Über ein Medium »Ather« spricht eine Wesenheit, die von sich sagt: »Ich bin das Licht.« Sie drückt sich so aus, als sei sie Gott, obwohl ich weiß, daß Gott nicht zu personifizieren ist?

Claudius: Meine Liebe, es ist eine Wesenheit, die zwar leuchtet, aber nicht das Licht ist. Dieses Wesen ist der Meinung, daß es Licht ist, doch es ist nur ein Lichtwesen.

Frage: Kann es nicht erkennen, daß es »nur« ein Lichtwesen ist?

Claudius: Nun, kannst du erkennen, wer du bist?

Frage: Ich denke, als Lichtwesen hat man andere Möglichkeiten des Erkennens als der Mensch?

Claudius: Es kommt auf die Ebene an, auf der sich das Wesen befindet.

Frage: Nachdem aber diese Durchsagen so große Kreise ziehen, werdet ihr doch sicher von eurer Seite um Aufklärung dieses Wesens bemüht sein?

Claudius: Mein Herz, du siehst, wie schwierig es ist, einen Lernprozeß neu zu gestalten. Hierzu gehört, daß derjenige, mit dem wir arbeiten, offen ist und erkennt und annimmt, was wir ihm sagen. Es ist einfach eine Erfahrungssache, durch die ein jedes Wesen hindurch muß. Auch auf unserer Seite können wir dem, der zwischen den Welten ist, auch nur dann Hilfestellung geben, wenn er unsere Hilfe annimmt, wenn er uns erkennt. Und so setzt sich dies fort bis an die Grenze des **inneren Kreises**. Ich warne deshalb vor Meditationen, die nicht in einem gewissen Kreis geschehen, weil sich die Psyche des Menschen dadurch verlieren und verändern kann. Es ist kein Spiel, mit diesen Dingen zu experimentieren. Es werden Begegnungen hervorgerufen, die besser unterbleiben würden, weil sie das geistige Potential des einzelnen unter Umständen verwirren können.

Wenn unkontrolliert die Seele freigelassen wird, kann sie sich gegen fremde Einflüsse nur sehr schwer zur Wehr setzen. Man sagt oft ganz richtig: »**Es geschieht mit mir.**«
Solange es im Positiven geschieht, ist es in Ordnung. Ein einziges negatives Erlebnis, nur **ein einziges**, sollte jeden warnen, damit weiterzumachen.

Frage: Ein Medium hat mir einen Hinweis gegeben in einer privaten Angelegenheit. Soll ich danach handeln?

Claudius: Erkennt – ein Medium kann niemals euer Leben verändern und darf – auch nicht andeutungsweise – euer Sein beeinflussen. Deine Frage, ob der Hinweis einer sogenannten medialen Person, eine Sache in Ordnung zu bringen, positiv zu werten ist, muß verneint werden. Ihr erkennt daraus, wie schwierig für euch eine Selektion ist. Nur durch strenge Kontrollen könnt ihr ausschließen, daß euch die Kontrolle entgleitet.

KRISHNAMURTI zum Thema
MEDITATION:

»Seht, erlerntes Wissen dient dazu, um die Türen zu öffnen.

Das Leben ist Meditation!

Hilfestellung wird Euch immer gegeben, und das, was Ihr erlernt habt, wird Euch helfen, wenn Ihr in seelische Not geratet. Viele Wege muß der Mensch gehen, damit er seine eigene Straße erkennt.
Meditation sollte dazu führen, daß die Seele frei wird für Begegnungen, doch, meine Freunde, sie sollte nicht dazu führen, daß der Mensch sich in ihr verliert. Es gibt viele Arten der Meditation. Unser Freund **Claudius** sieht jedoch hierin nur den Weg zum Selbsterkennen. Seht, Chakren, wie Ihr sie nennt, sind Bezeichnungen, die der Mensch geprägt hat, um gewissen Einstrahlungen einen Namen geben zu können. Sie haben ihre Bedeutung, meine Freunde.
Doch so, wie Ihr das Bild Gottes seht, so wie Ihr das

Bild Jesus seht, so ist es doch nur ein Hilfsmittel, damit der Mensch sich orientieren kann. Wegweiser sind es, meine Freunde.«
Auf unsere Bitte hin führte Claudius an einer der darauffolgenden Sitzungen eine Meditation mit uns im Kreise aus, untermalt von der leise begleitenden Sandelan-Musik.

Meditation:

Clau Clau Claudius – Herodes Agrippa, Freund meines Lebens. Ich schließe den Kreis.
Eingebunden seid ihr, meine Freunde, zum Höhenflug bereit. Nichts ist von Bedeutung, alle Energien des Universums mögen in euch einfließen. Vergessen sollt ihr, daß ihr Menschen seid, nur noch Liebe. Seht, meine Freunde, Harmonie erfüllt den Raum, durchdringt euch, und eure Molekularstrukturen fließen in euch ein und erinnern eure Körper an ihre Aufgabe. Spürt, meine Freunde, wie die Informationen den Körper erwärmen, spürt, meine Freunde, wie sich alle fehlgeleiteten Informationen auflösen, wie sich die Zellen des Körpers regnerieren. Seht die ordnende Kraft der Allmacht.
Vor euch ist eure Seele. Durch sie hindurch fließt die Energie. Seht, meine Freunde, wie sich euer Körper erneuert, seht die Wechselwirkung im Austausch mit dem Universum.
Alles ist im Fluß, alles geht durch den Körper hindurch. Es strömt ein in den Körper, in euren Kopf, fließt durch das Gehirn in die Nerven. Die Energien werden geleitet über die Nerven den Rücken hinunter und erfüllen das Rückenmark mit neuer Energie. Spürt, wie von dieser Stelle des Körpers der gesamte Organismus neu belebt wird. Diese Energien gehen weiter, fließen durch den Unterleib in die Beine und von den Beinen in die Füße. Dort treten sie aus und werden von uns regeneriert, gereinigt und erneut eurem Kreislauf zugeführt. Jetzt, meine Freunde, wol-

len wir regenerieren den Blutkreislauf, wir geben die Impulse um das Herz. Habt keine Angst! Über die Aorten fließen neue Informationen in eure Blutgefäße ein, durchströmen den Körper, scheiden aus, was nicht erforderlich ist, lösen auf alle Verhärtungen und Verkrustungen. Die Reste spülen wir aus, damit sie dem Kreislauf entzogen sind. Wir öffnen die Pforten zu den Nieren, zur Leber, zu den Verdauungsorganen, damit sie (die Reste) aufgenommen werden von den Ausscheidungsorganen. Nun meldet der Kreislauf des Blutes, was für den Körper den Lebenssaft bedeutet, er möge neu zirkulieren und möge aufnehmen die Information des Gereinigtseins und er möge dem Körper neue Energien zuführen. Laßt uns den Kreislauf schließen. Wir führen zusammen, was zusammen gehört, und entfernen, was nicht benötigt wird. Schließt mit mir das Kopfchakra, damit abgeschlossen wird, was euch die Gnade der Allmacht geschenkt hat: neues Leben. Meine lieben Freunde, ich segne euch, daß ihr die Impulse angenommen habt, und ihr werdet gespürt haben, daß heilende Hände mit der Selbstversunkenheit des Heilenden verbunden sein müssen.
Siehe, wir nehmen aus den Körpern eure Belastung heraus und pflanzen neue Informationen ein, die den Austausch zwischen den einzelnen Organen fördern. Blockaden lösen wir auf. Wir wollen helfen, daß die Vereinigung zwischen Geist und Materie sich vollzieht.
Ich danke euch, meine Freunde, wir lieben euch. *AVE*

Ufos

Über Ufos sprachen zu uns Nicola Tesla und Claudius.

Tesla: Ich erinnere daran, daß in Ihrer Literatur sehr viel darüber geschrieben wird über die fliegenden Untertassen, ich erinnere daran, daß davon gesprochen wird, daß es möglich sei, daß der Mensch Teleportationen vollzieht.

Nun, diese Dinge finden viel zu wenig Beachtung in der breiten Öffentlichkeit. Doch sicher sage ich Ihnen kein Geheimnis, daß es Menschen gibt, die sich mit dem Phänomen der fliegenden Untertassen immer noch befassen. Ich sage Ihnen auch sicher kein Geheimnis, daß in den Schubladen gewisser Erfinder Pläne vorhanden sind für Energien, die nutzbar gemacht werden könnten zum Nutzen der gesamten Menschheit.

Die Wissenschaft müßte eigentlich heute erkennen, daß im Laufe der Jahrhunderte sich das Bild für alle Wissenschaftszweige von Grund auf geändert hat.

Die Reise zum Mond war noch vor 100 Jahren eine Utopie und existierte nur in den Gehirnen derer, die phantastische Romane geschrieben haben – und doch ist sie zur Realität geworden.

Es gab vor 100 Jahren noch nicht die Möglichkeit, Genveränderungen vorzunehmen, so wie sie heute vorgenommen werden. Es gab vor 200 Jahren noch nicht einmal überall elektrisches Licht. Wir erinnern an die Entwicklung der Reisemöglichkeiten, die heute völlig normal sind und vor 200 Jahren mit einem unwahrscheinlichen Aufwand zusammenhingen, die es dem einfachen Menschen nicht möglich machten, große Reisen zu unternehmen.

All dies ist geschehen! Das, was die Wissenschaft zu jener Zeit als völlig absurd abgelehnt hat, ist heute in normales Leben integriert. In der Zukunft wird die

Wissenschaft völlig neue Denkmodelle entwickeln, denn sie wird erkennen, daß es noch mehr gibt, was es zu entdecken gibt.

Es werden Ansatzpunkte gegeben werden, die das Phänomen der außerirdischen Besucher realistisch werden lassen. Das, was heute an Wissen nur einem engen Kreis zur Verfügung steht, wird zu einem späteren Zeitpunkt Allgemeingut werden.

Frage: Herr Tesla, Sie sagten, daß jetzt bereits Pläne vorhanden seien für Energien, die nutzbar gemacht werden könnten für die gesamte Menschheit. Warum bedient man sich dieser Pläne nicht schon heute?

Tesla: Diejenigen, die die Macht haben, lassen sie gar nicht an die Oberfläche schwimmen. Der Erfinder wird bezahlt oder er verschwindet in der Versenkung, weil ein völlig neues Energiekonzept entwickelt werden könnte und damit die gesamte Industrie Ihres Planeten auf den Kopf gestellt würde.

Sehen Sie, es birgt auch eine Gefahr, und dies sollte man nicht verkennen. Es birgt die Gefahr der Arbeitslosigkeit, es birgt die Gefahr, daß Fabriken völlig umstrukturiert werden müssen. Es ist also nicht einfach so, daß man es übernehmen könnte, sondern, mein lieber **Freund**, ich erinnere an den neuen Motor, der es ermöglichen würde, unabhängig zu werden von der Energiequelle Rohöl.

Frage: Stanley Meyer?

Tesla: Mein lieber Freund, Sie kennen sich aus. Es gibt Ansatzpunkte, doch diese Ansatzpunkte können einfach nicht realisiert werden, weil sie nicht realisiert werden **dürfen**, um ein Chaos zu vermeiden. Also sind Sie darauf angewiesen, mit dem bestehenden Problem sich auseinanderzusetzen und eine Lösung zu finden.

Wird keine gefunden, nun, so ist das weiter nicht schlimm. Dann wird zu irgendeinem Zeitpunkt wieder von unten angefangen werden müssen, das gesamte Problem neu aufzurollen – neu zu überdenken und neue Wege zu suchen. Denn dann ist nichts mehr vorhanden, was zerstört werden könnte.

Frage: Wäre es nicht möglich, einen auf unserer Welt lebenden bedeutenden Wissenschaftler zu einem Gespräch einzuladen, damit sich das Bewußtsein der Menschen mitverändern könnte?

Claudius: Nun, meine Liebe, es gibt Wissenschaftler, die sich mit diesem Problem intensiv befassen. Die Namen zu nennen, liegt nicht in meiner Absicht, um keine Lawine loszutreten. Verstehe bitte, meine Liebe.

Frage: Eine **positive** Lawine wäre doch nicht schlecht?

Claudius: (nachsichtig) Mein Kind, (lächelt) so weit sind wir noch nicht, daß wir offen über alles sprechen könnten, was die Menschheit betrifft. Beachte bitte eines: Ein Wissenschaftler, der sich mit einem Phänomen befaßt, und nicht nur mit diesem Phänomen, will nicht an die Öffentlichkeit mit seinem Wissen, um nicht angefeindet zu werden.

Du siehst, was in der Vergangenheit geschehen ist mit dem Wissenschaftler, der entdeckte, daß die Welt keine flache Scheibe ist, sondern eine Kugel. Der entdeckte, daß diese Erde sich dreht im Universum, daß sie sich um die Sonne bewegt. Erinnere dich an **Galileo Galilei**, den man heute erst rehabilitiert hat.

Frage: Gibt es keinen Wissenschaftler mit Mut, der der Menschheit sagt: »Ich habe es erlebt, ich habe es erkannt . . ., ich weiß es!«?

Claudius: Meine Liebe, du stürmst der Zeit weit voraus mit deinem Gedankengang. Erst muß eine Grundlage vorhanden sein, erst muß die Erde vorbereitet werden, bevor die Saat eingelegt werden kann.

Frage: Ist es nicht schade, daß wir mit unseren Freunden aus dem Weltall, die uns auf unserer Erde besuchen, zusammen mit der Transkommunikation nichts Positives für die Menschheit bewirken können?

Claudius: Mein lieber Freund, es ist richtig, daß Wesenheiten aus anderen Dimensionen euch besuchen. Es ist richtig, daß sie größere Erkenntnisse haben und weiter fortgeschritten sind, als ihr es seid. Es ist weiterhin richtig, daß diese Wesenheiten nur punktuell kontaktieren und das, mein Freund, aus dem gleichen Grund, den ich für die Transkommunikation geschildert habe.

Siehe, der Mensch in seiner, ich möchte mich vorsichtig ausdrücken, Unbedarftheit, will diese Dinge ausnutzen. **Wenn die Zeit reif geworden ist, erst dann werden diese Wesenheiten sich zu erkennen geben.**

Siehe, seit Jahrhunderten, seit Jahrtausenden entstehen und sind diese Kontakte vorhanden. Wenn ich dir sage, daß euer Planet nur existiert hat durch Wesenheiten aus anderen Dimensionen, so solltest du mir das glauben. Ich werde dieses Wissen in euch noch wachrufen. Siehe, mein Freund, es wäre alles so einfach, würde ein jeder sich bewußt, daß er erschaffen wurde zum Nutzen seiner selbst, denn dann, mein Freund, werden Neid und Mißgunst überwunden. So weit möchte ich dazu Stellung nehmen.

Naturgeister

Frage: Lieber Claudius, was versteht man unter Naturgeister, gibt es sie?

Claudius: Was, glaubst du, meine Freundin, wie eure Märchen entstanden sind, was glaubst du, wer *Thor* war? All diese Dinge: Elfen, Gnome, Heinzelmännchen sind nicht Schöpfungen der Phantasie, sondern sie existieren wirklich. Auch heute noch. Sie können nur nicht mehr wahrgenommen werden, weil der Geist der Menschen zu sehr der Materie verhaftet ist.

Frage: Müssen diese Wesen den Weg über das »Menschsein« gehen?

Claudius: Sie **waren** Menschen, mein Kind, sie **waren** es.

Frage: Sie haben also diesen Prozeß schon hinter sich?

Claudius: Ja, sie haben den Weg nicht gefunden, um heimzukehren.

Frage: Aber wer wird sie dann »erlösen«?

Claudius: Das kommt von allein, mein Kind.

Frage: Gibt es auch Zwerge?

Claudius: *Ja.*

Frage: Man sieht sie aber nicht! Oder?

Claudius: Spürst du sie nicht? Sie sind hier im Raum. Hörst du es knistern? (Einwand: Das ist der Temperaturunterschied in der Materie)

Claudius: (nachsichtig) Mein Herz, du setzt schon wieder deinen realen Verstand ein. Glaub mir doch, es ist nichts Böses, was hier im Raum ist. Es ist wunderschön.

Frage: Erkennen diese Wesen euch?

Claudius: *Nein*, sie leben auf einer Ebene, die zwischen Raum und Zeit liegt. Sie sind der Erde verhaftet. Sie haben sich nicht gelöst.

Frage: Machen sie einen Entwicklungsprozeß durch wie wir, so daß sie auch eine gewisse Zeit unterwegs sind und dann sterben müssen?

Claudius: Wenn du meinst, daß sie einen körperlichen Tod erleiden, dann muß ich sagen: Nein, denn diese Wesen sind **Geistwesen**, die nicht verlorengegangen sind, sondern die um euch sind, um euch zu begleiten, oder auch um euch zu necken. (Foppgeister)

Frage: Lernen sie auch von uns?

Claudius: Natürlich – und sie werden erkennen an eurem Bewußtsein, wohin ihr Weg sie führt und werden gern zurückkehren in die Gnade der Allmacht.

Frage: Ich muß ehrlich gestehen, daß ich in dieser Hinsicht immer etwas skeptisch war und es auch noch bin. Und warum sehen wir diese Wesen nie?

Claudius: Nun, meine Liebe, die Zwerge, die Gnome, die Elfen, die Naturgeister sind Wesenheiten, die sich der **Natur** bedienen, um sich bemerkbar zu machen.

Seht Freunde, der Wind weht, wo er will. Ihr könnt ihn fühlen. Eure Haare wehen im Wind, wenn der Sturm euch umbraust. Doch, wo ist der Wind, wenn er nicht weht?

Nun, so ist es mit Elfen, ist es mit Geistwesen, die einfach die Natur beleben und beseelen. Sie sind Bestandteil des ewigen Wechsels der Natur, sie sind Bestandteil des **bewußten Seins**.

Ich möchte euch ein Beispiel geben. Deine Tochter, meine Liebe, könntest du als Elfe bezeichnen, als Elfe, die streichelt, wo sie streicheln kann, die hilft, wo sie helfen kann (Heli).

Es gibt Wesenheiten zwischen Diesseits und Jenseits, die noch nicht Abschied genommen haben von ihrem Körper, die als hilfreiche Geistwesen um euch sind, in Liebe den Menschen verbunden.

Doch auch **Heinzelmännchen** gehen ein in die Liebe der Allmacht. Ihr solltet Naturgeister so sehen, daß sie Gewalt haben, Sturm zu bringen, daß sie Gewalt haben, Blitze zu senden . . .

Frage: Wenn Naturgeister keine Menschen, das heißt nie inkarniert waren, sind sie schon von Anfang an besondere Wesen, die nichts mit Menschen zu tun haben oder mit bestimmten Geistwesen – also eine ganz bestimmte Sorte für sich? (Claudius: Richtig) Aber welchen Sinn hat es gehabt, diese Wesen zu erschaffen?

Claudius: Nun, ich möchte dir folgende Erklärung geben: Es sind Energien, die nötig sind, um die Natur zu beleben. Und nur der Mensch in seiner Urempfindung hat sie so benannt. Alles, was dem Menschen unverständlich war, hat er versucht einzuordnen und hat ihm Namen gegeben. Wenn er über seine eigenen Füße gestolpert ist, hat er vermutet, daß ihm ein Gnom Steine in den Weg gelegt hat, obwohl er gar nicht vorhanden war.

Wenn ein Mensch etwas hört in seinem Haus, vermutet er, daß Heinzelmännchen bei ihm sind. Wenn ein Kind ein Märchen hört von der guten Fee, dann wird es für sich diese Fee reklamieren, denn diese gute Fee bringt ihm Liebe.

Elfen, Gnome, Feen – böse Feen, gute Feen – leben in der Vorstellung des Menschen als reale Wesenheiten. **Ich möchte diese Bezeichnung als Energien verstanden wissen, als Bestandteil der Natur**.

Ich weiß daß es für euch schwer verständlich ist, was ich zu diesem Thema ausgeführt habe, weil ihr geprägt seid von Jugend an durch eure Märchen, durch euer eigenes Erleben, durch euer Sehen und Fühlen.

Frage: Wenn ich dich richtig verstanden habe, so ist das in diesem Falle genauso wie mit allem anderen, was wir personifizieren. (Claudius: Richtig) Es sind also Energien (Claudius: Richtig) Das ist auch verständlicher für uns, als daß wir uns ein Zwerglein vorstellen. Energien können wir nicht sehen; deshalb ist es natürlich, daß wir diese Naturgeister nicht sehen können. (Claudius: Richtig) Aber es gibt trotzdem Menschen, die behaupten, sie hätten Zwerge, Gnome oder Elfen gesehen.

Claudius: Nun, mein Herz, wenn sie das sagen, entweder haben sie die Energie gesehen, **die sich dazu geformt**

hat oder sie lügen. Siehe, in dem menschlichen Vorstellungsvermögen sind viele Dinge möglich.
Ich möchte es an einem Beispiel sehen. Unser Freund, der vor euch sitzt, denkt an seinen Hund, jetzt in diesem Augenblick. Er sieht diesen Hund vor sich, und er hört ihn bellen, und er erkennt die Farbe des Fells, und er sieht, daß die Lefzen tropfen und riecht das Tier. Und doch ist dieses Tier nur seinem Denken entsprungen.

Frage: Hinsichtlich der Naturgeister noch eine Frage. R. K. aus Neu-Isenburg und Ruth Maria Kubitschek – merkwürdigerweise haben beide die gleichen Anfangsbuchstaben in ihrem Namen – beide sagen, sie könnten die Naturgeister **sehen** und mit ihnen **sprechen**.

Claudius: Nun, mein Herz, wenn sie es sagen, wird es so sein.

Frage: Aber doch nur in ihrer Vorstellung?

Claudius: Richtig. Der Schatten an der Wand hinter unserer Freundin Hilde könnte als Schatten ihres eigenen Körpers betrachtet werden, aber du könntest auch etwas anderes darin sehen.

Frage: Gewissermaßen also Einbildung?

Claudius: Nun: **Ein Bild**, das in dir aufsteigt.

Frage: Ein Bild – Einbildung – sehr gut!

Claudius: Du sagst es.

Geistheilung

Frage: Wie geht ein Geistheiler vor? Wir haben im Kreis erlebt, daß zum Beispiel jenseitige Ärzte mit den Händen am Körper entlanggehen, ohne ihn zu berühren. Geschieht dies bei diesseitigen Geistheilern ähnlich?

Claudius: Ja – der Arzt, der eine solche Untersuchung vornimmt, nimmt die Ströme eueres Körpers wahr und kann sie umsetzen in ein Bild. Es entsteht ein Krankheitsbild, das er über die Energien der Ausstrahlung der kranken Organe erkennt.
Als wir über Chakren und die Aura sprachen, habe ich euch dies näher erklärt, bitte lest dies dort nach.

Frage. Wie wir inzwischen wissen, ist der Geistkörper das Empfindungszentrum. Wie kommt es dann, daß bei Geistheilungen, bei geistigen Operationen der Patient überhaupt keine Schmerzen empfindet?

Claudius: Nun, meine Liebe, wenn diese sogenannten Geistheilungen praktiziert werden, dann wird das kranke Organ nicht behandelt, sondern die **Molekularstruktur**, die **Energie**, die ausgesendet wird. Wir versuchen, neue Informationen einfließen zu lassen durch die Molekularstruktur, durch die elektrische Energie, wenn du so willst – nehmt bitte keinen Anstoß an diesem Ausdruck – ich möchte es euch verständlich machen, deshalb spreche ich von der Aura, die alle Krankheiten aufzeigt.

Frage: Ist es dem Heiler auch möglich, das Nervenzentrum in gewisser Weise zu beeinflussen, lahmzulegen? Normalerweise fallen wir Menschen bei solchen Schmerzen als normale Reaktion des Körpers in Ohnmacht.

Claudius: Richtig.

Frage: Und es gibt auch Heilungen zum Beispiel bei afrikanischen Stämmen, wobei der Patient zwar bei schwersten Operationen wie Schädelöffnungen

Schmerz empfindet, jedoch bei vollem Bewußtsein diese Schmerzen, ohne in Ohnmacht zu fallen, erträgt.

Claudius: Nun, meine Lieben, so wie in euren Kliniken verschiedene Operationsmethoden angewandt werden, so gibt es auch bei uns verschiedene Arten von Operationen. Euch allen jedoch eine Erklärung: Wenn eine Krankheit im Karma des Menschen begründet ist, dann können wir diese Krankheit nicht eliminieren.

Wir können nur Hilfestellung leisten, damit der Mensch diese Schmerzen ertragen kann. Wir können helfen, daß das Bewußtsein des Menschen sich mit dem Problem auseinandersetzt, das die Krankheit verursacht hat, und mitunter in besonderen Situationen können wir auch zur Heilung des betreffenden Organs beitragen.

Frage: Woran erkennt der Geistheiler, daß es sich um eine karmisch oder nicht karmisch bedingte Krankheit handelt – einfach am Ergebnis, wenn sein Heilungsversuch fehlschlägt, oder sieht er es schon bei dem Heilungsversuch selbst – oder sogar vorher schon?

Claudius: Nein mein Freund, er erkennt durch die Abstrahlung der Aura den Krankheitsherd, **die Ursache** einer Krankheit. Der Geistheiler, der sich nur dem Materiellen zuwendet, wird versuchen, die Krankheit zu behandeln. Auch hierbei ist zu unterscheiden, ob eine organische oder eine seelische Krankheit vorliegt.

Er wird versuchen, vielleicht die Psyche des Kranken zu beeinflussen, damit er Zugang findet zu seiner Krankheit, oder er wird versuchen, die Krankheit zu behandeln. Auch hierbei ist zu unterscheiden, ob eine organische oder eine seelische Krankheit vorliegt. Er wird versuchen, vielleicht die Psyche des Kranken zu beeinflussen, damit er Zugang findet zu seiner Krankheit, oder er wird operieren und das kranke Organ herausnehmen oder aber dem kranken Organ eine Kraft übermitteln, die ihm hilft, die Molekularstruktur wieder auf ihre eigene Bestimmung zurückzuführen. Hast du mich verstanden?

Frage: Ich verstehe, daß es gar nicht einfach ist, dies mit **einem Schema** zu beantworten, sondern daß die Vielfalt hier auch sehr groß ist.

Claudius: So ist es.

Frage: Wahrscheinlich kommt es auch darauf an, **wer** (welcher Jenseitsarzt) durch den Diesseitsarzt heilt?

Claudius: Weißt du, mein Freund, es kommt auf die Struktur des kranken Menschen an, auf seine **geistige Struktur**. Sie ist der ausschlaggebende Faktor für die Hilfestellung, die von unserer Seite gegeben werden kann.

Frage: Das Bewußtsein des Patienten?

Claudius: So ist es im weitesten Sinne.

W.: Wir haben in einem Video einen sehr interessanten Fall gesehen. Eine Magenausstülpung, die große Schwierigkeiten bereitet hat und deutlich auf dem Röntgenbild zu erkennen war, verschwand aufgrund der Geistheilung vollständig. Es ist für uns sehr interessant, aber auch sehr schwer vorstellbar, wie dies funktioniert, daß man eine Information oder eine Molekularstruktur an ihre Aufgabe erinnern kann.

Claudius: Nun, mein Freund, viele Dinge werden euch noch begegnen, die euren rationellen Verstand herausfordern und den gefühlsmäßigen Verstand überfordern. Doch so wie die Diamanten, ohne daß sie geschliffen sind, nur eine einzige Bündelung vornehmen, und wenn sie geschliffen sind, in vielen Facetten sich das Licht bricht, so solltet ihr die Zusammenhänge erkennen, die euch in eurem Leben begleiten.

Frage: Es gibt auch Geistheiler, die aufgrund von Fotos oder telefonisch/telepathisch heilen und auch Massenheilungen, Fernheilungen durchführen. Ist dies möglich, wie erfassen **sie** den kranken Menschen?

Claudius: Nun, meine Liebe, dieses Phänomen gibt es – von euch als Phänomen bezeichnet. So, wie ihr in gewissen Situationen spürt, daß von den Händen unseres Freundes (Marc) Energien freigesetzt werden, so ist dies auch möglich in anderer Form, nämlich durch die Kraft der Suggestion.

Suggestion wird erzeugt, indem der Heiler seinen Willen komprimiert und diesen Willen auf die Menschen überträgt. Doch dazu bedarf es gewisser Vorbereitungen. Ich möchte ein kleines Beispiel geben. Nehmt an, es wäre in unserem Sinne, eine neue Gemeinschaft zu gründen, vielleicht eine neue Religion zu stiften. Dann, meine Freunde, würden wir mit dem Wissen, das euch zur Verfügung steht, hinausgehen.

Viele würden kommen, um diesen Phänomenen beizuwohnen. Einige würden sich lachend abwenden, andere, die Hoffnung haben, würden bleiben, und dann, meine Freunde, könnten wir diese Menschen so zusammenführen, daß sie unseren Willen übernehmen würden.

Versteht, welche Gefahr darin liegt, wenn Menschen glauben, sie verlieren den Boden unter den Füßen, wenn sie nicht bereit sind, **den Glauben auch über den realen Verstand zu analysieren**.

Frage: Ja, die Macht habt ihr als hohe Geistwesen. Aber hier handelt es sich doch um **Menschen**, die diese Heilungen vornehmen?

Claudius: Es ist richtig. Doch es gibt auch Menschen, die eine besondere Begabung besitzen, nämlich Suggestionsbegabung. Sie nehmen Energien auf, die es ihnen ermöglichen, den Willen des anderen zu beeinflussen und ihn für sich selbst nutzbar zu machen.

Frage: Ist das auch gewollt?

Claudius: Nun, meine Liebe, hier treffen wir uns wieder. Was ist gewollt? Diese Kraft, meine Liebe, steckt in jedem einzelnen von euch. Ihr selbst, so sprach ich in der

Vergangenheit, so spreche ich heute, **könnt alles**, wenn ihr euch bewußt werdet, wie ihr gewisse Energiequellen, die ständig um euch vorhanden sind, für euch selbst nutzbar machen könnt oder aber auch umwandeln könnt, um andere Menschen zu beherrschen.

M.: Es gab unlängst eine Fernsehsendung »Das Sprachrohr Gottes«. Sie nannten sich »Fiat Lux«.

Claudius: Nun, meine Liebe, diese Frau ist das passende Beispiel. Zu ihr kommen Menschen, die Hoffnung suchen auf Genesung, auf einen neuen Lebensweg, auf Verstehen. Du siehst, daß diese Frau Energien mobilisiert, die sie dazu benutzt, um eine Stellung innerhalb dieses Kreises einzunehmen. Die Energien, die sie benutzt, sind weder gut noch böse, nur der Mensch, der sie **anwendet**, um **sich selbst zu bereichern**.

Frage: Sie hat aber das Bewußtsein, wie man diese Energien anzapfen kann? Und sie spricht davon, so drückt sie sich aus, daß der »Heiland« durch sie sprechen würde. Ist es ihr bewußt, daß sie lügt?

Claudius: **Ja**.

H.: Das ist klar nach ihren Aussagen über die Möglichkeiten der Heilung von Krankheiten und daß sie als Medizin eine reine Trägersubstanz benutzt. Des weiteren, daß ihr Partner als Vermögensberater tätig ist. Das sagt eigentlich schon alles.

Claudius: Nun, mein Freund, das Geld muß angelegt werden. Sie benutzt das Vertrauen, das ihr entgegengebracht wird, um sich zu bereichern.

Frage: Warum kann ein Mensch nur so tief sinken?

Claudius: Meine Liebe, es ist eine Gratwanderung. Nicht schwer ist es, auf die eine Seite oder auf die andere Seite abzurutschen. **Ein Fehltritt genügt**.

Teil III

Dr. Erikson

Dr. Erikson:
Ich bin Schwede. Sehen Sie, meine Freunde, es wurde uns zu unserer Zeit auch nicht alles leicht, doch die Mittel der heutigen Medizin sind wesentlich schwieriger anzuwenden, als unsere einfachen Mittel, die uns zur Verfügung standen. Der Mensch beklagt sich über die Umweltverschmutzung, der Mensch beklagt alle besonderen Umstände, die ihn krank machen – aber er wird mit chemischen Mitteln zu Tode gequält. Zu unserer Zeit war der Tod nicht so voller Schrecken wie er heute ist.

Frage: War der Tod natürlicher?

Dr. Erikson: Nun, humaner möchte ich sagen, denn mit fortschreitender Entwicklung wurde der Mensch dem Leiden entfremdet. Früher war er Bestandteil des Seins, heute sagt man, daß der Mensch nicht mehr leiden muß, doch ich sage Ihnen: **Er leidet mehr als je zuvor**.

Frage: Unsere Ärzte sind manchmal so hilflos, woran liegt das nur?

Dr. Erikson: Nun meine Liebe, weil sie die Ausbildung mehr auf die Theorie verlegen, als auf die Praxis. Wir wurden nur über die Praxis zu Ärzten und wissen Sie, dadurch konnten wir vielen Menschen besser helfen, als es heute der Fall ist.

Wir konnten den Tod nicht besiegen, dem der Mensch unterworfen ist, wir konnten viel dazu tun, daß er sein Leben gut leben konnte. Nicht alles ist uns gelungen, aber man muß auch sagen, daß die Chirurgie große Fortschritte gemacht hat, die zu unserer Zeit einfach nicht möglich waren. Doch das hat auch dazu geführt, daß die Ärzte überheblich geworden sind und nur noch darauf vertrauen. Wissen Sie, bei uns war der Mensch eine Ganzheit, die behandelt wurde.

Frage: Wann haben sie praktiziert?

Dr. Erikson: Ich habe um 1600 praktiziert.

Frage: Mir ist es unerklärlich, wie die Ärzte sich auf eurer Seite weiterentwickeln können in der Technik, wo es doch bei euch keine Körper mehr gibt?

Dr. Erikson: Siehe, jeder, der hier bei uns ist, hat seine Wissenschaft mit herübergenommen, und ich sprach davon, daß alles Wissen im Informationsfeld vorhanden ist. Seht, wenn ein Arzt bei uns angelangt ist, dann versucht er sein Wissen weiter zu entwikkeln, um zu helfen.

Frage: Erfassen kann ich es, nur vom Begreifen fehlt ein Stück bei mir.

Dr. Erikson: Mein Freund, das wundert mich nicht, sehen Sie, Sie leben in einer Welt, die diese Dinge nicht akzeptiert und der Weg, den Sie gegangen sind, ist geprägt von dieser Welt.

Doch versuchen Sie nicht, uns, unser Sein mit dem Verstand zu begreifen, versuchen Sie es anzunehmen, dann wird es Widerhall finden in Ihrer Seele und es wird Ihnen keine Schwierigkeiten machen, dieses andere Leben zu erfühlen.

Moshe Aron

Claudius: Nun, meine Freunde, möchte ich euch vorstellen: **Moshe Aron**, den Arzt und Heiler, der in dieser Gegend einst gelebt hat. Er war ein judäischer Arzt und ich habe ihn deswegen gebeten, weil zum damaligen Zeitpunkt schon die Kranken bei ihm zur Behandlung weilten.
Ich rufe dich **Moshe Aron**.

Dr. Moshe: (Marc nimmt eine etwas zusammengeduckte, nach vorne gezogene Haltung ein)
Shalom Ihnen allen, Shalom. **Claudius** hat mich gebeten, mit Ihnen zu sprechen. Sie sind hierher gereist, um die Heilwirkung dieses Salzmeeres DAS ROTE MEER am eigenen Körper auszuprobieren. Nun, meine Zeit, die ich hier verlebte, ist längst vergangen. Es gibt keine Überreste mehr von mir und meiner Zeit – aber das Wissen, das ist noch vorhanden.

Frage: In welchem Jahrhundert war das?

Dr. Moshe: 1000 Jahre vor eurer Zeitrechnung, mein Lieber.

zu E.: Ich habe heute Ihre Beine untersucht. Nun, sie sind nicht besser, als die Beine dieses Freundes (F), der bei Ihnen sitzt – oder seine Beine, die schon gestützt werden müssen. (K) Wir haben in unserer Zeit folgende Anwendungen gemacht, die erhebliche Erleichterungen brachten. Morgens in Kniehöhe Spaziergang im Wasser in dieser kleinen Bucht. Einmal nach links, einmal nach rechts, und dies des öfteren wiederholen, damit dieses Wasser die Beine bis zum Knie umspült. Dann sollten sie eine Ruhepause einlegen – im Wasser – von einer halben Stunde, dann aufstehen – einmal nach links, einmal nach rechts, nicht vergessen, eine Kopfbedeckung, nicht vergessen, Wasser trinken. Nur Wasser trinken, dies jedoch nur schluckweise und diese Behandlung morgens zwei Stunden und nachmittags ebenfalls noch einmal so lange. Es wird keinem von Ihnen schaden. Nach dieser Behandlung mit Wasser abwaschen, gut abwaschen und ruhen. Essen Sie tagsüber wenig oder nur Obst, damit Sie den Körper dabei auch entschlakken. Frühstück und Abendbrot sollten Sie zu sich nehmen, und dann werde ich Sie am Freitag noch einmal besuchen. Ich bedanke mich dafür, daß Sie hierher gekommen sind. Ich bedanke mich bei **Claudius**, der mich gerufen hat.

An einem anderen Tag:

Claudius: Nun, meine Freunde, so möchte ich den Weg freigeben für **Moshe**, den kleinen, netten Mann.

Dr. Moshe: Shalom, meine Freunde, ich freue mich, daß ich bei euch zu Gast sein darf.

E.: Grüß Gott, Herr Doktor.

K.: Shalom, Herr Doktor. Ich habe meine Hüftoperation überwunden und habe keinerlei Strapazen gefühlt, ich kann die Sonne vertragen, sie macht mir nichts aus.

(Dr. Moshe Aron lacht leise in sich hinein, es ist mehr ein Kichern) Mein lieber Freund, so hat unsere Hilfe doch etwas genutzt.

K.: Dafür bedanke ich mich ganz herzlich.

(Dr. Aron kichert wiederum vor sich hin und der Körper bewegt sich kurz und ruckweise dabei)

Claudius: Nun, meine Freunde, Moshe ist ein lieber, alter Sonderling. (lächelt dabei liebevoll)

Doch er hat uns sehr geholfen bei eurer Betreuung.

Dr. Moshe: Meine liebe **E.**, ich bin Ihnen auf den Fersen gefolgt. Sie haben zwar die dicken Beine nicht verloren – aber sie haben dem Körper Ruhe und Erholung gegönnt. Und wir haben es gespürt. Vielleicht waren Sie etwas enttäuscht – aber es kommt nicht darauf an, daß sie **schlank** geworden sind, sondern

daß Sie die Last nicht mehr so wahrgenommen haben und daß Ihr Körper losgelöst wurde von dieser Last und (kichert) das Wasser war gut, es hat die Muskulatur der Beine neu belebt – und dies ist der Sinn. Aber jetzt guck ich mir das mal an.
Legen Sie die Beine hoch und Sie (zu M.) ziehen unserem Freund (Marc) das Geschmeide von den Fingern.
M. versucht die Ringe abzuziehen, doch es gelingt nicht. Dr. Moshe, alias MARC, lacht und zieht die Ringe selbst spielend von der Hand.
(Nun erfolgt die Untersuchung der Beine, eine Lymphmassage von unten nach oben. Dr. Moshe gibt Anweisungen, die auf dem Band nachzuhören sind).

E.: Sind es Krampfadern, die diese Stauung verursachen?

Dr. Moshe: *Nein*, Krampfadern haben mit der Verstopfung der Blutgefäße zu tun. Was hier vorhanden ist, ist **Lymphflüssigkeit**, Wasser. Schauen Sie, wenn Sie hier an diesen Stellen drücken und es bleibt eine kleine Einbuchtung, dann können Sie mit Sicherheit darauf schließen, daß es Wasser ist. Dieses Wasser ist entstanden durch Überbeanspruchung während der Schwangerschaften und Sie müssen versuchen mit leichter Massage dieses Wasser nach oben zu drücken. Vergessen Sie nicht Nierentee oder Entwässerungstee zu sich zu nehmen.

Frage: Also besteht ein Unterschied zwischen Krampfadern und der Funktionsfähigkeit der Lymphe?

Dr. Moshe: Völlig verschieden, Krampfadern bilden sich, wenn die Durchblutung gestört ist. Die kleinen Venen verschließen sich und bilden Knäuel, weil Blutstauungen auftreten. Wenn Sie die Beine berühren, dann spüren Sie, wo diese Knotenpunkte sich befinden. Ich werde Sie anlernen. Treten Sie zu mir. Legen Sie Ihre rechte Hand hierher. Hier fühlen

Sie, daß ein Stau vorhanden ist. Diesen Stau wollen wir uns bemühen aufzulösen, indem wir mit dem Handballen diese leichte Massage nach oben führen. Nehmen Sie Öl in die Hände und dann gehen Sie die Wade entlang bis zum Knie und ungefähr eine Handbreit über das Knie, immer von unten nach oben. Auch mit flüssigem Retterspitz können Sie behandeln.

E.: Das linke Bein hat sich durch Abnutzung im Knie nach außen verformt. Es sollte mittels Operation eine Korrektur vorgenommen werden.

Dr. Moshe: Wissen Sie, meine Liebe, geschnitten ist gleich. So lange Sie noch wenig Beschwerden haben, sollten Sie es nicht tun. Warten Sie ab, was das nächste Vierteljahr für Sie bereithält und wenn Sie mich nicht ganz vergessen, dann kann ich nochmal zu Ihnen kommen.

E.: Herr Doktor, ich würde so gerne wissen, welche Aufgabe Sie jetzt haben, wenn es nicht zu vermessen ist, dies zu fragen?

Dr. Moshe: (lächelt) Ich heile.

E.: Haben Sie viele Patienten?

Dr. Moshe: Viele Heiler, denen ich behilflich bin.

E.: Also – menschlichen Heilern?

Dr. Moshe: **So ist es**. Jetzt zeige ich Ihnen, wie man Fußsohlen entlasten kann, wenn Sie Schmerzen haben, weil Sie lange gelaufen sind. Machen Sie eine Fußsohlenreflexmassage. Legen Sie immer den Mittelfinger über die Zehenwurzeln und beginnen Sie eine leichte Massage an den Fußballen über die Fußsohle, dann nehmen Sie den Daumen und massieren die überanstrengten Partien. Sie werden sehen, daß am anderen Tag diese Beschwerden verschwunden sind.

Oft kommen die Beschwerden auch vom Schuhwerk. Ihr alle habt das Barfußlaufen verlernt. –

Ich werde gerufen. Ich darf Sie als meine Freunde

bezeichnen und auch mich als Freund von Ihnen verabschieden. Es ist mir einfach ein Bedürfnis. Ich grüße Sie und schicke Ihnen einen Segen.

Dr. Johannson

Claudius: Meine Freunde, **Dr. Johannson** ist heute Abend unser Gast. Er möchte Hilfestellung leisten und Erklärungen abgeben.

Dr. Johannson: Guten Abend, liebe Freunde, ich freue mich, daß ich wieder zu Gast sein darf und ich begrüße die Neuhinzugekommenen in diesem Kreis. Meine lieben Freunde, ich habe in der Vergangenheit Begleiter sein dürfen und da ich in diesem Kreis eine zweite Heimat gefunden habe, möchte ich, daß wir vertrauensvoll weiterarbeiten. Deine Gesundheit, mein lieber Freund, hat sich entscheidend verbessert – obwohl du wieder rauchst, (ja, leider) nun, wenn dies in Grenzen geschieht, wird der Ausheilungsprozeß nicht unterbrochen werden. Doch die Schmerzen von gestern, die möchte ich näher untersuchen, und bei dir, mein Freund (G.), ist ein Problem mit dem Kopf. Auch dies möchte ich versuchen zu behandeln und eine Analyse erstellen. Ich werde jetzt hinter jeden einzelnen treten und versuchen die Ausstrahlungen des Körpers aufzunehmen.
Die Gnade der Allmacht möge die Hände führen und helfen unseren Freunden.
(Tritt hinter G.)
Entspanne Dich, mein Freund, laß los.
Mein Freund, stehe auf!
Würde eine der Damen assistieren? (R. steht auf)
Bitte den Wattebausch mit etwas Alkohol tränken.
(Behandlung mit Watte und »Rasierwasser«)
Ich möchte Sie bitten, mein Freund, dieses Kleidungsstück (Hemd) abzulegen.

Mein lieber Freund, die Schmerzen, die Sie empfinden, die in Intervallen auftreten, haben unmittelbar mit diesem Punkt zu tun. Sie steigen von hier auf und gehen über die Schädeldecke bis in die Stirne (greift dabei an die Schläfen).

Ich weiß, daß Ihre Ärzte davon sprechen, daß es eine sogenannte Migräne sei. Eine Migräne im Sinne dieses Wortes ist es aber nicht. Es ist lediglich eine Verspannung, eine Verkrampfung der Nerven, die auftritt, wenn sich das dritte Auge bemüht, aufzubrechen.

Dieses Wissen, mein Freund, möge Sie erinnern, wenn diese Schmerzen wieder auftreten. Sie haben die Möglichkeit, diesen Schmerz zu eliminieren, wenn Sie sich an meine Worte erinnern. So wie der Schmerz kommt, wird er vergehen. Nehmen Sie einen Wattebausch, führen Sie ihn an die Stirne in der Mitte über der Nasenwurzel. Der Schmerz wird sich auflösen, denn organisch, mein lieber Freund, sind Sie gesund. –

Und nun zu Ihnen, mein Freund.

(**H**. war in der Nacht mit fürchterlichen Magenkrämpfen aufgewacht. Er erwog noch in der Nacht ins Krankenhaus zu gehen, weil er sich nicht mehr zu helfen wußte. In seiner Not bat er Claudius um Hilfe [geistig] – und nach ca. 1–2 Minuten war der Schmerz abgeklungen, so daß er nach weiteren fünf Minuten tief und fest eingeschlafen war. Auch am nächsten Tag hatte er keine Schmerzen mehr.)

Diese Behandlung hat gewirkt, es ist alles lokker. Doch ich möchte den Körper untersuchen.

Mein Freund, die Schmerzen von heute Nacht kamen daher, daß Sie etwas sehr Kaltes getrunken haben, das sich mit der Speise in Ihrem Magen nicht vertrug. Es ist eine **Magenkolik** gewesen, mein Freund, die jedoch verschwunden ist. Es kann möglich sein, daß morgen im Laufe des Vormittags eine Darmentleerung stattfindet, die unterstützt werden sollte durch einen Magen- und Darmtee, vielleicht auch durch ein kleines, ungefährliches homöopathisches Abführmittel, denn die Därme sind voll, mein Freund.

M.: Herr Doktor, was haben Sie gemacht, daß die Schmerzen bei **H.** so schlagartig verschwunden sind?

Dr. Johannson: Nun, meine Liebe, dies ist nichts Außergewöhnliches, einen Blocker einzuschieben, wenn unser Freund ruft, doch er muß sich auch über die Ursache im klaren sein, damit er sie in Zukunft vermeiden kann.

H.: Das bekommt man ja heute meistens nicht mehr gesagt.

Dr. Johannson: Nun, mein Freund, geh nicht zu hart mit euren Ärzten ins Gericht, denn sie haben diese Ausbildung, die wir hatten, nicht genossen. Es sind Verdiener geworden.

H.: Herr Doktor, dies sollte keine Kritik sein, sondern eine Feststellung.

Dr. Johannson: So ist es, mein Freund.

H.: Könnten Sie bitte noch kurz etwas über die Selbstheilungskräfte des Körpers sagen?

Dr. Johannson: Gut, meine Freunde, seht, der Körper selbst, wenn es nicht im Karma begründet liegt, hat alle Informationen mitgenommen, die ihn befähigen mit Unebenheiten zurechtzukommen. Im menschlichen Körper sind Systeme enthalten, die es ihm ermöglichen, Fremdinformationen, **die über die Lunge aufgenommen werden**, zu eliminieren. Die Ärzte sprechen von sogenannten Freßzellen, die es ermöglichen, ein krankes Organ wieder gesund zu machen. Es ist natürlich möglich, daß durch Information einzelne Zellen wieder regeneriert werden müssen, damit sie ihre Aufgaben erkennen, die sie im menschlichen Körper haben.

Es ist nicht damit getan mit einem Medikament, zum Beispiel Kopfschmerzen zu eliminieren. Denn genau dieses Medikament blokkiert zwar das Empfinden Schmerz, doch der Schmerz wird auf die Dauer nicht aufgelöst – im Gegenteil. Dieses Medikament hat auch Auswirkung auf andere Organe.

Siehe, Spritzen, die Du erhalten hast wegen der Erkrankung deines Gesichtes haben zwar mitunter im Augenblick etwas genutzt, aber sie haben die Ursache nicht beseitigt – im Gegenteil. Auch die Tabletten, die man Dir einzunehmen empfohlen hat, haben dich krank gemacht, mein Freund.

Wichtig ist, daß der Mensch auf die Signale des Körpers hört. Wenn er spürt, daß er satt ist, sollte er nicht weiteressen, weil dann der Körper über alle Maßen belastet wird und reagiert. Ein Mensch, der glaubt, er müsse unbedingt Höchstleistungen im Sport vollbringen, wird zu irgendeinem Zeitpunkt merken, daß er seinen Körper überfordert.

Hört er nicht auf die Signale seines Körpers, dann wird er krank werden, ohne erkennbare Ursache. Euer Körper, meine Freunde, gibt euch Signale und wenn euch vor einer Speise ekelt, dann solltet ihr sie nicht essen.

H.: Kann man es auch so verstehen, daß Medikamente die Informationen im Körper verfälschen oder Fremdinformationen einbringen?

Dr. Johannson: Nun, es kann natürlich sein, daß große Erkrankungen im menschlichen Körper ein Stimulans, ein Rauschgift erfordern, um dem Menschen die Schmerzen zu nehmen oder zu lindern. Grundsätzlich jedoch sollten Naturheilmittel als neue Informationsquelle benutzt werden.

Dieses Wissen ist den Menschen verlorengegangen. Naturheilmittel haben den Vorteil, daß sie in sehr großen Verdünnungen verwendet werden können. Ein Beispiel: Es gibt auf dieser Erde Pflanzen, die ihr als giftig bezeichnet, zum Beispiel den Saft der Tollkirsche. Nun, wenn ihr ihn pur verwendet, dann vernichtet ihr die körpereigene Struktur durch die übergroße Information, die die Tollkirsche in sich birgt. Wird jedoch der Saft der Tollkirsche in tausendfacher Verdünnung mit Alkohol benutzt, dann gibt die Information, die im Saft der Tollkirsche vorhanden ist, in dieser großen Verdünnung dem Körper die Informationen weiter.

Mitunter genügt es, wenn einmal am Tag zwei Tropfen von dieser tausendfachen Verdünnung eingenommen werden, und das Übel verschwindet fast schlagartig.

M.: Diese Methode wird bei den Bachblüten angewandt.

Dr. Johannson: Richtig, meine Liebe, hier stellen eure Labors bei der Untersuchung nichts fest als Alkohol oder Wasser. Denn auch dieses Wasser oder dieser Alkohol beinhaltet die Information, die an den Körper abgegeben wird. Seht, die Nervenzellen sind feinstes, allerfeinstes Netzwerk. Sie durchziehen den gesamten Körper. Die Zellen des Körpers werden mit Information versorgt – die kranke Zellen neu aufbauen und fremde Zellen zerstören können.

Nun, das was ich euch heute erzählt habe, wird von euren Wissenschaftlern nicht akzeptiert. Ob ihr es akzeptieren könnt – nun, meine Freunde, ich glaube, ein jeder Mensch wird es erst dann akzeptieren, wenn er die Erfahrung gemacht hat damit umzugehen. Ich darf mich verabschieden für heute und werde euch Begleiter sein. Ruft mich, meine Freunde, wenn ihr mich braucht und wenn ihr mich nicht braucht, werde ich trotzdem bei euch sein.

Ich segne Sie alle im Kreis und Du, meine kleine Fliege, begleite mich zu Claudius. (Es handelte sich um eine kleine Fliege, die wir ständig versuchten von Marcs Arm wegzujagen.)

Claudius: Nun, meine lieben Freunde, wir wünschen euch so sehr, daß der Besuch unseres Arztes euch neue Perspektiven eröffnet hat. Wir werden euch begleiten in den neuen Tag.

Dr. Paul

Claudius: Meine Freunde, ich rufe jetzt für D. und M. einen Arzt.

Arzt: Guten Abend, Ihnen allen meine Grüße. Ich bin etwas überrascht, daß ich eingeladen wurde, um zu behandeln. Doch stören Sie sich nicht daran. Ich darf mich kurz vorstellen. Mein Name ist **Paul**, einfach **Paul**. Meine Lieben, ich bin Facharzt für Hals, Nase – und Kopf. Aus diesem Grund werden wir jetzt beginnen, die beiden Damen zu untersuchen. Haben Sie keine Angst, ich werde Ihnen keine Schmerzen bereiten.

(Tritt hinter D.)

Sehen Sie, meine Liebe, Sie gehören ins Bett. Ich würde Sie ins Bett legen. Atmen Sie tief ein (atmet tief) ja, Sie haben eine Entzündung und zwar eine ziemlich heftige Entzündung. Die Atmungsorgane sind angegriffen, die Nase, meine Liebe, die Nase macht Ihnen zu schaffen (D. schneuzt). So ist es richtig!

Und Sie, meine Liebe, (tritt hinter M.) haben einen Bronchialkatharr. Ich empfehle Ihnen an dem Tag, an dem Sie zu Hause sind, ein heißes Bad zu nehmen und die Bronchien zu entlasten, indem Sie ein Dampfbad nehmen. Diesem Dampfbad sollten Sie einen Zusatz geben von Pfefferminzöl. Vergessen Sie es nicht – Pfefferminzöl, damit die Bronchien ausheilen. Nehmen Sie einige Tropfen dieses Öls und massieren Sie hier über diese Stelle ein – und setzen Sie dann einen Turban auf, meine Liebe. Das sagt Ihnen **Paul**.

(tritt wieder hinter D.)

Bitte könnten Sie hier etwas die Bluse öffnen, damit ich Sie behandeln kann?

(Dr. Paul nimmt Öl in die Hände und massiert D. damit die Halspartie. D. ist etwas irritiert und Dr. Paul sagt:

Dr. Paul: Sie machen neue Erfahrungen. Denken Sie daran, alle, die hier im Kreise sitzen, könnten ebenso stark erkältet sein wie Sie. Ich bitte Sie, schließen Sie die Augen, machen Sie sie einfach zu, damit Sie nicht die Gesichter der Freunde sehen. Lassen Sie sich fallen, lassen Sie sich fallen in die Musik.

M.: Herr Doktor, ich hätte gerne gewußt, wann Sie bei uns gelebt haben?

Dr. Paul: Nun, meine Liebe, es ist schon lange her. Damals preßten wir noch die Blüten einer gewissen Pflanze, um das Öl zu gewinnen, das wir benutzen wollten. 1600 ist die Jahreszahl. Weit war der Weg.

Frage: Haben Sie in Deutschland gelebt?

Dr. Paul: Nun, jetzt beginnen Sie gleich zu lachen, wenn ich Ihnen sage, woher ich komme. (Wir würden gerne mal lachen) So sage ich es: *Graz*[1] war meine Heimat. (alle lachen!)

(D. nestelt an ihrer Kleidung)

Dr. Paul: Das nächste mal laß' ich Sie nackt ausziehen, meine Liebe, dann ist alles viel einfacher.

Meine Liebe

(tritt hinter M.,) die die letzte Bemerkung kommentiert mit: stört mich nicht, worauf Dr. Paul sagt:

Dr. Paul: Doch, vielleicht würde es die anderen stören. Wissen Sie (geht in D's Nasenputzen unter) hier sind Sie nicht allein.

(zu D. gewandt wegen des Schneuzens) So sollte es funktionieren! Sie werden heute viel zu erzählen haben, wenn Sie nach Hause kommen.

D.: Wenn ich nach Hause komme, bin ich allein.

Dr. Paul: Denken Sie daran, die Behandlung so fortzusetzen, wie ich Sie empfohlen habe und Sie werden sehen, daß Sie Erfolg haben.

Ich werde selbstverständlich zur Verfügung stehen, wenn Sie mich wieder brauchen.

W.: Ich hätte noch eine Frage oder eine Bitte. Darf ich Sie jetzt Paul oder Herr Paul nennen, ich weiß gar nicht so richtig . . .

Dr. Paul: Nennen Sie mich **Paul, einfach Paul**.

W.: Ich habe das Gefühl, daß mein Kopf nach einer Siebzellenentzündung noch nicht wieder ganz geheilt ist. (Dr. Paul tritt hinter W.)

Paul: Von einer Zyste stelle ich nichts fest. Was ich feststelle, ist eine leichte Nervenentzündung. Diese Nervenentzündung, die können Sie in den Griff bekommen, wenn Sie folgendermaßen vorgehen:

Tauchen Sie einen kleinen Wattebausch in reinen Alkohol. Beginnen Sie eine leichte Massage unterhalb beider Augen, damit öffnen Sie die Poren. Dann würde ich empfehlen Öl von Johanniskraut leicht einmassieren, nicht viel. Die Entzündung ist nicht so stark, daß sie Ihnen große Schwierigkeiten bereitet. Sie fahren mit diesem Alkoholläppchen hier herunter (zeigt es im Gesicht an) und die gleiche Bewegung machen Sie mit diesem Öl und decken es mit einem warmen Tuch ab. Ebenso über die Stirn, hier an dieser Stelle. Sollten Sie Johanniskrautöl nicht bekommen, dann nehmen Sie Mistelöl und Sie werden sehen, es wird wieder in Ordnung kommen.

Paul: Nun, da ich bei Ihnen zu Gast war, möchte ich mich von Ihnen verabschieden. Sollten Sie Schwierigkeiten haben, daß mit dieser einen Behandlung es nicht aufgelöst werden konnte, dann scheuen Sie sich nicht, **Claudius** und unseren Freund zu bitten, bei Ihnen vorbeizuschauen. Ich werde dann noch einmal eine Behandlung vornehmen. Ich grüße Sie und wünsche den Patienten gute Besserung.

1 Es wurde deshalb gelacht, weil Marcs Tochter einen Mann aus *Graz* geheiratet hat und daher diese Stadt der Familie bestens bekannt ist.

Dr. Sari

Claudius: Ich gebe den Weg frei für Dr. Sari.

Dr. Sari:
Guten Tag, meine liebe T., guten Tag Freunde des Kreises. Ich wurde gebeten, das Unfallopfer kurz zu untersuchen. Bitte, liebe T., ziehen Sie die Jacke aus, bleiben Sie sitzen. Ich werde jetzt hinter Sie treten und Sie werden keine Angst haben.

(Marc tritt hinter T., tastet die Schultern ab und bittet sie dann aufzustehen.)
Bitte, stehen Sie auf. Wenn Sie Schmerzen haben, bitte, geben Sie mir Antwort.
Bitte, drehen Sie sich auf die andere Seite.
Gut, nehmen Sie Platz.

Bitte, schreiben Sie auf:
Es liegen keine Brüche vor, starke Verprellungen im Halswirbelbereich, Sie würden es als leichtes Schleuderdrama bezeichnen. Blutergüsse am linken Oberschenkel, die sich über das linke Bein verteilen werden. Es werden noch einige Prellungen festgestellt, die folgendermaßen behandelt werden sollen.

Lassen Sie sich von Ihrem Arzt eine Sportsalbe verschreiben. Es wird Sie nicht interessieren, wie sie zusammengesetzt ist, doch Ihr Arzt wird wissen, was ich meine. Diese Salbe benutzen Sie bitte und massieren Sie leicht in die schmerzenden Stellen ein. Wie ich festgestellt habe, tragen Sie ein Halskorsett. Sie sollten es mindestens zwei Tage weitertragen und nicht vergessen, auch den oberen Halswirbelbereich mit dieser Salbe zu behandeln. Sollte Ihnen der Arzt diese Salbe nicht verschreiben, bitte ich um Rückfrage über Claudius, damit ich Ihnen eines unserer Hausrezepte übermitteln kann.

Ich wünsche Ihnen, daß die Schmerzen nachlassen. Ich werde an Sie denken. Ich danke Ihnen.

Erläuterung

Die Patientin T. erklärt:

Ich hatte einen Autounfall mit Überschlag. Die Folgen davon waren: Übelkeit, Erbrechen, Kopfschmerzen, Prellungen.
Die Behandlung durch den jenseitigen Arzt Dr. SARI deckte sich genau mit der Diagnose des Arztes, den ich nach dem Unfall aufsuchte. Er verschrieb mir die angegebenen Arzneimittel, die mir Dr. SARI geraten hatte. In kurzer Zeit schon waren meine Schmerzen verschwunden und ich hatte keinerlei Probleme mehr.

Jun Agpaoa

(ehemaliger philippinischer Geistheiler)

Hilde: Ich habe Beschwerden mit den Ohren (Ohrensausen). Beim Arzt war ich schon – nichts hat geholfen. M. wurde damals durch Jun Agpaoa geholfen. Vielleicht gibt es außer ihm noch jemanden, der mir sagen könnte, was ich machen kann?

Claudius: Nun, meine Liebe, wir werden versuchen dir zu helfen. Laß uns nach der Pause noch einmal darüber sprechen.

Nach der PAUSE.

Claudius: Ich kündige dir an, daß ich einen Arzt mitgebracht habe, der dir am Ende unserer Einspielung zur Verfügung steht.

Am Ende der Einspielung:

Jun Agpaoa:

Ich grüße Euch, meine Freunde und danke Euch, daß Ihr mich gerufen habt. Dir, mein Freund, sage ich Dank, daß Du mich annimmst, daß Du mir Deine Hände zur Verfügung stellst, um Hilfe zuteil werden zu lassen. My Lord, ich danke, daß ich über die Grenzen des Universums hinaus unserem Freund helfen darf. (Spricht offenbar mit seinem Geistführer)

Meine Liebe, ich werde jetzt hinter Sie treten und über Ihre Aura versuchen den Krankheitsherd zu finden. Haben Sie keine Angst. (Es erfolgt die Untersuchung)

Körperlich, meine Liebe, sind Sie gesund. Doch in Ihnen selbst sind Spannungen vorhanden, die sich in Form von Nervosität ausdrücken. Sie haben Ihren Niederschlag gefunden in den Gehörgängen. Ich versuche den Gehörgang durchlässig

zu machen, so daß sich das unangenehme Gefühl verändert. Ich werde Ihnen ein Rezept geben, das Sie bitte anwenden wollen.
Meine Liebe, ich möchte Sie bitten, sich ein kleines Fläschchen Nelkenöl zu besorgen. Nehmen Sie abends, wenn Sie sich zur Ruhe begeben, einen kleinen Wattebausch, tränken Sie ihn mit diesem Nelkenöl und geben Sie das Wattebäuschchen in die Ohrmuschel. Sie werden sehen, daß innerhalb kürzester Zeit diese Beschwerden verschwunden sind. Nehmen Sie keine Medikamente ein, denn diese Medikamente würden die übrigen Körperorgane belasten und keine Änderung im Ohr selbst herbeiführen. Ich habe versucht, das Hemmnis, das Sie zur Zeit im inneren Ohrbereich haben, aufzulösen, nichts anderes übrigens, als ich bei Ihnen vorgenommen habe. (schaut zu Miriam, die er 1986 heilte)

Miriam: Der Arzt sagte damals, ich habe es sogar schriftlich, dies sei ein »offener Tubus« und unheilbar.

Jun Agpaoa: Nun, meine Liebe, ein »offener Tubus« wäre nur dann nicht heilbar, wenn er den Gehörgang nicht mehr verschließt – doch dies ist hier nicht der Fall. Es war auch bei Ihnen nicht der Fall. Es war lediglich eine Störung im Mittelohr, die aufgelöst werden konnte.

Miriam: Das ist wirklich interessant. – Als ich die gleichen Symptome wieder einmal hatte, suchte ich einen anderen Spezialarzt auf, erzählte ihm die Geschichte mit Ihnen (Geistheilung), worauf er mich mitleidig anlächelte. – Doch ich habe Sie tapfer verteidigt.

Jun Agpaoa: Nun, meine Liebe, es ist immer das Problem, daß diese Heilungen über den normalen medizinischen Verstand nicht begriffen werden können. Unser Problem im europäischen Bereich liegt darin, daß man der Medizin andere Dimensionen eingeräumt hat, als sie bei uns zum Beispiel im asiatischen Bereich praktiziert wird. Viele Dinge entstehen aus einer übermäßigen Belastung der Psyche heraus, wie es bei Ihnen, meine liebe Freundin, der Fall ist. Sie haben sehr viel geistig gearbeitet und dadurch bedingt Spannungen aufgebaut, die sich im Kopfbereich auch auswirken, ähnlich den Spannungen, die Sie im Muskelbereich erhalten, wenn Sie lange Wegstrecken schnell zurücklegen. Es entstehen Spannungen im Muskelbereich der Beine, die sehr schmerzhaft sein können, die jedoch keine Krankheit darstellen, und so sollten Sie es sehen. Es ist eine rein psychische Belastung, die aus der Überbeanspruchung heraus entsteht. Nichts gefährliches.

Hilde: Vielen Dank.

Jun Agpaoa: Grüßen Sie meinen Freund. Ich verabschiede mich. Clau Clau – ich komme.
(Dabei legte Jun die Fingerkuppen aufeinander und bildete mit den Handflächen ein Dreieck. Es war die gleiche Handbewegung, die er auch zu Lebzeiten während einer Heilung machte.)

Eine Bemerkung zu den Heilungen

Die aufgeführten Heilungen stellen nur einen Bruchteil der tatsächlich ausgeführten Heilungen dar. Es gab mitunter Spontanheilungen, aber auch solche, die mehrere Sitzungen erforderlich machten.
Um sämtliche im Laufe dieser vier Jahre der Kontakte mit Claudius stattgefundenen Heilungen zu schildern, wäre ein separates Buch erforderlich.
Die für dieses Buch herausgegriffenen Behandlungen sollen dem Leser lediglich einen kleinen Einblick über die Art solcher Heilungen bzw. Behandlungen durch jenseitige Ärzte vermitteln.

Teil IV

Zu Teil IV

– Prominente sprechen aus dem Jenseits –

möchte ich ausdrücklich betonen, daß ich das Wort »prominent« nur gebrauche, um dem Leser zu verdeutlichen, daß es sich hier nicht um Jenseitsaussagen irgendwelcher Angehörigen der Kreisteilnehmer, oder anderer Personen (wie in Band I) handelt, sondern sich **allgemein bekannte Personen** melden.
Beispiel: Johann Wolfgang von Goethe.
»Prominente« im Sinne unseres diesseitigen Verstehens gibt es nämlich im Jenseits **nicht**. Es zählen nicht Ehren und Würden, und es zählen auch nicht die Titel, die sich Menschen aufgrund eines Studiums erworben haben. Was zählt, sind nur unsere inneren Werte, unsere geistig-seelische Struktur, unsere **geistigen Erkenntnisse**. Vor allem zählt, was ein Mensch in seinem Leben aus **Liebe** getan hat – oder – was er **zu tun unterlassen hat**.
Eine Weiterentwicklung in dieser Hinsicht gibt es in der jenseitigen Welt für **jeden**, ob er nun hier ein Professor war oder ob er die Straße fegte.
Außer den nachfolgend genannten »Prominenten« meldeten sich auch andere, die unter den verschiedenen Kapiteln zu finden sind, z. B. Prof. Kollath, der Physiker Nicola Tesla, Papst Pius XII – und in Band I u. a. der heilige Nikolaus und Papst Johannes Paul I.

Johann Wolfgang v. Goethe

Claudius: Nun, meine Freunde, gebe ich den Weg frei für den angekündigten Gast, den ihr alle kennt:
Guten Abend, liebe Freunde, ich möchte mich vorstellen, obwohl jeder einzelne von Ihnen meinen Namen kennt, **Johann Wolfgang Goethe**, nun . . . lassen Sie mich erklären: Es war ein langer Weg, bis **Claudius** meine Bitten erhört hat, einmal zu Ihnen sprechen zu dürfen (Zwischenruf: Wir freuen uns sehr).

Goethe: Ich habe hier eine Aufgabe übernommen, den Menschen behilflich zu sein, das Geheimnis des Glaubens zu erläutern. Zu meiner Zeit habe ich versucht, den Menschen etwas mitzuteilen, als ich »Faust« niederschrieb. Ich habe versucht, das Mysterium des Glaubens einfließen zu lassen in meine Dichtung. So, wie Sie sich jetzt bemühen aufzulösen, zu interpretieren, was Ihnen mitgeteilt wird, so habe ich versucht, den Menschen nach dem damaligen Verständnis Impulse zu geben.
Das Welttheater, meine lieben Freunde, dreht sich im Kreis. Es wiederholt sich alles, so wie in der Vergangenheit, wird es in der Zukunft sein. Wichtig für den einzelnen ist, zu wissen, daß er selbst Bestandteil dieser Welt ist und trotz allem ein unverwechselbares Individuum – ein eigenes Sein besitzt.
Sehen Sie, meine Freunde, dies sollte immer im Mittelpunkt stehen bei der Betrachtung des eigenen Lebens, das eingebettet ist in Religion und in diese Welt. Wenn jeder einzelne sein **ICH BIN** begreift, wenn jeder einzelne weiß, daß er ein selbständig verantwortungsbewußtes **ICH** sein eigen nennt, dann wird in ihm selbst die Wahrheit aufbrechen und er wird sehen, daß sein Sein eine große außerordentliche Rolle in der Gemeinschaft dieser Menschen spielt. Jeder

einzelne, als Individuum betrachtet, wird seine eigene Wahrheit erfahren, weil er sie zwangsläufig erfahren muß, denn den Weg, den er geht, lehrt ihn die eigene Erfahrung. Mitunter ist er sich nicht bewußt, daß dieser Weg, den er geht, wichtig für ihn ist.

Ein langer Weg war mir beschieden in meinem Leben in dieser Welt. Mein Leben war, wie das Leben eines jeden einzelnen, von Höhen und Tiefen begleitet. Viele Begegnungen haben mich geprägt, haben mir Rätsel aufgegeben, die ich versuchte in verschiedenen Formen einem bestimmten Leserkreis nahe zu bringen. Ich erinnere an »Faust«, »Die Leiden des jungen Werther«, und an einige mehr. Ich möchte sie heute nicht alle aufzählen, um das Buch, das hier vor Ihnen liegt nicht mit **meinem** Wissen anzufüllen. Sehen Sie, als Mensch ist man den Irrungen und Wirrungen des Lebens unterworfen. Doch am Ende dieses Weges lösen sich diese Irrungen und Wirrungen auf und die Seele wird frei. Ich sehe Sie überrascht.

Hilde: Ja sehr, uns brennen viele Fragen auf den Lippen.

Goethe: Ich habe Zeit.

Hilde: Ich weiß nicht, wie ich Sie ansprechen soll: Herr von Goethe?

Goethe: *Nein* (energisch). Sprechen Sie mich an, wie ich es so gerne höre mit »Mein Freund«.

Hilde: Also gut – mein Freund, eine Frage zunächst. Sie mußten also nicht mehr inkarnieren – nachdem Sie nun mit uns sprechen?

Goethe: Nun, das **Bewußtsein** dieses **Herrn Goethe**, dieses Herrn Geheimrat Goethe spricht mit Ihnen. Ich bin hier abgerufen für Sie, doch das nächste Bewußtsein, die nächste Inkarnation, ist bereits vollzogen. Wenn Sie nähere Erläuterungen haben wollen, sprechen Sie anschließend mit unserem Freund Claudius.

Hilde: Ja, wir wissen das schon einzuordnen, denn wir haben von Claudius schon Aufschluß über die verschiedenen Bewußtseinsstufen erhalten. – Sie sind heute noch das große Vorbild in der deutschen Literatur. Waren Sie mit Ihren Leistungen in Ihrem Leben zufrieden?

Goethe: Nun, viele Märchen umranken das Leben dieses **Johann Wolfgang von Goethe**, der einst gelebt hat. Vieles wurde hinzugedichtet, vieles wurde weggelassen, doch es will mir scheinen, als hätte man die Persönlichkeit **Johann Wolfgang von Goethe** nicht voll erfaßt, denn die Irritationen meines Lebens, die vielen falschen Wege, die ich gegangen bin, hätte man einem anderen niemals verziehen.

Sie sehen, meine Freunde, es kommt nur darauf an, welche Stellung Sie in der Gesellschaftsordnung einnehmen – denn, wenn Sie eine bestimmte Stellung einnehmen in dieser Gesellschaftsordnung, wird man vieles ihrem sogenannten Genie zugutehalten, was Sie bei einem anderen Menschen verteufeln. Natürlich habe ich mich gesonnt in diesen Erfolgen, denn ich bin ja Mensch gewesen. Doch, wenn ich allein war, wußte ich, daß viele Dinge intuitiv auf mich eingewirkt haben und ich die Dichtung mit der Wahrheit verwoben habe, um sie plausibel wiedergeben zu können.

Sehen Sie, meine liebe Freundin, dies ist die Kunst des Schriftstellers, die Impulse, die er bekommt, in Worte zu fassen, die in die Zeit passen, die einen bestimmten Leserkreis ansprechen und dabei will ich Ihnen behilflich sein.

Hilde: Das ist wunderbar und ich hoffe, daß ich die Impulse verstehe, die Sie mir geben werden.

Goethe: Keine Frage, keine Frage. Sie sind ein intuitiver Mensch und Sie werden meine Worte richtig umsetzen können. Wenn dies nicht möglich wäre, wäre ich nicht von Claudius zur Begleitung ausgesucht worden.

Hilde: Werden Sie mir ab und zu Richtlinien geben, mit Worten oder durch geistige Impulse?

Goethe: Meine Liebe, ich werde Sie kontaktieren, wie Sie sagen, ich werde Ihnen Impulse geben.

Hilde: Muß ich mich dann besonders darauf einstellen?

Goethe: Nein, das müssen Sie nicht, Sie müssen nur vielleicht einmal ein Buch zur Hand nehmen und vielleicht Johann Wolfgang von Goethe lesen, nun zumindest die Lebensbeschreibung.

Ich habe Verständnis dafür, daß Sie so überrascht sind, daß Sie keine Fragen mehr haben.

Miriam: Ich fühle mich sehr geehrt, daß ich Sie als »Freund« ansprechen darf. Ich bin sehr erfreut.

Goethe: Nichts ist zwischen verwandten Seelen wichtiger, als das Gefühl, Freunde zu besitzen.

Miriam: Was ich vor diesen Kontakten in meinem Leben niemals empfunden hatte, denn zu meiner Vorstellung gehörte mehr, als das, was ich bis dahin durch Menschen erfahren hatte.

Goethe: Nun, meine Liebe, lassen Sie mich dazu etwas sagen. Ich würde heute meine Bücher anders abfassen. Heute würde es anders sein.

Miriam: Sie haben schon zu Ihren Lebzeiten an die Wiedergeburt geglaubt, doch Sie hatten nicht diese Gewißheit, wie wir sie jetzt haben. Woher nahmen Sie diese Überzeugung?

Goethe: Nun, meine liebe Freundin, ich habe die Gewißheit gehabt – aber aufgrund der gesellschaftlichen Ordnung, der Stärke der Kirche, war es nicht möglich offener zu sprechen, als ich es getan habe. Die Widersprüche der Religion waren zu allen Zeiten für den intelligenten Menschen begreifbar und erfahrbar. Doch zu unserer Zeit war eben nur eine bestimmte Gesellschaftsschicht davon zu überzeugen.

Miriam: Doch woher nahmen Sie diese Überzeugung?

Goethe: Bei mir, meine Liebe, waren Reisen erforderlich, um zu dieser Überzeugung zu kommen. Sehen Sie, ich habe mich der Mühe unterzogen mit der Kutsche nach Italien zu fahren. Ich habe meine Erfahrungen machen dürfen. Ich habe sie gesucht und sie haben Niederschlag gefunden in meinen Erzählungen.

Miriam: Sie waren sicher als Mensch von Zweifeln geplagt, daß es sich nicht vielleicht nur um Wunschdenken handeln könnte?

Goethe: Selbstverständlich, es war nicht von Anfang an mein Bewußtsein. Auch ich mußte mir diese Gewißheit erst verschaffen. Auch ich mußte in mir selbst den Boden schaffen für die Wahrheit, denn zum damaligen Zeitpunkt waren die Kleinfürstentümer noch die Mäzene für unsereiner.

Hilde: Claudius sagte, sie wollten uns erzählen, was Sie **jetzt** machen, welcher Tätigkeit Sie nachgehen?

Goethe: Nun, meine Tätigkeit **jetzt** ist, mich für Literatur zur Verfügung zu halten, für geistige Literatur, um Hilfestellung zu geben bei der Übermittlung der Botschaft des Lebens. Dies, meine Lieben, ist eine wunderbare Aufgabe. Eingebunden bin ich in einen Kreis von Menschen, die sich dieses Lernprogramm ausgesucht haben und wir haben eine gute Lehrerin.

Hilde: Und wer ist das?

Goethe: **Ihre Tochter**!

Hilde: (überrascht) Meine Tochter? Lehrerin??

Goethe: Sie verfügt über Wissen, das Sie uns zur Verfügung stellt. Sie war es auch, die uns in diesen Kreis **Claudius** eingeführt hat. Wir sind eine ganze Reihe von – nun, soll ich sagen, Schriftstellern? Wir sind eine Reihe von Geistwesen, die sich für die Transkommunikation zur Verfügung stellen, lernen dabei und werden von denjenigen, die uns begleiten, zum Beispiel Ihre Tochter, meine Liebe, weitergeführt.

Hilde: Das erstaunt mich sehr.

Goethe: Es muß Sie nicht erstaunen, meine Liebe, denn sehen Sie, Ihre Tochter war im Leben schon sehr vielseitig gewesen. Sie hat die Vielseitigkeit Ihres Seins mit auf diese Ebene genommen und sie ist mit dem gesamten Bewußtsein hier tätig.

Hilde: Ist dies nicht bei jedem Geistwesen der Fall, daß es mit dem gesamten Bewußtsein tätig ist?

Goethe: Dies ist nicht bei jedem möglich.

Hilde: Ist dies eine Bevorzugung oder eine logische Schlußfolgerung?

Goethe: Eine logische Schlußfolgerung. Sehen Sie, meine Liebe, ich würde Ihre Tochter als **uralt** bezeichnen, wobei uralt eine Bezeichnung ist, die ihr schmeichelt, nicht sie verletzt. – Denn sie ist sich voll bewußt und sie war es auch, die Ihrem, unserem Freund (Marc) das Erlebnis **ICH BIN** vermitteln durfte.
Nun, meine lieben Freunde, erlauben Sie mir, daß ich Sie einschließe in unser Sein. Ich werde gerufen und ich würde mich freuen, wenn wir zu irgendeinem Zeitpunkt in diesem Kreis unsere Unterhaltung fortsetzen würden.
(Wir bedanken uns)

Goethe: Clau Clau, ich bedanke mich für die Möglichkeit mich selbst darstellen zu dürfen.

Claudius: Nun, meine lieben Freunde, ich hoffe, daß ich euch eine kleine Freude bereiten durfte.

Johann Wolfgang von Goethe * am 28. 8. 1749
† am 22. 3. 1832

Der Bekanntheitsgrad des »Dichterfürsten« dürfte eine Beschreibung seines Lebens und Wirkens erübrigen.

Diskussion über J. W. Goethe

Frage: Wir haben vorhin mit Johann Wolfgang von Goethe gesprochen und das war ein großes Erlebnis. Nun drängt sich die Frage auf – wenn eine bestimmte Persönlichkeit – wie nun Johann Wolfgang von Goethe – aus ihrer Gesamtpersönlichkeit, beziehungsweise aus ihrem Gesamtbewußtsein unter deinem Einfluß wieder zur **damaligen Persönlichkeit** zusammenfindet, ist sie dann noch das, was sie **damals** war?

Claudius: Nun, meine Freunde, wenn ich **Johann Wolfgang von Goethe** einlade, dann ist diese gesamte Persönlichkeit zusammengesetzt aus diesem Bewußtsein, alles andere ist bedeutungslos, und es fließt nichts ein, außer dieser einen Person **Johann Wolfgang von Goethe**.

Frage: Dadurch, daß jetzt diese Persönlichkeit bei euch ist, hat sie ja einen anderen Blickwinkel, eine andere Perspektive bekommen und sieht das, was sie als Persönlichkeit auf der Erde war, unter einem neuen Gesichtspunkt?

Claudius: So ist es.

Frage: Und damit hat sich doch auch die Persönlichkeit in einer gewissen Weise verändert?

Claudius: Nun, mein Freund, du sprichst jetzt das Gesamtbewußtsein an. In dieses Gesamtbewußtsein ist **Johann Wolfgang von Goethe** eingegangen. Ich jedoch, mein Freund, und dies solltest du unterscheiden, spreche zu irgendeinem Zweck eine **bestimmte** Persönlichkeit aus diesem Gesamtbewußtsein an. Diesem Einzelbewußtsein, das sich artikulieren kann, ist natürlich die Erkenntnis zur Verfügung, wie er heute sein damaliges Leben betrachtet. Verstehst du mich?

Frage: Ja, das verstehe ich. Verändert das aber nicht zwangsweise auch die Persönlichkeit, wenn man diesen Blickwinkel dazubekommt?

Claudius: Natürlich, mein Freund, denn **Johann Wolfgang von Goethe** als Einzelperson gesehen, ohne diese Beurteilung seines Lebens vornehmen zu können, wäre nicht die komplette Persönlichkeit. Verstehe mich richtig, wenn der Fluß überschritten wird, wird von dieser Persönlichkeit, von diesem Teilaspekt **Johann Wolfgang von Goethe** das gelebte Leben eingeordnet, kritisch betrachtet. Die Fehler werden erkannt, und daraus resultiert, daß **Johann Wolfgang von Goethe** dir Auskunft geben kann, wie er heute sein damaliges Leben sieht.

Frage: Bleibt er dann als Persönlichkeit nach dieser Gesamtbeurteilung und seinem Rückblick auf das gelebte Leben – wobei er jetzt stellvertretend für jede andere Persönlichkeit steht – erhalten und bildet sich weiter beziehungsweise entwickelt sich weiter, oder geht er grundsätzlich ein in sein Gesamtbewußtsein und das Gesamtbewußtsein geht seinen weiteren Weg, entwickelt sich gemeinsam weiter?

Claudius: So ist es. Er geht ein in das Gesamtbewußtsein aller Leben. Aus diesem Gesamtbewußtsein spalten sich wieder neue Inkarnationen ab, die einen gewissen Lernprozeß durchleben werden.

Frage: Das heißt, die Persönlichkeit **Johann Wolfgang von Goethe** ist damit eigentlich abgeschlossen?

Claudius: Sie ist abgeschlossen.

Frage: Ist sie abgeschlossen wie ein Kreis, den wir schon einmal gezeichnet haben? Die obere Hälfte ist das Leben, die Beurteilung der Erfahrung ist die untere Hälfte auf eurer Seite. Somit entsteht ein Kreislauf, das Leben ist komplett?

Claudius: Richtig, dieses Leben ist komplett abgeschlossen.

Krishnamurti

Claudius: Meine Freunde, ich habe eine Überraschung für euch. Ich habe einen Philosophen eingeladen, der so oft mißverstanden wird in seinen Aussagen.

Ich gebe den Weg frei für KRISHNAMURTI, den Begnadeten.

Krishnamurti:

Ihnen allen wünsche ich einen guten Abend. Ich weiß, mich haben Sie nicht erwartet. Doch ich möchte Ihnen sagen, daß ich glücklich bin, in diesen Kreis eingeladen worden zu sein.

Sehen Sie, nicht jeder Schriftsteller, auch nicht jeder Philosoph wird von allen gleichermaßen anerkannt. Nun, ich sage nichts Neues, meine liebe **Hilde**. Doch trösten Sie sich, Sie werden Ihre Leser finden und einige werden Nutzen aus Ihren Büchern ziehen, so, wie sie bei mir auch verschiedentlich ihren Nutzen gezogen haben. Nur, der eine oder andere hat meine Worte als etwas zu streng egoistisch ausgelegt und davon abgeleitet, daß eigentlich die Philosophie des Lebens darin besteht, daß es dem Menschen gut geht und daß der einzelne seine Person nur in den Vordergrund stellen soll, damit er recht gut beachtet wird.

Nun, auch Sie, meine liebe G. sind schon einmal darüber gestolpert, daß ich vermeintlich den Menschen in seiner Eigenart in den Vordergrund gestellt habe. Doch lassen Sie mich erklären.

Ich meinte, daß ein jeder Mensch **sich selbst zunächst erkennen muß**, ehe er sich darum bemüht, den anderen zu erkennen. Denn, sehen Sie, wie, so frage ich, sollte derjenige, der sich selbst nicht kennengelernt hat, die Reife besitzen, einen anderen zu beurteilen? Es ist ein alter Grundsatz:

Erkenne Dich selbst, und Du wirst frei von Vorurteilen sein.

Denn, wenn Du den Splitter in Deinem eigenen Auge erkennst, dann erst hast Du das Recht dem Nächsten einen Balken aus den Augen zu ziehen.

Nun, eine alte Weisheit, doch sie wird so selten angewendet. Nun, **Claudius** hat sich für diesen heutigen Abend sehr viel einfallen lassen, und er erwartet eigentlich, daß ich noch für Fragen zur Verfügung stehe.

W.: Zunächst vielen Dank, daß Sie zu uns gekommen sind, wir freuen uns sehr darüber. Ihre Thesen und auch das, was Sie geschrieben haben, insbesondere, was Sie eben angeführt haben, sprechen mich und uns sehr gut an und sind auch sehr einleuchtend. Trotzdem sind Ihre Texte für mich eine harte Nuß. Was mir Probleme schafft, ist das Übertragen in meinen Lebensbereich. Vielleicht können Sie dazu etwas sagen?

Krishnamurti: Nun, mein Freund, denken Sie daran, daß meine Denkungsart von der europäischen Denkungsart stark abgewichen ist, zu meinen Lebzeiten. Denken Sie ferner daran, daß meine Bücher übersetzt wurden, daß die Gedanken in Worte zu kleiden, sehr, sehr schwierig ist, denn das, was ich versuchte den Menschen zu vermitteln, ist aus innerster Überzeugung zu Papier gebracht worden in einer völlig anderen Sprache. Bei einer Übersetzung ist es nun einmal so, daß derjenige, der das Buch übersetzt, nicht das Gefühl, mit dem es geschrieben wurde, einbringen kann.

Das mindert jedoch nicht ihren Wert. Ich möchte folgendes noch dazu sagen: Derjenige, der sich mit der indischen Philosophie auseinandersetzt, mein lieber Freund, wird diesen Übersetzungen anders gegenüberstehen, sie anders verstehen, als der durchschnittliche Mitteleuropäer, oder auch diejenigen, die da glauben, wenn sie Philosophie studieren, jedes Buch verstehen zu können. Sehen Sie, es gibt viele Völker auf dieser, ihrer Welt, verschiedene Kulturen und jede Kultur brachte ihre eigenen Philosophen hervor.

Ich gebe Euch zu bedenken, daß die altgriechische Philosophie für den europäischen Raum besser begreifbar ist, als die indische Philosophie, denn sie wiederum begründet sich auf die religiöse Grundlage des indischen Volkes. Habe ich Ihnen Hilfestellung geben können?

W.: Ja, danke. Sie beschreiben auch immer wieder in Ihren Büchern unser Bestreben nach einem Vorbild, nach einem Guru, oder nach jemandem, der uns sagt, was wir tun sollen. – Ich glaube, diese Eigenschaften erkennen wir alle an uns. Das kann ich auch gut annehmen und das hilft mir auch schon sehr viel weiter. Könnten Sie uns trotzdem für unser Leben, das wir hier leben müssen, noch ein paar Gedankenanstöße geben?

Krishnamurti: Natürlich mein Freund, denn sehen Sie, Ihr Leben hier beruht auf ständigem Lernen, auf einer ständigen Auseinandersetzung mit der Umgebung, mit dem Umfeld, in dem Sie leben müssen – und wenn Sie sich philosophischen Fragen zuwenden, dann werden Sie merken, daß die philosophischen Grundregeln eigentlich in jeder Kultur die gleichen sind und Sie werden weiterhin bemerken, daß sie auch anwendbar sind, bei denen, die sich Gedanken darum machen. Ich möchte ein Beispiel geben: Sehen Sie, Sie üben einen Beruf aus, der Sie mit vielen Menschen zusammenbringt. In Ihrem Beruf wird von Ihnen gefordert, daß Sie präzise Gedankenanstösse geben, die von Ihren Mitarbeitern umgesetzt werden und vielleicht auch zur Diskussionsgrundlage dienen.

Nichts anderes ist es mit der Philosophie. Ein jeder von Ihnen, der hier in der Runde sitzt, wird seine eigene Lebensphilosophie finden müssen, aus einem ganz einfachen Grund. Er ist ein völlig selbständiges Wesen und all die Regeln oder all die Hinweise, die die Philosophie gibt, sind nur subjektiv zu empfangen und umzusetzen.

Sehen Sie meine Freunde, die Philosophie will nichts anderes, als dem Menschen Hilfestellung geben für die Unsterblichkeit seiner Seele, um die Unsterblichkeit seiner Seele neu zu entdekken und neu zu empfinden. Es ist natürlich wie in jeder Wissenschaft so, daß man Ansatzpunkte setzt, daß man gewisse Regeln aufstellt, die, ist der Schüler ein Stückchen weitergekommen mit seinem Gedankengang, vielleicht nicht mehr akzeptabel sind – aber sie bilden eine Grundlage – und die Grundlage würdet ihr als gute Allgemeinbildung bezeichnen, als Einfühlungsvermögen in den anderen, in die Situationen, die dem Menschen begegnen. So manchem Menschen ist es nicht bewußt, daß das, was er spricht, tiefempfundene philosophische Erkenntnis ist. Nun?

W.: Ich möchte mich bedanken für die sehr guten Gedankenanstöße.

G.: In Ihren Schriften kam für mich so wenig Mitleid für den Nächsten zum Ausdruck und ich dachte, daß man diese Haltung nicht als Liebe betrachten könne. Jetzt habe ich aber erkannt, wenn man zu viel Mit-Leid hat, zerfleddert und zerfließt man, und kann dadurch selbst nicht mehr schöpferisch tätig sein; man ist dann ebenfalls in sich selbst gefangen und kann dem anderen damit keine Hilfe sein. Ein Kranker wird nicht dadurch gesund, daß der andere ebenfalls krank wird.

Sehe ich das richtig?

Krishnamurti: So ist es, meine Liebe. Sie haben das beste Beispiel hier in der Runde. Sehen Sie, unser Freund hier. Er möchte für jeden, der ihn darum bittet, zur Verfügung stehen – und damit würde er genau das Gegenteil bewirken, was wir uns wünschen. Er würde verbrennen im Mit-Leid für den Nächsten.

Mit-leiden, meine Freunde, kann der Mensch nicht unbeschränkt – aber, er kann sich mit sich selbst soweit auseinandersetzen, daß er trotz allem seinen Nächsten Hilfestellung geben kann. Ich sage Ihnen noch etwas: Würde dieser Mensch (Marc) sich so weit verlieren, daß er für jeden zugänglich wäre, dann, meine Freunde, würde er verhungern, denn es gibt niemanden, der für die Worte, wenn sie gesprochen sind, etwas bezahlt. Das ist die Krankheit des Menschen, daß er Hilfe annimmt, aber dann den Helfenden allein läßt – und so sollte ich verstanden werden meine Liebe.

G.: Ja, man muß erst die eigene Position wahren. Jeder Mensch muß sich zunächst einmal selbst der Wichtigste sein. Deshalb kann er trotzdem auch ein Gefühl für den anderen haben – und wenn er ihm nur **zuhört** – so genügt es eigentlich schon?

Krishnamurti: Sie sagen es, es gibt so wenige Menschen, die zuhören können, und ich sage Ihnen, als ich noch in Ihrer Mitte weilte, war mein Hauptanliegen, zunächst den anderen **zuzuhören**. Und dadurch war es mir möglich, sehr vielen Menschen zu helfen. Sie können es nachlesen in den Büchern, die geschrieben wurden, daß viele Menschen ihren Weg gefunden haben. Ich war natürlich in einer besonders glücklichen Lage, da ich finanziell unabhängig war, was man so unabhängig nennen kann.

W.: Für mich sind Sie ein Phänomen. Wenn ich mich in Ihre Lage versetze, die Fragen bedenke, die Ihnen gestellt wurden, so bin ich weit entfernt von den phantastischen Antworten, die Sie gegeben haben.

Krishnamurti: Mein lieber Freund, es ist ein Lernprozeß, verzweifeln Sie nicht. Auch Sie werden eines Tages die Weisheit besitzen. Sie sind auf dem besten Weg dazu.

W.: Ich meine noch sehr weit davon entfernt zu sein.

Krishnamurti: Nun, nur nicht verzweifeln. Es ist noch kein Meister vom Himmel gefallen, glauben Sie mir. Und derjenige, der fragt, der nachfragt, wird eine Antwort erhalten, so, wie unsere liebe Hilde, die in der Vergangenheit das Sein des Menschen hinterfragt hat, sich viel Mühe gemacht und unbeschadet über Raum und Zeit die Verbindungen gesucht hat, um hinter das Geheimnis des Lebens zu kommen.

Nun, meine Freunde, Sie säßen alle nicht hier, hätte diese Frau nicht den Anfang gemacht für alle hier im Kreis. Sie war der Schlüssel für unseren Freund – nicht Heli. Denn Heli konnte als Geistwesen nicht eingreifen – aber Sie erkannten, dieser Frau kann man Vertrauen schenken, und das war der Schlüssel für unseren Freund, der erfahren hat, daß es nichts kostet und Hilfe immer gegeben wird, wenn man sie sucht.

Ich danke Ihnen, meine liebe **Hildegard**.

Hilde: Sie beschämen mich. Ich sehe es gar nicht so. Also, ich bin der Meinung, **Heli** sei der »Stein des Anstosses« gewesen, und das war bitter genug für mich.

Krishnamurti: Für Sie selbst, meine Liebe, für Sie selbst war Heli der »Stein des Anstosses« gewesen, aber nicht für unseren Freund (Marc). Das meinte ich. Sehen Sie, alles hat irgendwo seinen Ursprung. Der Ursprung, das möchte ich jedem einzelnen von Ihnen ans Herz legen, der Ursprung des Wissens liegt in jedem von Ihnen verborgen. Bemühen Sie sich darum, die Kontakte, die Claudius Ihnen bietet, zu nutzen. Bitten Sie ihn darum, daß er Gäste einlädt, er wird es nicht verweigern. Nur, Sie müssen sich artikulieren – für alle im Kreis.

R.: Ich habe mir sehr schwer getan mit Ihren Büchern und sie sind auch nicht an mein Herz herangekommen, weil ich das Gefühl hatte – so, wie ich das verstand – daß das Individuum von Ihnen gar nicht so geschätzt wurde, so, wie wir es hier gewöhnt sind, auf den einzelnen einzugehen, sondern ich habe das Gefühl, daß Sie alles in einem Zusammenhang sehen, der viel größer gespannt ist. Dieser Situation kann ich nicht folgen, weil ich mir sage: Der einzelne, der mir gegenübersteht und mir ein Leid klagt, der berührt mich, und den versuche ich in mir aufzunehmen, aber ich kann es nicht einordnen in das große Weltgeschehen für eine Ordnung, die ich selbst nicht kenne. Ich kann es jetzt langsam akzeptieren durch das Wissen, das wir durch Claudius bekommen, aber es fällt mir trotzdem sehr schwer, das Individuum auszuklammern und zu sagen: Es muß so sein, wie es ist, seinen Schmerz dem großen Schmerz der Welt zuzuordnen. Dort hat es seine Ordnung und ich brauche mich nicht darum zu kümmern, es geht mich nichts an.

Krishnamurti: Halt, meine Liebe. Hier begehen Sie einen großen Denkfehler. Unterstellen Sie mir bitte nicht, daß mich der Schmerz meines Nachbarn nicht berührt hat. – Verstehen Sie mich bitte so: Ich habe mich bemüht, meinem Gesprächspartner plausibel zu machen, daß eigentlich sein kleiner Schmerz im großen Weltgeschehen überhaupt keine Bedeutung hat, das war der Grund, weswegen ich so sprach. Für ihn, als subjektiv Empfindenden ist das natürlich vollkommen anders, meine Liebe, und hier ist auch eine Fehlinterpretation eingeschlichen, denn der Mensch allein muß sich bemühen, zu seinen eigenen Erkenntnissen zu gelangen.

Sehen Sie, meine Liebe, wir gehen zusammen zu einem Diner. Wir suchen uns beide die gleichen Speisen aus. Ihnen, meine Liebe, wird das Soufflé vorzüglich munden; ich, meine Liebe, bringe keinen Bissen hinunter, obwohl wir beide die gleichen Speisen vor uns haben, reagieren wir doch völlig unterschiedlich – und dies, meine Liebe, ist richtig so.

R.: Sie haben natürlich die größere Erfahrung gehabt und ich war wohl noch nicht so weit, dies zu überschauen. Vermutlich haben Sie dies viel stärker in sich gespürt und konnten es hier bei uns nicht anbringen, die wir erst auf dem Weg sind, dies zu verstehen.

Krishnamurti: So ist es, meine Liebe, sehen Sie, ich vermisse heute Abend eine Frau, die mich schon lange sprechen wollte. Diese Frau hat den Sinn meiner Bücher zumindest aufgenommen und teilweise auch verstehen können – nur **anwenden, anwenden kann sie es nicht**, aus einem ganz einfachen Grund: Auf halbem Wege stehen bleiben, meine Lieben, ist immer falsch. Sie können die Wahrheit nur als Ganzes erfassen und dazu gehört nicht nur, daß Sie sich Wissen anlesen, sondern daß Sie es **auch anwenden**, daß Sie es in sich aufspeichern, daß es Besitz, ihr **eigener Besitz** wird.

Wenn das möglich geworden ist, dann, meine Freunde, hat Claudius Unwahrscheinliches geleistet und dafür gebührt ihm unser aller Dank. Ich würde mich freuen, wenn Sie mich irgendwann einmal wieder einladen würden.

Ich grüße Sie.

Claudius: Nun, meine lieben Freunde, nur Worte sind es, die euch geschenkt werden. An euch liegt es, sie Widerhall finden zu lassen in eurer Seele, daß sie sich baden möge im Glück. Wenige Tage trennen euch von dem bewußten Heiligen Abend – und doch, meine lieben Freunde, sollte immer Heiligabend bei euch sein.

Ich weiß, daß dies nicht immer möglich ist, aber ich weiß auch, daß Ihr das Glück immer wieder finden werdet, wenn ihr es sucht. Unsere Liebe sei euer Geschenk für das Leben. Gebt mir die Hände, meine Freunde, der Strom der Liebe möge euch umfangen, möge euch Begleiter sein. Es möge euch bewußt werden, daß

IHR SEID.

Ein jeder ein Teil der grenzenlosen Liebe, ein jeder ein Teil des göttlichen Universums, ein jeder ein **Teil Gott**. Ihr seid gekommen aus dem Ursprung des Universums – ihr kehrt zurück zum Ursprung des Universums und werdet eingehen in die unendliche Liebe der Allmacht. Dies, meine Freunde, euch zum Geschenk.

Ich schließe den Kreis und segne euch. Eure Gedanken mögen emporsteigen zu uns in Liebe und wir werden sie zurückschicken, die Liebe, daß sie euch erfüllt, daß ihr sie hinaustragen könnt in eure Welt.
AVE, meine Freunde und Dank für diesen Tag.
AVE.

Jiddu *Krishnamurti*, südindischer Brahmane, geb. 1897, gestorben 1986. Seine aus indischen und europäischen Quellen gespeiste Lehre predigt den Seelenfrieden, der durch intuitive Erfassung der Harmonie von All und Ich erreicht werden kann.

Krishnamurti sprach wiederholt durch Claudius.

Rudolf Schock

Bei einer Sitzung bat Heli, die Kassette mit den Gesängen »Ich bete an die Macht der Liebe« und »Die Himmel rühmen des Ewigen Ehre« einzulegen.

Miriam kam diesem Wunsch sofort nach und wir alle im Kreis lauschten ergriffen dem wunderschönen Gesang des verstorbenen Rudolf Schock.
Später, als Claudius wieder zu uns sprach, sagte er:
Ich habe eine Überraschung für euch. Ich gebe den Weg frei für *Rudolf*.

Gleich darauf sprach durch Marc **Rudolf Schock** zu uns:

Schock: Glaube und Liebe haben mich euch zugeführt. Ich grüße den Kreis um Claudius und danke der Allmacht, die mich ausersehen hatte, der Menschheit die Liebe durch meinen Gesang näher zu bringen. Nicht das Wort habe ich geschaffen – nicht die Musik dazu – aber ich habe beides zusammen durch meine Stimme den Menschen näher gebracht. Melodien, die die Allmacht schuf zum Trost für die Menschen. – Gnade wird dem gewährt, dessen Geist im Meer der Töne versinken kann.
Schwingung der Liebe, die diesen Kreis umgibt. Es möge euch alle die Musik emportragen zum Licht.
Ich danke für die Einladung.

Rudolf Schock

Kammersänger – geb. am 4. 9. 1915 in Duisburg
Auszeichnungen: Österr. Kammersänger, Goldener Electrola-Ring – Mercator-Medaille der Stadt Duisburg – Goldener Bildschirm – Goldene Schallplatte mit Brillanten – Preis: Robert-Stolz-Stiftung.

Seine Karriere führte über das Opernhaus in Duisburg, das Staatstheater in Braunschweig – das Opernhaus Hannover, die Staatsoper in Berlin – Royal Opera Covent Garden, London. Gastspiele in München, Salzburg und den Bayreuther Festspielen.
Rudolf Schock starb am 12. 11. 1986

Vor ca. 10 Jahren kam ich auf die Idee, bekannte Persönlichkeiten, Wissenschaftler, Künstler, Politiker und Großindustrielle zu befragen, ob sie an ein Leben nach dem Tode glauben.
Von den rund 100 schriftlich, telefonisch oder persönlich Befragten antworteten mir zwar etwa 80, aber nur 49 waren damit einverstanden, daß ihre Meinung zu diesem brisanten Thema in einem Buch veröffentlicht wird.
Die Anthologie »Was bedeutet der Tod für Sie? Prominente antworten« erschien 1982 (Ariston-Verlag, Genf). Mit dem Titel, auf den der Verleger bestand, war ich allerdings nicht ganz einverstanden, weil es mir nicht um den TOD ging, sondern um das DANACH, um den Glauben oder Nichtglauben der Befragten an eine Weiterexistenz nach dem Sterben.
Seit dem Erscheinen dieses Buches, also innerhalb der letzten 10 Jahre sind bereits 15 Personen, deren Ansicht veröffentlicht wurde, verstorben.
Es lag nahe, daß ich aufgrund der unvorstellbaren, wunderschönen Kontakte mit CLAUDIUS auf den Gedanken kam, ihn zu bitten, den einen oder anderen, wenn möglich, aus ihrer **jetzigen Welt** zu uns sprechen zu lassen. Claudius war damit einverstanden und als wir bald darauf im kleinen Kreis (Marc, Miriam und ich) zusammenkamen, entstand folgender Dialog:

Claudius: Nun, meine Liebe, ich habe für dich heute Abend einen Menschen eingeladen, der zu seiner Zeit im Fernsehen über Transkommunikation gesprochen hat und der letztendlich *alles* als unwichtig bewertet hat.
Aber sie stehen *alle* bereit, die hier bei uns auf unserer Seite sind. Du solltest deine Wünsche äußern und sagen, *wen* du sprechen willst.

(Ich hatte eine Liste zusammengestellt und las die Namen vor.)
Dann sagte ich: Sie waren fast alle mehr oder weniger gläubig. Negativ hat sich vor allem Prof. Grzimek geäußert. Interessant wäre aber auch Pfarrer Haack zu hören, der alles Spirituelle be-

kämpfte, auch wenn in meinem damaligen Buch kein Beitrag von ihm steht. Ich war einige Male bei ihm in München und mußte mir von ihm sagen lassen, daß ich mit meiner Tonbandstimmenforschung einem Phantom nachjage, ja sogar ernsthaft Schaden dadurch nehmen könne. Diese Treffen fanden statt in den Jahren 1975/76. Heute, nach 18 Jahren bin ich immer noch gesund und munter.

Claudius: Nun meine Liebe, so würde ich vorschlagen, nehmen wir diejenigen, **die an ein Weiterleben nach dem Tode nicht geglaubt haben**. Unter all denen möge von dir eine herausragende Persönlichkeit genannt werden.

Hilde: Dann würde ich **Prof. Grzimek oder Pfarrer Haack** vorschlagen.

Claudius: Gut, dann laden wir ein zum Gespräch. Zunächst **Professor Dr. Grzimek**. – Ich gebe den Weg frei.

Prof. Dr. Bernhard Grzimek

(Er spricht in seiner ruhigen, besonnenen Art, wie wir ihn vom Fernsehen her kennen.)
Guten Abend Ihnen allen hier im Kreis. Ich bedanke mich bei Ihnen für die Einladung, die Sie ausgesprochen haben. Ich bedanke mich, daß Sie mir die Möglichkeit einräumen, meine Irrtümer mit Ihnen zu besprechen.
Sehen Sie, meine liebe **Frau Schäfer**, allgemein bekannt war ich zu meinen Lebzeiten. Ich habe Forschungen betrieben, ich habe als Zoologe gearbeitet und **war der Überzeugung, daß nach dem Tode alles sich auflöst**.
Wissen Sie, die einschlägige Naturwissenschaft hat uns nicht gelehrt, daß eine **Steuerung** nötig ist, um das Leben so leben zu lassen, wie es sich vor unseren Augen abspielt.
Nun, ich war etwas überrascht, sehr überrascht, als ich hier auf dieser Ebene erwachte, als ich meinen Sohn (der bei einem Flugzeugabsturz in der Kalahari ums Leben kam) wieder fand, **den ich verloren glaubte**, der mich bei der Hand nahm und mir zeigte, daß es **keinen Tod** gibt.
Doch lassen Sie mich erklären: Der Übergang, mein Übergang, vollzog sich langsam. Ich wurde das Licht gewahr, ich sah dieses Licht, dieses **unbeschreibliche Licht**, das mich so magisch angezogen hat, wie ein Sonnenuntergang in der Kalahari. Es brannte, doch weit, weit intensiver, als ich es mir jemals vorgestellt hatte.
Nun, ich schlief erschöpft ein, und als ich erwachte, erwachte ich in Harmonie, in einer unbeschreiblichen friedvollen Umgebung und **mein Sohn stand bei mir** (sehr bewegt gesprochen).
Wissen Sie, dieses Erkennen kann man nicht beschreiben. Es wäre genauso als wollten Sie einem Blinden, der plötzlich sehend wird, dieses Erkennen nachfühlen wollen.
Ich bekenne, daß ich mich geirrt habe und ich danke dem Schöpfer, daß ich teilhaben darf an diesem ungeheuren Ereignis.
Ich wünsche Ihnen allen, daß Sie als lebende Menschen begrei-

fen, daß nichts geschieht, ohne daß es der Wille der Allmacht wäre. Ich weiß, daß der einzelne darüber lächeln wird, doch nun – auch ich habe darüber gelächelt und **hatte keinen Trost gefunden als mein Sohn von mir ging**.

Miriam: Weil man als Mensch, wenn man nicht an ein Jenseits glaubt, keinen Sinn in diesem Tod erkennen kann. –

Dr. Grzimek: So ist es, meine Liebe. Wie schön wäre es gewesen, hätte ich mich zu meinen Lebzeiten mit diesen Dingen mehr befaßt. Ich danke Ihnen, daß Sie ein Buch schreiben, um über diese Dinge zu berichten. Ihren Lesern und Ihnen wünsche ich, wünschen wir, daß sie nicht blind ihr Leben leben, sondern daß sie die unendliche Schönheit dieses Planeten empfinden und daß sie Mitleid haben mit der Kreatur. Ich danke Ihnen, daß Sie mir zugehört haben.

Miriam: Wir bedanken uns.

Wir bemerkten nun ganz deutlich an der veränderten Haltung und dem völlig anderen Gesichtsaudruck, daß eine andere Wesenheit den Körper von MARC übernahm.

Pfarrer Friedrich Wilhelm Haack

Nun, meine Liebe, sagen Sie mir, wie ich zu der Ehre komme mit Ihnen sprechen zu dürfen?

Hilde: Ich weiß nicht, wer jetzt spricht?

Antwort: Sie haben meinen Namen vorhin genannt.

Hilde: Ach ja, wir haben uns in **diesem** Leben schon einmal gesprochen.

Antwort: Richtig, meine Liebe.

Hilde: Sind Sie Pfarrer Haack?

Antwort: Richtig, meine Liebe.

Miriam: Ich kenne Sie vom Fernsehen her.

Haack: Richtig, meine Liebe.

Hilde: Wir haben uns persönlich kennengelernt und dies war damals nicht sehr erfreulich.

Haack: Nun, meine Liebe, ich möchte dazu folgendes sagen: Sehen Sie, ich wurde erzogen in einer Familie, die sehr dem katholischen Glauben angehörte, sehr enge Beziehungen zum katholischen Glauben hatte. Meine Studien, die ich zu meinen Lebzeiten betrieben habe, waren ausgerichtet auf die Kenntnis der Bibel mit all ihren – nun – Unebenheiten.

Schauen Sie, ich fühlte mich berufen gegen diese **Spintisierer** Stellung zu bezeihen, und verzeihen Sie, gnädige Frau, daß ich mich Ihnen gegenüber nicht von meiner besten Seite gezeigt habe. (Einwurf von Hilde: Ist längst verziehen.) Ich möchte dies jetzt wieder geradestellen.

Sehen Sie, wenn Sie in einer gewissen Glaubensrichtung groß werden, erwachsen werden, und die Berufung in sich fühlen, Priester zu werden, dann hinterfragen Sie nicht allzuviel, sondern nehmen das Dogma an, das Sie Ihren Schäfchen gegenüber vertreten sollen. Nichts anderes habe ich gemacht, und Sie wissen auf der anderen Seite, daß der Irrglaube wilde Triebe erzeugt. Das schließt nicht aus, daß der einzelne, der sich mit Theologie im weitesten Sinne befaßt, über die einzelnen Punkte, die dogmatisch im Laufe der Jahrhunderte aufgebaut worden sind, stolpert.

Ich war ein Verfechter der dogmatischen Theologie, doch glauben Sie mir, als ich spürte, daß mein Leben zu Ende ging, kamen mir ernste Zweifel, ob ich mein Leben im Sinne Gottes gelebt habe, im Sinne der Allmacht gelebt habe. Aus dem einfachen Grund, ich war mir nicht sicher, ob ich in verschiedenen Situationen richtig handelte, denn in mir war das Dogma der Kirche verwurzelt und hat eigentlich meine Seele, meine Empfindungen gesteuert.

Als mir dies klar wurde, war es zu spät, um zu revidieren, um der Öffentlichkeit zu sagen: Es muß etwas anderes sein, das den Menschen leitet, als eine Religion, die nur 2000 Jahre alt ist. Es muß etwas anderes sein, eine Seele zu haben, die sich loslöst vom Körper und ihr Eigenleben weiterführt.

Sehen Sie, all die Theorien, die verbreitet worden sind, die heute auch noch verbreitet werden, daß die Seele ein Teilbewußtsein mit auf diese Erde bringt und das Hauptbewußtsein auf einer anderen Ebene weiterexistiert – **all dies konnte ich nicht verstehen**.

Heute weiß ich, **daß dieses kurze Leben auf dieser Erde niemals ausschlaggebend sein kann für die Ewigkeit**.

Ich möchte, daß dies ganz klar zum Ausdruck kommt, daß der Mensch, so, wie er jetzt ist, für die kurze Zeitspanne, in der er diesen Planeten bewohnt, eine Verantwortung auf sich nimmt – für sich selbst, für seine Umgebung, für seine Mitmenschen, denn nach dem Übergang wird er erwachen auf einer Ebene und sein Leben Revue passieren lassen.

Glauben Sie mir, **ich war erschüttert**, über so viel Unsinn, den ich geredet habe, denn es wäre ganz einfach gewesen in sich selbst hineinzuhören, um zu füh-

len, **daß die Liebe der Allmacht Grundbestandteil eines jeden einzelnen ist**.
Nichts anderes wollte **Jesus Christus** vermitteln, nichts anderes wollten all die Religionsstifter vermitteln. Doch vieles, das meiste, wurde abgeändert, umgewandelt, um den Menschen beherrschen zu können.
Nun, ich habe vieles bereut und sehe heute alles in einem anderen Zusammenhang, in einem anderen Licht. Ich möchte Ihnen allen Trost geben, daß Ihr Leben nicht umsonst gelebt ist.

Miriam: Herr Haack, ich kann mir einfach nicht vorstellen, daß Sie nicht vom Verstand her versucht haben, die Widersprüchlichkeit der Dogmen zu erkennen.

Haack: Meine liebe Frau Miriam, ich darf Ihnen hier folgendes sagen: Sie haben einen Beruf gelernt. Dieser Beruf hatte vor langer Zeit eine Grundlage. Auf dieser Grundlage basierend haben Sie weiter aufgebaut, mit dem Verstand weiter aufgebaut, und Ihren Beruf weiterentwickelt. Nichts anderes tat ich.
Sie werden Ihrem Rechenschaftsgeber, zum Beispiel dem Finanzamt gegenüber, die Gesetze nicht ändern können, sondern Sie müssen sich diesen Gesetzen fügen – und letztendlich wird es so sein, daß Sie die Gesetze übernehmen, sie auswerten für Ihre Schäfchen, für denjenigen, der sie braucht, um eine Steuererklärung abgeben zu können.

Miriam: Das ist ein gutes Beispiel.

Hilde: Inwieweit beeinträchtigt das den Übergang und die unmittelbar nachfolgende Entwicklung, wenn man vorher von all dem so wenig gewußt hat oder nicht wissen wollte, wie Sie? Hat das einen großen Einfluß?

Haack: Nun, meine liebe **Frau Hildegard**, ich darf Ihnen dazu sagen, daß ich am Ende meines Lebens, bevor ich den Übergang betrat, zur eigenen Erkenntnis gekommen bin. Ich sah auf meinem Sterbebett das

Licht und ich wußte, daß ich abgeholt werden würde. Dies gab meiner Seele den Frieden zum Übergang.

Hilde: Eine ungeheure, wunderbare Gnade!

Haack: So ist es, denn viele Menschen finden den Frieden auf dieser Welt nicht und erwachen auf unserer Ebene hier mit unsäglicher Bitternis. Sie können nicht begreifen, daß sie keinen Körper mehr haben, daß sie tot sind. **Daß sie leben, will ihnen nicht einleuchten. Sie haben die Verbindung zu ihrem Körper immer noch im Gedächtnis und dies erschwert das Erwachen zu neuem Leben.**

Nun, ich darf Ihnen versichern, daß ich Hochachtung habe vor allen suchenden Menschen. Wissen Sie, es besteht immer eine große Gefahr, daß sich der einzelne in diesen spirituellen Dingen verliert. Deshalb auch eine Warnung.

Derjenige, der allein gelassen wird, wird einsam seinen Weg gehen müssen und könnte sich hoffnungslos verirren. Und dies, meine liebe **Frau Hildegard**, war auch insgeheim meine Angst, als ich so sehr gegen diese Transkommunikationen aufgetreten bin. Nicht so sehr die Angst, meine eigene Angst, sondern die Angst um die vielen, vielen Menschen, die in der Religion keine Heimat gefunden haben und deshalb versuchten, sich anderweitig einen Halt zu verschaffen. **Noch dazu bei solchen Menschen, die glaubten, das Wissen gepachtet zu haben, es nur verkaufen zu müssen.**

Doch, meine liebe Frau Hildegard, wem sage ich das? Sie wissen es selbst. Wichtig allein für den einzelnen ist, daß sein Leben nicht umsonst gelebt ist, daß in jedem einzelnen Menschen ein Funke der Allmacht, ein Funke Gottes existiert und ihm den Weg zeigt in die neue höhere Ebene.

Miriam: Unsere Religion würde glaubhafter, wenn man die Wiedergeburt anerkennen würde, denn dadurch erhält ja unser Leben erst einen logischen Sinn.

Haack: Meine liebe Frau Miriam, es gibt viele Religionen, die die Wiedergeburt als Dogma beinhalten, und deshalb wird zu irgendeinem Zeitpunkt die katholische Kirche nicht umhin können, ihre Grundlehre neu zu überdenken.

Sehen Sie, sie lehnt es ja im Grunde gar nicht ab, denn sie sagt ja, daß die »Heiligen« weiterexistieren, daß sie beten sollen zu den Heiligen, nur für den einzelnen Menschen soll es die Wiedergeburt nicht geben!?

Nun, wir müssen uns über diese Situation nicht weiter unterhalten. Ich wollte Ihnen sagen, daß heute sich das Blättchen gewendet hat, und ich bin dankbar, daß ich es richtigstellen kann – heute.

Ich empfehle Sie dem Segen der Allmacht und ich wünsche Ihnen so sehr, daß Ihre Arbeit Erfolg hat bei vielen verzweifelten Menschen.

Hilde: Das ist unser Hauptanliegen, den Menschen mit dieser Aufklärung zu helfen, sie zu trösten, ihnen Ängste zu nehmen.

Haack: Ich grüße Sie.

Wir bedanken uns.

Claudius: Nun, meine lieben Freunde, dies waren zwei Meinungen von zwei verschiedenen Personen, die ein völlig verschiedenes Leben geführt haben. Ich bitte, nun die Nächsten zu nennen.

Hilde: **Franz Josef Strauss** hat auf meine Frage »Glauben Sie an ein Leben nach dem Tode?« nur mit »JA« geantwortet. Vielleicht könnte er aus seiner heutigen Sicht etwas mehr dazu sagen?

Claudius: Nun –

(Marcs Haltung verändert sich total, ebenso Gesichtsausdruck und Stimme. Er nimmt die Körperhaltung von F. J. Strauss an, der Kopf sinkt auf die

Schultern, der Nacken beugt sich vor, die Arme rutschen zusammen. Man hat tatsächlich den Eindruck, F. J. Strauss vor sich zu haben.)

Franz Josef Strauss

Guten Abend, ich begrüße Sie, ich bedanke mich, daß Sie mich eingeladen haben zum Gespräch.
Wissen Sie, meine lieben Freunde, wenn ich Sie so nennen darf, es war ein wunderbares Erleben und ich bin tatsächlich erschrocken über all die Fehler, die ich in meinem Leben gemacht habe (Einwurf von Hilde: Wer macht die nicht???) Hätte mich meine Frau **Marianne** nicht abgeholt, ich weiß nicht, wie ich mit der Situation hätte fertig werden sollen.

Hilde: War dieses »Ja« damals nicht überzeugt, das Sie für mein Buch sagten?

Strauss: Das »Ja« war, wie einer unserer Freunde aus dem Fernsehen sagen würde, ein »*Jein*«. Auf der einen Seite das Hoffen, daß es weitergeht – und auf der anderen Seite, nun ja, man weiß ja nichts Genaues. Doch ich möchte Ihnen den Übergang schildern, damit Sie begreifen, was geschieht.

Miriam: Nennen Sie uns doch bitte Ihren Namen, damit wir es in das Buch schreiben können, daß Sie es **selbst gesagt haben**.

Strauss: Nun, man sollte den Namen **Franz Josef Strauss** nicht vergessen und viele Straßen haben mittlerweile meinen Namen erhalten. Wir werden das, was wir zu besprechen haben, heute abend sprechen können.
Der Übergang geschah plötzlich. Ich wurde in einen Strudel hineingezogen – in eine Röhre – das ist vielleicht der richtige Ausdruck, und ganz am Ende dieser Röhre war ein Lichtpunkt. Sie müssen es sich so vorstellen – sie werden – **angesaugt** – und plötzlich kommen Sie ins Licht. Dieses Licht ist so ungeheuerlich, daß es mit nichts zu vergleichen ist. Mir war schwindlig, ich war müde und war plötzlich – nun – Sie würden sagen – bewußtlos – ich würde sagen »weg«. (Dies wurde sehr ausdrucksstark und emotionell gesprochen.)

Als ich nun langsam mir wieder bewußt wurde, durchlebte ich die Stationen meines Lebens noch einmal. Jede Einzelheit lief vor mir ab, und ich sah all die Dinge, die ich hätte besser machen können, und ich war verzweifelt, weil ich zum damaligen Zeitpunkt so manchen Weg gescheut habe, um den neuen, vielleicht schwierigeren Weg zu gehen. Nun ja, diese Reue bringt einen fast um, wenn es möglich wäre.

Aber sie führt zur Befreiung der Seele, und Sie spüren auf einmal, wie Ihr gesamtes Bewußtsein sich erweitert, größer wird. Sie überblicken nicht nur dieses eine Leben auf diesem Planeten (klopft mit den Fingern auf die Tischplatte), sondern Sie überblicken alle Leben, die Sie bisher gelebt haben und dies ist eine so (stark betont) **ungeheuere Erkenntnis**, so eine **ungeheuere Erfahrung**, daß man sie nicht schildern kann.

Wichtig allein ist, daß man frei wird, frei, unsagbar frei und dann erkennt man all die anderen, die die eigene Person, das eigene Sein entwertet haben.

Nun, heute bin ich befreit, heute gehe ich einen neuen Weg. Jeder einzelne, der diesen Planeten, wenn Sie so wollen, verläßt, der die Materie zurückläßt, wird diese ungeheuere Befreiung erfühlen und erahnen können.

Hilde: Übersehen Sie, Herr Strauss, wie es jetzt bei uns um die Politik bestellt ist, wie schlecht die Situation hier in unserem Lande und überall auf der Welt ist?

Strauss: Nun, meine liebe **Frau Schäfer**, ich weiß, was Sie zu dieser Frage veranlaßt. Ich möchte Ihnen folgendes sagen: So lange der einzelne Mensch es nicht fertigbringt, sich vom materiellen Gedankengut zu trennen, wird es nicht anders werden – im Gegenteil – es wird schlimmer werden.

Doch daran braucht auch der einzelne nicht zu verzweifeln. Aus einem ganz einfachen Grund: Er ist nur ein Staubkörnchen im Getriebe der Politik oder der

Religion, oder wie auch immer Sie es sehen wollen. **Wenn Sie etwas ändern können, dann nur sich selbst und von sich selbst aus schlagen die Wellen weiter**. Es ist leider Gottes so, daß der Mensch sich in der Regel immer nur an das Materielle hält, sich am Materiellen orientiert und dabei ganz vergißt, daß seine Stunden, seine Tage, gezählt sind.

Doch machen Sie sich keine Gedanken. **Dieses Leben hier ist das Wichtigere. – Sie machen ja nur eine kurze Reise. –**

Miriam: Aber die meisten wissen es nicht, glauben es nicht.

Strauss: Wenn **ich** es Ihnen sage, können Sie es mir **glauben**. –

Miriam: Ja, **wir** sind schon davon überzeugt, doch es gibt viele Menschen, die auf der Suche sind und keine Antwort finden.

Strauss: Meine Liebe, ich möchte Ihnen folgendes dazu sagen:

Es wird immer Menschen geben, die aus diesem Buch etwas herausnehmen für sich selbst. Derjenige, dem es nicht paßt, der wird es nicht lesen, der wird es zur Seite legen.

So ist es im menschlichen Leben ja auch. Es ist im menschlichen Leben nicht anders – und wenn Sie heute Politiker hören, die predigen und predigen und predigen und es nicht in die Tat umsetzen können, weil die andere Partei dagegen ist (sehr laut und klopft energisch mit dem Zeigefinger auf den Tisch) dann werden Sie daran verzweifeln und genauso ist es im menschlichen Sein auch.

Gehen Sie, und das rate ich allen, die Ihr Buch lesen, **gehen Sie Ihren eigenen Weg und lassen Sie sich davon nicht abbringen und dann werden Sie in sich selbst den Frieden finden**, den Ihnen weder eine Politik noch eine Gesellschaftsordnung geben kann.

Miriam: Wenn dieser Gedanke Allgemeingut würde, das wäre schön.

Strauss: Nun, vielleicht wird er eines Tages noch Allgemeingut. Glauben Sie mir, wenn die Menschen den Weg zu uns gefunden haben, wird alles anders werden.

Hilde: Und es geht Ihnen jetzt gut?

Strauss: **Es ging mir nie besser.**

Hilde: Mit was beschäftigen Sie sich jetzt? Nicht mehr mit Politik?

Strauss: Nun, ich beschäftige mich heute mit der Psyche des Menschen, die mich fasziniert und wissen Sie (Einwurf von Hilde: Die Psyche der **lebenden** Menschen?) so ist es, der hier auf diesem Planeten lebenden Menschen. Es gibt viele, die diesen Weg gehen, um bei der Veränderung mitzuwirken.

Miriam: Als Impulsgeber für später?

Strauss: So ist es.

Miriam: Wir versuchen mit den Kenntnissen, die Sie uns vermittelt haben, Trost und Hilfe zu spenden.

Strauss: So sollten Sie es sehen.

Hilde: Daß das in das Buch hineinkommt, was **Sie** sagen, ist sehr wichtig, das hat große Bedeutung. Daran wird sich mancher orientieren.

Strauss: Nun, wollen wir hoffen, daß dieses Buch Resonanz findet – und wenn nur ein einziger dadurch sich selbst verändern kann, dann hat es sich gelohnt.

Hilde: **Zenta Maurina**[1] sagte: Wenn Du in Deinem Leben nur einem einzigen Menschen in einer dunklen Stunde eine Kerze anzündest, hast Du nicht umsonst gelebt.

Strauss: So ist es. Ich danke Ihnen allen für die Einladung, verabschiede mich und wünsche Ihnen, daß Sie immer an Ihre Aufgabe glauben.
Wir bedanken uns.

Claudius: Nun, meine lieben Freunde, seht die Meinungen der einzelnen eingeladenen Gäste, sie drücken punktuell immer eine persönliche Erfahrung aus und ich glaube, daß wir in diesem Sinne weiterfahren sollten. Das Buch »Was bedeutet der Tod für Sie?« sollte Anlaß genug sein, diejenigen, die mittlerweile bei uns hier »gelandet« sind, zu Aussagen mitzubringen.

Hilde: Aus all dem erkenne ich jetzt, daß auch dieses Buch damals nicht umsonst geschrieben wurde. So hat also alles seinen Sinn.

Claudius: Weißt du, meine Liebe, es verkettet sich eines mit dem anderen. Es ist wie ein Klettverschluß. All diese Dinge gehen nahtlos ineinander über und vielleicht sollten wir einen Naturwissenschaftler zu Wort kommen lassen? Wir könnten **Prof. Oberth** oder **Hoimar von Ditfurth** rufen.

Hilde: Er war auch ein großer Skeptiker.

Claudius: So laden wir ihn ein.

1 Zenta Maurina: Lettische Schriftstellerin und Essayistin – Lebensgefährtin des Tonbandstimmenforschers Dr. Konstantin Raudive. Siehe auch unter Kapitel »Konstantin Raudive über die technisch gestützte Transkommunikation« Seite 310.

Hoimar von Ditfurth

Er spricht mit ruhiger, sonoriger Stimme, macht typische Handbewegungen, indem er kurz mit den Fingerkuppen über das Revers streift.
Guten Abend, ich bedanke mich bei Ihnen, daß Sie mich eingeladen haben heute zum Gespräch. Mein Name ist **Hoimar von Ditfurth**.
Sie haben verschiedene Sendungen gesehen, die ich moderiert habe und bitten mich heute um Stellungnahme, damit ich meine Erfahrungen schildern kann, die im Laufe des Lebens mich zu dem werden ließen, was ich heute bin.
Nun, verehrte Anwesende, lassen Sie mich Ihnen folgende Schilderung geben.
Sehen Sie, ich habe Naturwissenschaft studiert. Ich habe über Naturwissenschaft hinaus mich auch mit anderen Fragen beschäftigt und ich habe gelernt, daß sich die Natur aus sich selbst immer wieder entwickelt, weiter entwickelt, den Zeitläufen anpaßt, den einzelnen, nun, Umwelteinflüssen anpaßt, sich also so immer wieder weiterentwickelt aus der Notwendigkeit heraus, nicht unterzugehen.
Wir haben in der Naturwissenschaft Experimente gemacht. Die Experimente haben uns gezeigt, daß eine Pflanze zum Beispiel, wenn sie langsam an Kälte gewöhnt wird, bis zu einem gewissen Punkt unbeeinflußt bleibt von dieser Kälte. Wir haben erlebt, wie sich die Tiere verändert haben im Laufe der Jahrtausende, der Jahrmillionen, wie der Ursprung des Menschen in der Entwicklungsgeschichte sich verliert.
Ich war der Überzeugung gewesen, daß alles folgerichtig sich weiterentwickelt. Nur eines habe ich, haben wir Wissenschaftler, außer acht gelassen, **daß nichts geschieht, ohne eine Energieform**. Die Pflanze braucht zur Entwicklung Energien, Steuerungsfaktoren also, die sie sich verändern lassen im Laufe von Jahrtausenden, von Jahrmillionen, und wir haben Energien immer auf die Sonne, auf Witterungseinflüsse, auf Dinge zurückgeführt, die zum Wachsen und Gedeihen notwendig sind.

Nun, als Naturwissenschaftler habe ich nicht allzuviel von Religion gehalten. Das sind Dinge, die sich irgendwo abspielen, die für jeden einzelnen kleinen Menschen Gültigkeit haben – **nur nicht für den, der studiert hat**.
Doch wissen Sie, je älter ich geworden bin, umsomehr ist die Frage in mir aufgetaucht, was ist denn das, was mich leben läßt: Sauerstoff, essen, trinken – nun gut, ich muß essen, ich muß trinken, damit der Organismus arbeiten kann. Aber etwas anderes ist mir eingefallen. Wenn diese persönlichen Bedürfnisse des Menschen befriedigt sind, geschieht ja noch etwas anderes: Es werden Wünsche wach! Wodurch werden diese Wünsche gesteuert? Was ruft diese Wünsche hervor? Bis ich in mir selbst die Antwort gefunden habe: mehr zu wissen, – und plötzlich bemerkte ich, daß ich einsam war, daß all die ungelösten Fragen über die Existenz der Natur und des Menschen irgendwo anders liegen müssen, die **Ergebnisse** irgendwo anders liegen müssen – unbegreiflich für mich, denn wir haben ja Experimente gesehen auf den **Philippinen**. Wir haben gesehen, daß Heilungen stattgefunden haben, die wir jedoch als solche nicht akzeptiert haben. Wir haben gesagt, da arbeitet irgendeiner mit Tricks. Doch, wir konnten die Tricks nur bei verschiedenen Einzelpersonen entlarven – **aber nicht bei allen, bei weitem nicht bei allen** – aber es geschah etwas anderes.
Bei vielen Kranken wurden deutliche Besserungen festgestellt und auch Heilungen vollzogen und wir schrieben diese Heilungen der Einbildungskraft des einzelnen zu. Und da begann ich zu überlegen: Was ist die Einbildungskraft? Was ist es? Ich kann nicht sagen: »Jetzt bin ich krank«, und ich bin krank; oder »Ich bin gesund« – und bin dann gesund.
Es muß etwas anderes geschehen, es muß ein Steuerungsfaktor in diese Person hineingeflossen sein, der die Krankheit zum Ausheilen gebracht oder der die Schmerzen weggenommen hat. Es muß eine Kraft vorhanden sein, die nicht faßbar für uns ist. – Nun, ich habe mir bei meinen verschiedenen Diskussionen oft die Zunge verbrannt und ich muß Ihnen eines sagen: Schreiben Sie es auf: **Der Mensch als Krone der Schöpfung sollte sich bewußt sein, daß seine Seele göttlichen Ursprungs ist**.

Ich habe diese Erkenntnis dankbar angenommen. Ich habe am Ende meines Lebens die Gnade erhalten, *»sehend«* zu werden. Ich konnte mich nicht mehr artikulieren, denn die Zeit meines Lebens war zu kurz geworden, aber ich möchte allen Ihren Lesern mit auf den Weg geben: **»Es ist ein unendliches Geschenk neu zu erwachen und zu sehen, daß alles lebt«**. (Diese Worte wurden sehr feierlich und tragend gesprochen.)
Ich bedanke mich bei **Claudius**, der mich hier zum Gespräch eingeladen hat. Ich bedanke mich bei all denjenigen, die mir geholfen haben, diesen Weg zu gehen.

Miriam: Wir haben eine aufgezeichnete Fernsehsendung, in der Sie fast verzweifelt den Bau der großen Pyramide unter naturwissenschaftlichen Erkenntnissen in allen Einzelheiten zu erklären versuchen.

Ditfurth: Ich weiß wovon Sie sprechen. Nun dazu kurz eine Stellungnahme. Die **Pyramiden sind weit weit älter**, als wir Wissenschaftler es je vermutet haben. Sie wurden von einer Kultur hervorgebracht, die weit mehr Wissen hatte, als vermutet wird. **17 000 Jahre (Siebzehntausend) vor der Zeitrechnung ist diese Kultur zugrundegegangen.**
Die Pyramiden wurden errichtet, so wie unsere Wissenschaftler auf diesem Planeten ins All hinaus eine Platte geschickt haben, auf der der Mensch abgebildet ist, so wurden diese Pyramiden hier auf dieser Erde errichtet, um Wissen in Generationen weiterzutragen. Das Rätsel ist längst noch nicht gelöst (Einwurf von Miriam: Der Code ist noch nicht geknackt) und die Wissenschaft wird eines Tages mit Erstaunen feststellen, daß hier mit – nun, daß hier mit Mitteln gearbeitet wurde, die man nicht für möglich hält. **Alle Theorien stimmen nicht!**

Miriam: War es nicht eine ungeheuere Überraschung für Sie, dies zu erfahren?

Ditfurth: Nun, ich habe die Erbauer der Pyramide kennengelernt und ich weiß, was damit bezweckt wurde, und ich bin zufrieden, daß ich es weiß. Ich bin nicht befugt, nähere Einzelheiten zu sagen, doch Sie sollten daran denken, **daß die Pyramiden selbst eine Sintflut überdauert haben**.

Miriam: Deshalb fand man auch eine Muschel oder Schnecke auf der Pyramidenspitze.
Hatte Herr Bublath mit Ihnen zusammengearbeitet? Ich weiß es nicht mehr genau.

Ditfurth: Nein, er war es nicht. Wissen Sie, meine Liebe, es spielt auch für das, was ich Ihnen zu sagen habe, eine völlig untergeordnete Rolle, denn sehen Sie, alle meine Expeditionen wurden begleitet von verschiedenen Wissenschaftlern, Kameramännern, die gläubig waren oder nicht gläubig waren. Wir haben oft unsere Scherze gemacht, und ich muß schon sagen, wir waren oft sehr zynisch, weil wir von uns selbst überzeugt waren.

Miriam: Das ist das Problem, wir sehen in der Wissenschaft das Allgemeingut unserer Realität.

Ditfurth: Aber meine Liebe, es ist eine Erziehungssache. Sehen Sie, wir (hustet) auf diesem Planeten sprechen so gerne von humanitärer Erziehung, doch wir sind weit, weit davon entfernt. Wir sehen, daß unsere humanitäre Erziehung nicht dazu geführt hat Kriege zu eliminieren oder die reine Wissenschaft in Demut weiterzutragen.
Aber das (hustet und sagt: Dieser Körper macht mir Schwierigkeiten) Einwurf von Miriam: »Ja, mein Mann (Marc) raucht leider« und wir reichen etwas zu trinken).

Ditfurth: Ich danke Ihnen.
Die Wissenschaft ist nicht demütig geworden, sondern sie ist arrogant geworden, weil sie alles leugnet, was sie nicht nachweisen kann, statt daß sie das Wort »Wissenschaft« – alles was Wissen schafft, sollte zu Wissenschaft führen – richtig deutet. Dazu gehört auch, daß ich mich mit Dingen befasse, die außerhalb meines Gesichtskreises, meines Studienkreises lie-

gen, da gehört sowohl die Theologie dazu, als auch die Chemie und was auch immer.
Die Psyche des Menschen beinhaltet ein so großes Spektrum, daß wir uns eigentlich mehr mit diesem Spektrum befassen sollten. Nun, wem sage ich das? Sie haben alle in ihrem Leben schon Erfahrungen gemacht und sind bald daran verzweifelt und Sie werden auch, wenn Sie jetzt Ihre Umgebung sehen, an so manchem verzweifeln.
Wichtig allein für Sie ist, glauben Sie mir, daß Sie erkennen, daß der Mensch in sich ein ungeheures Potential an Energien beherbergt, die **nicht nachweisbar sind**.
Es sind im Körper die einzelnen Reaktionen der Nerven nachweisbar, aber die Steuerungsfaktoren der Nerven sind nicht nachweisbar.

Miriam: Aber wir spüren sie?

Ditfurth: So ist es.

Miriam: Es ist wie mit der Liebe: Sie ist nicht zu messen – und trotzdem kennt sie jeder.

Ditfurth: Und damit sollte sich die sogenannte Wissenschaft befassen. Ich habe Ihre Zeit zu sehr in Anspruch genommen, meine Damen.
Ich bedanke mich bei **Claudius** für die Einladung, für die Möglichkeit mit Ihnen zu sprechen. Ich wünsche Ihnen, daß Sie das Glück der neuen Erkenntnis erlangen.
Aufwiederhören.

Wir bedanken uns.

Claudius: Nun, meine lieben Freunde sind wir ein Stückchen weiter gekommen?

Hilde: Wir können es gar nicht fassen, wie das so reibungslos vor sich geht.

Claudius: Meine liebe Freundin, ich habe euch versprochen, daß wir helfen, diese Dinge voranzutreiben. Wir danken unserem Freund, der uns dafür zur Verfügung steht (Marc). – Meine liebe Freundin, was möchtest du noch wissen?

Hilde: Ich bin im Moment sehr zufrieden.

Claudius: Dann machen wir eine kurze Pause.

(Pause)

Claudius: Nun, meine Lieben, stellt euere Fragen:

Wir stellen hier Fragen, die zu einem anderen Kapitel gehören. Dann sagt

Hilde: Können wir noch weitere Prominente einladen?

Claudius: Meine Liebe, wann immer du willst. Es sind noch einige Gäste hier, die darauf warten, von dir gerufen zu werden. Aber wir wollen dich nicht mit Material überlasten, denn du weißt, du bist an eine begrenzte Seitenzahl gebunden.

Hilde: Ja, das weiß ich. Wenn der zweite Band fertig ist, beginne ich eben mit dem dritten. Das heißt, sofern ich dann noch lebe.

Claudius: Meine Liebe, wir hüten dich wie unseren Augapfel.

Miriam: Diese Kontakte sind so einmalig, so haben wir uns das nicht vorstellen können. Du beschenkst uns über alle Maßen.

Claudius: Nun, so habe ich für euch noch eine Überraschung. Nachdem ihr Prof. Oberth nicht zum Gespräch gebeten habt, werde ich ihm noch die Zeit einräumen, mit euch zu reden.

Prof. Hermann Oberth

Nun, ich sage Ihnen »Guten Abend«. Ich freue mich sehr, daß ich bei Ihnen zu Gast sein darf zum Gespräch und ich nehme an, daß Sie, meine liebe Frau **Hildegard**, einige Fragen haben, die – nun, die Transkommunikation, oder die wissenschaftliche Seite meines Erdenlebens, beinhalten. Sie sollten Ihre Fragen artikulieren, damit ich Ihnen antworten kann.

Hilde: Herr Oberth, ich habe Ihre Bücher gelesen. Sie haben einen Satz geprägt, der mich sehr beeindruckt hat:

Der Mensch hat einen freien Willen, aber er ist trotzdem nicht frei. Er ist unfrei in seiner Freiheit, und frei in seiner Unfreiheit! Und Sie bemerkten, daß von 100 Menschen nur 99 das verstehen würden.

Oberth: So ist es, meine Liebe. Sehen Sie, Sie haben es verstanden. Es ist so, der Mensch in seiner Begrenztheit ist frei in seiner Begrenztheit – doch er ist unfrei in der Unbegrenztheit seines Seins, **weil er es nicht begreift**. Er kann es nicht verstehen. Er sieht nur diesen kleinen engen Spiegel, in dem er lebt und glaubt, hier bin ich frei.

Insofern ist dieser Gedankengang richtig – und trotzdem ist er falsch, **weil der Mensch weit, weit, größere Ausmaße sein eigen nennt, denn dieses Teilbewußtsein, das hier auf dieser Erde eingebunden ist in diesen engen Gesichtskreis, ist nicht das allumfassende Wissen**.

Wissen Sie, ich habe im Laufe meines Lebens erkennen müssen, wie eng begrenzt das menschliche Denken sein kann. Sie alle haben meinen Werdegang verfolgt. Sie alle haben gesehen, gehört, gelesen, wie mein Leben verlaufen ist.

Nun, es war ein faszinierendes Leben, es hat mir aber immer nur Teilaspekte aufgezeigt, die ich versuchte umzusetzen. Bis zu einem gewissen Zeitpunkt war dies möglich. Doch dann bin ich an die Grenzen meines Verständnisses gestoßen. **So paradox es klingen mag, ich wurde ein gläubiger Mensch, denn ich habe erkannt, daß irgendwo eine höhere Macht die Fäden in den Händen hält**, daß immer nur ein Teilwissen dem einzelnen zufällt, gemäß seiner Veranlagung, seiner Erziehung und dem Wissen, das er mit in diese Inkarnation gebracht hat.

Schauen Sie, es werden Kinder geboren in Familien, die kaum eine Grundlage bilden für eine wissenschaftliche Weiterentwicklung dieses Kindes – und trotzdem geschieht es. Aus allerärmsten Verhältnissen sind die größten Genies gekommen auf diese Welt, und wir müssen uns nur einmal vorstellen, warum der eine als Wissenschaftler in seinem Fachgebiet eine Kapazität darstellt, jedoch völlig taub ist für Musik – und umgekehrt, daß ein Musiker in seiner Musik aufgehen kann – und von Mathematik überhaupt keine Ahnung hat. Ich meine damit, daß die persönliche Veranlagung, die jeder einzelne mit auf diesen Weg bekommen hat, ihn dazu befähigt, genau das zu tun, was er tun will, was seine Aufgabe auf dieser **Inkarnationsreise** ist.

Viele Menschen glauben, daß sie ausersehen sind zu Außergewöhnlichem. Und ich muß sagen, bis zu einem gewissen Punkt stimmt es. Aber der Mensch verliert nur allzusehr die Demut und glaubt, der Größte zu sein, und wenn er ein bestimmtes Alter erreicht hat, wenn er Nestor geworden ist unter den Wissenschaftlern, dann wird er gehegt und gepflegt und herumgereicht. Er darf Vorträge halten, wird anerkannt und wird gefeiert – doch letztendlich muß er erkennen, daß die, die nach ihm kommen, mit seinem Wissen schon weiter sind, als er es ist.

Und dies ist eigentlich der Schlüssel für jeden einzelnen, daß er erkennen kann, daß er nur ein Rädchen im Getriebe ist, eine bestimmte Aufgabe zu erfüllen

hat, und wenn er diese Aufgabe erfüllt hat, sich besinnen soll, warum er nicht mehr weiterkommen konnte, weil nämlich diese gestellte Aufgabe erreicht war für ihn, und andere dazu berufen wurden, auf seinem Wissen weiterzuentwickeln, weiterzukommen.
Das Problem ist, daß man einsam wird. Das Problem ist, daß das, was früher von Wichtigkeit war, Vorträge zu halten, weitergereicht zu werden, dann keine Bedeutung mehr hat, und die Frage auftaucht, was geschieht jetzt? Und hier öffnen sich völlig neue Perspektiven.
Hier kann der einzelne erkennen, daß er begnadet war für seine Aufgabe, daß ihm Intuitionen und Informationen zur Verfügung standen, um etwas für die Menschheit zu schaffen. Das, was er geschaffen hat, ist zunächst völlig wertfrei zu betrachten. Es ist neues Wissen entstanden, das die Menschen verwenden können, sowohl im Guten, als auch im weniger Guten, und zu irgendeinem Zeitpunkt hat der Wissenschaftler, der diese Arbeit vollbracht hat, keinen Einfluß mehr, **und dadurch keine Verantwortung**.
Die Verantwortung liegt einzig und allein bei dem, oder bei denjenigen, die sie verwenden. Glauben Sie mir, es gibt viele Wissenschaftler, wie **Alfred Nobel** (Dynamit erfunden), die Kräfte der Natur freigesetzt haben. Sie sollten zum Nutzen der Menschen Verwendung finden. Sehen Sie den kleinen Mönch, der das Schießpulver erfunden hat. Es war ein Zufallsprodukt (Einwurf von Hilde: Ich denke, es gibt keine Zufälle?) Meine Liebe, Sie sehen, wohin ich Sie geführt habe: **Es gibt keine Zufälle, es ist ihm zu-gefallen**, so, wie mir die Erkenntnis zugefallen ist.
Mir ist aber auch eine andere Erkenntnis zugefallen, **daß die Kraft der allumfassenden Liebe viel, viel mehr bewegen kann, als alles, was der kleine Mensch in seiner Begrenztheit erfassen kann**. Ich habe erkannt, daß Mosaiksteinchen zusammenge-

führt worden sind, daß diese Mosaiksteinchen manchmal Fallstricke waren, über die man gestolpert ist.

Doch, ich danke der Allmacht, daß ich leben durfte, daß ich diese Erfahrungen in diesem Leben machen durfte. Und welcher Mensch, meine Lieben, ist so ganz frei von Eitelkeit?

Sie wird erst bedeutungslos, wenn man alt geworden ist, wenn man hellsichtig geworden ist dem Menschsein gegenüber, denn dann können Sie einordnen, was der Mensch eigentlich aus seinem Menschsein macht.

Ich, meine lieben Freunde, bin glücklich, diesen Weg gegangen zu sein und habe heute die Erkenntnis, daß alles im Universum folgerichtig funktioniert.

Hilde: Sie hatten Ihre Abitur-Arbeit geschrieben über eine Mondlandung. Man hatte diese Arbeit verworfen, aber später geschah genau das, was Sie damals beschrieben haben.

Oberth: Richtig.

Hilde: Darf ich an den großen Satz erinnern, den Sie einmal gesprochen haben?

Sie sagten, es kommt die Zeit, wo der Mensch alle diese Dinge (Mondraketen etc.) nicht mehr braucht. Er wird sich dann de- und rematerialisieren können und es wird für alle selbstverständlich sein. Ist das Utopie oder erleben wir das noch?

Oberth: Nun, meine liebe Freundin, es war etwas zu weit gedacht, der Bogen war zu weit gespannt – aber **es gibt Wesenheiten, denen es heute möglich ist sich zu dematerialisieren, zu rematerialisieren, und es gibt heute schon gewisse Menschen, die eine Anlage mitbekommen haben, Dinge zu vollbringen, die allen physikalischen Gesetzen widersprechen**.

Sie werden als Scharlatanerie abgelehnt oder totgeschwiegen, wie so vieles. Dieses Beispiel, das Sie eben brachten, ist eigentlich bezeichnend für die Intoleranz der Wissenschaft, denn ein jeder Wissenschaftler hat auf irgendeine Art und Weise seine Begegnungen, früher oder später, und dann geschieht es, daß er sich selbst überwinden muß, um zuzugeben, daß er sich in der Vergangenheit getäuscht hat – und dies tut weh – dies tut mitunter bitter weh.

Hilde: Wie war Ihr Übergang? Glaubten Sie an eine Weiterexistenz des Lebens nach dem Tode?

Oberth: Meine Liebe, ich freue mich, daß Sie diese Frage stellen und ich sage Ihnen, ich habe die Gnade erlebt, daß ich **noch in meinem Menschsein erfahren durfte**, daß nichts verloren ist – und mit Freuden habe ich den Fluß überschritten, wie Sie oder **Claudius** so schön sagen.

Wissen Sie, es ist eine besondere Gnade sich loszulösen von dieser Erdenschwere, zu wissen, daß man Teil der Allmacht ist, daß alles Wissen zur Verfügung steht, daß man sich ein Leben lang gemüht und bemüht hat. Man hat nur nicht die richtige Frage gestellt. Die richtige Frage hätte gelautet:

»Ich bin doch eingebunden in die Gnade der Allmacht?«

Würde das Menschsein so begriffen werden, dann würde sich mit einmal dieses Netz lösen, in dem der Mensch gefangen ist.

Ich habe diese Gnade erst im hohen Alter erlebt, kurz vor meinem Übergang und mir wurde klar, daß es ein neues Leben geben wird, zwangsläufig geben muß. – Denn all die Energien, die vorhanden sind, lösen sich nicht auf. Sie bleiben immer konstant vorhanden, sie verwandeln nur, sie gehen . . . (Einwurf von Hilde: Das hat Ihr Schüler, Wernher v. Braun auch gesagt.) So ist es, er war derjenige, mit dem ich oft tagelang diskutiert habe. Diese wechselseitigen Gespräche haben viel bewirkt bei ihm – wie auch bei mir.

Ich habe die Freude mit Ihnen zu sprechen durch

Claudius. Er (W. v. Braun) hat die Freude durch sein eigenes Wollen Kontaktperson zu sein* – und Sie werden sehen: Alles entwickelt sich weiter. Ich sage Ihnen, **Sie werden Ihr Leben neu erleben mit dem Bewußtsein, daß in Ihnen alles Wissen des Universums verborgen liegt**.

Hilde: Man kann sich also darauf freuen?

Oberth: Natürlich – und dies ist die Hoffnung für den Menschen. Wenn er es begriffen hat, dann wird ihm die Last des Lebens zur Freude sich umwandeln. So, wie es vielen geschehen ist, deren Ohren sich öffneten, deren Augen sich öffneten für das Wissen, das im Universum vorhanden ist.

Ich hoffe, daß ich Sie mit meinem Vortrag nicht allzusehr gelangweilt habe.

Miriam: Wir sind Ihnen sehr dankbar.

Oberth: Wenn Sie noch Fragen haben, jetzt können Sie noch welche stellen.

Hilde: Sind Sie auf Ihrer Seite auch noch mit **Wernher von Braun** zusammen?

Oberth: Nein, **Wernher von Braun** ist auf einer anderen Ebene tätig. (Einwurf von Hilde: Er meldet sich auch wiederholt.) Richtig, er ist auf der Transkommunikationsebene beschäftigt (und Sie?) ich arbeite in geistiger Hinsicht.

Hilde: Das eine schließt das andere nicht aus, denn Transkommunikation ist auch geistig.

Oberth: Sicher, meine Liebe, Sie sehen, daß ich mich auch mit Ihnen unterhalte.

Hilde: Gerne hätte ich Sie einmal persönlich kennengelernt, doch es ist immer nur bei dem Vorsatz geblieben. Schade.

Oberth: Wissen Sie, viele Begegnungen waren geplant und sind nicht ausgeführt worden. Aber so ist es nun ein-

* Wernher v. Braun meldet sich bei verschiedenen Experimentatoren und auf verschiedenen Kanälen.

mal. Es sind kleine Ansatzpunkte und Sie sehen, die Grenzen sind gar nicht vorhanden – man muß nur den richtigen Kanal benutzen.
Ich bedanke mich bei Ihnen für die Einladung und ich grüße Sie und wünsche Ihnen viel Erfolg für Ihre Arbeit.

Wir bedanken uns.

Claudius: Nun, meine lieben Freunde, so laßt uns den heutigen Abend beschließen.

Hilde: Du hast heute Abend Menschen zu Wort kommen lassen, die auch dieses Problem des materiellen Denkens bei uns hatten, und die jetzt ganz anders denken. Das ist für uns sehr tröstlich zu wissen.

Claudius: Schau, wir wollen, daß Überzeugung in jedem einzelnen wachsen kann. Und wir müssen viele Wege gehen um viele zu erreichen. Es ist nicht damit getan, daß wir nur punktuell eine einzige Situation beleuchten, sondern wir müssen uns bemühen auf breiter Ebene vorzugehen.

Miriam: Wir möchten alles tun, damit wir eure Botschaften verbreiten können.

Claudius: Nun, meine Liebe, laß mich dazu folgendes sagen. Ihr müßt in eurer Umgebung, in eurem Umfeld leben. Wir wissen, daß es schwierig ist, so manches, was wir euch zuführen, in eurem Leben Platz greifen zu lassen. Dies ist eine Feststellung und nicht überzubewerten. Wir wissen, daß ihr euch bemüht und ich möchte euch hierzu sagen, daß ihr nicht jeden erreichen könnt. Macht es so wie bisher.
Ich schließe den Kreis, meine Freunde, und gehe mit euch den Weg in euer Leben. Seht, meine Freunde, es regnet, ihr werdet naß! Freut euch, daß ihr empfinden könnt, freut euch, daß ihr empfinden könnt den Winter, denn dann werden die Sonnenstrahlen des Frühlings für euch neues Erwachen erbringen.

Ich danke euch, daß ihr mir zugehört habt und empfehle euch der Liebe der Allmacht. Sie möge euch begleiten und möge euch Frieden geben für die kommende Zeit.

AVE, meine Freunde, *AVE*.

Aus dem Buch »Was bedeutet der Tod für Sie?
Prominente antworten«
(Ariston-Verlag, Genf)
folgen nun die Beiträge von:
Prof. Dr. Bernhard Grzimek: »Wozu lebt man eigentlich?«
Prof. Dr. Hermann Oberth: »Die Erde eine Schulungsstätte«
Franz Josef Strauss: »Ja«
die sie zu diesem Thema **1983** schrieben.

Bernhard Grzimek

Prof. Dr. med. vet. Dr. med. vet. h. c. Bernhard Grzimek, geboren 1909 in Neisse/Schlesien, studierte an der Universität in Leipzig Veterinärmedizin und Zoologie. Nachdem er von 1932 bis 1945 Sachbearbeiter im Reichsernährungsministerium war, leitete er als Direktor von 1945 bis 1973 den Zoologischen Garten Frankfurt am Main.
Auszeichnungen: Oscar Academy Award, Commander of the Golden Arc, Großes Bundesverdienstkreuz mit Stern, Goldene Medaillen der Zoologischen Gesellschaften von New York und San Diego, Honorarprofessor der Staatsuniversität Moskau.
Bernhard Grzimek, der zahlreiche Bücher veröffentlicht hat, lebte in Frankfurt am Main und verstarb am 13. 3. 1987.

Wozu lebt man eigentlich?

Als Naturwissenschaftler gelten für mich die Dinge, die ich beobachten oder im Versuch nachweisen kann. Ich kenne noch keinen einzigen Hinweis dafür, daß ein Gedanke ohne ein dazugehöriges durchblutetes Gehirn gedacht werden kann. Zu sehen, wieviel Elend und Qualen Menschen erdulden müssen, wie ungerecht es im Leben zugeht, sich auszumalen, daß nach allem Lernen, nach dem Ansammeln von Erfahrungen dann nach fünfzig, sechzig oder siebzig Jahren alles für immer vorbei ist, wirkt für viele niederdrückend. Deswegen finden wir schon bei frühen Höhlenmenschen Zeichnungen an den Wänden, die offensichtlich ewige Jagdgründe oder Götter darstellen. Es ist ein Trost, sich vorzustellen, daß die Ungerechtigkeiten und alle Kümmernisse auf Erden nach dem Tode belohnt und ausgeglichen werden, daß wir nur ein irdisches Jammertal zu durchschreiten haben, um zu einem besseren Dasein zu kommen. Das findet sich in allen Religionen wieder.

Auch die Tiere empfinden Schmerzen wie wir, werden verkrüppelt, gequält, es gibt unter ihnen Erfolgreiche und fast zeitlebens Unterdrückte, nur können sie nicht über den Sinn des Daseins Überlegungen anstellen, was sicher ein großer Vorteil ist. Wer belohnt oder bestraft sie?

Die Vorstellungen von einem göttlichen Wesen, das all unsere Schicksale, die Kriege, Leiden, Morde, den selbstherrlichen Sieg des Bösen, die Hilflosigkeit der Gelähmten mit ansieht, allmächtig ist und nicht eingreift – dieses Wesen wäre geradezu ein Inbegriff des Bösen. Wer daran glaubt, muß auch zwangsläufig das Fortleben nach dem Tode, die Belohnung des Guten und die Bestrafung des Bösen dazuerfinden. Auch wenn wir wissen, daß es dies nicht gibt, wäre es schlecht, anderen den Glauben daran zu nehmen. Er hilft Querschnittgelähmten, hilflos vereinsamten alten Menschen, Betrogenen, Verhungernden und Unglücklichen, das Dasein zu ertragen. Sie werden ja auch niemals enttäuscht, denn sie werden nie erfahren, daß diese Zuversicht und Hoffnung vergeblich waren. Deshalb ist es herzlos und unrich-

tig, Menschen diesen Glauben zu nehmen. Es wäre auch aussichtslos, denn sehr viele Menschen, die sonst keinen Sinn in ihrem Dasein sehen und das Leid nicht ertragen könnten, bedürfen dieses Glaubens, deshalb wird er immer unausrottbar sein. Trotz der Zeit der Aufklärung, trotz aller wissenschaftlichen Erkenntnisse, trotz der Bekämpfung der Kirchen in vielen kommunistischen Ländern haben diese immer weiterbestanden, drängen immer wieder Menschen zu ihnen hin, entstehen neue Sekten und Religionen, beten Menschen zu Göttern und Gott. Es ist wirklich hoffnungslos, dagegen anzugehen.
Was wir zu bekämpfen haben, ist etwas anderes. Kirchen und Weltanschauungen dürfen nicht den Staat beherrschen, sollen nicht Andersgläubige gewaltsam zu einer Religion zwingen, fremde Religionen verfolgen, ihre Gesetze anderen aufnötigen. Denn das ist in der Menschheitsgeschichte immer und immer wieder geschehen. Man soll über fremde Bräuche nicht erhaben lächeln und soll versuchen, sich in die Lage anderer zu versetzen. Der Kreuzigungstod war im Altertum eine Hinrichtungsart für Verbrecher – ähnlich wie das Hängen. Nun stellen Sie sich vor, Sie wären vor ein paar Jahrhunderten in Indien etwa als Buddhist aufgewachsen und dann das erstemal zu uns nach Europa gekommen – in ein Land, in dem man in Kirchen und in alten Räumen das Abbild einer gekreuzigten Leiche aufhängt und verehrt, in dem Christus-Standbilder das eigene Blutige Herz auf der Brust zeigen, in dem Abbilder von geköpften Märtyrern darstellen, wie diese das Haupt im Arm tragen und wie ihnen das Blut noch aus dem Halsstumpf schießt; in ein Land, in dem alle Gläubigen das Blut ihres Gottes trinken und sein Fleisch essen – wenn auch nur sinnbildlich!
Mich hat immer die Duldsamkeit asiatischer Kulturvölker, der Inder oder Chinesen, beeindruckt, die doch, von der Technik der letzten hundertfünfzig Jahre abgesehen, seit Jahrtausenden in Kunst, Philosophie und Wissenschaft einen Stand erreicht haben, der dem unseren ebenbürtig und dazu noch sehr viel älter ist. Ich habe es immer bewundert, daß etwa die Chinesen schon vor Jahrhunderten christlichen Missionaren gestatteten, in ihrem Lande die neue Lehre zu verbreiten und zu beweisen, daß

sie besser ist. Als Anfang der sechziger Jahre eine der großen amerikanischen Sekten mit orientalischem Gepräge einen Tempel in der Gegend von Frankfurt bauen wollte, lehnte eine Gemeinde nach der anderen ab, »weil so etwas nicht dahin paßt«. In den fast achthundert Jahren, da die Araber weite Teile Spaniens beherrschten, gab es bis zum Schluß christliche Gemeinden. Diese »Mozaraber« waren voll gleichberechtigt und spielten eine wichtige Rolle, ebenso die Juden. Nach der Rückeroberung Spaniens durch christliche Könige wurden sämtliche Mauren und später auch die Juden vertrieben oder umgebracht. Ägypten ist seit dem Jahre 646 n. Chr. in arabischer, islamischer Hand, aber noch heute leben über eine Million koptischer Christen dort. Und wie schrecklich hat man unter dem Vorwand, das Christentum zu verbreiten, die alten Kulturen der Maya und Azteken vernichtet, selbst jedes Buch in den Bibliotheken zerstört. Man sollte darüber nachdenken!

Die Vertröstung auf ausgleichende Gerechtigkeit im Jenseits soll nicht dazu dienen, Ungerechtigkeiten im Diesseits zu entschuldigen oder die Hände in den Schoß zu legen und sich nicht zu bemühen, die Übel dieser Welt zu bekämpfen.

Sicher möchte man immer wieder verzweifeln, wenn man sieht, wie Kirchen die Geburtenbeschränkung verhindern und damit das Hauptleiden der Menschheit, ihre bedrohliche Vermehrung, fördern. Und schließlich war auch der Sklavenhandel noch bis vor zweihundert Jahren ein bedeutender Faktor der britischen Wirtschaft, und angesehene Familien verdanken ihm in Holland und England ihr Vermögen. Acht bis zehn Millionen Schwarze, ein Vielfaches der europäischen Einwanderer, wurden nach Südamerika verschleppt. Die ersten Menschen, die dagegen ankämpften, wurden als verträumte, wirklichkeitsfremde Schwärmer verlacht und verfemt. Aber sie haben doch gesiegt. Ich kann mich deshalb auch damit nicht abfinden, daß unser Kampf, einen Teil des Lebens auf dieser Erde zu retten, von vorneherein verloren ist.

»Und wenn morgen die Welt untergeht, so pflanze ich doch noch heute einen Apfelbaum!« hat Martin Luther einmal gesagt.

Franz Josef Strauss

Dr. h. c. Franz Josef Strauss, geboren 1915 in München, studierte Altphilologie, Geschichte, Germanistik und Volkswirtschaft. Nach verschiedenen Lehrtätigkeiten wurde er während seiner Landratstätigkeit in Schongau in den Landesvorstand der CSU berufen. Nach mehreren politischen Aufgaben in verantwortlichen Positionen bekleidete er von 1953 bis 1965 sowie von 1966 bis 1969 verschiedene Bundesministerposten. Von 1949 bis 1978 war er Mitglied des Deutschen Bundestages, seit 1961 Vorsitzender der CSU, seit 1978 Ministerpräsident des Freistaates Bayern.
Auszeichnungen: Neben zahllosen Verdienstorden des In- und Auslandes wurde ihm ehrenhalber die Professur der Rechtswissenschaftlichen Fakultät der Universität von Chile sowie die Ehrendoktorwürde von der Universität Detroit, der Technischen Universität von Cleveland, des Calamazoo-Colleges, der De-Paul-Universität Chikago und der Universität Dallas verliehen. Ferner war er Ehrenbürger von Chikago und Izmir. Franz Josef Strauss lebte in München und starb am 03. Oktober 1988.

Franz Josef Strauss

Ob ich an ein Leben nach dem Tode glaube?
Meine Antwort:

JA

Hermann Oberth

Prof. Dr. h. c. Hermann Oberth, geboren 1894 in Hermannstadt/Siebenbürgen, studierte Physik und Mathematik in München, Göttingen und Heidelberg. Nach Berufungen als Professor an die Technischen Hochschulen in Wien und Dresden war er von 1941 an bis zum Ende an der Heeresversuchsanstalt in Peenemünde tätig und hatte dort wesentlichen Anteil an der Entwicklung der V2-Rakete. Als Anerkennung seiner Verdienste um die Raketentechnik und die Raumfahrt wurde 1962 die »Raketengesellschaft« in die »Hermann-Oberth-Gesellschaft« umbenannt. Auch die »Hermann-Oberth-Medaille« für Verdienste um die Raumfahrtforschung trägt seinen Namen.
Auszeichnungen: Diesel-Medaille und Air-Pioneer-Kette (neben vielen anderen).
Hermann Oberth war Ehrenmitglied der Deutschen UFO-Studiengemeinschaft. Er lebte in Feucht bei Nürnberg und starb am 28. 12. 1989.

Die Erde – eine Schulungsstätte

Die Krise der heutigen Menschheit ist im Grunde genommen eine Glaubenskrise. Wenn unser Unglück auch andere unmittelbare Ursachen hat, so hätten sich diese doch niemals so unheilvoll ausgewirkt, wenn sich die Menschen für ihr Tun und Lassen Gott verantwortlich fühlen würden. Besonders in ihr »Lassen«, denn auf **eine** Sünde, bei der wir etwas tun, was wir nicht tun sollten, treffen **viele** Unterlassungssünden.

Die frommen Sprüche und erhebenden Feiern, die uns die Kirchen bieten, überzeugen den modernen Menschen ebensowenig wie die schönsten Gotteshäuser. Wenn er glauben soll, braucht er **Tatsachen**. Glücklicherweise gibt es solche Tatsachen, und viele sind bereits bekannt. Man weiß von der Seele und vom Jenseits heute viel mehr, als die meisten Menschen ahnen. Es ist die Pflicht eines jeden, der um das Jenseits und die letzten Dinge weiß, heute nicht mehr zu schweigen, sondern seinen Teil dazu beizutragen, daß die Menschheit nicht in Verzweiflung, Unglauben, Materialismus und Egoismus versinkt – oder aber dem Aberglauben zum Opfer fällt. Denn die Seele **will** glauben, und wenn sie den Glauben nicht aus einer reinen Quelle schöpfen kann, so schöpft sie ihn aus einer trüben.

Im Grunde sind die meisten Menschen Materialisten. Es tut nichts zur Sache, daß sie es oft nicht wahrhaben wollen, und, dem Namen nach, meist irgendeiner Bekenntniskirche angehören. Tatsächlich glauben sie, daß die Welt aus kleinsten, leblosen Körnchen, vielleicht den Positronen und Elektronen besteht und daß durch entsprechende Aneinanderfügung Atome, Moleküle, Stoffe und Körper entstehen. Sie glauben, daß die Lebewesen im Grunde genommen nichts anderes sind als kunstvolle Automaten. Um zu funktionieren, brauchen sie keine Seele, und mit dem Tode ist alles aus.

Ich persönlich glaube an die Existenz einer Seele, die den Körper überlebt und allem Anschein nach überhaupt unsterblich ist. Schon Goethe sagte: »Der Glaube: ›Mit dem Tod ist alles aus‹ ist das Schrecklichste, das ein Mensch sich vorstellen kann.« Der

Gedanke an einen »ewigen Tod« ist ihm unerträglich. Um sich mit einem derartigen Gedanken abfinden zu können, müßte das Leben imstande sein, sich selbst aufzugeben – und dazu ist es nicht fähig.

Ich glaube, daß unser Planet eine Art Schulungsstätte ist. Geübt wird die Seele, nicht der Körper, und die Übung dauert über den Tod hinaus, so daß wir in einem späteren Leben dasjenige leichter lernen, das wir schon einmal gekonnt haben. Mit Gottes Absicht, uns zu erziehen, hängt es auch zusammen, daß wir über Lohn und Strafe im Jenseits keine völlige Gewißheit erhalten. Hätten wir diese, dann hätten gute Werke, psychologisch betrachtet, nur noch den Charakter einer Anleihe auf Wucherzinsen. Wir sollen uns aber im Altruismus üben und lernen, das Gute um seiner selbst willen zu lieben.

Diese Entwicklung wird von einer Vorsehung gelenkt, aber wie wir uns diese vorzustellen haben, als Einzelperson, als Arbeitsgemeinschaft göttlicher Wesen oder wie sonst, das wissen wir nicht. Das übersteigt wahrscheinlich unsere Fassungskraft.

Wir sind etwa in der Lage von Atomen, die in einer Retorte eingeschlossen sind und sich darüber unterhalten, ob es einen Chemiker gibt. Die einen sagen: Wir selbst üben Kräfte untereinander aus, und diese reichen auch völlig, um das Geschehen innerhalb unserer Retorte zu erklären; wir können daher auch ohne die Annahme eines Chemikers auskommen. Andere wieder sagen: Die ganze Aufmachung des Experiments läßt unzweifelhaft eine gewisse Richtung und einen gewissen Zweck erkennen; das spricht für ein intelligentes Wesen, welches diesen Versuch eingeleitet hat und weiterverfolgt. Diejenigen schließlich, die an der Wand der Retorte sitzen, sagen: Wir können den Chemiker durch das Glas der Retorte hindurch erkennen.

Mit diesem Gleichnis will ich sagen: Wenn wir die Frage beantworten wollen, ob es eine Vorsehung gibt, dürfen wir nicht nur danach fragen, ob die der Welt innewohnenden Kräfte restlos das Weltgeschehen hervorrufen, sondern wir müssen auch danach fragen, ob im Weltgeschehen nicht irgendwelche Richtlinien erkennbar sind, die über ein bloßes, sinnloses Kräftespiel hinausweisen. Alles, was mit dem Spiritismus zusammenhängt,

erklärt sich am zwangslosesten, wenn wir annehmen, daß es wirklich die Geister der Abgeschiedenen sind, die sich bemerkbar machen wollen.
Was wir wissen, das ist natürlich nur ein kleiner, ein lückenhafter Ausschnitt. Ob wir eines Tages mehr wissen werden, das kann erst die Zukunft lehren.

Hermann Oberth

Hoimar v. Ditfurth

geboren 1921
Professor für Psychiatrie und Neurologie. Er lehrte an den Universitäten Würzburg und Heidelberg. Seit 1969 war er freier Wissenschaftspublizist. Zahlreiche Fernsehsendungen und Buchveröffentlichungen haben ihn bei einem großen Leserkreis bekannt gemacht. Er war Mitglied des deutschen PEN-Zentrums und Träger zahlreicher Auszeichnungen, u. a. des Kalinga-Preises der UNESCO.
Er lebte in Staufen i. Br. und verstarb dort am 1. 11. 1989.

Pfarrer Friedrich Wilhelm Haack

geboren 1935 in Grünberg/Schlesien, war verheiratet und Familienvater. Er war Pfarrer und seit 1969 bis zu seinem Tode Beauftragter für Sekten- und Weltanschauungsfragen der Evang.-Luth. Kirche in Bayern. In über 30 Publikationen hat er die Diskussion um die neue Religiosität entscheidend mitgeprägt.
Sein Hinübergang erfolgte am 4. 3. 1991.

Teil V

Osterbotschaft

Claudius: Gekommen seid ihr, meine Freunde, um mit uns das Abendmahl zu feiern, um mit uns das Brot zu brechen, denn der Weg des Geistes wird neu erstehen.

Geliebte Freunde, noch kann ich euch kein frohes Osterfest wünschen, denn der Weg zur Schädelstätte muß noch beschritten werden. Jeder einzelne von euch wird den Weg gehen, damit auferstehen kann der Geist, sich erheben kann, strahlend in das Licht.

Liebe Freunde, wir wollen heute Abend einen Weg beschreiten, der das Mysterium der Osternacht erklären soll. Seht, meine Freunde, uns allen wird heute Abend eine besondere Gnade zuteil, daß wir eintauchen dürfen mit euch in die Nacht und erleben dürfen mit euch den neuen Tag. Ich grüße euch alle hier im Kreis und ich bringe euch den Segen der Allmacht.

Versucht, meine Freunde, euch ein kleines Stückchen in die Zeit zu versetzen, in das Land, das vom Judentum geprägt über Jahrhunderte hinweg unbeschreibliches Leid durchleben mußte, um das gekämpft wurde mit allen zur Verfügung stehenden Mitteln. Tausende und Abertausende waren hingeschlachtet, um Vormachtsansprüche der verschiedenen Herrscher zu befriedigen. Seht, blutrot mußte der Boden dieses Landes sein vom vergossenen Blut derer, die die Menschheit knebelten.

Ihr werdet mir zur Antwort geben, daß dies auch heute noch der Fall sei. Gewiß, meine Freunde – aber wir wollen nicht über die heutige Zeit sprechen, sondern ich möchte euch einführen in das Geheimnis des Christentums. Warum **Jesus Christus** gelebt hat. Warum sich dieses Gedankengut über zwei Jahrtausende hinweg gehalten hat. Warum dieser Weg beschritten wurde.

Geliebte Freunde, ich danke euch, daß ihr gekommen seid, um mit uns den Weg zu gehen. Nun, meine Freunde, so sprecht.

Frage: Es ist doch so, daß Jesus die Aufgabe hatte, die Liebe in den Menschen wieder wachzurufen, aber es war nicht der Sinn der Sache gewesen, daß er gekreuzigt werden mußte. Gott hat doch seinen Sohn nicht »geopfert«, wie es uns gelehrt wurde.

Claudius: So ist es, meine Liebe.

Frage: Die Kreuzigung hat also demnach nichts damit zu tun, mit unserer sogenannten »Erlösung«, sondern war eine Sache, die sich ergeben hat aus dem Machtstreben zwischen den Römern und den Juden?

Claudius: Es war nichts anderes, als ein Politikum. Die Kreuzigung war eine Folge des politischen Lebens.

Daß ihr das Kreuz als Christen zum Symbol habt, ist nur als Folgeerscheinung zu sehen.

Die Erlösung, meine lieben Freunde, fand statt, als **Jesus** seinen **Geist** zurückgab. Die Worte in eurer Bibel: »Vater, in deine Hände gebe ich meinen Geist, (Christus-Sein) zurück«. **Dies war die Vollendung der Erlösung**.

Nun, meine Freunde, noch ein Wort hierzu: Der Menschheit sollte wieder bewußt werden, daß es nicht darum geht: »Auge um Auge, Zahn um Zahn«, denn dies war der Grundsatz, nach dem das jüdische Volk, die jüdische Religion ausgerichtet war. Das war die neue Perspektive, die Jesus den Menschen mitgebracht hat, denn der kleine Kreis, der im Karmel lebte, war nicht fähig, dies zu bewirken. Es mußte Christus sich in Jesus manifestieren, damit hinausgetragen wurde die neue Botschaft an die Menschen.

Frage: Kannst du uns die Bedeutung des Abendmahles erklären?

Claudius: Mein Freund, es war üblich im Kreise von Freunden zusammen zu speisen. Seht, meine Freunde, Jesus wußte, daß der Christus-Geist ihn verlassen würde. Er hat seinen Freunden, seinen Jüngern, das Wissen mitgeteilt und hat zu ihnen gesagt:

»Tragt es hinaus in die Welt. Gebt den Menschen neue Hoffnung, damit sie an ihrem Sein nicht verzweifeln, denn mein Geist ist vom Vater gesandt, um neues Erleben, neues Hoffen zu schenken. Ich brach das Brot mit euch, meine Freunde, damit ihr die gleiche Nahrung zu euch nehmt, die euer Körper braucht. Ich trinke mit euch, damit ihr aufnehmt im Geist der Trauben die unendliche Liebe unseres Vaters. Geht hin und tragt es hinaus in die Welt.«

So solltet ihr das Abendmahl verstehen.

Frage: Wußte Jesus vor der Kreuzigung, daß er überleben würde?

Claudius: Meine Liebe – ja – aber das schloß nicht aus, daß er als Mensch Angst hatte und verzweifelte.

Frage: Aber es war alles dafür vorbereitet worden, daß er überlebte?

Claudius: So ist es.

Frage: Ist es Voraussetzung, daß man leiden muß, um bestimmte Dinge auszulösen?

Claudius: *Nein*, denn siehe, mein Freund, der Kreuzestod war nichts anderes, als eine damals übliche Hinrichtungsart. Daß dies geschehen ist, lag darin begründet, daß der Prokurator, **Pontius Pilatus** hineingezogen wurde in den politischen Strudel, der das Judentum heimsuchte. Siehe, mein Freund, **Pontius Pilatus** war davon überzeugt, daß er das Todesurteil aussprechen mußte, um das Volk der Juden still zu halten, denn es begann sich gegen die Herrschaft Roms aufzulehnen.

Zeloten, Pharisäer, Saduzäer und einige andere Stämme haben damals einen Kleinkrieg begonnen, den das römische Heer nicht bezwingen konnte. Das Feuer loderte überall und hier mußte ein Exempel statuiert werden. Es mußten Zugeständnisse gemacht werden, damit das Volk ruhig gehalten wurde.

Vergeßt nicht, daß Jesus ein Mensch aus dem Volk der Juden war. Der Mensch Jesus war nicht angenehm für das Judentum, für den Glauben der Juden, denn ihm liefen die Menschen zu. Er predigte die Liebe, und die verkrustete Struktur der jüdischen Religion konnte ihn nicht leben lassen.
Es ist immer eine Frage von Ursache und Wirkung. Hinzu kam, daß gewisse Gesetze galten, die von Pontius Pilatus nicht übergangen werden konnten.
Hingerichtet haben ihn seine Glaubensbrüder, das Urteil gesprochen hat Rom.

Frage: Ich verstehe diese Kreuzigung als rein politisch sehr gut. Nicht verstehen kann ich die Kreuzigung aus der Sicht Jesus oder der Allmacht, soweit ich das nachempfinden kann. Es hätte doch mit Sicherheit andere Möglichkeiten gegeben, als sich einem politischen, gesellschaftlichen Druck einer Kreuzigung auszusetzen?

Claudius: Nun, mein Freund, dies ist eine Interpretation deines realen Verstandes. Siehe, mein Freund, gäbe es diese überragende geistige Kraft nicht, die sich in Jesus angesammelt hatte, diesen Christus-Geist, dann, mein Freund, würde ich dir recht geben. Das, was euch stört, ist die Tatsache, daß sich dieser Christus-Geist auch anders hätte manifestieren können.
Doch, meine Freunde, beachtet eines, der Christus-Geist ist **nicht** gekreuzigt worden. Es war der **Mensch Jesus**, der gekreuzigt wurde. So, wie **Martin-Luther-King** hingerichtet wurde, so, wie viele Menschen in der Vergangenheit hingerichtet wurden, die versucht haben, ihrem Nächsten zu helfen. Ich erinnere euch an die Hexenverbrennungen während der Christenverfolgungen. Dies alles, meine Freunde, war Christus-Geist, der freigesetzt wurde, unabhängig von der Seele des einzelnen, die diesen Christus-Geist trug. Wenn du die Tatsache als solche bestehen läßt, daß das Wissen um die Liebe der Sinn dieses Sterbens ge-

wesen ist, dann, mein Freund, wird es dir nichts ausmachen, den Kreuzestod so hinzunehmen, als wäre Christus heute auf dem elektrischen Stuhl hingerichtet worden.

Frage: Hat Jesus diesen Christus-Geist am Kreuz »aufgegeben«?

Claudius: Nein, meine Liebe, du siehst es falsch. Er hat ihn nicht »aufgegeben«. Siehe, der Christus-Geist, den er am Kreuz **zurückgegeben** hat, strahlte aus in alle Seelen. Jesus, als Mensch, nahm diesen Christus-Geist nach der Kreuzigung mit in die Welt hinaus und es ist als eine Gnade der Allmacht anzusehen, daß er seine Wanderungen fortsetzen konnte – als Mensch. Wenn er sprach: »Vater, in deine Hände lege ich meinen Geist«, dann sagte er damit nichts anderes, als: **Laß, Vater du, diesen Christus-Geist in die Menschen einfließen, damit sie ihr eigenes Sein erkennen**.

Frage: Weshalb haben die Menschen nicht erfahren, daß Jesus nach der Kreuzigung weiterlebte und in Asien weiterlehrte?

Claudius: Meine Liebe, wo bliebe das Mysterium, das so mühsam aufgebaut worden ist von der katholischen Religionsrichtung, wo bliebe sie? Siehe, man hat noch etwas anderes gemacht. Die leibliche Aufnahme Mariens als Tatsache verkündet. Nun, worüber wunderst du dich? Du siehst, wenn du dich mit der dir gelehrten Religion befaßt, wirst du immer wieder über Stufen stolpern, denn dein Verständnis von der Liebe der Allmacht ist nicht daran gebunden, daß jemand körperlich aufgestiegen ist in den Himmel. Das, meine Liebe, gibt es nicht – hat es nie gegeben – und wird es niemals geben. Was eingeht in die Allmacht, in Gott, ist der **Geist**, der euch alle beseelt – ist der Christus-Geist.

Seht, meine lieben Freunde, in jedem von euch ist das Leid Christi Jesus ebenso vorhanden. Ein jeder von euch geht auf seine Weise den Weg nach Golgatha. Ein jeder von euch wird das Leid nachvollziehen, das der Mensch Jesus erlebt hat und die Zweifel, die ihn erfaßt hatten am Vorabend auf dem Ölberg. So solltet ihr Jesus sehen, der nach dieser Kreuzigung seinen Weg als Mensch fortgesetzt hat, auch in dem Bewußtsein, in der Gnade der Allmacht zu leben, von der Liebe der Allmacht begleitet zu werden. Dies erst machte es ihm möglich, die Demut zu empfinden, weiterleben zu können.

Frage: Konnten die Jünger durch Gebete und innere Versenkung Jesus helfen, am Kreuz die Kraft aufzubringen, durchzuhalten und nicht zu verzweifeln?

Claudius: Richtig, meine Liebe, sie gaben Hilfestellung, sie gaben Kraft, vergleichbar mit der Kraft eurer Gedanken, die unseren Freund trägt. (Marc)

Frage: Hatte Jesus im Karmel die Fähigkeiten erlernt, körperliche Schmerzen zu eliminieren?

Claudius: Richtig, meine Liebe, doch, glaube mir, daß die Kraft der Gedanken dies unterstützt. Ich möchte dies noch an einem Beispiel verdeutlichen.

Seht, meine Freunde, er sah das Verhängnis auf sich zukommen, denn er lebte nicht isoliert von den Menschen, sondern war eingebunden in das politische Geschehen seiner Zeit. Als Mensch hat er auch Angst empfunden, als Mensch hat er auch Zorn empfunden, als Mensch war er sich selbst ausgeliefert. Ihr solltet euch vorstellen, daß er als Mensch nicht sicher war, ob das Wissen, das er erlernt hatte, dazu ausreichen würde, diese unendlichen Qualen, die seinem Körper zugefügt wurden, zu eliminieren, denn er sprach auch das Wort am Kreuz: »Laß dieses Leid an mir vorübergehen. Ich bitte dich.« Ihr seht, daß er auch noch am Kreuz Mensch war. Dies, meine Freunde, ist nichts Außergewöhnliches, es ist eine ganz normale Reaktion. Doch die Idee, der Glaube, der Christus-Geist war mit ihm, denn sonst hätte er die anderen, die mit ihm gekreuzigt wurden, nicht trösten können.

Macht euch bewußt, daß die Stärke eines Menschen nicht dazu ausreicht, dieses Leid so zu überstehen. Ihm wurde geholfen, daß er weiterleben konnte – als Mensch. Und, meine Freunde, dies ist das Ungeheuerlichste am Leiden und Sterben dieses Jesus Christus, daß die Gnade bei ihm war.

Frage: Hat man damals allgemein an die **leibliche** Auferstehung geglaubt?

Claudius: Nein, zu diesem Zeitpunkt nicht. Dies ist Sinnbild eurer Religion. Seht, meine Freunde, wenn ihr genügend sensibilisiert seid, könnt ihr eure verstorbenen Angehörigen *sehen*. Ihr sagt, es ist ein Traum, der euch begegnet – nun, wenn ihr es annehmen könnt, daß ihr mit eurer Gedankenkraft eine geistige Materialisation vornehmen könnt, dann bekommt diese Begegnung einen anderen Sinn – und so solltet ihr die **Jünger von Emaus** sehen, die Jesus Christus begegnet sind. Dies ist doch der Beweis, daß es möglich ist, denn dieses Wissen war auch nach der Kreuzigung in Jesus noch vorhanden. Deshalb konnte er sich seinen Jüngern mitteilen.

Frage: Wem sind die Jünger nun tatsächlich begegnet?

Claudius: *Jesus*, als Geist, denn er hat das erlernte Wissen aus dem Karmel auf seinem Weg nach Asien mitgenommen und ihm war es auch möglich, so, wie Pater Pio an verschiedenen Orten zu gleicher Zeit gesehen wurde, sich zu materialisieren.

Doch nun, meine Freunde, wollen wir gemeinsam den Weg nachvollziehen, den Jesus Christus ging und dazu habe ich euch heute einen eurer großen Päpste mitgebracht, der euch aus seiner Sicht das Leiden und Sterben Jesu Christi verdeutlichen möchte. Er kommt aus dem Kreis der Kardinäle, die sich hier zusammengefunden haben, um die neue geistige Erkenntnis weiterzugeben. Es ist

Eugenio Pacelli, den ihr Papst Pius XII. genannt habt. Er, der ein Eiferer war, der den Petrus-Thron innehatte, wird euch Erläuterungen geben. Ich gebe den Weg frei für Eugenio.

Papst Pius XII:

Guten Abend Ihnen allen hier im Kreis. Ich bringe Ihnen die Gnade der Allmacht näher. Ich möchte Ihnen Erklärungen geben, die ich auf unserer Ebene neu erkennen durfte.

Sehen Sie, meine Lieben, vereint sind wir im Glauben an die Unendlichkeit Gottes. Vereint sind wir im Glauben der Religionen und, meine Freunde, erkennen Sie bitte, daß auch ich, als Mensch auf dieser Welt, Irrungen unterlegen bin. Erkennen Sie, daß mich das **Studium der Theologie in die höchsten Ehren führte, die ein Mensch auf dieser Erde erreichen kann.**

Doch erkennen Sie auch, daß alle geistlichen Würdenträger eingebunden sind in das Dogma dieser katholischen Kirche. Dies sollte Ihnen die Möglichkeit geben, sich mit der Problematik der übermittelten Religionsrichtungen auseinanderzusetzen und die Wahrheit in Ihnen Platz greifen zu lassen.

Doch nun lassen Sie mich erzählen – das Mysterium Jesus Christus. Sehen Sie, er ging nach einem gemeinsamen Abendmahl mit seinen Jüngern den Weg zum Ölberg. Es war drückend heiß, die Gemeinschaft hatte eine lange, beschwerliche Wanderung hinter sich und war niedergeschlagen durch die vielen Unwägbarkeiten, die ihnen begegnet sind. Nun, **Jesus** hatte Angst, weil er wußte, daß man ihn suchte. Er sprach zu **Petrus**, er solle ein Schwert bereithalten, er bat die Jünger, die ihn begleiteten, Waffen mitzunehmen, weil er sich fürchtete, überfallen zu werden, verhaftet zu werden.

Nun, er wußte, daß sein Auftrag sich erfüllte. Er

wußte als Mensch, daß er zwischen den politischen Richtungen zerrieben werden würde und er wußte um die Kraft dieses Christus-Geistes, der ihn beseelte – und reagierte doch als Mensch.

Die Angst in ihm erfüllte ihn ganz, ließ ihn verzweifeln und wie es in der Bibel niedergeschrieben ist: »Vater, wenn es möglich ist, laß diesen Kelch an mir vorüberziehen«, war sein Gebet. Denn er war Mensch, auch er wollte nicht sterben, er wollte der Menschheit die Kunde der Liebe weiterverkündigen. Er wußte, daß er sich mit seinem Widerstand gegen die Religionsgemeinschaft der Juden stellte, daß er zur Rechenschaft gezogen werden würde.

Denn hätte die Menschheit begriffen, was Liebe ist, dann hätten sie keine Paläste gebaut, sie hätten keine fetten Priester eingesetzt, die sich mästeten am Leid der einfachen Menschen, die um sie herum glaubten, so, wie wir es weitergeführt haben. Doch, meine Freunde, diese menschliche Regung ging vorüber.

Als die Truppen kamen, um ihn abzuholen, schlug Petrus einem der Häscher ein Ohr ab – und in diesem Augenblick erkannte Jesus Christus, daß nichts anderes geschah, als das, was in der Vergangenheit ebenfalls geschehen ist – und er nahm das Ohr und heilte es wieder an.

In diesem Augenblick geschah es, daß dieser Christus-Geist in ihm wieder die Oberhand gewann, ihn stark machte für den Weg, den er jetzt gehen mußte. Und seht, meine Freunde, er ging den Weg. **Pontius Pilatus** ließ ihn foltern, um ein Geständnis von ihm zu erlangen, das ihm die Möglichkeit gab, rechtmäßig den Stab über ihn zu brechen, doch **Jesus Christus** gab die Antwort: »Mein Reich ist nicht von dieser Welt.«

Pontius Pilatus wußte, daß er keine Schuld an ihm finden würde. Doch er konnte sich nicht der Tatsache entziehen, daß er der Priesterschaft Rechenschaft würde ablegen müssen für die Verweigerung des Todesurteils. Er war gezwungen so zu handeln, wie er handelte, aus den Situationen heraus, die allenthalben im gesamten Land entstanden waren. Jesus mußte geopfert werden. Es blieb keine andere Wahl. Nun, so brach er den Stab.

Jesus wurde zum Kalvarienberg gebracht und ans Kreuz genagelt. Doch es gab auch Helfer, die ihm zur Seite standen, die ihn retten wollten. Sie konnten ihm den Weg nicht ersparen, den er gehen mußte, denn er wurde schwer bewacht – aber sie gaben ihm die Kraft durchzustehen das Martyrium am Kreuz.

Meine Freunde, Jesus war erzogen worden im Karmel. Aufgrund seiner außergewöhnlichen Begabung, wenn Sie so wollen, wurde er eingeweiht in die Beherrschung des Körpers. Er wurde eingeweiht in diesen Urglauben. Ihm wurde gelehrt, wie er dieses irdisches Leid ertragen konnte, ohne seinen Körper aufzugeben – und dies geschah.

Doch trotz allem hatte auch er am Kreuz Angst, dieses Kreuz nicht mehr lebend zu verlassen. Deshalb rief er auch: »Warum hast du mich verlassen. Gott erbarme dich.« Doch diejenigen, die an ihn, an seine Lehre glaubten und ihn begleitet hatten, gaben ihm Kraft, so daß er sagen konnte: »In deine Hände empfehle ich meinen Geist«. Der Schwamm, der ihm gereicht wurde, war getränkt mit einem Mittel, das ihn bewußtlos werden ließ, so daß man ihn als toten Körper vom Kreuz abgenommen hat. Das Ritzen der Brust wurde bei jedem vorgenommen, der gekreuzigt wurde, um festzustellen, ob Blut aus der Wunde tritt oder Wasser. Nun, es war kein Stich ins Herz, wie man angenommen hat, sondern es war das Ritzen der Haut, aus der dann Wasser hervortrat.

Nun möchte ich Ihnen noch erzählen, daß man zur damaligen Zeit keinen Hingerichteten über den Sabbat am Kreuze hängen ließ. Das ließ die jüdische Reli-

gion nicht zu, **denn das Antlitz Gottes wäre durch den Anblick beleidigt worden**. – Man nahm ihn ab und brachte ihn in ein Grab, das **Josef von Arimathea** zur Verfügung stellte. Dort wurde der Leib behandelt und wurde weggebracht in den Karmel zur weiteren Pflege.
Dies alles ist uns, die wir Theologie studierten, verborgen geblieben. Wir haben Dogmen aufgestellt, von denen wir selbst nicht überzeugt waren. Doch notgedrungen mußten wir diese Dogmen erstellen, um den Menschen in unserer Zeit bewußt werden zu lassen, daß die Kirche Staat im Staate ist.
Jesus ging als Mensch aus dem Karmel – geheilt – doch mit dem Wissen der Liebe, mit dem Bewußtsein der Allmacht, ging er seinen weiteren Weg.
Meine lieben Freunde, das Mysterium Jesus Christus hat existiert und existiert weiter fort. Alles, meine Lieben, ist Bestandteil geworden unserer Religion. Begleitet wurde Jesus auch von Frauen seiner Umgebung, die ihm das Geleit gaben, auch als er aus dem Karmel seinen weiteren Weg ging. Nicht mehr als Prediger war er unterwegs, sondern als Priester. Er war verheiratet und hatte eine Frau und Kinder.
Sein Grab, meine Freunde, ist auch heute noch zu sehen. Man streitet sich nur darum, welches Land den wahren Christus beerdigt hat.
Nun, dies ist nicht weiter schlimm, die Religion, das Christentum hat zwei Jahrtausende überdauert, so wie der Buddhismus seine Existenzberechtigung hat, wie der Lamaismus seine Existenzberechtigung hat. Wie alle Religionsrichtungen aus dem Ursprung hervorgegangen sind, so ist auch das Christentum aus dem Ursprung der alten Religionen hervorgegangen.
Propheten, meine lieben Freunde, gab es zu allen Zeiten und gibt es heute noch, die vom Christus-Geist beseelt die Wahrheit verkünden, um eine Änderung,

ein besseres Verstehen der Glaubenslehren zu ermöglichen. Der Segen des Papstes, Urbi et Orbi hat Gültigkeit für alle Menschen dieser Welt.
Sehen Sie es mir nach, daß ich nicht auf die Dogmen der katholischen Kirche eingehe, die auch von mir mitbegründet wurden, der ich im Zwang stand, Rom nach außen vertreten zu müssen, den Vatikan zu repräsentieren.
Glauben Sie mir, daß ich bittere Kämpfe mit mir selbst ausfechten mußte, daß ich trotz allem diesen Weg zu Ende gehen mußte.
Ich bitte um den Segen der Allmacht für Sie alle und ich danke Ihnen, daß Sie mir zugehört haben, daß Sie es ermöglicht haben mit Ihnen zu sprechen.
Die Auferstehung des Geistes ist allen gewiß!
AMEN

Adventgedanken

Liebe Freunde, ich grüße euch, ich danke euch, daß ich mit euch sprechen kann. Lange war die Zeit der Vorbereitungen und heute möchte ich Grüße bestellen. Euch allen, die ihr euch mit der Transkommunikation befaßt, die ihr euch geöffnet habt für den Zauber eures Lebens, eures Seins, die ihr Frieden finden werdet bei uns, wenn ihr beendet habt und den Fluß überschritten habt. Euch alle führen wir in das Geheimnis eures Glaubens, eures Hoffens, eures Sehnens. Wenn ihr uns folgen wollt, laden wir euch ein.

Vieles habt ihr gesehen, vieles habt ihr gelernt und vieles ist nur als Fragment übrig geblieben. Tief in euch soll wachsen die Liebe der Allmacht, tief in euch soll Frieden sich ausbreiten, damit ihr die Verzweiflung verliert. All eure Freunde sind bei uns, all eure Freunde begleiten euch, all eure Freunde erbitten **für euch die Gnade der Allmacht**.

Euch wurde das Weihnachtsfest als Fest der Besinnung mit auf den Weg gegeben, damit ihr eintauchen könnt. Nehmt es wahr, Freunde, nehmt die Zeit der Verinnerlichung wahr.

Frieden der Welt. Ihr, die ihr Suchende seid, ihr werdet finden. Versinkt in die Zeit der Erwartungen. Versinkt in ein Meer von Liebe und ihr werdet das Mysterium der kommenden Wochen, die Gnade, die euch geschenkt wird, neu erfahren.

Bereitet euch vor auf das Fest der Liebe. Nicht grübeln sollt ihr über den Sinn eures Lebens. Annehmen sollt ihr es, leben sollt ihr es und ihr werdet sehen, daß es nichts gibt, was euch beirren kann. Wir haben die Bande geknüpft mit euch. In allen Teilen der Erde sind **Menschen, so wie ihr**, die sich **geöffnet haben dem reingeistigen Leben**. Ein jeder auf seine Art, ein jeder auf seine Weise und der Bittende wurde erhört, dem Bittenden wurden Wege gezeigt, die er gehen kann, ohne Schaden zu nehmen.

Ich möchte auf die bevorstehende Zeit (Weihnachten) zu sprechen kommen. Geheimnis eures Glaubens. Die Feier der Geburt Christi. Das Mysterium, das zweitausend Jahre euch schon begleitet. Ihr werdet es in diesem Jahr erstmals in voller Größe erleben. Die Natur schickt sich an, diese Zeit vorzubereiten. Sie geht zur Ruhe, um den Boden zu ebnen, für diese geheimnisvolle Zeit, die ihr in eurer Kindheit so sehr in euch gefühlt habt. Wir werden euch begleiten und führen.

Weihnachten 1991

Jesus Christus spricht

Claudius: Ich gebe den Weg frei für den, der die Liebe ist, den ihr nanntet den **Lichtbringer**, und zu dem ihr eure Bitten richtet.
Ich danke dir, den sie **Jesse** nennen, daß du gekommen bist. Ich danke dir für deine Güte, die du uns zuteil werden läßt, uns und dem Kreis der Menschen, die heute hier zusammengefunden haben, um deiner Geburt zu gedenken.
(zu Marc): Komm mein Freund, entspanne dich – tief, tief sei dein Schlaf.

Jesse:

Ich grüße Euch, und ich segne Euch, die Ihr in meinem Namen zusammengekommen seid. Euer Eintritt in diese unsere geistige Ebene möge Euch helfen, die Liebe neu zu empfinden, die ich versucht habe, den Menschen wiederzugeben.

Seht, Geliebte, schon immer verzweifelt der Mensch, der nicht in der Liebe leben kann. Schon immer sucht er den Weg zurück, und alle Religionen dieser Welt künden von der unsagbaren Liebe der Allmacht, die Euch aufnimmt – die Euch segnet, die Eure Seelen frei werden läßt.

Seid Euch bewußt, daß auch ich, so wie Ihr, einst Mensch geworden bin, geboren durch die Liebe zweier Menschen und doch von der Allmacht gezeugt, wie jeder von Euch. Denn, meine Freunde, nichts geschieht, ohne daß es der Wille der Allmacht wäre.

Ausgesandt seid Ihr, so, wie ich einst ausgesandt wurde. Doch hütet Euch: In eurer jetzigen Welt werdet Ihr genauso ans Kreuz geschlagen, wie ich. Nur

wenige sind es, die die Liebe in sich fühlen und blühen lassen in Demut für den Nächsten.
Nicht Feuer und Schwert habe ich gepredigt – nur die Liebe. Und glaubt mir, Euer Glück ist nicht auf dieser Welt zu finden. Nur ein Abglanz wird Euch da und dort begegnen, denn mein Sein ist nicht von dieser Welt – so wenig, wie Euer Sein. Leihgabe, Geliebte, ist Euer Leben, damit Ihr zurückkehren könnt in die Liebe dessen, den Ihr **Vater** nennt.
Wir haben eine Möglichkeit gefunden, Euch zu lehren. Wenige sind es, die diese Worte in der Vergangenheit verstanden haben. Doch Euer Kreis – meine Lieben – ist ausersehen für dieses neue Leben. Tragt hinaus die Gewißheit, daß Ihr lebt, daß Ihr nie sterben werdet, und Ihr braucht vor Eurem Leben keine Angst zu haben. Alle, die hier sind, begleiten Euren Weg.
Fühlt mit uns das Glück dieser Stunde, **wo der Mensch sich mit dem Geist vereint**. Spürt in Euch den Widerschein des Glücks. Spürt in Euch die Liebe, die Euch entgegengebracht wird.
Euch allen sagen wir Dank, daß Ihr den Regen nicht scheut, daß Ihr den Schnee nicht scheut, daß Ihr die Hitze nicht scheut und daß Ihr die Nacht nicht scheut, um zu uns zu kommen. Denn, meine Freunde, kein Weg ist so weit, daß er nicht begangen werden könnte, und Ihr seid in guter Obhut.
Wenn die Nacht der Liebe Euch umfängt, laßt Euch fallen, denn ein jeder von Euch hat seine Helfer, die ihn umfassen, wenn er strauchelt.
Geliebte Freunde, geliebte Brüder und Schwestern im Geist – das Feuer der Liebe möge Euch entflammen, damit Ihr Euch bewußt werdet, welche Gnade die Allmacht Euch gewährt.
Nicht das Zeichen des Kreuzes werde ich Euch auf die Schultern heften, sondern die Rose Euch in die Hand geben, damit ihr Duft hinausgetragen werden

kann – der Duft der Liebe. Ich segne Euch und ich gebe Euch Kraft auf Eurem Weg.
Die Gnade der Allmacht möge Euch begleiten bis Ihr den Fluß überschreitet zu unserer Ebene, und hier werden wir Euch erwarten, und wir werden Euch aufnehmen in den Kreis der Wissenden.

Claudius: Nun, meine lieben Freunde, dies war die Ansprache zum heutigen Abend und meine Lieben, ihr seht – Wunder sind alltäglich. Ihr seht alle hier im Kreis die Geschenke, die vor euch liegen, mit denen ihr euch selbst die Freude gemacht habt des Beschenktwerdens. Ihr alle spürt die Liebe in euch von der ich sprach, von der **ER** gesprochen hat, der einst ausgesandt wurde zu euch. Nicht auf die Größe kommt es an, sondern auf den, der es bereitet hat für jeden einzelnen von euch.
Meine liebe E., mein lieber K. – wir sind zu Gast bei euch, ihr habt für uns, die wir hier um den Tisch sitzen, euer Heim geschmückt. Euch gebührt Dank – wir lieben euch und eure Mühe hat den Freunden eine Heimat gegeben heute Abend. Siehe, ausgeschmückt wie euer Heim ist der Tempel, in dem wir uns jetzt befinden. Ich möchte euch teilhaben lassen, ich möchte euch am liebsten alle entführen – nur – ihr wolltet nicht mehr zurück, meine Freunde, – und dazu ist es noch ein bißchen zu früh.
Doch noch jemand bittet mich ums Wort. Ich gebe den Weg frei für den zweiten Gast.

Konstantin:
Raudive: Guten Abend liebe Freunde, ich sehe Sie alle hier im Kreis glücklich vereint. Glauben Sie mir alle, es ist für uns ein Höhepunkt, der durch nichts übertroffen werden kann. Ich möchte Sie grüßen und möchte Ihnen allen Weihnachtsfrieden schenken, den Sie mit hinausnehmen wollen in Ihr Leben.
Ich bitte Sie, Grüße auszurichten an den **Kollegen Senkowski**, Grüße auszurichten an die **Freunde in**

Darmstadt und Grüße auszurichten an die **Freunde in Rivenich, in Luxemburg und in Babenhausen**. Sie mögen wissen, daß Ihre Bemühungen um die Transkommunikation, um die Vermittlung des Wissens um ein Weiterleben nach dem irdischen Tod weite Kreise zieht.

Doch wir stehen alle hier vor einem neuen großen Problem. Viele Menschen auf Ihrer Seite möchten, wenn sie von den Verbindungen hören, eingeladen werden zu den Kontaktabenden, doch wir wissen, daß wir unsere Partner auf Ihrer Seite nicht überfordern dürfen. Wir können nur das Wort schenken und wir können nicht jeden zu unseren Abenden einladen. Bitte versucht dies den Suchenden verständlich zu machen. Es sind zu wenige, die sich dem Geistigen zur Verfügung stellen und zu viele, die damit Geschäfte machen. Es ist das Schlimme, daß der Mensch seine Liebe verkauft, wenn er die Möglichkeit dazu hat.

Ihnen mein Freund **Herodes Agrippa – Ihnen mein lieber Marc** – danken wir, daß Sie den Weg gegangen sind bis hierher, und wir wünschen uns, daß wir Sie noch lange als Sprachrohr benutzen dürfen. Ich grüße Sie meine Freunde, ich grüße Sie alle. Und danke, daß ich zu Ihnen sprechen durfte.

Diskussion über die Ansprache von *Jesse*

G.: Was wir letzten Donnerstag erlebten, die Ansprache von Jesse, hat uns unsere Kleinheit vor Augen geführt – wie ungeheuerlich diese Brücke zu euch ist.

Claudius: Mein Herz, wäret ihr nicht würdig gewesen diese Botschaft zu empfangen, so wäre es nicht geschehen. Siehe, meine Liebe, wir sprechen von Liebe, wir unterhalten uns über die Allmacht, über die Liebe der Allmacht. Warum sollte es nicht möglich sein, euch diese Liebe spürbar näher zu bringen. Ihr wart bereit dazu. Deshalb war es möglich – und glaube mir, diese Feier hat in euch sehr viel bewegt. Die Definition wird jeder einzelne von euch erfühlen müssen.

S.: Die Weihnachtsfeier im Kreis, als **Jesus** zu uns gesprochen hat, hat mich sehr beeindruckt. Ist Jesus nicht schon in die Allmacht eingegangen?

Claudius: Nun, meine Liebe, was ihr gehört habt, ist das Wort, und das Wort ist Fleisch geworden, das heißt nichts anderes – das Wort ist geblieben, der Mensch Jesus ist eingegangen.

S.: Das würde heißen, daß die Schwingung der Wahrheit für uns umgesetzt wurde in Sprache, aber der Geist von Jesus in die Allmacht eingegangen ist?

Claudius: Richtig.

G.: Was du über das Gespräch mit Jesus sagtest, habe ich nicht verstanden, denn du kündigtest **»Jesus«** als Gast an. Das ist offenbar aber nicht so zu verstehen?

Claudius: Meine Liebe, siehe, nicht nur du wirst über meine Worte erstaunt sein, sondern die anderen Angehörigen des Kreises ebenso.

Siehe es so: **Jesus Christus** ist eingegangen in den »inneren« Kreis (veranschaulicht auf der Zeichnung des Schöpfungsmodells – Band I – Seite 104).

Seine Worte bewegen sich außerhalb dieses Kreises in eurem Umfeld. Es sind die Worte der Liebe, die jeder einzelne von euch erahnen kann. Es ist die Liebe der Allmacht gemeinhin.
Wenn ich nun Gäste einlade, dann muß ich denjenigen bitten, der diese Worte gesprochen oder geschrieben hat für die Menschheit, daß er sich hierfür zur Verfügung stellt. Jesus Christus ist die Idee, ist der Abglanz, ist einfach das, was euch im Inneren bewegt, in eurer westlichen Welt.
Wenn ich **Jesus Christus**, der sich im inneren Kreis in der Nähe der Allmacht befindet, sprechen möchte, so nehme ich all diese Energien, die **Jesus Christus** ausmachen, zusammen. Ich rufe sie, sie werden sich sammeln und **Jesus Christus** wird zu euch sprechen. Es ist der Funke **Jesus Christus** mit dem Gesamtwissen dieses **Jesus Christus** mit all seinen Inkarnationen, die er durchlebt hat. Ihr versteht mich?
Es ist nichts Außergewöhnliches geschehen. Ich habe das Bewußtsein dieses Einen, **Jesus** gebeten, Gast zu sein im Kreis der Freunde. So wie ich das Bewußtsein von Nicola Tesla zum Beispiel euch zur Verfügung stelle, so geschah es mit **Jesus** dem Christus. Meine lieben Freunde, nichts geschieht ohne daß es gewollt wäre.
Ich bin nicht Herr über Leben und Tod. Aber betrachtet mich als euren Lehrer, der versucht, mit euch Wege zu gehen, die ihr gehen sollt. Dazu bediene ich mich der Möglichkeiten, die mir gegeben worden sind durch die Gnade der Allmacht.
Jesus, der unter euch als Mensch gelebt hat, der euch das Licht bringen wollte, ist nichts Außergewöhnliches. Wenn ihr in die jüngste Vergangenheit zurückgeht, dann erlebt ihr diesen **Jesus** neu in diesem Priester der katholischen Kirche*. Freunde,

* Drewermann

auch er wird ans Kreuz genagelt, und er ist sich dessen bewußt und nimmt es auf sich für die Menschen, die er liebt. Warum wundert ihr euch?
Wäre ich eingeladen in einem islamischen Haushalt, würde ich nicht Jesus gerufen haben, sondern den Propheten Mohammed, der letztlich nichts anderes predigte als Jesus. Siehe, meine Liebe, eine Personifizierung zu eurem besseren Verstehen.

G.: Man hatte bei der Rede von Jesus den Eindruck, daß die Ansprache direkt für uns bestimmt, auf unsere Situation zugeschnitten war. (Claudius: Richtig) Jesus konnte demnach diese Rede nicht vorher schon, also irgendwann einmal, als Idee ausgesandt haben?

Claudius: Mein Herz, die Idee, das heißt, die Grundlage ist immer die Liebe. Daraus setzt sich die Sprache zusammen, die für euch ausgewählt wurde. Du hast es schon richtig verstanden, für euch in die Worte gefaßt, die benötigt wurden, um euch jetzt, zu dieser Zeit, diese Nachrichten zukommen zu lassen.

G.: Also diese Worte wurden speziell für uns zusammengesetzt?

Claudius: So ist es.

G.: Wußte Jesus, daß er mit uns spricht?

Claudius: Natürlich! Du bist immer noch irritiert, doch denke darüber nach.

S.: Alle Energieteilchen, die »Jesus« heißen, haben sich berufen gefühlt, sich für uns in einer Sprache zusammenzufinden?

Claudius: Meine Liebe, wie einfach du das in Worte kleidest.

Frage: Lieber Claudius, ich glaube, du solltest für uns alle verständlich die Wesenheit, oder das Geistwesen **Jesus Christus** noch einmal in allen Einzelheiten erklären. Ist das möglich?

Claudius: Meine Freunde, gerne will ich eurer Bitte nachkommen. Seht, wir haben bei unserer Feier den zur Sprache veranlaßt, dessen Geburtstag ihr gefeiert habt. Ihr werdet beim Abhören des Bandes feststellen, daß

dieses Wesen **Christus Jesus**, den ihr **Christus** nennt, zu euch sprach von seiner Aufgabe, die er übernommen hat. **Jesus** ist ein Name, der heute noch Gültigkeit besitzt bei verschiedenen Völkern. **Jesus, den ihr Christus nennt**, war nichts anderes als ein Mensch, dessen Geist ausgesandt war von der Allmacht, um die Menschheit neu zu beleben und neue Wege aufzuzeigen.
Im Vergleich dazu geschieht heute das gleiche. Es ist nichts Außergewöhnliches, **nichts Außergewöhnliches**, ich betone dies, denn **ich** erzähle euch nichts anderes, als es damals **Jesus** tat.
Und all die Geschichten, die sich um ihn rankten, sind zum Teil menschliches Machwerk. Auch hier, glaube ich, erzähle ich euch nichts außergewöhnliches, denn, um Menschen, die in eurer Gesellschaftsordnung Außerordentliches bewegt haben, werden sich immer wieder Geschichten ranken. Es liegt nun einmal im Wesen des Menschen begründet, daß er viele Dinge vergeheimnist und glaubt, damit eine höhere Bewertung erreichen zu können. Dadurch, meine Freunde, wird es für den einfachen Menschen zur Unverständlichkeit, ihr bemerkt es selbst.
Er, meine Freunde, war weder Wissenschaftler, noch war er Priester, noch war er ein Lehrer im Sinne eures Verständnisses. Er hat einen Beruf erlernt, so wie ihr alle einen Beruf erlernt habt, bis er plötzlich in sich selbst fast verzweifelte über die Unbeugsamkeit des Glaubens, in dem er aufgewachsen ist, bis er endlich den Weg fand, in die Gemeinschaft der **Essener**, bis ihm endlich erlaubt wurde, mit Hilfe derer, die seine Lehrer waren, seine eigenen Erkenntnisse zu gewinnen über die Wahrheit, über die Liebe.
Und glaubt mir, was damals geschah, wäre heute und morgen genauso möglich; nämlich, daß derjenige, der eine neue Art Wahrheit laut hinausträgt, ebenfalls verlacht, verhöhnt, verspottet wird.

G.: Wir gehen davon aus, daß sich bereits eine geistig entwickelte Seele diese Schule aussuchte?

Claudius: Meine Liebe, dein Gedankengang ist vollkommen falsch. Du siehst die Essener Schule als etwas Überwältigendes, Überragendes an.

G.: Ja, weil sie aus der Urreligion kam und auch die Liebe gepredigt hat.

Claudius: Nun, mein Herz, auch der katholische Glaube kommt aus der Urreligion und predigt Liebe. Den einzelnen bewegt es bis tief ins innerste Mark, den anderen: »Er hört die Botschaft wohl, allein ihm fehlt der Glaube«.

Du solltest nicht so sehr die Schule als besondere Instanz sehen, sondern du solltest erkennen, daß in dieser Schule gewisse Menschen mit überragenden geistig-seelischen Qualitäten ausgesucht wurden. Doch die wenigsten, meine Liebe, haben die Schule bis zum Ende durchgemacht. Auch das mußt du erkennen.

G.: Meine Meinung basiert aus dem Buch über die Essener.

Claudius: Meine Liebe, nichts anderes geschieht auch heute. Seht (lacht) zum damaligen Zeitpunkt ist die Schule genauso schwierig gewesen, wie sie heute ist. Nur derjenige, der den brennenden Wunsch hatte, in dieser Schule hinter die letzten Geheimnisse zu kommen, gelangte auch zu der Einweihung. So solltet ihr die Essener-Schule sehen.

Gehe mit mir in die Zeit zurück und erkenne, daß ein Zimmermann Söhne bekommen hat, die in frühester Jugend schon mithelfen mußten bei der Arbeit. Sei es beim Spänesammeln als Kleinkind, sei es um den Hammer zu führen, sei es um dem Vater zu helfen das rohe Holz glatt zu reiben. Bis zu einem gewissen Alter ist dies geschehen, dann, meine Liebe, war es wichtig, daß die Eltern erkannten: Das Kind muß in eine Schule, weil die **geistigen** Qualitäten überwiegen.

G.: Ich dachte, die Mutter Jesu war auf ihre Aufgabe, dem Sohn eine angemessene Ausbildung angedeihen zu lassen vorbereitet, denn sie wußte doch, daß es ein besonderes Kind war.

Claudius: Meine Liebe, das wird euch erzählt. Seine Mutter war darauf vorbereitet, daß sie ein Kind gebären würde, sie wußte, so wie du weißt, daß dein Sohn für dich selbst ein außergewöhnliches Kind ist, weil du es sehr liebst.

G.: Daß Jesus bei dieser Mutter zu dieser Zeit geboren werden konnte, setzte doch gewisse geistige Vorbereitungen voraus? Es war doch nicht vergleichbar mit der Geburt meines Sohnes? Die Geburt im Stall war doch auch etwas besonderes?

Claudius: Meine Lieben, ihr vergeßt, daß zum damaligen Zeitpunkt eine feste Behausung anders war als eure heutigen. Seht, das Wandern durch die Wüste zur Volkszählung war erforderlich und seht, wenn ihr keine Herberge finden könnt – und hier erinnere ich euch an die Zeit nach dem letzten Krieg, wo viele Menschen sich in Heuschobern die Nachtruhe gönnten, wo viele Frauen ihre Kinder in einem Stall zur Welt gebracht haben – war dies auch nicht anders als bei Maria.

Ich weiß, meine Liebe, was du sagen willst. Glaubst du, daß die Familie des Knaben Jesu anders war? Es gab viele in der Umgebung von Bethlehem, die kein Obdach fanden, die sich in den Ställen eine Bleibe suchen mußten für die Nacht.

G.: Die Geburt Jesu war in der Geschichte von großer Bedeutung. Also bedurfte es auch einer gewissen geistigen Vorbereitung aller Beteiligten.

Claudius: Meine Liebe, meine Liebe, selbstverständlich war **Maria** ein außergewöhnlicher Mensch, voller Liebe, voller Demut, voller Zuneigung zu ihrem Mann. Natürlich war **Maria** über diese Geburt erfreut und empfand sie als etwas Besonderes – wie jede Frau von euch, die in Liebe ihr Kind empfängt, etwas Außergewöhnliches in dieser Begegnung findet.

Weißt du, das ist euer Schicksal, daß ihr an einer Geburt heute nichts Außergewöhnliches mehr findet. Die Menschen damals lebten mehr eingebettet in der gegenseitigen Achtung als heute.

Ich darf dir dazu folgendes sagen: In diesen Familien war die Mutter als Gebärerin neuen Lebens eine außergewöhnliche Person – immer gewesen. Dies hat sich erst im Laufe der Jahrhunderte gewandelt und in verschiedenen Religionsrichtungen ist sie heute noch verankert – die Achtung vor der Frau, vor der Mutterschaft, denn ohne die Frau, die Mutter, wäre es nicht möglich, den Seelen neue Inkarnationen zu bieten.

G.: Mußte Maria nicht ein geistig hochstehendes Wesen mit **geistigem Bewußtsein** gewesen sein, um der Geburt von Jesus würdig zu sein?

Claudius: Falsch, **Maria** war eine einfache, glückliche, liebevolle Frau. Sie war geistig weder hochstehend, noch hatte sie je eine Schule besucht. Sie war einfach die Liebe. Es war auch nicht so, daß ein Engel sie besuchte und ihr verkündete: Du wirst den neuen Messias gebären. **So war es nicht**.

Sie hat gewußt, daß sie ein besonderes Kind auf diese Welt bringen wird, aber jede Mutter, die eng mit dem Kind verbunden ist, wird dieses außergewöhnliche Ereignis so erleben.

G.: War Jesus der erwartete Messias?

Claudius: Wenn du es so nennen willst, ja, doch wäre er mit diesem Bewußtsein geboren und erzogen worden, dann, meine Liebe, hätte er sich vor das Volk hingestellt und hätte gesagt: »Ich bin der, den ihr erwartet, Gesandter des Himmels.«

G.: Hätte er damit nicht mehr erreichen können?

Claudius: Nun, dein Gedankengang ist sehr gut, aber sie hätten ihn genauso ans Kreuz geschlagen, weil andere politische Strömungen innerhalb der jüdischen Religion das verhindert hätten.

G.: Aber die Juden würden dann nicht heute noch auf den Messias warten?

Claudius: Die Armen, sie werden noch lange warten, weil man den Messias in sich selbst erfahren muß.

Frage: Sollen wir das, was wir am Weihnachtsvorabend erlebt haben, weitergeben an alle anderen Menschen, mit denen wir Kontakt haben? Ihnen von der Weihnachtsansprache Jesu Christi erzählen?

Claudius: Seht, meine Freunde, in der Vergangenheit wurdet ihr darauf vorbereitet neue Wege zu gehen und eure Diskussion heute Abend mündete in einer einzigen Frage:

»Soll diese Heilige Nacht, die wir erlebt haben, nicht weitergegeben werden an all die anderen?«

Nun, meine Lieben, diese Nacht war euch zum Geschenk gemacht von allen hier bei uns, die mit an der Transkommunikation beteiligt sind. Sie wurde gestaltet von vielen, vielen, die mit uns diese Nacht gefeiert haben.

Meine lieben Freunde, es stellt sich nicht die Frage, ob ihr predigen sollt, sondern: Wir haben euch ein Geschenk gemacht, euch, die ihr euch mit der geistigen Ebene befaßt, auf die ihr eines Tages zurückkehren wollt und werdet.

Betrachtet es so: Ihr gebt euch untereinander Geschenke, euch selbst zugedacht. Die Frage erhebt sich nicht, ob ihr dieses Geschenk weiterverteilt – sondern die Freude, die in euch ausgelöst wurde, wird anhalten eine gewisse Zeit.

Seht, meine Freunde, wir wissen, welche Erschütterung wir verursacht haben, doch wir glauben, daß ihr reif dafür seid, auch über diese Dinge etwas zu erfahren und die Grüße derer entgegenzunehmen, die ihr ein Leben lang schon als Begleiter hattet.

Ihr müßt auch, meine Freunde, wenn ihr nicht verspottet und verhöhnt werden wollt, sehr vorsichtig sein mit dem, was wir euch zuteil werden ließen.

Frage: Lieber Claudius, du wirst sicher Verständnis dafür haben, wenn wir immer wieder fragen: **Warum wir?** Warum sind ausgerechnet **wir** dazu ausersehen, diese Gnade erleben zu dürfen?

Claudius: Nun, meine Lieben, ich möchte es noch einmal erwähnen. Jeder von euch hat sich, als er hier bei uns war, sein Leben, seine Inkarnation ausgesucht. **Bewußt und gewollt ausgesucht**, ich betone es. Es war ihm bekannt, daß er zu irgendeinem Zeitpunkt die Frage nach dem »Woher« und »Wohin« stellen würde, denn hier auf unserer Seite ward ihr verzweifelt über die Dummheit der Menschen, die so wenig begriffen haben. Deshalb eure Inkarnationen!

Doch all dies, all diese Inkarnationen hätten zu nichts geführt, würdet ihr als **Menschen nicht die Frage neu aufwerfen und die Erfahrung nicht neu machen wollen**.

Ihr seid in diesem Kreis zusammengeführt worden, um eine Lehre zu durchlaufen. Meine Freunde, begreift, daß auch andere von eurem Wissen profitieren, wenn sie fragen. Seht, es gibt viele Menschen, die das Christentum in Frage stellen und ihr Seelenheil finden im Buddhismus, im Schamaismus, und wie auch immer diese Religionen sich benennen. Nun, dann ist ihr Weg ein anderer – und letztendlich doch der gleiche, wie der eure.

Die Liebe wird euch erlösen und wird euch zurückführen in die Allmacht – und nichts anderes war diese Botschaft, als die Hoffnung für den Menschen, daß sein Leben nicht sinnlos ist.

Dadurch, meine Freunde, daß wir diesen Weg gefunden haben, mit eurer Hilfe, konnten wir euch vorbereiten auf diesen einen Abend, der euch so sehr ins Nachdenken gebracht hat – und letztendlich wißt ihr alle, daß **Jesus** zu euch gesprochen hat. Und wenn

ich **Jesus Christus** erwähne, dann erwähne ich diese Person, die euch bekannt ist – und deren Worte diese Erschütterung hervorrufen konnte.
Versteht – wenn ich euch damals, als wir mit diesem Kontakt begonnen haben, die Möglichkeit gegeben hätte, die Worte **Jesus Christus** zu hören, ihr hättet es nicht verstanden. Erst mußte ein Fundament geschaffen werden, um euch langsam, ganz langsam dahin zu bringen, daß ihr verstehen könnt.
Freude habt ihr in der Nacht des Heiles empfunden und ihr tragt das Licht mit euch. Diese Nacht trägt die Schwingung der Menschheit zu uns empor, und es wäre gut, wenn diese Liebe Bestandteil der Menschheit werden würde. So wäre die Geburt des Menschensohnes – die sich tagtäglich neu vollzieht – ein Orakel für alle. Ich habe den Wunsch, daß euer Sein für Menschen, die diesem Kreis nicht angehören, zum Vorbild dienen möge, um sie alle der Gnade der Allmacht zuzuführen. Denn wer sucht, wird finden, wer Augen hat, wird sehen, und wer Ohren hat, wird hören.
Die Gnade, die der Menschheit zuteil wird, läßt eure Farben erglühen und die Seele wird zum Widerschein des Glücks der Ewigkeit. Dir, mein Freund Marc, gilt unsere besondere Zuneigung, denn durch dich wird dies ermöglicht. Grüßt alle unsere Freunde! Wir sind in der Nacht des Wandels bei ihnen.
Die Liebe gebe ich mit in das neue Jahr.
Die Gnade der Allmacht begleite euch im neuen Jahr und mache euch frei für die Botschaften, die euren Geistkörper erreichen sollen. Meine Freunde, ein jeder von euch ist der Gnade der heiligen Nacht teilhaftig geworden. Ein jeder auf seine Art, ein jeder zu der für ihn bestimmten Zeit. Ihr sollt wissen – alle sollt ihr es wissen –, daß die Gnade der Allmacht euch emporträgt zum Licht. Alle, die hinter euch stehen, sie alle, die euch begleiten, sie alle, die euch die Hände

auflegen, sie alle bitten für euch. Sie geben euch die Kraft euer Leben zu gestalten, zu leben. Und wir alle wollen den Segen der Allmacht beschwören für die Menschheit, damit sie erfährt vom Glück dieser Stunden, die für jeden bereitet sind. Friede den Menschen auf Erden, ist unser Wunsch, damit sie heimkehren in die Gnade der Allmacht und frei werden im Glück der Ewigkeit. Ich segne euch, ich führe euch und geleite euch durch das Jahr, das dunkel vor euch liegt. Ich danke euch. Tiefer Friede erfülle euch und ihr werdet frei in der Liebe der Allmacht schwingen.

Wie aus der leicht veränderten Tonart und dem Inhalt der Aussage zu entnehmen ist, spricht nun Marcs Seele selbst durch ihn: »Heli, ich danke dir für die Gnade, die du uns gewährst, ich danke dir für deine Hilfe, ich danke dir, daß du mich hältst und daß du mir hilfst, die Zweifel zu überwinden«.

Ein Neubeginn für den gemeinsamen Weg mit uns. Durch Raum und Zeit sind wir verbunden und tiefes Glück möget ihr empfinden. Friede wünschte ich euch zum Weihnachtsfest, und er möge euch begleiten ins neue Jahr.

Freunde, es mögen Rosen erblühen und der Duft dieser Blume soll euch künden den Sommer eures Seins.

Nun, meine Freunde, ich werde ein Gastgeschenk meinem Freund machen, der mir eine Heimstatt gab, eine Heimstadt, Stadt im Universum. Ich gebe den Weg frei für Alkania.

Alkania: Von der Ferne grüße ich dich, Geliebter (Marc). Ich danke dir, daß es dich gegeben hat in längst vergangener Zeit. *Alkania* bin ich, die du verlassen hast zum Wohle aller. Sie haben dich alleine gelassen im Leid. »Ich bin«, diesen Traum hab' ich dir geschickt, denn du gehst den Weg jetzt zurück. Ich erwarte dich, damit du nie mehr alleine bist. Schwinge dich auf zur ewigen Liebe und trage weiter die »segnenden

Hände«, damit der Boden fruchtbar wird, den du bereitest. Rufe mich, wenn du mich brauchst. Ich grüße euch. Ich danke Claudius.

Miriam bedankt sich für den wundervollen festlichen Donnerstagabend und die Weihnachtsrede, sowie für die Liebe, die uns aus einer Ebene zufließt, die unseren Augen und unseren menschlichen Sinnen verschlossen ist – uns doch so nahe und vertraut ist, und uns so verändert hat.

Claudius: Meine geliebte kleine Freundin, wir wollen, daß ihr unsere Liebe erlebt, damit euer Geist nicht nur Worte empfängt, sondern auch frei mit uns der Sonne entgegengeht. Dies ist die Gnade, die wir euch entgegenbringen, als Dank für alle Mühe, deren ihr euch unterzieht, und das ist auch schon alles, mein Herz, denn wie sonst, sollte es euch möglich sein unser Sein zu erfassen.

(Miriam bringt noch einmal zum Ausdruck, daß es doch sehr verwunderlich ist, so viel Liebe und Emotion durch solche Art von Kontakten hervorzubringen.)

Claudius: Der Tag neigt sich dem Ende zu, seht wie alles ineinanderfließt und trotzdem ist zwischen dem Tag und der Nacht kein scharfer Trennungsstrich zu sehen. Es gleitet ineinander über wie euer Sein in unser Sein, wie das Leben des Menschen übergleitet in das Leben der Seele, des Geistes. Nahtlos und unbemerkt kommt der Tag und kommt die Nacht. Freut euch mit uns, daß ihr dies erleben könnt. Ich segne euch und binde euch ein in unser Sein.

Geht mit uns den Weg ins Licht, damit Betrübnis von euch genommen wird. Frei schwinge euere Seele. Allen, die in diesem Jahr ein Lebensjahr vollendet haben oder vollenden werden, möge die Gnade zuteil werden, daß sie mit dem Älterwerden auch geistig erwachen, **geistige Reife** erreichen.

Seht, Freunde, die Heilige Nacht konntet ihr bisher

auch nur erahnen, erfühlen. Nun, es gibt noch mehr, das euch verwundern wird. Nehmt es als Geschenk, bewahrt es auf und es wird euch Frieden geben im Schatten, der euch begleitet.
Nun beenden wir das Jahr – das euch Erkenntnisse brachte, mit einer Bitte. Die Allmacht möge euch neugierig machen, sie möge euch die Freude zuteil werden lassen, mehr zu erfahren, als die verschleierte Wahrheit der Bibel oder des Koran. Damit wächst die Überzeugung von der unendlichen Liebe, die euer Sein umgibt. Wir segnen euch und geleiten euch in die Dämmerung des heraufziehenden neuen Jahres. Die Glocken der Neujahrsnacht mögen das Neuerwachen des Bewußtseins einläuten.

Marc schreibt einen Brief an Claudius

Marc hatte das Buch »Dialog mit Claudius« (Band I) gelesen und es wurde ihm schlagartig bewußt, was eigentlich mit ihm und durch ihn geschieht. Er war sehr irritiert und so setzte er sich hin und schrieb Claudius einen Brief, den er dann auf Kassette sprach. Wir spielten die Kassette im Kreis ab.

Marcs Brief:

Der Freund bittet den Freund um Rat, sagt Miriam, meine Frau, und hat mir damit den Schlüssel gegeben, zu dir zu gehen, und um deine Hilfe zu bitten.

Du weißt aus der Vergangenheit, daß mir nichts zu viel war und daß ich mich gerne deiner Leitung anvertraut habe. Ihr habt mich bis hierher zu diesem Tag geleitet. Am Scheideweg angekommen, muß ich nun eine Entscheidung treffen, wie es weitergehen soll.

Dankbar habe ich eure Hilfe angenommen und es fällt mir sehr, sehr schwer, mich zu entscheiden für den von dir angekündigten neuen Weg. Ich bitte dich um deine und um eure Hilfe.

Am Sonntag habe ich das Buch »Dialog mit Claudius« gelesen und habe erkannt, welche ungeheuere Aufgabe du, und mit dir alle anderen Freunde, auf sich genommen haben und es kommt mir wie ein Verrat an dir, an der Sache vor, wenn ich mich weigere, weiterzugehen. Aber mein Freund, ich muß weiterhin in unserer Gesellschaftsordnung leben und bin darauf angewiesen den Lebensunterhalt für meine Familie zu verdienen.

Schau, mein Freund, die Energien, die ihr mir schickt, um für euch tätig sein zu können, überfluten mich schon am Morgen und hüllen mich ein. Sie verhindern, daß ich meinen Beruf im Wachzustand ausführen kann. Sie begrenzen meinen Verstand, meine Aktivitäten, die ich für meinen Beruf so dringend benötige. Ich gleite schon am Morgen in ein halbbewußtes Sein und kann diese Energien nicht absorbieren oder für meine Arbeit neutralisieren. Ich werde dadurch in meiner Konzentrationsfähigkeit so stark eingeschränkt, daß ich an den Tagen der Einspielungen, meinem Beruf nicht nachgehen kann.

Ihr habt mir das Erkennen »**ICH BIN**« geschenkt, das Erkennen körperlos zu sein. Ihr habt den Freunden in der Krankheit geholfen und Schmerzen genommen. **Heli** hat mich geführt über Raum und Zeit hinweg. Für jeden, der gerufen hat, habt ihr immer einen Rat gewußt, reich beschenkt habt ihr uns alle.
Und nun, mein Freund, muß ich bekennen, daß die Unsicherheit mich aufzufressen droht, weil ich orientierungslos bin, unbegrenztes Vertrauen, das ihr mir entgegengebracht habt, zu enttäuschen, nicht würdig gewesen zu sein für die gestellte Aufgabe, versagt zu haben und deine, eure, Liebe und Güte jetzt zurückzuweisen, belastet mich in unsagbarer Weise.
Du sprichst vom **roten Kristall**. Tief in mir fühle ich was du damit sagen willst, und ich kann es trotzdem nicht in Worte fassen. Hilf mir, mein Freund, sonst verliere ich mich. Ich bitte alle, die mich geleitet haben um Hilfe für meine Entscheidung, denn ich treffe sie nicht allein für mich, sondern auch für den **Kreis**, für die Gruppe **Babenhausen**, für **Darmstadt** und für viele Menschen, letztendlich jedoch für euch, die ihr über Jahrzehnte hinweg auf den Augenblick gewartet habt, um euch mitteilen zu können. Und diese Tatsache macht mir das Leben zur Last.
Verzeiht, wenn ich so spreche und haltet mir zugute, daß ich ein Mensch bin, daß ich auch hier in meinem Menschsein eine Aufgabe übernommen habe, der ich mich nicht entziehen kann. Sonst wäre ich auch nicht der, der ich bin, den ihr unter all den Millionen Menschen für diese Aufgabe ausgesucht habt.
Die Last der Verantwortung, die mir mein Schicksal aufgebürdet hat, vermag ich allein nicht zu tragen. Auch die Freunde im Kreis können mir bei der Richtungsfindung nicht helfen, noch nicht einmal Miriam, meine Frau, die in all den Jahren mir zur Seite stand.
Ich fühle mich grenzenlos allein und bitte euch, **helft mir**. Ohne daß Marc noch etwas sagen konnte, begann **Claudius** zu sprechen.

Claudius: Clau Clau Claudius – Herodes Agrippa, Freund meines Lebens. Ich schließe den Kreis. Ich binde euch ein, meine Freunde, in die Liebe der Allmacht.
Frieden möchte ich bringen unserem Freund. Ich

danke euch allen, daß ihr zugehört habt in der Qual seines Lebens. Nun, meine Freunde, es muß so sein! Eure Aufgabe ist heute klar zutagegetreten. Ihr müßt das Netz sein, das unseren Freund jetzt auffängt. Ausgesucht seid ihr für diesen Kreis – ausgesucht seid ihr, unter vielen ausgewählt. Geliebte Freunde, **der Weg ist das Ziel!**

Dies gilt für unseren Freund genauso, wie für euch. Der Weg ist das Ziel – und jeder einzelne muß diesen Weg gehen!

Mein Freund, du hast mich zitiert, daß euer Leben nicht leichter wird mit uns. Seht, meine Freunde, diese Punkte wurden in der Vergangenheit gesetzt, ohne daß ihr sie verstehen konntet. Doch glaubt mir, meine Freunde, es gibt keine Erklärung. Ihr müßt die Erklärung in euch selbst fühlen.

Wie, meine Freunde, hätte ich euch dieses Mysterium der Begegnung mit uns anders nahe bringen können? Hätte ich diesen Werdegang aufgezeigt – nun, meine Freunde, ihr wäret den Weg trotz allem gegangen – ich weiß es.

Deshalb habe ich nicht eine Erklärung gesucht, damit ihr in euch selbst, in eurer Seele erfühlen könnt. Es gibt bei euch Menschen nur eine Möglichkeit, über die Seele euer eigenes Sein zu erfühlen. Der Dialog mit uns, meine geliebten Freunde, und das habt ihr alle erkannt, dient nicht zur Unterhaltung, zur Gestaltung eines netten Abends – es geschieht etwas:

Durch euch – mit euch – für euch.

Dir, mein Freund, möchte ich Antwort geben. Siehe, unsere Dankbarkeit ist grenzenlos, daß wir dich in deinem Körper benutzen dürfen. **Freiwillig bist du diesen Weg gegangen und hast dich selbst überwunden.**

Warum ich dich nicht besser vorbereiten konnte, steht zwischen deiner Bitte geschrieben. Mein Freund, siehe wir kennen dich und wissen, wenn dir

die Erinnerung nicht genommen worden wäre an diesen Stunden mit uns, wäre dies für dich nicht tragbar gewesen, weil du gleichzeitig geglaubt hättest, daß du kein Unterscheidungsvermögen mehr hast zwischen **deiner Rede** und **unserer Rede**. Du wärest so irritiert gewesen, daß du um Entlassung gebeten hättest. Deshalb haben wir dich, deine Seele, aus dem Körper herausgenommen, damit sie nicht über alle Maßen belastet wird. Gleichzeitig haben wir nach Möglichkeiten gesucht, dir Zugang zu verschaffen, damit das Buch, der Inhalt dieses Buches, dich nicht zerstört. Insoweit konnten wir dir Hilfestellung geben.
Ich möchte auch Stellung nehmen zu dem Problem der Übelkeit. Siehe, mein Freund, die Gnade der Allmacht hat uns erlaubt, dich mit **außergewöhnlichen Energien** zu versorgen, damit du, **deiner Bestimmung gemäß**, den Weg gehen kannst. Wir wissen, daß diese Energien Turbulenzen in deinem Körper hervorrufen, die wir im Augenblick **noch nicht** eliminieren können. Diese Energien nehmen im Nervensystem eine Veränderung vor. Sie werden so gesteuert, daß du fähig wirst, in der Zukunft völlig neue, **außergewöhnliche Erfahrungen zu machen**. Siehe es nicht als Strafe an, sondern siehe es als Geschenk. Wir wissen, daß sich alles normalisieren wird – und wir wissen, daß du, mein Freund, Zeit dazu brauchst.
Euch, meine Freunde, bitten wir, jeden einzelnen im Kreis, Hilfestellung zu geben, nicht nur für ihn, sondern auch für euch. Bietet ihm die Möglichkeiten des Gespräches im Kreis. Wir möchten euch einen Vorschlag unterbreiten und bitten euch um eure Aufmerksamkeit.
Wir möchten um euer Verständnis bitten, daß wir **einige Zeit keine Einspielungen mehr vornehmen**. Es wird nicht im voraus zu bestimmen sein, wann wir euch bitten werden, die Unterhaltung aufzunehmen.

Das Nervensystem unseres Freundes soll neutralisiert werden, damit er selbst zu sich findet, damit er selbst den neuen Weg beschreiten kann, **unbeschadet seiner menschlichen Existenz.**

Wir wissen, meine Freunde, wie schwer es euch fällt nun auf den wöchentlichen Rhythmus für eine gewisse Zeit zu verzichten. Ich möchte eine persönliche Bitte anfügen: Nehmt unseren Freund in euren Kreis auf, hört Bänder der vergangenen Einspielungen ab, Aufnahmen, die zurückliegen, laßt sie abspielen, lest dazu das Protokoll und, wenn es möglich ist, diskutiert darüber. Dies ist die Hilfe, die ihr euch selbst, ihm und uns, gewähren könnt. **Nichts, meine Freunde, was ihr dem geringsten meiner Brüder tut, wird vergessen sein . . .**

Wir lieben euch, meine Freunde, und **haben euch über Jahrhunderte hinweg in diesem Kreis zusammengeführt**. Laßt uns zusammen diese große Hürde nehmen.

Seht, meine Freunde, jeder einzelne von euch geht einen bestimmten Weg, einen Weg des Geistes. In euch selbst werdet ihr erkennen, wohin eure Seele will.

Jeder von euch ist, gemäß seines Berufes, an die Materie, an den Umgang mit Menschen gebunden. Jeder von euch wurde in irgendeiner Form einer Gehirnwäsche ausgesetzt. Ihm wurde gesagt: Du mußt, wenn du dich mit Menschen unterhältst, die Hintergründe erkennen, um dadurch analysieren zu können, was dieser Mensch eigentlich will, wo ihn der Schuh drückt, was er dir eigentlich **unterschieben** will, was er dir sagen will im Verborgenen.

Alle, wie ihr hier sitzt, habt die Erfahrung gemacht, daß die wenigsten Menschen euch im Gespräch ihre Seele zeigen. Die wenigsten tun dies, weil sie glauben, man könnte sie erkennen.

Nun, meine Freunde, dies ist nichts außergewöhnliches. Es ist der menschlichen Denkungsweise über Jahrhunderte hinweg infiltriert worden, daß eigentlich jeder einzelne ein **Lügner** ist und intuitiv ist es jedem einzelnen schon von Kindheit an eingepflanzt worden, daß er vorsichtig sein muß. Diese Vorsicht hat sich im Laufe des Lebens weiterentwickelt. Sicher, meine Freunde, fühlt ihr mitunter, daß das eigentliche, was gesagt werden sollte, nicht gesagt wird, und ihr empfindet selbst, **daß ihr im Gespräch euch selbst verleugnet.**

Das ist das Spiel des Menschen, das Theater, die Weltbühne.

Was wir möchten, meine Lieben, ist, daß ihr in diesem Kreis sein könnt, **wie ihr wirklich seid**. Daß ihr euch gegenseitig Liebe und Achtung entgegenbringt, daß ihr empfindet, hier eine Heimat zu haben, denn, meine Freunde, je weiter wir fortschreiten, um so größer wird der Abstand werden zu eurem Umfeld, **je einsamer werdet ihr sein.**

Ich sage das mit aller Deutlichkeit, denn die Kämpfe, eure Kämpfe, die ihr auszufechten habt, die können wir euch nicht ersparen. **Dies ist der Weg eures Lebens**, der gegangen werden muß.

Zu Hause, meine Freunde, seid ihr nur im »Dom der Allmacht«. Hier, meine Freunde, findet ihr Frieden.

Es ist der Vorzug dieses Kreises, daß auch einmal eine Diskussion geführt werden kann, die Elektrizität miteinbringt. So weit, meine Freunde, seid ihr, daß Rede und Gegenrede geführt werden kann – ohne daß der einzelne persönlich verletzt sein müßte. Denn alles, was diskutiert wird, geht jeden an. In der Gemeinschaft der Essener, meine Freunde, war es üblich über alle Mißhelligkeiten zu sprechen, sie aufzulösen, **damit der Mensch frei wird für die göttlichen Energien, damit er nicht seelisch verkümmert.**

Meine liebe Miriam, Dank und Anerkennung haben die Freunde im Kreis euch ausgesprochen. Sie haben uns damit eine große Freude gemacht. Ihr müßt nicht beschämt sein, meine Lieben. Nehmt die Liebe der Feunde an. Mein Herz, ich habe dir versprochen zu helfen und wir werden es tun, wir werden die Einspielungen, wie wir besprochen haben, ausfallen lassen, **werden unseren Freund jedoch weiterhin aufbauen**, ohne daß er körperliche störende Empfindungen hat. Dann, meine Freunde, werden wir sehen, wie wir weiterkommen, wie unser Freund sich entscheidet.

Hab keine Angst, meine Liebe, hab keine Angst. Eines Tages wirst du darüber lächeln. Nun, mein Herz, nach eurer Zeitrechnung sind es bald vier Jahre, die wir uns miteinander unterhalten. Sei guten Mutes, es wird kein halbes Jahr dauern, mein Herz, denn in der Zwischenzeit ist vieles geschehen –.

Miriam: Du hattest davon gesprochen, daß eine Zeit kommen wird, in der wir mit den Einspielungen aussetzen müßten. Du wolltest mich darauf vorbereiten . . .

Claudius: Ich weiß es – habe ich dich nicht vorbereitet? Habe ich nicht oft gesagt: »Die Zeit drängt.« Du hast es nur nicht aufgenommen, meine Liebe. Siehe, deshalb bat ich euch alle im Kreis die verflossenen Unterhaltungen, die vergangenen Einspielungen noch einmal Revue passieren zu lassen, **damit ihr die Verbindung zu uns nicht verliert – und wir nicht zum Kreis.**

Miriam: Lieber Claudius, kannst du mir vielleicht erklären, **was** genau ihr mit Marc vorhabt **wie** und **warum** ihr diese – ich weiß nicht, wie ich mich ausdrücken soll – »Umstrukturierung« vornehmen wollt?

Claudius: Meine liebe Miriam, liebe Freunde, das was hier geschieht, sind Scalarenergien, die gesendet werden, **um die Nervenbahnen umzustrukturieren über das Gehirn**. Ihr werdet fragen, warum wir es tun.

Nun, so sei euch die Antwort zuteil. Seht, meine Freunde, diese Seele hat sich auf den Weg gemacht, um bestimmte Erfahrungen für sich selbst zu sammeln, sie weiterzugeben an das Umfeld. **Und sie geht den Weg**. Sie hat sich in unsere Hände begeben und wir haben die Verantwortung angenommen.
Sie hat darüberhinaus noch eine Aufgabe übernommen für euch im Kreis, daß ihr neue Impulse erhaltet, die euer Leben auch verändern, aber in geistiger, in seelischer Hinsicht, in der Verbindung zwischen Seele und Geist, und eure Seelen, meine Freunde, wollen auch diese Erfahrung machen. **Deshalb sind sie bis zu diesem Zeitpunkt im Kreis geblieben**. Trotz aller Widrigkeiten, die ihr zu überwinden hattet in der Vergangenheit. Jeder einzelne auf seine bestimmte Art und Weise.
Ihr seht, meine Freunde, die Zusammenhänge, und ihr seht auch, daß Verbindungen über Jahrhunderte hier in diesem Kreis zusammenführen. Liebe Freunde, reicht mir die Hände, ich möchte euch einbinden in die Liebe der Allmacht, damit ihr nicht vergeßt, daß ihr Teil der Allmacht seid. Es möge uns vergönnt sein, die Energien im Kreis fließen zu lassen, damit ihr die Liebe, in die ihr eingebunden seid, fühlen könnt.
Der Pulsschlag der Allmacht halle in euch wider. Der Atem Gottes berühre euer Sein. Die Liebe der Allmacht ist grenzenlos.
So schließe ich den Kreis und danke euch für diesen heutigen Abend. Ihr habt es mir leicht gemacht, meine Freunde, denn ihr habt mir **eure Liebe** mitgegeben auf den Weg. Nehmt **unsere Liebe** entgegen und so werden wir uns wiederfinden. Ich segne euch und gebe euch in die Obhut dessen, den ihr Vater nennt.
Seht, meine Freunde, auch in der Nacht leuchten die Sterne.

AVE, meine Freunde, *AVE*.

* Dieser Brief an Claudius wurde von Marc deshalb geschrieben, weil ihm eine »Umpolung« eine »Einweihung« eine »Umstrukturierung seines Nervensystems« angekündigt wurde, die ihn mit neuen, stärkeren Energien ausstatten sollte. Es sollte anders sein als bisher, wo ihm jede Erinnerung an die vorausgegangenen Seancen genommen war.
Dieser Brief ist ein erschütterndes Dokument, das wohl jedem Skeptiker die letzten Zweifel an der Echtheit dieser Kontakte und der Seriosität des Mediums nehmen muß.

Nachtrede

Am 23. 1. 1993 sprach Claudius durch Marc in der Nacht folgenden Text, den Miriam mit dem Kassettenrecorder aufnahm:
Das Universum halte den Atem an. –
Wie Phönix aus der Asche wirst du emporsteigen zum Licht.
Ein bißchen Geduld noch euch beiden und es wird geschehen, daß ihr überwindet.
Mitgegeben auf eurem Weg ist euch das Wunder – auch wenn es nicht im Menschsein begreifbar ist.
Es wird die Zeit kommen, wo Niederschlag findet das Wort im Menschen.
Seht meine Freunde, es war sehr schwer, die Gewalten des Universums zu bändigen. Es war sehr, sehr schwer – euch Hilfestellung zu geben für den neuen Weg.
Deshalb sprach ich auch davon, daß du mein Freund mehr leiden wirst. Doch wir gaben dir auch Begleiter mit: Alle im Kreis, **deren Gedanken bei dir waren in dieser Zeit.**
Liebe Freundin*, du wurdest gefordert und hast alle Erwartungen im Menschsein übertroffen. Wir danken dir und verneigen uns vor der Größe deines Seins, denn du, meine Liebe, bist Teil von ihm, so wie er Teil von dir ist, aber nichts, **nichts geschieht, wenn beide Teile** nicht harmonisch miteinander sich verbinden.
Euer Verdienst, so zu leben, anzunehmen den Weg, den die Allmacht in der Liebe des Universums euch aufzeigt.
Liebe Freunde, schlaft nun dem neuen Morgen entgegen, der am Horizont heraufsteigt.
Strahlendes Licht erfüllt euch und ihr werdet euch wiederfinden im Duft des neuen Morgens.
AVE, meine Freunde, *AVE* und Shalom.

* = Miriam, Marcs Frau.